Lehr- und Handbücher der Psychologie

Herausgegeben von
Universitätsprofessor Dr. Martin Stengel

Bisher erschienene Werke:

Nerdinger, Psychologie des persönlichen Verkaufs
Stengel, Ökologische Psychologie

Psychologie des persönlichen Verkaufs

Von
Universitätsprofessor
Dr. Friedemann W. Nerdinger

R. Oldenbourg Verlag München Wien

Die Deutsche Bibliothek - CIP-Einheitsaufnahme

Nerdinger, Friedemann W.:
Psychologie des persönlichen Verkaufs / Friedemann W. Nerdinger. -
München ; Wien : Oldenbourg, 2001
  (Lehr- und Handbücher der Psychologie)
  ISBN 3-486-25598-3

© 2001 Oldenbourg Wissenschaftsverlag GmbH
Rosenheimer Straße 145, D-81671 München
Telefon: (089) 45051-0
www.oldenbourg-verlag.de

Gedruckt auf säure- und chlorfreiem Papier
Druck: Huber KG, Dießen
Bindung: R. Oldenbourg Graphische Betriebe Binderei GmbH

ISBN 3-486-25598-3

Inhaltsverzeichnis

Vorwort

Die Literatur über den persönlichen Verkauf bietet ein eigenartiges Bild: Mittlerweile liegen allein im deutschsprachigen Raum über 1000 Veröffentlichungen vor, die sich mit dem Verkauf und besonders mit dem Verkaufsgespräch befassen. Vermittelt werden darin Tips, Tricks und Empfehlungen „von Praktikern für Praktiker", die - wie die Titel erkennen lassen - den Verkäufern „tod-sicheren" Erfolg versprechen. Das wichtigste Verkaufsargument für jedes neue Buch dieser Provenienz ist gewöhnlich, dass es „anders" ist als die anderen - was nahegelegt, dass alle dasselbe vermitteln. Seit dem ersten Buch zum Gegenstand, F. B. Goddards „The art of selling" aus dem Jahre 1889, hat sich in dieser Hinsicht wenig geändert: Mit der Autorität des erfolgreichen Praktikers, die sich alle Autoren selbst verleihen, werden darin Normen des Verhaltens formuliert, die weder belegt noch begründet werden.

Wer sich aber für Belege und Begründungen interessiert, wird zumindest auf dem deutschsprachigen Markt nicht fündig - ein wissenschaftlich fundiertes Werk über die psychologischen Grundlagen des persönlichen Verkaufs sucht man vergeblich. Dabei hat bereits der Nestor der Angewandten Psychologie, Hugo Münsterberg, die Bedeutung der Psychologie für das Verständnis der sozialen Situation des Verkaufs betont und in der Folgezeit fand eine durchaus ertragreiche Auseinandersetzung mit dem Thema statt: Im Jahre 1926 hat Jaederholm eine „Psychotechnik des Verkaufens" vorgelegt, die immer noch das meiste, was zu diesem Thema auf dem Markt ist, an wissenschaftlicher Seriosität deutlich übertrifft. Heute mag sich aber in Deutschland kaum mehr ein Psychologe ernsthaft mit dem persönlichen Verkauf auseinandersetzen (über die Gründe kann man nur spekulieren, wobei sich die geringe Reputation des Themas als Erklärung anbietet). Das scheint allerdings eine deutsche Spezialität zu sein, zumindest hat sich in den angloamerikanischen Staaten in den letzten Jahren und Jahrzehnten unter der Ägide des Marketing eine äußerst fruchtbare, wissenschaftlich-psychologische Forschungsrichtung etabliert, die sich intensiver mit Fragen des persönlichen Verkaufs auseinandersetzt. Dabei lassen sich eher konsumentenpsychologische Untersuchungen von Käufern, organisationspsychologische Forschungen zum Erleben und Verhalten von Verkäufern sowie sozialpsychologische Studien zur Interaktion und Kommunikation zwischen beiden Akteuren unterscheiden. Das damit umrissene Feld wird hier als Psychologie persönlichen Verkaufs bezeichnet. Im folgenden wird versucht zu zeigen, dass die Psychologie zum besserem Verständnis dieses ökonomisch so enorm wichtigen Feldes einiges beitragen kann. Wenn dadurch die wissenschaftliche Auseinandersetzung mit dem Thema „persönlicher Verkauf" auch in Deutschland Auftrieb bekäme, wäre ein wichtiges Ziel des Buches erreicht.

Bleibt noch die angenehme Aufgabe, denen zu danken, die am Gelingen dieser Arbeit beteiligt waren. Hier ist zunächst mein Kollege, Herr Prof. Martin Benkenstein zu nennen: Auf seine Initiative hin haben wir an der Universität Rostock die SBWL „Vertriebsführung und Verkaufspsychologie" eingerichtet in der Hoffnung, dass dieser Bereich einmal an deutschen Universitäten eine ähnlich große Beachtung findet wie in den amerikanischen Universitäten, wo das Fach „sales management" zu einem Standardangebot der Ausbildung in Betriebswirtschaftslehre gehört. Gudrun Schäfer hat alle Abbildungen mit großer Liebe und Sorgfalt erstellt, Jutta Koberstein das Manuskript mit dem Blick der erfahrenen Verkaufspraktikerin kritisch gegengelesen: Ihr mag dabei nicht alles gefallen haben, aber sollte das Buch zur Annäherung wenigstens eines kleinen Ausschnittes der Realität an ihre Ideale beitragen, wäre ein weiteres Ziel erreicht. Schließlich möchte ich den Studentinnen und Studenten danken, die sich für die neue Spezialisierung entschieden und mir durch ihre Mitarbeit gezeigt haben, dass es sich dabei um einen lohnenswerten Versuch handelt. Vielleicht können andere davon profitieren.

Friedemann W. Nerdinger

1. Grundlagen einer Psychologie des persönlichen Verkaufs

1.1 Begriff und Bedeutung des persönlichen Verkaufs

Der persönliche Verkauf ist gekennzeichnet durch den direkten Kontakt, die Interaktion „face-to-face" zwischen Verkäufer und Käufer[1] mit dem Ziel, durch Verkaufsgespräche einen Verkaufsabschluss zu bewirken (vgl. Goehrmann, 1984, S. 18f.; Meffert, 1986, S. 481f.; Kotler, 1989, S. 490). Der Verkaufsabschluss muss nicht unbedingt das unmittelbare Ziel der Interaktion bilden, er kann auch in unbestimmter Zukunft liegen: Wenn ein Verkäufer im Verkaufsgespräch *auch* die Interessen des Kunden im Auge hat, kommt möglicherweise am Ende des Gesprächs kein Abschluss zustande, unter Umständen macht ein Konkurrent einen Abschluss, vielleicht sogar aufgrund der Empfehlungen des Verkäufers. Gerade wegen der damit angedeuteten Orientierung an den Bedürfnissen und Interessen des Kunden *können* aber künftig Verkaufsabschlüsse mit dem Kunden wahrscheinlicher werden. Ein solches Vorgehen kann auch dazu führen, dass der Kunde angesichts eines Verhaltens, das den gängigen Erwartungen an Verkäufer völlig widerspricht, den Verkäufer weiter empfiehlt und damit Akquisition neuer Kunden für den Verkäufer betreibt.

Unter diese weite Bestimmung des persönlichen Verkaufs fallen die verschiedensten Tätigkeitsformen (Meffert, 1986):
- Verkaufsbesuche beim Konsumenten (Außendienstverkauf),
- Verkauf im Rahmen organisierter Einladungen (Messeverkauf, Party-Verkauf),
- Beratung durch Verkäufer beim Handel (Wiederverkäufer-Verkauf),
- fernmündliche Anfragen (Telefonverkauf)
- Verkäufe durch die Geschäftsleitung (Verkauf auf Top-Management-Ebene),
- Verkauf im Einzelhandel.

Die Heterogenität der Erscheinungsformen des Verkaufs machen es relativ schwierig, gemeinsame Aufgaben zu formulieren, eine Schwierigkeit, die noch verstärkt wird durch die Abhängigkeit der Aufgaben des persönlichen Verkaufs von der Art der Kunden, der angebotenen Marktleistung, der konkreten Verkaufssituation und - im Außendienst von entscheidender Bedeutung - von der Beschäftigungsform der Verkäufer (Peter, 1991). Unter dieser Einschränkung lassen sich folgende allgemeine Aufgaben formulieren (vgl. Goehrmann, 1984; Meffert, 1986):

1. *Erlangung von Kundenaufträgen:* Die Hauptaufgabe des Verkäufers umfasst diverse Teilaufgaben, u.a. die Kontaktaufnahme mit dem Kunden, Besuchsplanung, Ermittlung der Kundenbedürfnisse, möglicherweise Entwicklung optimaler Problemlösungen, Information der Kunden, Demonstration der Produkte usw.. Während diese Aufgabe bei standardisierten Konsumgütern relativ eng umgrenzt ist, kann sie im Investitionsgüterbereich erheblichen Umfang annehmen. Im Außendienst ist zudem die Frage des Beschäftigungsverhältnisses dafür entscheidend,

---

[1] Im folgenden wird konsequent von Verkäufer und Käufer (Kunde, Konsument etc.) gesprochen - das ist nicht Ausdruck der Ignoranz gegenüber Verkäuferinnen und Käuferinnen (Kundinnen, Konsumentinnen etc.), sondern allein auf die Überzeugung zurückzuführen, dass der Kampf gegen die Sprache keinen emanzipatorischen Wert hat!

wie diese Aufgabe bewältigt wird - für angestellte Verkäufer stellt die Betreuung der Kunden einen wichtigen Teil der Aufgabe dar, selbständige Verkäufer dagegen leben allein von den Provisionen für die Verkaufsabschlüsse und haben daher aus ökonomischen Gründen kein großes Interesse an Dienstleistungen für ihre Kunden.

2. *Informationsbeschaffung:* Vor allem der Außendienst kann Marktinformationen beschaffen, die dem Verkauf, aber auch anderen Aktivitäten des Unternehmens dienen. Dazu zählt die Ermittlung potenzieller Abnehmer, der kaufentscheidenden Personen in Unternehmen, der Mitwettbewerber um einen Kunden und weitere Daten, die für das Marketing relevant sind. Alle Verkäufer haben die Aufgabe, die Bedürfnisse der Kunden zu analysieren - die so gewonnenen Informationen können wiederum zu Verbesserungen der Produkte oder zu Produktinnovationen führen.

3. *Verkaufsunterstützung:* Dazu zählt die Beratung und die Instruktion über den richtigen Umgang mit einem Produkt, im weiteren Sinne auch die Präsentation der Waren.

4. *Image- und Einstellungsbildung:* Da ein Verkäufer sein Unternehmen repräsentiert, hat sein Verhalten im persönlichen Kontakt, die Ehrlichkeit seiner Aussagen und seine Zuverlässigkeit in allem, was er dem Kunden verspricht, erheblichen Einfluss auf das Bild (das Image), das sich ein Kunde von einem Unternehmen macht. Unter diesem Blickwinkel ist es besonders erstaunlich, wie wenig sich manche Unternehmen darum kümmern, wer ihre Produkte verkauft: Wer seine Produkte „Drückerkolonnen" anvertraut, muss sich nicht wundern, wenn sein Unternehmen einen schlechten Ruf bekommt. Da aber Imageschäden ebenso schwer prognostizier- wie quantifizierbar sind, üben scheinbar die auf diesem Wege zu erzielenden, schnellen Umsätze auf manche „kühl kalkulierende Manager" eine erhebliche Anziehungskraft aus.

5. *Logistische Funktionen:* Im Konsumgüterbereich haben die wachsende Nachfragermacht des Handels, aber auch die Rationalisierungen der Hersteller zur Übernahme logistischer Funktionen durch den Außendienst geführt. Dazu zählen unter anderem die Zwischenlagerung der Ware am Wohnort, die Auslieferung, die Regalpflege und auch die Bemühungen um attraktive Regalplätze.

Der persönlichen Verkauf hat also erhebliche Bedeutung für das Unternehmen - es handelt sich dabei um das wirksamste, aber auch kostspieligste Instrument des Marketing (Meffert, 1986). Von den anderen Formen der Marketing-Kommunikation unterscheidet sich der persönliche Verkauf in drei Merkmalen (Becker, 1999, S. 37): „Er schafft persönliche Wechselbeziehungen lebendiger, direkter Natur, baut Beziehungen auch außerhalb rein sachlicher Art auf und legt dem Käufer eine Reaktionsverpflichtung im Hinblick auf die Verkaufspräsentation auf". Die Bedeutung dieser Merkmale des persönlichen Verkaufs für den erfolgreichen Absatz steigen mit dem Grad der Erklärungsbedürftigkeit, der Unbekanntheit und der Neuartigkeit eines Produkts.

Bei der gegebenen Dominanz von Käufermärkten und dem zunehmend härteren Wettbewerb zwischen den Unternehmen steht der ökonomische Wert des persönlichen Verkaufs außer Frage (vgl. z.B. Weis, 1995, S. 18ff.). Wirtschaftspsychologisch wichtiger ist die Tatsache, dass im Verkauf eine Vielzahl von Menschen Arbeit findet, und das mit steigender Tendenz. Zwar weisen die amtlichen Statistiken nicht alle Verkaufsberufe gesondert aus, aber bei vorsichtiger Schätzung arbeiten zwischen zwei und drei Millionen Menschen in Deutschland in einem Beruf, der sich einer Form des persönlichen Verkaufs zuordnen lässt (Statistisches Bundesamt, 1999). Allein das sollte genügen, die Verkaufstätigkeit zu einem wichtigen psychologischen Forschungfeld zu machen - um so mehr, als das problematische Image dieser Tätigkeit schwerwiegende psychologische Konflikte erwarten lässt.

1.2 Das Image des persönlichen Verkaufs

In Marketing- bzw. Verkaufslehrbüchern trifft man regelmäßig auf den Hinweis, dass jeder Mensch in gewisser Weise Verkäufer ist, und sei es nur, weil er sich z.B. in einem Vorstellungsgespräch selbst „verkauft" hat; in eine ähnliche Richtung zielt der häufig zu findende Hinweis auf das respektable Alter des Verkaufsberufs (z.B. Jackson & Hisrich, 1996, S. 3; Kotler & Bliemel, 1992, S. 961). Damit soll dem Leser offensichtlich etwas verkauft werden - vermutlich das entsprechende Buch und sein Thema. Das Strickmuster dieser Verkaufsargumente verweist aber bereits auf die grundlegende Ambivalenz des Themas „Verkauf", denn damit wird versucht, den Leser zum „Mittäter" zu machen bzw. den Verkauf als anthropologische Konstante gegen jede Kritik zu immunisieren. Genau dieses Vorgehen verweist aber auf die Kritikwürdigkeit der Praxis des persönlichen Verkaufs. Der persönliche Verkauf hat ein Image-Problem (zum Image-Begriff vgl. Lilli, 1983), ansonsten könnte man sich solche Hinweise ersparen.

In einer Umfrage an amerikanischen College-Studenten wurde der persönliche Verkauf folgendermaßen charakterisiert (Jackson & Hisrich, 1996, S. 3):

• Verkaufen nutzt nur dem Verkäufer,
• Verkaufen ist kein Beruf für begabte und intelligente Menschen,
• Verkaufen löst das Übelste im Menschen aus,
• Verkäufer müssen lügen und andere Menschen täuschen, damit sie erfolgreich sind usw.

Dabei handelt es sich zweifellos um Stereotype, um Vorurteile. Aufschlussreich sind sie dennoch. Entgegen anderer Behauptungen hat „Verkaufen" auch in den „erzkapitalistischen" USA ein sehr schlechtes Image, das vor allem auf den Ruch unmoralischen Verhaltens von Verkäufern zurückzuführen ist (Cialdini, 1996b; 1999). Die einer solchen Einschätzung zugrunde liegenden moralischen Werte, die gewöhnlich sowohl von den Unternehmen als auch der Wissenschaft - speziell der Betriebswirtschaftslehre - als sachfremd oder nicht rational begründet abgelehnt bzw. verdrängt werden, sind auch heute noch entscheidend für die Bewertung der Umwelt, speziell des Verhaltens anderer Menschen. Statt also aus solchen Einstellungen ein Problem derer zu machen, die sie vertreten, sollte man sich besser fragen, wie diese Sicht zustande kommt und welche Änderungen sich daraus für den professionell betriebenen

Verkauf ableiten lassen.

Einem Verkäufer wird schon aufgrund seiner Aufgabe unterstellt, dass er allein sein Eigeninteresse verfolgt, wobei eine Übereinstimmung dieses Interesses mit dem des Kunden eben nicht grundsätzlich anzunehmen ist. Wie Brünner (1994) am Beispiel von Autoverkäufern gezeigt hat, besteht ein unüberwindbarer Widerspruch zwischen den Versuchen des Verkäufers, eine Beziehung zum Käufer zu konstituieren und dem grundlegenden Misstrauen des Käufers gegenüber solchen Versuchen. Was der Verkäufer auch macht, es kann beim Kunden Skepsis erzeugen, da nach dessen Meinung die Handlungsmöglichkeiten des Verkäufers aufgrund seiner ökonomischen Interessen immer in eine Richtung zielen. Daher muss der Verkäufer das Misstrauen des Kunden antizipieren und darauf reagieren - was wiederum dessen Misstrauen wecken kann. Dieser Widerspruch bleibt unauflöslich und muss stets von neuem bearbeitet werden. Über die Konfliktsituation des Verkäufers hinaus hat das negative Image aber auch fragwürdige Folgen für das Verhalten der „Kunden": Das moralisch begründete Misstrauen dient nicht selten zur subjektiven Legitimierung von unmoralischem, ja gesetzeswidrigen Verhalten von Kunden - man denke nur an die beträchtlichen Schäden, die regelmäßig durch Ladendiebstähle oder Versicherungsbetrug entstehen (Schenk, 1995; Fetchenhauer, 1999).

Gerade das Beispiel der Versicherungsverkäufer, die - neben den Haustürverkäufern - so ziemlich den schlechtesten Ruf unter allen beruflichen Tätigkeiten haben (Nerdinger, 1994), belegt aber einen psychologisch wichtigen Mechanismus: Die Tendenz, der *Person* des Verkäufers unmoralische Absichten zu unterstellen. Diese Neigung zur Personalisierung hat wiederum für die Unternehmen einen fragwürdigen Vorteil: Wenn sie die Leistung ihrer Verkäufer allein am Umsatz messen und auf diesem Wege beanstandbaren Verhaltensweisen Vorschub leisten, können sie die damit verbundenen Gewinne verbuchen und die moralische Last auf ihre Verkäufer abwälzen - zumindest sind von Seiten der Versicherungswirtschaft kaum Bemühungen zu erkennen, durch Änderungen ihrer Unternehmenspolitik gegen den zwielichtigen Ruf ihrer Mitarbeiter im Außendienst vorzugehen. Im Gegenteil lassen sich mit der zunehmenden Bedeutung sogenannter Strukturvertriebe (Kleine, 2000) am Markt Entwicklungen beobachten, die eine solche ungleiche Verteilung von Gewinn und moralischer Verantwortung noch auf die Spitze treiben (s. Kasten 1).

Kasten 1: Die Struktur der Strukturvertriebe

Strukturvertriebe verkaufen u.a. Kosmetika, Wasserfilter, Staubsauger, Schlankheitsmittel und Finanzdienstleistungen. In der Praxis finden sich verschiedene Formen, im Kern beruhen aber alle auf dem Prinzip des „Multi-Level-Marketing". Hinter diesem hochtrabenden Begriff verbirgt sich nichts anderes als das Schneeballprinzip: Das eigentliche Ziel eines Mitarbeiters im Strukturvertrieb ist es, sich ein eigenes „Unternehmen" aufzubauen, indem er möglichst viele neue Mitarbeiter anwirbt. Der neue Mitarbeiter wird von seinem Werber geführt und sucht selbst wieder neue Mitarbeiter, die ihm zugeordnet werden, die selbst wieder neue Mitarbeiter suchen ...

Jeder Mitarbeiter erhält neben der Provision für seinen direkten Umsatz zusätzliche Anteile an den Provisionen, die seine Mitarbeiter erzielen. Je mehr Leute für einen Strukturvertriebler „anschaffen gehen", desto höher steigt er in der Einkommenspyramide, deren Spitze natürlich - mathematisch notwendig - nur wenige erreichen. Diese wenigen können fünf- bis sechsstellige Monatseinkünfte erzielen - ein Schlüsselargument bei der Anwerbung neuer Mitarbeiter -, wogegen die meisten Mitarbeiter auf der untersten Stufe kaum einen fünfstelligen Jahresverdienst haben, was bei der Anwerbung gewöhnlich nicht erzählt wird (Kleine, 2000). Aufgrund dieses Systems haben die höherrangigen Mitarbeiter ein vitales Interesse an möglichst hohen Umsätzen der von ihnen geführten Mitarbeiter - entsprechend brutal ist der Leistungsdruck. In Strukturvertrieben gibt es keine Angestellten, die Mitarbeiter sind selbständige Handelsvertreter. Als solche leben sie allein von Provisionen, d.h. zum Beispiel im Finanzdienstleistungsbereich, die Strukturvertriebler sind gezwungen, solche Verträge zu verkaufen, die hohe Provisionen bringen (egal, ob ein Kunde sie braucht oder nicht).

Nach der Logik der Strukturvertriebe kann praktisch jeder Mitarbeiter werden - es gibt in der Regel keine Anforderungen an die Qualifikation oder gar geforderte Berufsabschlüsse, obwohl bei der Anwerbung regelmäßig der Eindruck vermittelt wird, der Neuling sei aufgrund seiner Fähigkeiten auserkoren für das besondere Privileg der Mitgliedschaft in eben diesem Strukturvertrieb. Vielmehr interessiert an jedem neuen Mitarbeiter ein ganz besonderes „Kapital" - seine Verwandten, Freunde, Bekannten, Kollegen usw., denn jeder Neue muss zum Einstieg eine Reihe neuer Kunden vermitteln und ist allein dadurch bereits ein Gewinn für den Vertrieb. Aufgrund des Schneeballsystems, das nur auf die Maximierung der individuellen Einkünfte ausgelegt ist, und der Tatsache, dass Strukturvertriebe ausschließlich von den erzielten Provisionen existieren, ergibt sich zwangsläufig eine Organisationsform, die das Gegenteil von Kundenorientierung im Sinne der Ausrichtung des Verkaufs an den Interessen und Bedürfnissen der Kunden darstellt (natürlich können sich in einzelnen Fällen die Interessen der Kunden und der Verkäufer decken, das ist aber von der Organisationsform völlig unabhängig).

Die Frage der Methoden, mit denen neue Mitarbeiter angeworben und integriert werden, ist besonders heikel, denn sie entscheidet darüber, ob der jeweilige Vertrieb als Psychosekte mit allen damit verbundenen Konsequenzen zu klassifizieren ist (Nordhausen & von Billerbeck, 1999). Wieviele Strukturvertriebe in diese Kategorie fallen, lässt sich schwer einschätzen, da wissenschaftliche Untersuchungen solcher Unternehmen - aus naheliegenden Gründen - nicht möglich sind (Sektenberatungsstellen berichten von regelmäßigen Anfragen über ca. ein Dutzend deutscher Strukturvertriebe; vgl. auch Hemminger & Keden, 1997). Ein wesentliches Merkmal der sektenartigen Ausprägungsform von Strukturvertrieben ist die permanente Indoktrination der Mitarbeiter auf „Motivationsveranstaltungen", wobei eine mentale Konditionierung auf eine schlichte Erfolgsideologie - Geld und Statussymbole werden mit Erfolg gleich gesetzt - erfolgt und ein systematischer Zwang zum sogenannten „positiven Denken" ausgeübt wird (zu den Konsequenzen dieser Methode vgl. Scheich, 1997). Durch die kollektive Inszenierung von Grenzerfahrungen (Feuerlaufen etc.)

werden infantile Allmachtsfantasien im Sinne „du kannst alles erreichen, was du willst" ausgelöst, das Wir-Gefühl wird durch gruppendynamische Manipulationen gestärkt (auch hier setzen die „Trainer" auf Infantilisierung, wenn z.B. alle Teilnehmer einer Motivationsveranstaltung auf ihre Stühle steigen, Kinderrasseln schwingen und ekstatisch brüllen „Wir sind erfolgreich"). Um ausgewählte Führungskräfte wird ein an Heiligenverehrung - oder treffender, da es sich um totalitäre Organisationen handelt: an Stalinismus - gemahnender Persönlichkeitskult inszeniert, durch geheimbündlerische Rituale der innere Zusammenhalt qua Abgrenzung von der äußeren Realität erhöht (wenn z.B. die Mitarbeiter im Rahmen solcher Veranstaltungen zu meditativer Musik kollektiv schwören, immer die Interessen der Firma zu verwirklichen und dann vom „Trainer" als Zeichen der Aufnahme in die Vertriebs-Bruderschaft auf die Wange geküsst werden; die methodischen Anleihen bei Ritualen der Mafia kommen nicht von ungefähr). Mit solchen Techniken wird die psychische Abhängigkeit der Mitarbeiter von der Organisation und die Isolierung von ihrem sozialen Umfeld, die durch den Zwang zu den ersten Verkäufen im Bekanntenkreis eingeleitet wurde, stetig vertieft (vgl. dazu die sehr anschaulichen Schilderungen ehemaliger Mitarbeiter von Strukturvertrieben: Dahm, 1996; Weghorn & Lachner, 1996). Die Programmierung auf Erfolg und positives Denken schaltet jede Kritikfähigkeit aus und immunisiert damit die Organisation und ihren Methoden. So maximieren einige wenige auf Kosten der Kunden und der psychischen Gesundheit der Mitarbeiter ihr Einkommen.

Am Beispiel so mancher Strukturvertriebe zeigt sich, dass ein gesundes Misstrauen von Käufern gegenüber Verkäufern sehr wohl angebracht ist, die Unterscheidung von „Täter" und „Opfer" sich aber im konkreten Fall nur schwer treffen lässt. Vertraut man den offiziellen Verlautbarungen der Unternehmen und den Aussagen der gängigen Literatur, entsprechen die Verkäuferstereotype allerdings nicht mehr den aktuellen Bedingungen, da sich der persönliche Verkauf in einer Entwicklungslinie zum Marketing befinden soll.

1.3 Entwicklungslinien des persönlichen Verkaufs

Die Entwicklung des Verkaufs wird häufiger in drei Phasen eingeteilt, die Tabelle 1 idealtypisch veranschaulicht (vgl. Weitz & Bradford, 1999, sowie die dort angegebene Literatur):

Ära / Schwerpunkte	Produktion	Verkauf	Marketing
Ziele	Verkaufsabschluss	Verkaufsabschluss	Befriedigung von Kundenbedürfnissen
Verkaufs-orientierung	Interesse des Anbieters	Interesse des Anbieters	Kundenbedürfnisse
Zentrale Aufgaben des Verkäufers	Annahme von Bestellungen, Lieferung von Gütern	Käufer vom Produkt überzeugen	Angebote mit Kundenbedürfnissen in Einklang bringen
Aktivitäten des Verkäufers	Kontaktaufnahme und Information über Angebot	Kunden beeinflussen, häufig durch „harte Verkaufstechniken"	Kundenorientiertes bzw. angepasstes Verkaufen
Rolle des Verkäufers	Versorger	Überreder	Problemlöser
Verkaufs-management	Effiziente Allokation der Ressourcen und Motivation der Verkäufer zu mehr Anstrengung („work harder")	Effiziente Allokation der Ressourcen und Motivation der Verkäufer zu mehr Anstrengung („work harder")	Auswahl geeigneter Verkäufer und Training zur Verbesserung der Fähigkeiten; Motivation zu adaptivem Verkaufen („work smarter")

Tab. 1: Die Entwicklung des persönlichen Verkaufs und Schwerpunkte des Verkäuferverhaltens bzw. des Verkaufsmanagements (in Anlehnung an Weitz & Bradford, 1999, S. 242)

Die Ära der *Produktion* war durch die Dominanz von Verkäufermärkten gekennzeichnet. In diesen Fällen ist der Konkurrenzdruck eher gering und die Nachfrage größer als das Angebot. In einer solchen Situation müssen Verkäufer lediglich die kurzfristigen Bedürfnisse ihrer Firma befriedigen, entsprechend besteht ihre Hauptaufgabe in der Information der Kunden über die Verfügbarkeit der Produkte und der Aufnahme von Bestellungen. In der Ära der Produktion haben Unternehmen kaum Interesse an der Qualifikation ihrer Verkäufer, vielmehr wird darauf geachtet, dass sie nicht aufgrund ihrer priviligierten Stellung am Markt in ihren Anstrengungen nachlassen. Die Verkäufer sollen die Zahl ihrer Termine erhöhen und das Management liefert Unterstützung durch Systeme der Verkaufsgebietsgestaltung und der Terminplanung.

Die Ära des *Verkaufs* markiert den Übergang von Verkäufer- zu Käufermärkten, in denen die Käufer zwischen einer Vielzahl von Anbietern wählen können. Unter solchen Bedingungen stehen die Unternehmen unter zunehmendem Verkaufsdruck. Die Aufgabe der Verkäufer besteht darin, eher die Nachfrage nach den Produkten zu stimulieren als Kundenbedürfnisse zu befriedigen. Vor allem diese Situation hat das negative Image des Verkaufs geprägt, da die Verkäufer versuchen, durch aggressive Verkaufstechniken die Käufer zu überzeugen und diese nicht selten übervorteilen. Dieses sogenannte „hard selling", das harte Verkaufen führt zwar zur Verärgerung der Kunden und schadet dem Image, aber - so eine volkswirtschaftliche Argumentation - es dient der allgemeinen Wohlfahrt, da die Unternehmen auf diesem Weg mehr gewinnen, als die Konsumenten verlieren; der gesellschaftliche Schaden, der durch die Belohnung eines gegen die ethischen Standards einer Gesellschaft gerichteten Verhaltens entsteht, wird dabei allerdings unterschlagen (vgl. Chu, Gerstner & Hess, 1995). In der Phase des Verkaufs konzentriert sich das Management in erster Linie auf die Motivation der Verkäufer, da implizit die Annahme besteht, Verkaufserfolg würde allein vom Willen und Einsatz der Verkäufer abhängen („work harder").

Unter den Auspizien des *Marketing* wird dagegen die Rolle der Verkäufer als Teil des Marketing betont. Verkäufer müssen bei der Entwicklung von Verkaufsstrategien sowohl die Bedürfnisse der Kunden als auch ihrer Firma berücksichtigen, wobei natürlich auch in dieser Situation das primäre Ziel der Ertrag der Firma ist. Im Unterschied zur Ära des Verkaufs wird aber angenommen, dass sich der Ertrag nur dann längerfristig steigern lässt, wenn der Verkauf an den Bedürfnissen des Kunden orientiert ist. Die wichtigste Aufgabe des Verkäufers besteht damit in der Lösung der Probleme des Kunden (vgl. Brater & Landig, 1995). In der Ära des Marketing zielt das Management darauf, bei den Verkäufern kundenorientiertes Verhalten zu entwickeln (Trommsdorf, 1997; Bruhn, 1999) und sie zu adaptivem, d.h. situations- und kundenangepasstem Verkaufen zu ermutigen (Spiro & Weitz, 1990). Damit geraten die fachlichen und sozialen Kompetenzen der Verkäufer in den Blickwinkel („work smarter"), die durch gezielte Selektion und Trainingsmaßnahmen gesichert werden.

In letzter Zeit wird häufiger postuliert, der persönliche Verkauf befinde sich mittlerweile sogar im Übergang zu einer vierten Ära, in der die Entwicklung langfristiger Beziehungen zum Käufer zur zentralen Aufgabe wird (Neu, 1997; Weitz & Bradford, 1999). Eine solche Ära lässt sich aber lediglich ansatzweise im Bereich des Verkaufs von Investitionsgütern, wo eine intensive Zusammenarbeit zwischen Einkäufer- und Verkäuferteams der beteiligten Unternehmen aufgrund der zunehmend komplexeren Aufgaben immer wichtiger wird, sowie in einigen Dienstleistungssektoren erkennen. Daher erfolgt hier eine Beschränkung auf die Phasen Produktion, Verkauf und Marketing. Diese Differenzierung der Entwicklung in drei Phasen oder Ären des persönlichen Verkaufs ist aber lediglich als Schwerpunktsetzung zu verstehen, d.h. auch in den letzten Jahren lassen sich Beispiele für alle drei Formen finden (in manchen Bereichen ist sogar eine Rückentwicklung zu konstatieren - so führt die Tendenz zur Umstellung auf selbständige Vertreter gewöhnlich zu aggressiveren Verkaufspraktiken). Seriöse Firmen vertreten aber - zumindest in den offiziellen Verlautbarungen - das Leitbild, wonach sich der persönliche Verkauf an den Interessen und Bedürfnissen der Kunden ausrichten muss, um den längerfristigen Unternehmenserfolg zu sichern. Entsprechend kommen auch vorliegende Inhaltsanalysen der Verkaufsliteratur, die sich an Praktiker wendet, zu dem Ergebnis, dass sich die dort verbreiteten Leitbilder von den in den 50er Jahren dominierenden Zielen „Kaufwiderstände brechen" bzw. „den Kunden überreden" in den 80er Jahren zu einem „entscheiden helfen" und „beraten" entwickelt haben - paradoxerweise werden in den Texten aber dieselben Verkaufstechniken wie zu Zeiten des Hochdruckverkaufs empfohlen (vgl. Fischer, 1981; Pothmann, 1997). Ähnlich wird auch in Verkaufstrainings heute gewöhnlich „Beraten" als Ziel des Verkaufsgespräches vorgegeben, in den Übungen in Form von Rollenspielen schlägt dies aber allzu oft in eine - auch von den Trainern gestützte - „Jägermentalität" um (vgl. Fiehler, 1994).

Die Realisierung des Leitbilds der Ära des Marketing bereitet in den Unternehmen offensichtlich erhebliche Schwierigkeiten. Das ist nicht zuletzt ein Management-Problem: Solange das Management selbst in der Ära des Verkaufs sozialisiert wurde, werden sich wohl die tradierten Vorstellungen - die sich nicht zuletzt in der Person der Verkaufsmanager und ihren Erfahrungen, die in der Phase des Verkaufs gewonnen und wo bestimmte Verhaltensweisen durch berufliche Erfolge verstärkt wurden - sowohl bei der Auswahl der immer-selben „Verkäufer-Typen" als auch bei deren Steuerung und Motivation durchsetzen. Eine solche Haltung bestärkt aber auch häufig das Top-Management, wenn es unter dem Eindruck ökonomischer Zwänge den Druck in Richtung auf rasche Verkaufserfolge immer mehr erhöht. An den Kunden orientiertes Verkaufen erfordert aber den systematischen Aufbau und die adäquate Steuerung einer dafür geeigneten Verkaufsmannschaft, und das verlangt Engagement und Zeit (beides ist nicht überall vorhanden).

Die folgenden Ausführungen orientieren sich am Leitbild des Marketing. Das ist nicht zuletzt auf die Konzeption einer Psychologie des persönlichen Verkaufs zurückzuführen.

1.4 Zur Konzeption einer Psychologie des persönlichen Verkaufs

Psychologie ist die Wissenschaft vom menschlichen Erleben und Verhalten (Rohracher, 1988; von Rosenstiel, 2000). Eine Psychologie des persönlichen Verkaufs beschäftigt sich entsprechend mit dem Erleben und Verhalten der Personen, die am Verkauf beteiligt sind, d.h. mit dem Käufer, dem Verkäufer und dem, was zwischen ihnen passiert, der Interaktion und Kommunikation. Von ihrem Anspruch her zählt sie zum Feld der angewandten Psychologie, die ihre Fragestellungen nicht aus Theorien deduziert, sondern aus den offenen Fragen und Bedürfnissen des jeweiligen Anwendungsfeldes (Gebert & von Rosenstiel, 1996). Als angewandte Wissenschaft zielt eine Psychologie des Verkaufs nicht nur auf die (reine) Erkenntnis, sondern will auch zur Lösung der Probleme in der Praxis beitragen, d.h. sie vertritt den Anspruch der Nützlichkeit.

Damit entsteht aber die Frage zur Abgrenzung zu dem, was gängiger Weise als Verkaufspsychologie bezeichnet wird: Unter diesem Etikett werden gewöhnlich Verkaufs- oder allgemeiner: Einflusstechniken abgehandelt, die es dem Verkäufer ermöglichen sollen, sein vordergründiges Ziel - den Verkaufsabschluss - zu erreichen (z.B. Bänsch, 1996a; Becker, 1998; 1999). Davon abgesehen, dass die wenigsten der üblichen verkaufspsychologischen Empfehlungen wissenschaftlich fundiert sind, d.h. es ist völlig unklar, ob - und wenn ja, unter welchen Bedingungen - die empfohlenen Techniken zum Verkaufsabschluss führen, interessiert sich diese Form der Verkaufspsychologie nicht für die Folgen, die solche Techniken für den Kunden bzw. die Beziehung zwischen Verkäufer und Kunde haben. Wenn überhaupt, dann werden diese Fragen auch nur unter instrumenteller Perspektive angesprochen, d.h. es interessiert lediglich, ob durch solche Techniken künftige Verkäufe weniger wahrscheinlich werden. Genau diese Fragen sind aber für eine Psychologie des persönlichen Verkaufs entscheidend - das Feld des Verkaufs wird dabei nicht allein im Interesse des Verkäufers bzw. des Anbieters untersucht, die Interessen des und die Folgen für den Kunden und die Beziehung erhalten unter diesem Blickwinkel die gleiche Bedeutung. Das, was für die Verkaufspsychologie zentral ist, die Frage, wie man zu einem Verkaufsabschluss kommt, ist für eine Psychologie des Verkaufs vor allem unter folgender Perspektive interessant: Welche Verkaufstechniken setzen Verkäufer tatsächlich ein und was sind deren Folgen für den kurz- *und* längerfristigen Verkauf, für den Kunden und für die Beziehung zwischen Kunden und Verkäufern? Dieser hohe Anspruch muss allerdings sogleich relativiert werden - da die Forschung im Bereich Verkauf überwiegend unter betriebswirtschaftlicher Perspektive betrieben wird, ist die interessengeleitete Sicht der Anbieterseite - obwohl in allen Untersuchungen psychologische Aspekte thematisiert werden - weit überrepräsentiert. Das bisher Gesagte ist also mehr Programm als Realität.

Das ist insofern erstaunlich, als bereits Hugo Münsterberg, der Begründer der angewandten Psychologie, auf die Bedeutung der wissenschaftlichen Psychologie für den Verkauf verwiesen und dabei auch die Zielrichtung einer solchen Forschungsrichtung verdeutlicht hat:

„Die Psychotechnik ... darf es sich nicht zum Ziel setzen, Hilfsmittel zu ersinnen, durch die etwa der Käufer in ein Garn gelockt wird, Dinge kauft, die er nicht gebraucht und gegen deren Anschaffung er sich bei ruhigerer Besinnung sträuben würde" (Münsterberg, 1912/1997, S. 179).

Damit eröffnet sich wieder das grundlegende Dilemma, das bereits unter dem Aspekt des Images des persönlichen Verkaufs diskutiert wurde - allein der Begriff „Verkauf" legt einen bestimmten Blickwinkel auf die Beziehung zwischen Verkäufer und Käufer fest. Eine Psychologie des persönlichen Verkaufs muss daher auf der einen Seite ohne normativen Anspruch allein die empirische Realität des Erlebens und Verhaltens der beteiligten Akteure untersuchen und auf der anderen Seite, um ihrem Anspruch der Anwendungsorientierung gerecht zu werden, nach Lösungen für die praktischen Probleme des persönlichen Verkaufs suchen, die *allen* Beteiligten gerecht werden. Eine Psychologie des persönlichen Verkaufs stellt ein komplexes und anspruchsvolles wissenschaftliches Unternehmen dar, das sowohl für die Wissenschaft, die sich solch einem Drahtseilakt widmet, als auch für den Praktiker, der seinen herausfordernden und anstrengenden Beruf nicht einem lediglich auf ökonomische Zahlen reduzierten Erfolgsverständnis opfert, vor allem die Überwindung traditioneller Sichtweisen abfordert.

Ein solches Programm setzt aber zunächst ein grundlegendes Verständnis der Akteure und ihrer Beziehung voraus, das im Rahmen des vorliegenden Versuchs einer Psychologie des persönlichen Verkaufs anhand empirisch-wissenschaftlicher Forschung rekonstruiert wird. Dies verdeutlicht schon die Gliederung mit den drei Schwerpunkten: Käufer, Verkäufer und die Interaktion und Kommunikation zwischen beiden. Gleichzeitig wird damit klar, was im folgenden ausgespart bleibt: Alle Situationen, in denen ein oder mehrere Verkäufer mit mehreren Kunden in Kontakt treten - die damit verbundenen gruppendynamischen Probleme sind noch nicht einmal ansatzweise erforscht.

2. Käufer

Das Verhalten der Käufer bzw. Konsumenten dürfte eines der am intensivsten untersuchten Gebiete der Sozialwissenschaften darstellen, daher finden sich in diesem Feld auch etliche Lehrbücher, in denen der Stand der Forschung mehr oder weniger umfassend dargestellt wird (Bänsch, 1996b; Behrens, 1991; Engel, Blackwell & Miniard, 1995; Felser, 1997; Kroeber-Riel & Weinberg, 1996; Kuß, 1991; Neumann, 2000a, b; Trommsdorf, 1998). Sucht man allerdings in diesen Lehrbüchern nach dem Stichwort „persönlicher Verkauf", wird man entweder nicht fündig, oder aber mit einigen wenigen Hinweisen abgespeist, d.h. die hier interessierende Frage nach dem Erleben und Verhalten der Käufer in der „face-to-face"-Situation mit dem Verkäufer bildet bestenfalls ein Randgebiet der Konsumentenforschung. Die folgenden Ausführungen beschränken sich daher auf einige wenige theoretische Modelle und empirische Befunde, die zu einem besseren Verständnis des Verhaltens von Käufern in solchen speziellen Situationen beitragen können. Nach einem kurzen Blick auf allgemeine Modelle des Käuferverhaltens werden die einzelnen intrapsychischen Stationen nachgezeichnet, die das Verhalten von Käufern (mit-)bestimmen (die dabei gewonnenen Erkenntnisse werden – im Gegensatz zu den beiden nächsten Kapiteln – nicht jeweils in einem Fazit zusammengefasst, da die wesentlichen Folgerungen dazu im Rahmen der Diskussion um die Interaktion und Kommunikation im persönlichen Verkauf gezogen werden).

2.1 Modelle des Käuferverhaltens

In der Literatur finden sich eine Vielzahl von mehr oder weniger umfassenden Modellen des Käuferverhaltens, die entsprechend als „Totalmodelle" bezeichnet werden (vgl. z.B. Bänsch, 1996b; Becker, 1998). Stellvertretend für diese Ansätze wird im folgenden das wohl bekannteste Totalmodell des Käuferverhaltens von Howard und Sheth (1969) kurz skizziert. Im Anschluss wird ein einfaches Modell entwickelt, das nicht den Anspruch hat, alle Aspekte des Käuferverhaltens zu erklären, sondern der Gliederung des weiteren Vorgehens dient.

2.1.1 Das Modell von Howard und Sheth (1969)

Als exemplarisch für Totalmodelle des Käuferverhaltens kann immer noch das Modell von Howard und Sheth (1969) gelten (vgl. dazu Bänsch, 1996b; Behrens, 1991; Becker, 1998; von Rosenstiel & Ewald, 1979). Die wesentlichen Zusammenhänge dieses Modells zeigt Abbildung 1:

INPUTVARIABLE   WAHRNEHMUNGS-   LERNKONSTRUKTE   OUTPUT-
                  KONSTRUKTE   VARIABLE

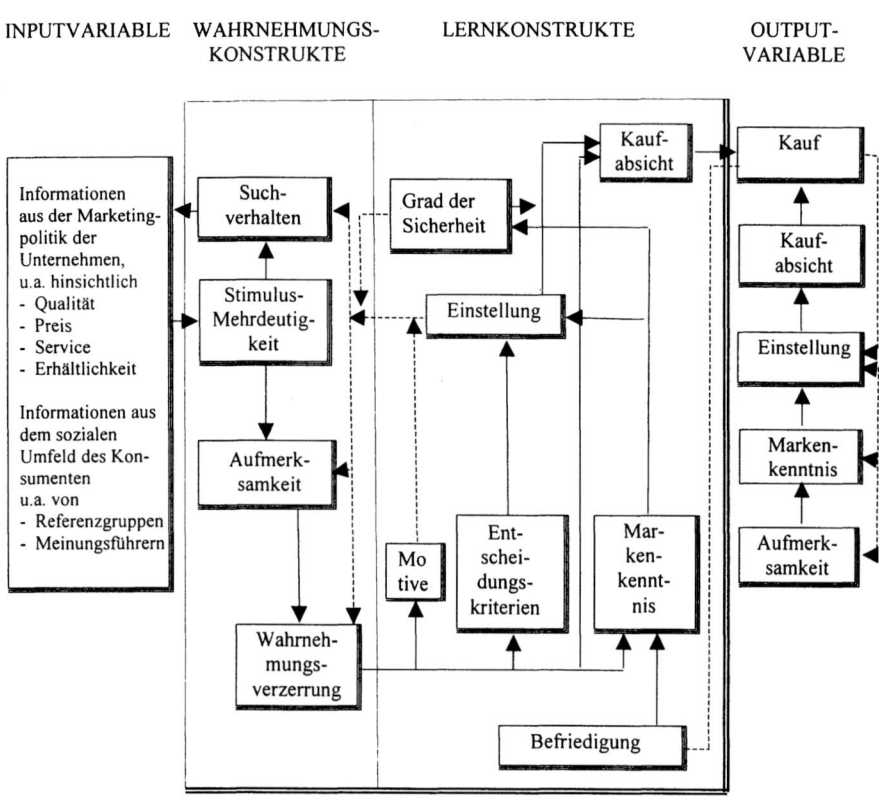

——— Informationsfluss
------ Rückkopplungseffekte

Abb. 1: Das Modell von Howard und Sheth (nach Bänsch, 1996b, S.126)

Diese Konzeption steht in der Tradition der S-O-R-Modelle: Demnach wirken Reize (Stimuli: S) auf einen Menschen (Organismus: O), der diese Reize verarbeitet und in der Folge darauf reagiert (Reaktion: R). Im Modell von Howard und Sheth (1969) wirken Input- oder Stimulus-Variablen auf den Organismus, regen dort Wahrnehmungs- und Lernprozesse an und führen zu Reaktionen (Output) in Form von psychischen bzw. Verhaltensergebnissen. Darüber hinaus berücksichtigen die Autoren in ihrem Modell auch eine Reihe sogenannter „exogener Variable", die gewissermaßen den Hintergrund der Kaufentscheidung darstellen und aus Gründen der Übersichtlichkeit in Abbildung 1 nicht dargestellt wurden.

Input-Variable: Den Input bilden kaufrelevante Informationen, die auf die *Markenpolitik der Unternehmen* sowie das *soziale Umfeld* der Konsumenten zurückgeführt werden. Die Informationen können unmittelbar dem Produkt entnommen werden, das die Aufmerksamkeit mit Eigenschaften wie Preis, Qualität, Eigenart, Service oder Erhältlichkeit auf sich lenkt, oder aber indirekt über die Werbung oder bestimmte Marketingaktionen. Bei den Informationen aus der sozialen Umwelt kommt der persönlichen Kommunikation eine besondere Bedeutung zu. Sucht man das Modell auf den persönlichen Verkauf anzuwenden, dann muss die Person des Verkäufers, aber auch das Image des vertretenen Unternehmens zu den wesentlichen Input-Variablen gezählt werden.

Organismus-Variable: Organismus-Variable werden als hypothetische Konstrukte betrachtet, d.h. es handelt sich um empirisch nicht direkt erfassbare psychische Merkmale, die aus den Input- und den Output-Variablen erschlossen werden. Die Autoren unterscheiden Wahrnehmungs- und Lernkonstrukte. Mit den *Wahrnehmungskonstrukten* soll die Aufgabe, entscheidungsrelevante Informationen zu beschaffen und zu verarbeiten, erklärt werden. Das Konstrukt *Aufmerksamkeit* verweist darauf, dass Informationen immer selektiv wahrgenommen werden, was dabei von den Reizen ausgewählt und weiter verarbeitet wird, hängt von Merkmalen der Stimuli und der Person ab. *Stimulusmehrdeutigkeit* steht für die psychischen Reaktionen gegenüber den Reizen: Wenn die Mehrdeutigkeit zu groß ist, führt das zu Ignoranz oder aber zu verstärktem Suchverhalten, um die Mehrdeutigkeit zu verringern. Aktives Suchverhalten durchzieht den ganzen Entscheidungsprozess und wird immer gezeigt, wenn nach Meinung des Konsumenten noch zuwenig Informationen für eine Entscheidung vorliegen.

Die Informationsaufnahme unterliegt nicht nur der Selektion, es treten auch Verzerrungen der Wahrnehmung auf. Nach Meinung der Autoren werden die Informationen je nach Art der Informationsquelle unterschiedlich stark verzerrt – demnach sollten die Informationen aus dem Bekanntenkreis weniger verzerrt werden als solche aus der Werbung. Mit Bezug auf den persönlichen Verkauf kann hier angenommen werden, dass die „Produkt-Anpreisungen" der Verkäufer verzerrt werden, da sie zum Beispiel von solchen Kunden, die bereits schlechte Erfahrungen mit Verkäufern gemacht haben, als das Gegenteil von dem Gesagten interpretiert werden (können). Das verdeutlicht im Modell der Wechselwirkungspfeil mit den Motiven – zum Beispiel kann ein starkes Sicherheitsmotiv die Informationsaufnahme für Andeutungen von Produktrisiken sensibilisieren.

Die *Motive* zählen im Modell von Howard und Sheth (1969) zu den *Lernkonstrukten*. Sie stellen Energie zum Handeln bereit und lenken die Aufmerksamkeit auf bestimmte Reize in der Umwelt. *Markenkenntnis* beschreibt das Wissen um die gewöhnlich beschränkte Anzahl von Produkten, mit denen der Konsument vertraut ist und deren Eignung zur Befriedigung seiner Bedürfnisse er kennt. Die Bewertung der Produkte ist damit nicht angesprochen, sie wird wesentlich durch die *Entscheidungskriterien* beeinflusst. Die durch Erfahrung erworbenen Entscheidungskriterien und -regeln erlauben die Zuordnung verschiedener (Produkt-)Alternativen zu den Motiven und ermöglichen zielgerichtetes Verhalten, da sie zur Bildung von Einstellungen gegenüber Produkten oder Dienstleistungen führen.

In Abgrenzung zum gängigen Einstellungsbegriff verstehen die Autoren unter *Einstellung* die Einordnung von Produkten oder Dienstleistungen hinsichtlich ihrer Fähigkeit zur Erfüllung der Motive (Bänsch, 1996b, S. 129). Im persönlichen Verkauf hat die Glaubwürdigkeit des Verkäufers wiederum besondere Bedeutung für die Einstellungsbildung gegenüber dem Produkt, durch die beeinflussende Wirkung persönlicher Kommunikation können Verkäufer sehr viel stärkere Einstellungsänderungen herbeiführen, als dies zum Beispiel durch Werbung möglich ist.

Ist sich ein Konsument in der Bewertung eines Produkts sehr sicher, so wird dieser *Grad der Sicherheit* weitere Informationssuche unterbinden und direkt zur Bildung einer Kaufabsicht führen. Im persönlichen Verkauf wird dieser Grad der Sicherheit entscheidend durch die Glaubwürdigkeit und Überzeugungsfähigkeit des Verkäufers beeinflusst.

Die *Befriedigung* bezieht sich auf die Phase nach dem Kauf. Erfüllt das Produkt nicht die Erwartungen, die ein Konsument in seinen Nutzen gesetzt hat, wird der Konsument es künftig nicht mehr in Erwägung ziehen. Führt es dagegen zu hoher Befriedigung, wird die Attraktivität des Produkts steigen und das Produkt kann unter Umständen bisher akzeptable Alternativen verdrängen. Dieses etwas mechanische Verständnis der Wirkungen muss für den persönlichen Verkauf relativiert werden – so kann zum Beispiel durch einseitige Betonung des Nutzens durch den Verkäufer eine so hohe Erwartungshaltung aufgebaut werden, dass auch bei Produkten, die prinzipiell in der Lage wären, Bedürfnisse zu befriedigen, Enttäuschungen eintreten.

Output-Variable: Die meisten Output-Variable stehen in direkter Beziehung zu den Wahrnehmungs- und Lernkonstrukten und lassen sich als deren Operationalisierung, d.h. die konkrete Form, in der sie empirisch erfasst werden, verstehen. Aufsteigend von der *Aufmerksamkeit* für ein Produkt, die zu erregen bereits ein Erfolg des Verkäufers sein kann, über die *Kenntnis der Marke*, eine positive *Einstellung* ihr gegenüber, die *Kaufsicht* bis hin zum *Kauf* lassen sich verschiedene Reaktionsformen der Konsumenten unterscheiden, wobei in dieser Hierarchie natürlich der Kauf das letztendlich entscheidende Ergebnis darstellt.

Exogene Variable: Die Autoren berücksichtigen noch eine Reihe exogener Variablen, die keinen systematischen Einfluss auf die Kaufentscheidung haben (sollen) und deshalb im Modell nicht erklärt werden. Letztlich werden sie berücksichtigt, um reale Kaufentscheidungen empirisch besser vorhersagen zu können. Dazu zählen:

- Bedeutung des Kaufs
- Kultur
- Soziale Klasse
- Persönlichkeitsmerkmale
- Gruppeneinflüsse
- Zeitdruck
- Finanzielle Lage

Unter diesen exogenen Variablen finden sich einige Merkmale, die für den persönlichen Verkauf besonders bedeutsam sind (vgl. Becker, 1998). Zum Beispiel zählen zu den Persönlichkeitsmerkmalen u.a. die Risikobereitschaft und die individuelle Beeinflussbarkeit, die als wichtige Bedingungen für den Verlauf der Interaktion mit dem Verkäufer gelten können (Goff, Bellenger & Stojack, 1994). Die Variablen „Zeitdruck" und „Gruppeneinflüsse" verweisen auf einig im persönlichen Verkauf wichtigen Merkmale der Situation, in der Verkaufsgespräche stattfinden.

Das Modell von Howard und Sheth (1969) stellt immer noch den plausibelsten Versuch dar, einen umfassenden Ansatz zur Erklärung des Käuferverhaltens zu entwickeln. Trotzdem hat es reichlich Kritik gefunden (vgl. Bänsch, 1996b; von Rosenstiel & Ewald, 1979): Als besonders negativ wird die mangelnde Operationalisierbarkeit der meisten Konstrukte angeführt, entsprechend sind nur wenige empirische Überprüfungen versucht worden – mit enttäuschenden Ergebnissen. Auch die angenommenen Zusammenhänge zwischen den Variablen werden der Realität nicht annähernd gerecht. Resümierend ist daher festzustellen: Beim aktuellen Stand des Wissens muten Versuche, das Käuferverhalten in seiner extremen Komplexität in einem Modell umfassend abzubilden, eher heroisch an - empirisch überprüfbare Erklärungen lassen sich davon kaum erwarten. Daher wird in der Forschung heute verstärkt auf sogenannte Partial-Modelle gesetzt, die lediglich spezifische Aspekte des Käuferverhaltens erklären (Becker, 1998). Zur nachfolgenden Darstellung einiger dieser Modelle und ihrer empirischen Überprüfung ist es aber sinnvoll, zunächst ein grobes Ablaufschema der psychischen Prozesse des Käuferverhaltens im Rahmen des persönlichen Verkaufs zu skizzieren.

2.1.2 Ein Ablaufschema des Käuferverhaltens

Mit dem folgenden Schema wird nicht der Anspruch eines Totalmodells des Käuferverhaltens erhoben, vielmehr sollen die wesentlichen psychischen Prozesse, die im Rahmen des persönlichen Verkaufs beim Käufer ablaufen, geordnet werden, um sie einer Darstellung im Detail zugänglich zu machen. Der Begriff „Ablaufschema" ist dabei nicht im Sinne eines streng chronologisch geordneten Ablaufs zu verstehen: Psychische Prozesse sind durch Parallelität, Interdependenzen und rekursive Beziehungen gekennzeichnet. Der Übersichtlichkeit halber orientiert sich die folgende Darstellung an einer vereinfachten Anordnung. Das Modell zeigt Abbildung 2.

Ausgangspunkt bildet die Kontaktsituation zwischen Verkäufer und Käufer, die in der Abbildung 2 durch einen beidseitig gerichteten Pfeil veranschaulicht ist. Eine Grundvoraussetzung für die Aufnahme eines Verkaufsgesprächs ist ein gewisses Maß an *Aktivierung* des Käufers, damit seine Aufmerksamkeit geweckt wird und er sich dem Angebot zuwendet. Die Aktivierung des Käufers ist natürlich nur in solchen Fällen eine Aufgabe des Verkäufers, in denen er von sich aus auf den Käufer zugehen muss. Gewöhnlich ist im persönlichen Verkauf die für eine angemessene Informationsverarbeitung notwendige „innere Erregung" oder eben Aktivierung allein durch die Nähe einer anderen Person, den Verkäufer, gesichert. Entscheidend für den weiteren Verlauf des Kontakts ist dagegen ein anderes Merkmal des Käufers, sein *Involvement*. Darunter wird das Engagement oder die innere Beteiligung, mit der jemand an einem Vorgang - zum Beispiel einem Verkaufsgespräch - beteiligt ist, bezeichnet. Da dieses Merkmal von verschiedenen Aspekten abhängt, darunter auch der Art des angebotenen Produkts, lässt es sich vom Verkäufer nicht so leicht beeinflussen wie der bloße Grad der Aktivierung.

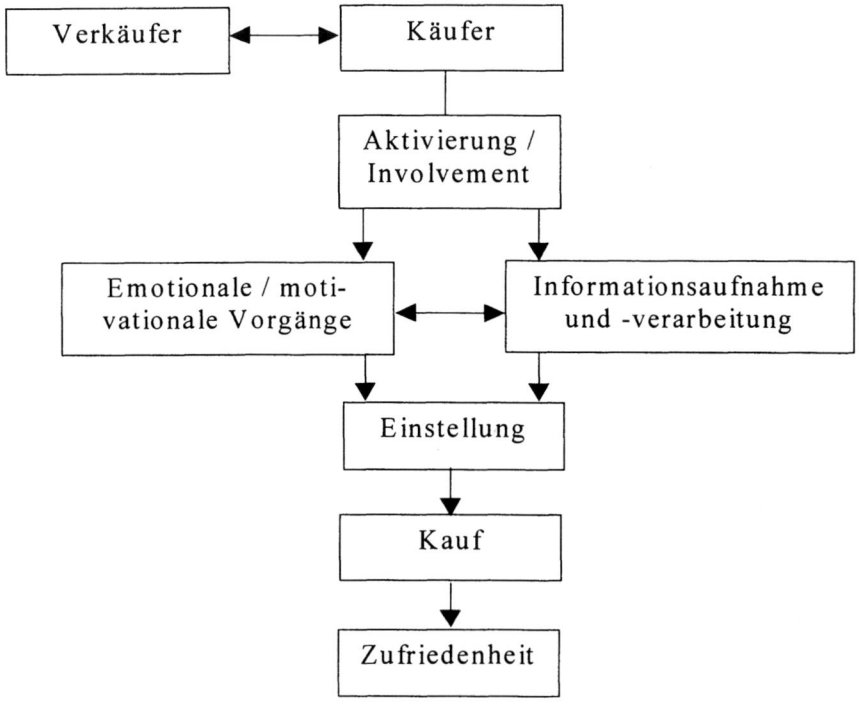

Abb. 2: Ein Ablaufschema des Käuferverhaltens

Als nächster wesentlicher Prozess folgt die *Informationsaufnahme* im Sinne der Wahrnehmung. Dabei handelt es sich um äußerst komplexe Vorgänge, zu denen sich eine kaum überschaubare Zahl von Theorien und Untersuchungen findet. Die meisten davon beschäftigen sich mit Problemen, die eher auf der Mikroebene angesiedelt sind und deshalb wenig zum Verständnis des persönlichen Verkaufs beitragen. Daher wird hier lediglich ein eher allgemeiner theoretischer Ansatz skizziert, der den Vorzug hat, dass er die mit der Informationsaufnahme verbundenen Prozesse der *Informationsverarbeitung* und darauf einwirkende *emotionale Vorgänge* integrieren kann, die sogenannte Schematheorie. Allerdings stellen die emotionalen Vorgänge vor allem im Rahmen der menschlichen Interaktion eine so bedeutende psychische Leistung dar, dass sie in einem eigenen Abschnitt noch etwas grundsätzlicher behandelt werden (ihre Wechselwirkung mit den kognitiven Prozessen wird in Abbildung 2 durch den wechselseitigen Pfeil veranschaulicht). Mit den emotionalen Vorgängen eng verknüpft sind schließlich auch die motivationalen Prozesse: Emotionen versorgen das Handeln mit Energie und geben ihm eine grobe Richtung - Annäherung oder Vermeidung - vor. Das je konkrete Handeln muss darüber hinaus noch durch kognitive Prozesse auf bestimmte Ziele ausgerichtet werden, der Prozess dieser Ausrichtung wird wiederum als Motivation bezeichnet.

Motivation kann verschiedene Aspekte des Käuferverhaltens erklären - vor allem Richtung, Intensität und Ausdauer -, zum besseren Verständnis der Kaufentscheidung und des Kaufs ist aber noch eine weitere Größe wichtig, die *Einstellung*. Einstellungen gegenüber Produkten, Dienstleistungen oder Personen werden auch als Images bezeichnet, sie bestimmen, wie attraktiv das Angebot ist. Insofern besteht eine wesentliche Aufgabe des Verkäufers darin, positive Einstellungen des Kunden zu bestärken und negative nach Möglichkeit zu ändern. Dadurch wird eine wichtige Voraussetzung für die *Kaufentscheidung* und den *Kauf* geschaffen. Und wenn sich der Verkäufer dabei an den Bedürfnissen und Wünschen des Kunden orientiert hat, wird sich bei diesem vermutlich im Anschluss *Zufriedenheit* entwickeln mit der möglichen Folge weiterer Kontakte zum Verkäufer.

Eine Reihe von psychischen Prozessen, die in den gängigen Lehrbüchern des Konsumentenverhaltens behandelt werden – zum Beispiel Lernprozesse -, sind in diesem Ablaufschema nicht berücksichtigt, da sie für das Verständnis des persönlichen Verkaufs weniger große Bedeutung haben. Andere dagegen haben sicherlich Bedeutung - die Rolle von Gruppen, Normen, Lebensstilen oder die Wirkungen der Situation -, werden aber in dem folgenden knappen Überblick ausgespart, da sie nicht im engeren Sinne zu den psychologischen Prozessen zählen. Ihre Auswirkungen auf die Interaktion und das Verkaufsgespräch werden aber im vierten Kapitel an den jeweiligen Stellen angesprochen.

2.2 Aktivierung und Involvement

Aktivierung und Involvement nehmen eine zentrale Position in der Konsumentenforschung ein: Unter den Bedingungen zunehmend gesättigter Märkte, in denen Produkte als austauschbar erlebt werden, sinkt das Interesse der Konsumenten an den Eigenschaften der Produkte (geringes Involvement). Das macht es für das Marketing immer wichtiger, die Konsumenten zu aktivieren, um ihre Aufmerksamkeit auf die jeweiligen Produkte zu lenken, eine Aufgabe, die bei stetig anwachsender Informationsüberlastung immer schwieriger wird (Kroeber-Riel, 1990; Neumann, 2000a). Für den persönlichen Verkauf haben diese Problembereiche sehr viel geringere Bedeutung als für die Werbung, die nicht zuletzt ihren eigenen „Informationsmüll" überwinden muss, um den Konsumenten zu erreichen. Dagegen sorgen allein die menschliche Begegnung mit dem Verkäufer und die sehr viel unmittelbareren Methoden, Aufmerksamkeit des Kunden zu wecken, die einem Verkäufer zur Verfügung stehen, im persönlichen Verkauf für die notwendige Aktivierung. Im folgenden werden daher nur kurz die Grundlagen der Aktivierung dargestellt, um dann etwas ausführlicher auf das damit verbundene Problem des Involvement einzugehen.

2.2.1 Grundlagen der Aktivierung

Aktivierung kann als „innere Spannung" oder „Erregung" umschrieben werden. Dieser Begriff bezeichnet einen zentralnervösen Prozess, in dessen Verlauf ein Organismus mit Energie versorgt und in den Zustand der Leistungsfähigkeit versetzt wird (zu den physiologischen Grundlagen vgl. Schandry, 1996). Gewöhnlich wird zwischen allgemeiner und spezifischer Aktivierung unterschieden: Allgemeine Aktivierung bezeichnet den Vorgang, der sämtliche Funktionen des Organismus stimuliert, die spezifische Aktivierung dagegen versorgt ganz bestimmte psychische Funktionen mit Energie. Während die allgemeine Aktivierung zwischen den Polen „Schläfrigkeit" und „ Panik" variiert, führt die spezifische Aktivierung zur Unterscheidung zwischen subjektiv wichtigen und unwichtigen Reizen - die aktivierenden Reize werden anschließend genauer analysiert mit der möglichen Folge einer Reaktion.

Die Aktivierung kann kurzfristigen Schwankungen unterliegen, wobei der *Aufmerksamkeit* besondere Bedeutung zukommt. Aufmerksamkeit macht den Organismus reaktionsbereit und aktiviert ihn für bestimmte psychische Funktionen, dabei wird der Organismus gegenüber einem bestimmten Reiz sensibilisiert und gleichzeitig sinkt die Wahrscheinlichkeit, dass andere Reize verarbeitet werden (Kroeber-Riel & Weinberg, 1996).

Aktivierung wird durch innere oder äußere Reize ausgelöst: Sowohl ein Gedanke - zum Beispiel an ein angenehmes Erlebnis - kann zu höherer Erregung führen als auch die Wahrnehmung äußerer Reize. Für die Psychologie des Verkaufs ist die Auslösung durch äußere Reize, speziell durch die Person des Verkäufers bzw. angebotene Produkte oder Dienstleistungen besonders wichtig. Im wesentlichen lassen sich drei Klassen von Reizwirkungen unterscheiden, die zur Aktivierung führen (Kroeber-Riel & Meyer-Hentschel, 1982; Kroeber-Riel, 1990):
• Emotionale Reizwirkungen
• Kognitive Reizwirkungen
• Physische Reizwirkungen
Emotionale Reize sprechen unmittelbar die Emotionen des Konsumenten an und führen mit großer Sicherheit zur Aktivierung. Kognitive Reize – alles was neuartig oder überraschend ist – lösen Aktivierung über gedankliche Verarbeitung aus. Starke physische Reize wie Farben oder Musik können dagegen aufgrund biologischer Programmierungen Aktivierung auslösen.

Im persönlichen Verkauf ist die Bedeutung der Aktivierung differenziert zu betrachten. Die „klassische" Aufgabe des Marketing, zunächst einmal überhaupt die Aufmerksamkeit des Konsumenten zu erlangen, ist in Kaufhäusern oder auf Verkaufsmessen zu beachten. Hier wird vor allem durch physische Reize die Aufmerksamkeit auf einen Verkaufsstand gelenkt, damit es überhaupt zu einem Kontakt kommen kann. Besonders anschaulich wird das bei allen Formen des „billigen Jakob", der durch physische (Lautstärke) und kognitive Reize (sensationelle Produkt-Versprechen) die Aufmerksamkeit auf sich zieht. Ist ein Kontakt zum Käufer hergestellt, sorgt ein besonders wirksamer Reiz für genügend Aktivierung – die Person des

Verkäufers. Andere Menschen stellen einen biologisch programmierten, (emotionalen) Reiz dar, der immer hinlänglich aktiviert (Zajonc, 1965).

Im Verkaufsgespräch selbst kommt es an verschiedenen Stellen, besonders bei der Erhebung des Bedarfs bzw. der Ermittlung der Motive des Konsumenten darauf an, ihn zu aktivieren: Am sichersten gelingt dies durch offene Fragen, die ihn zum Sprechen veranlassen – mit dieser Aktivität ist eine Zunahme der Aktivierung gesichert (vgl. z.B. Bänsch, 1996a). In längeren Verkaufsgesprächen, in denen das Interesse des Kunden für ein Produkt herzustellen ist, bestehen vor allem im Rahmen der Demonstration des Produkts vielfältige Möglichkeiten der Aktivierung. Dabei lassen sich gezielt die Sinne des Konsumenten ansprechen, was mit großer Sicherheit zur Aktivierung führt – das Produkt zeigen, es anfassen oder wenn möglich hören und/oder riechen lassen aktiviert, am stärksten ist aber die Wirkung des „selber Ausprobierens". Bei physisch nicht vorführbaren Produkten oder bei Dienstleistungen kommt es darauf an, über Filme, Fotos, Zeichnungen oder Modelle zumindest die visuelle Wahrnehmung anzusprechen, ähnliches gilt für die grafische Veranschaulichung abstrakter Gedanken, beispielsweise die Visualisierung von Kostenersparnissen oder Umsatzverbesserungen. Durch solche Methoden der Aktivierung sichert der Verkäufer die Aufmerksamkeit und steigert die Leistung der Informationsverarbeitung, d.h. die Vorteile und der Nutzen des Angebots werden besser aufgenommen und gespeichert. Das gilt besonders bei geringem Involvement des Kunden.

2.2.2 Involvement und persönlicher Verkauf

Involvement wird mittlerweile als Schlüsselkategorie des Marketing angesehen, da je nach Grad dieses Zustandes unterschiedliche Maßnahmen – auch im persönlichen Verkauf – zur Zielerreichung notwendig sind (Behrens, 1991; Kroeber-Riel, 1993; Neumann, 2000a; Trommsdorff, 1998). Der Begriff „Involvement" bezeichnet das Engagement oder die innere Beteiligung, mit der jemand an einem Vorgang, auch einem Gespräch mit einem Verkäufer, beteiligt ist. Mit Blick auf die vorgängigen Ausführungen kann darunter der Aktivierungsgrad verstanden werden, mit dem Informationen über ein Objekt gesucht, aufgenommen, verarbeitet und gespeichert werden (Trommsdorff, 1998). Gewöhnlich wird im Marketing zwischen hohem und geringem Involvement unterschieden, einige Folgen dieser unterschiedlichen Zustände für das Konsumentenverhalten zeigt Abbildung 3:

Hohes Involvement	Geringes Involvement
• Aktive Informationssuche	• Passives Informationsverhalten
• Aktive Auseinandersetzung	• Passives Ausgesetztsein
• Hohe Verarbeitungstiefe	• Geringe Verarbeitungstiefe
• Hohe Überzeugungswirkung	• Geringe Überzeugungswirkung
• Markenbewertung vor dem Kauf	• Keine Markenbewertung vor dem Kauf
• Viele Merkmale werden beachtet	• Wenige Merkmale werden beachtet
• Wenige akzeptable Alternativen	• Viele akzeptable Alternativen
• Ziel: Optimierung	• Ziel: Anspruchsniveaurealisierung
• Hohe Markentreue	• Geringe Markentreue
• Stark verankerte Einstellung	• Gering verankerte Einstellung
• Hohe Gedächtnisleistung	• Geringe Gedächtnisleistung

Abb. 3: Auswirkungen unterschiedlicher Niveaus des Involvement auf wesentliche Merkmale des Konsumentenverhaltens (in Anlehnung an Trommsdorff, 1998, S. 50)

Nach der Verursachung lassen sich verschiedene Formen des Involvement unterscheiden, wobei für den persönlichen Verkauf drei Formen besonders wichtig sind: persönliches, reizabhängiges und situatives Involvement (vgl. Kroeber-Riel & Weinberg, 1996; Trommsdorff, 1998).

• *Persönliches Involvement* wird von den Neigungen, Motiven, Einstellungen und Werten des Individuums bestimmt. Je stärker ein Produkt oder eine Kaufsituation diesen psychologischen Merkmalen entspricht, desto größer wird das Engagement des Konsumenten sein. So kann für einen ausgesprochenen „Computer-Freak" das Gespräch mit dem Verkäufer in einem Computer-Fachgeschäft zu den interessantesten Beschäftigungen zählen, da er jede Gelegenheit nutzt, um sich über Neuentwicklungen auf dem Computer-Markt zu informieren. In den meisten Produktbereichen sind allerdings die Konsumenten relativ gleichartig involviert.

• Unter *reizabhängigem Involvement* werden alle Formen des Engagements subsumiert, die durch Umweltreize ausgelöst werden – dazu zählt das Involvement, das auf das Medium zurückzuführen ist (z.B. ist das Involvement im persönlichen Gespräch immer sehr viel größer als beim Lesen einer Anzeige in der Tagespresse) oder das durch die Marketing-Botschaft unabhängig vom Produkt ausgelöst wird (bezogen auf den persönlichen Verkauf zählen hierzu alle Faktoren, mit denen es dem Verkäufer gelingt, das Interesse des Kunden zu wecken; Bänsch, 1996a). Die wichtigste reizabhängige Form ist das *Produktinvolvement*, das durch das allgemeine Interesse bestimmt wird, das eine Kultur einem bestimmten Produkt entgegen bringt. Gewöhnlich wird hier zwischen langlebigen, teuren Gebrauchsgütern mit hohem Involvement und Verbrauchsgütern mit geringem Involvement unterschieden. Diese grobe Einteilung wird aber durch andere, psychologische Aspekte modifiziert, vor allem durch das wahrgenommene Kaufrisiko (vgl. Becker, 1998). So haben modische Verbrauchsgüter wie Kleidung häufig ein gesteigertes soziales Kaufrisiko, d.h. der Käufer fürchtet die Folgen der Bewertung in seiner sozialen Umwelt. In diesem Fall lässt sich ein hohes Produktinvolvement beobachten. Gewöhnlich ist das Produktinvolvement hoch, sofern es Unterschiede zwischen Marken gibt und der Käufer Fehler machen kann, wenn er diese Unterschiede nicht beachtet (Felser, 1997).

- Von besonderer Bedeutung für das Konsumentenverhalten ist das *situative Involvement*. Unabhängig von Produkt, Medium oder Botschaft, die ebenfalls Merkmale der Situation darstellen, unterscheidet sich das Involvement der Konsumenten in Abhängigkeit von weiteren situativen Merkmalen. Dazu zählt auch der Zeitdruck, unter dem eine Entscheidung zu fällen ist – bei hohem Zeitdruck wird gewöhnlich eher geringes Involvement entstehen, unabhängig vom Produkt oder von personspezifischen Merkmalen. Entsprechend versuchen manchmal Verkäufer, den Kunden unter Zeitdruck zu setzen, um allzu großes Involvement zu vermeiden (das sonst möglicherweise zu viele negative Informationen über das Produkt zutage fördern könnte; vgl. Cialdini, 1996a). In anderen Fällen kann situatives Involvement auch bei eher unwichtigen Produkten der Auslöser für ein Verkaufsgespräch sein, zum Beispiel, wenn man eine Flasche Cognac kaufen möchte, um seinen Chef zu bewirten.

Das Involvement hat große Auswirkungen auf die Form der Kaufentscheidung (s.u. 2.7), im persönlichen Verkauf ist es entscheidend für den Verlauf des Verkaufsgesprächs. Bei geringem Involvement muss der Verkäufer den Käufer aktivieren, sein Interesse wecken, den Nutzen des Angebots verdeutlichen usw., bei hohem Involvement dagegen gilt sein Hauptaugenmerk den überzeugenden Argumenten, die für ein bestimmtes - und damit gegen ein konkurrierendes - Angebot sprechen. Die Aufnahme und Verarbeitung solcher Informationen durch den Käufer bildet entsprechend ein Kernstück der Konsumentenforschung.

2.3 Informationsaufnahme und -verarbeitung

Unter den Stichworten „Wahrnehmung und Produktbeurteilung" bzw. „Informationsaufnahme und -verarbeitung" werden in den gängigen Lehrbüchern des Konsumentenverhaltens ausführlich die Prozesse nachgezeichnet, die bei der Aufnahme und Verarbeitung externer Reize untersucht wurden (vgl. Behrens, 1991; Kroeber-Riel & Weinberg, 1996; Trommsdorff, 1998). Diese ganze Forschungsrichtung ist sehr stark auf die Marketing-Kommunikation ausgerichtet, d.h. es wird vor allem untersucht, wie Werbung wahrgenommen wird, wie sie gestaltet sein muss, damit der Konsument aufmerksam wird und die Werbebotschaft ihren Zweck erfüllt etc. (vgl. dazu auch Neumann, 2000a; 2000b). Für den persönlichen Verkauf haben solche Untersuchungen eher geringe Bedeutung, da in diesem Fall die wichtigsten Informationen vom

Verkäufer verbal und nonverbal vermittelt werden. Im Vordergrund des Interesses muss daher die Frage stehen, wie die Person des Verkäufers wahrgenommen wird und welche Auswirkungen das auf die Produktbeurteilung und den Kauf hat. Zum besseren Verständnis dieses Vorgangs bietet ein eher allgemeines Konzept der kognitiven Psychologie (Neisser, 1979; Anderson, 1988), die schematische Informationsverarbeitung, eine geeignete Grundlage. Damit kann sowohl die kompetente Teilhabe an Verkaufsinteraktionen durch die Käufer als auch seine „typische" Wahrnehmung der Person des Verkäufers erklärt werden. Zum besseren Verständnis der Urteilsprozesse, speziell der Produktbeurteilung kann die Schematheorie ebenfalls beitragen.

2.3.1 Schematheoretische Grundlagen der Informationsverarbeitung

Schemata sind „allgemeine Wissensstrukturen, die die wichtigsten Merkmale eines Gegenstandsbereiches wiedergeben, auf den sie sich beziehen und gleichzeitig angeben, welche Beziehungen zwischen diesen Merkmalen bestehen" (Schwarz, 1985, S. 273; vgl. zum folgenden auch Wyer, 1980; Anderson, 1988; Fischer, & Wiswede, 1997). Ein Produkt-Schema, beispielsweise das Schema „Auto", ist demnach die Repräsentation des Wissens über diesen Produktbereich, von den verschiedenen Teilen, die ein Auto umfasst, über seine Funktionen bis hin zu den Wirkungen, etwa die Erfahrung der Ungebundenheit oder der laufenden Kosten. Von der Erinnerung an ein konkretes Auto unterscheidet sich das Auto-Schema durch seine höhere Abstraktheit. Während die Erinnerung an das eigene Auto durch einen ganz konkreten Wagen einer bestimmten Marke mit allen dazu gehörenden Merkmalen wie Farbe, Eigenarten der Geräusche und des Geruchs etc. gekennzeichnet ist, haben Schemata Variablen oder Leerstellen, die bei der Aktivierung jeweils durch konkrete Merkmale ausgefüllt werden. Im Auto-Beispiel sind solche Leerstellen die Größe, Farbe, Beschleunigung, Unterhaltskosten etc.. Außerdem enthält ein Schema auch die Beziehungen, in denen die Leerstellen zueinander stehen, zum Beispiel, dass die PS-Zahl oder die Sicherheit eines Autos positiv mit dem Preis und den Kosten korreliert. Wird ein Schema aktiviert - wenn ein Verkäufer ein Produkt zeigt oder aber verbal auf bestimmte Möglichkeiten verweist, die mit einem Produkt verbunden sind -, findet eine Verarbeitung aller eingehenden Informationen im Rahmen des Schemas statt, d.h. der Käufer versteht das, was in einer Verkaufssituation abläuft, nicht aufgrund der direkt gegebenen Informationen, sondern indem er diese Informationen in bestehende Wissensstrukturen einordnet.

Schemata werden auf der Basis direkter Erfahrung, der Beobachtung anderer Personen oder über die verschiedenen Formen der Kommunikation erworben. Schemata bilden sowohl die Voraussetzung als auch das Ergebnis der Anpassung an die Umwelt, daher wurde der Erwerb kognitiver Schemata entwicklungspsychologisch als dialektischer Prozess von Assimilation und Akkomodation beschrieben (Piaget, 1975). Demnach verfügen Säuglinge über einfache Handlungsschemata wie ein Greifschema oder ein Saugschema. Im Prozess der Assimilation nimmt der Säugling Informationen aus der Umwelt auf und verändert sie, damit sie in bestehende Schemata passen. Durch Akkomodation wird gleichzeitig das Schema selbst so verändert, dass es der neuen Information angemessen ist und zu anderen Schemata nicht in Widerspruch steht. Auf diesem Wege werden Schemata im Laufe der Entwicklung immer differenzierter mit der Folge der stetigen Verfestigung, d.h. der Prozess der Akkomodation nimmt ab und entwickelte Schemata werden häufig auch dann noch aufrechterhalten, wenn sie in Widerspruch zur objektiven Wirklichkeit stehen.

Schemata erfüllen verschiedene wichtige Funktionen (vgl. Schwarz, 1985):

• Sie dienen dem Verstehen der Realität indem sie es ermöglichen, konkrete Erlebnisse in bestehende Wissensstrukturen einzuordnen.

• Sie steuern gezielt die Erkundung der Welt und erklären damit die Selektivität der Wahrnehmung - schemarelevante Information wird besser aufgenommen als neue, schematisch nicht verankerte Information. Das hat Neisser (1979) in einem „Wahrnehmungszyklus" veranschaulicht, den Abbildung 4 zeigt:

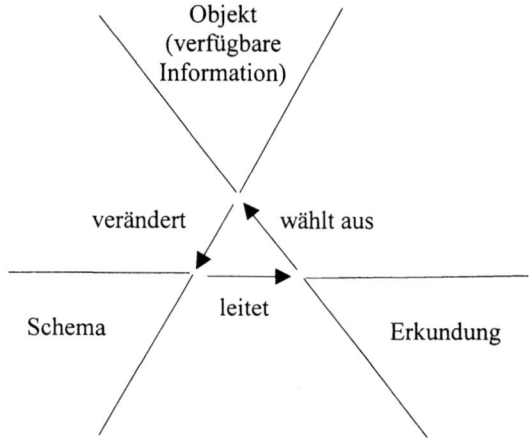

Abb. 4: Der Zyklus der Wahrnehmung (nach Neisser, 1979, S. 27)

Nach diesem Modell kann der Wahrnehmungsprozess mit einer absichtslosen Orientierung (Erkundung), einem bestimmten Objekt (z.B. ein Produkt) oder einem Schema beginnen, wobei eine schemageleitete Wahrnehmung eine gezielte Suche nach Informationen bedeutet. In diesem Zyklus werden auch die Prozesse der Akkomodation - das wahrgenommene Objekt verändert das Schema - und der Assimilation deutlich: Durch die schemageleitete Wahrnehmung wird das Objekt auf die schemarelevanten Merkmale reduziert und dabei so verändert, dass es sich in die bestehenden Wissensstrukturen einfügt.

• Schemata ermöglichen es, Ereignisse zu antizipieren und reduzieren damit Unsicherheit im Umgang mit der Welt. Aufgrund unseres Auto-Schemas wissen wir zum Beispiel auch um die Gefahren, die mit dem Autofahren verbunden sind und können uns darauf einstellen.

- Schemata verbessern die Erinnerung an Ereignisse: Wenn wir uns an ein konkretes Auto erinnern wollen, stellt das Schema die dafür notwendigen Leerstellen bereit, anhand derer wir die notwendige Information rekonstruieren können.

- Schemata steuern Verhalten: Wird zum Beispiel ein neues Auto inspiziert, lenkt das Auto-Schema die Wahrnehmung auf besonders wichtige Aspekte - Bremse testen, Größe des Kofferraums überprüfen, Beschleunigungswerte abfragen usw.

In der kognitiven Psychologie werden mehrere Arten von Schemata unterschieden (Schwarz, 1985), wobei im vorliegenden Zusammenhang zwei besonders wichtig sind: Ereignis- und Personenschemata. *Ereignisschemata* werden häufig auch als Skripte („scripts") bezeichnet (Abelson, 1981), wie Drehbücher im Film beschreiben Skripte die angemessene Abfolge von vertrauten Alltagssituationen. Ähnlich den anderen Schemata bestehen Skripte aus einer Reihe von Leerstellen: Im Skript für einen Einkauf in einem Einzelhandelsgeschäft finden sich zum Beispiel Leerstellen für typische Akteure (Verkäufer, Kassierer) und Objekte (Verkaufsstände, Wühltische, Informationsstände, Kassen etc.). Weiter spezifiziert das Ereignisschema die Voraussetzungen und Ergebnisse des Ablaufs der Ereignisse - dass ein Kauf durch ein Bedürfnis motiviert ist und den Besitz von Geld (oder Kreditwürdigkeit) voraussetzt und man nach dem Kauf über Produkte verfügt, die mehr oder weniger geeignet sind, das Bedürfnis zu befriedigen - und natürlich, dass man etwas ärmer geworden ist. Schließlich legt ein Skript den typischen Ablauf des Ereignisses fest, von der Suche nach einem geeigneten Geschäft - wobei das Skript auch beschreibt, in welchen Stadtvierteln man mit größerer Wahrscheinlichkeit fündig wird -, über das Betreten des Geschäfts, die Kontaktaufnahme mit dem Verkäufer, den Ablauf des Verkaufsgesprächs bis hin zum Zahlen und Verlassen des Geschäfts.

Ereignisschemata bilden damit die Voraussetzung zur kompetenten Bewältigung bestimmter Alltagssituationen - sie ermöglichen erst die Übernahme der Rolle „Käufer" in der Interaktion mit dem Verkäufer und tragen zur ökonomischen, häufig nahezu „gedankenlosen" Bewältigung der Alltagssituation „Einkauf" bei (Langer, 1989). Ihre Bedeutung wird klar, wenn ein Käufer vor eher ungewohnten Situationen steht, für die noch kein Skript ausgebildet wurde wie dem Kauf einer Eigentumswohnung und den damit verbundenen Fragen der Finanzierung. In diesem Fall prägt mehr oder weniger große Unsicherheit das Verhalten. Skripte bilden demnach die Grundlagen der alltäglichen Verkaufsinteraktionen, in ungewohnten Situationen müssen dagegen die Käufer erst das notwendige Wissen erwerben - was manche Verkäufer, die mit den Situationen natürlich vertraut sind, zu ihren Gunsten ausnutzen.

Personenschemata wurden in der Sozialpsychologie sehr intensiv untersucht. Unterscheiden lassen sich Schemata, die sich auf konkrete Personen beziehen (beispielsweise die eigene Mutter), das Wissen um die eigene Person (Selbstschema) und Schemata von Personengruppen oder Typen (Schwarz, 1985). Die letztgenannte Form ist für den persönlichen Verkauf besonders wichtig. Solche Schemata können sich auf Einstellungen (z.B. „Konservative"), Persönlichkeitsmerkmale („Intravertierte") oder aber soziale Merkmale wie zum Beispiel die berufliche Rolle beziehen. Insofern entspricht das „Image" des Verkäufers dem Schema, das die meisten Menschen über diesen Beruf und seine Vertreter haben. Unter dem Stichwort „Stereotyp" hat die

Untersuchung solcher Schemata eine lange Forschungstradition in der Sozialpsychologie (Lilli, 1982). Das Schema eines Verkäufers ist gewöhnlich durch die Aufzählung einer Reihe von Attributen gekennzeichnet, die untereinander in keiner klaren
Beziehung stehen (und meistens negativ getönt sind wie „aufdringlich, oberflächlich,
geschwätzig, verschlagen ..."; Nerdinger, 1994). Gelegentlich werden solche Auf-
zählungen als „Kategorien" bezeichnet, um sie von Schemata zu unterscheiden: Kategorien enthalten lediglich eine Liste von Merkmalen, anhand derer die Mitgliedschaft in einer Kategorie erschlossen wird (Mandler, 1979). Solche Kategorien oder
Stereotype sind gegenüber Veränderungen sehr resistent, da zum einen Verhaltensweisen, die mit dem Stereotyp in Einklang stehen, als Eigenschaft den Mitgliedern
der Kategorie zugeschrieben werden und zum anderen Informationen über die Gruppe
bevorzugt wahrgenommen werden, wenn sie das Stereotyp bestätigen. Das dürfte
einer der Gründe sein, warum sich das negative Verkäuferimage so hartnäckig hält.

2.3.2 Die Rolle des Verkäufers im Rahmen des Produktbeurteilungsprozesses

Schematische Informationsverarbeitung hat auch für Beurteilungsprozesse, speziell
für die Produktbeurteilung große Bedeutung. Vor allem im „low involvement"-
Bereich spielen Eindrücke, die nicht direkt aus der Auseinandersetzung mit dem Produkt gewonnen, sondern mit Hilfe kognitiver Schemata aus den aufgenommenen Informationen abgeleitet werden, eine große Rolle (Olson, 1978; vgl. zusammenfassend: Kroeber-Riel & Weinberg, 1996). Häufig werden auch einfache Heuristiken,
d.h. „Daumenregeln" zur Beurteilung herangezogen (einige für den persönlichen
Verkauf relevante Heuristiken werden unter 2.7 dargestellt). Die ökonomisch domi-
nierte Konsumentforschung hat sich aber bevorzugt mit der Beurteilung von „high-
involvement"-Produkten beschäftigt, da in diesen Fällen der Konsument mehr Mühe
und Aufmerksamkeit bei der Beurteilung walten lässt und daher die Urteile auch besser in mathematischen Modellen beschreibbar sind. Das Grundmodell, das auch als
Multiattributmodell bezeichnet wird (vgl. Trommsdorff, 1998), nimmt an, dass sich
die Beurteilung eines Produkts aus mehreren Teilurteilen zusammensetzt. Diese Teilurteile werden in einer linear-additiven Kombination zusammengesetzt, wobei verschiedene Erweiterungen des Modells denkbar sind, darunter die Gewichtung der
einzelnen Teilurteile nach der subjektiven Bedeutung oder nach dem Kontext, in dem
ein Urteil auftritt (da solche Modelle auch der Erklärung von Kaufentscheidungen,
speziell der sogenannten extensiven Kaufentscheidung zugrunde liegen, werden sie
unter 2.7.2 etwas näher beschrieben). Solche Formen der „kognitiven Algebra" (Anderson, 1978) haben auch im Rahmen des persönlichen Verkaufs von „high-
involvement"-Produkten ihre Bedeutung zur Erklärung der Produktbeurteilung. Die
eigentlich interessante Frage, welche Wirkung dabei vom Verkäufer auf die Verarbeitung der von ihm gelieferten Informationen und den Produktbeurteilungsprozess
ausgeht, kann allerdings im Rahmen dieser Modelle nicht hinlänglich erklärt werden.
  Sujan, Bettman und Sujan (1986) haben versucht, diese Zusammenhänge schema-
theoretisch zu erklären. Den Ausgangspunkt ihrer Überlegungen bildet das Modell

des „schema-ausgelösten Affekts" („schema-triggered affect"; Fiske, 1982; Fiske & Pavelchak, 1986; vgl. auch Fischer & Wiswede, 1997). Dieses Modell geht davon aus, dass die affektiven Reaktionen gegenüber anderen Menschen durch die vorhergehenden Erfahrungen mit und den Meinungen über die Kategorie von Menschen bestimmt wird, der die individuelle Person zugehört. Demnach dienen die Erfahrungen mit Mitgliedern eines Schemas oder einer Kategorie als Grundlage für die Beurteilung je konkreter Mitglieder. Im Gegensatz zu Modellen der kognitiven Algebra wird also in diesem Ansatz nicht angenommen, dass verschiedene Merkmale einer Person bewertet und die Teilurteile zu einem Gesamturteil verdichtet werden. Vielmehr wird eine Person einer bestimmten sozialen Kategorie zugeordnet und entsprechend der mit dieser Kategorie verbundenen Emotionen auf sie reagiert.

Nach Fiske und Pavelchak (1986) erfolgt die Reaktion auf andere Menschen über einen zweistufigen Prozess: Zuerst kommt eine Kategorisierungs-Stufe, in der überprüft wird, wie gut die entsprechende Person in das Schema passt, anschließend folgt die Beurteilungs-Stufe. Lässt sich in der ersten Stufe keine Übereinstimmung zu einem bestehenden Schema herstellen - sei es, weil die beurteilende Person über keine entsprechenden Schemata verfügt oder weil die wahrgenommenen Attribute der zu beurteilenden Person nicht mit einem Schema übereinstimmen -, werden im Sinne der kognitiven Algebra die einzelnen Merkmale der Person verarbeitet. Gelingt dagegen die Kategorisierung, erfolgt die Reaktion unmittelbar aufgrund der mit der Kategorie verbundenen Emotionen. Übertragen auf den persönlichen Verkauf bedeutet das: Wird ein Verkäufer als „typischer" Vertreter seines Berufs eingeschätzt, so erfolgt unmittelbar eine - gewöhnlich eher negative - Reaktion. Widerspricht er aber den Erfahrungen und Erwartungen, so wendet man sich seinen Eigenschaften zu und versucht, ein individuelles Urteil zu bilden.

Sujan et al. (1986) haben diesen Gedanken auf den Verkaufsprozess übertragen. Nach ihrer Argumentation sollte die systematische Informationsverarbeitung unterbleiben, wenn ein Verkäufer als typisches Mitglied des Verkäufer-Schemas identifiziert wurde, wobei sie produktspezifische Verkäufer-Schemata unterstellen - demnach sollte es zum Beispiel Schemata typischer Gebrauchtwagen- oder Computer-Verkäufer geben. In diesem Fall ist zu erwarten, dass den produktbezogenen Informationen des Verkäufers nur geringe Aufmerksamkeit geschenkt wird und die Produktbeurteilung auf der Basis einfacher Schemata erfolgt, die mit den ersten Eindrücken übereinstimmen. Umgekehrt sollten die Argumente eines Verkäufers, der nicht ins produktbezogene Schema passt, besser verarbeitet werden und einen stärkeren Einfluss auf die Produktbeurteilung zeigen.

In einer empirischen Studie haben die Autoren diese Annahmen überprüft (Sujan et al., 1986). Zuerst wurden Studenten der Wirtschaftswissenschaften mit einer Methode zur Erhebung von Persönlichkeits-Schemata gebeten, an Verkäufer zu denken, denen gegenüber Konsumenten positiv oder negativ eingestellt sind und anzugeben, welche Produkte diese Verkäufer wohl anbieten. Negativ eingeschätzte Verkäufer wurden am häufigsten mit Gebrauchtwagen - mit deutlichem Abstand gefolgt von Kleidung und Haushaltswaren - assoziiert, positiv eingeschätzte Verkäufer dagegen mit Computern und industriellen Produkten. Anschließend wurde anderen Studenten jeweils ein Szenario über eine Verkaufssituation vorgelegt, das unterschiedliche Einleitungen hatte: Im einen Fall ging es um einen Herrn Schmidt, einen Verkäufer von Personal Computern, im anderen Fall um einen Herrn Schmidt, Verkäufer von Herrenanzügen. Dadurch wurde versucht, das jeweilige Verkäufer-Schema auszulösen (außerdem wurde das Schema noch durch eine kurze Beschreibung des typischen Erscheinungsbildes des jeweiligen Verkäufers verstärkt). Im Anschluss wurde eine Eröffnung des Verkaufsgesprächs durch den Verkäufer geschildert, die entweder zu dem ausgelösten Schema passte oder nicht. In der Vorstudie hatte sich ergeben, dass von einem positiven (Computer-)Verkäufer eine kundenorientierte, d.h. bedürfnisbezogene Einleitung erwartet wird, von einen negativ bewerteten (Bekleidungs-)Verkäufer dagegen eine produktorientierte („Ihnen steht jeder Anzug!"). Anschließend wurden sechs Argumente geschildert, mit denen der Verkäufer das Produkt anpries, wobei diese in vorlaufenden Tests als starke oder schwache Argumente identifiziert wurden. Dadurch ergibt sich ein komplexes 2 (positives/negatives Verkäufer-Schema) x 2 (Einleitung passt/passt nicht zum Schema) x 2 (starke/schwache Argumente) - Design der Untersuchung. Als abhängige Variable wurde neben anderen Indikatoren eine abschließende Beurteilung des angebotenen Produkts erhoben. Die Ergebnisse für das Szenario mit dem Computer-Verkäufer zeigt Abbildung 5:

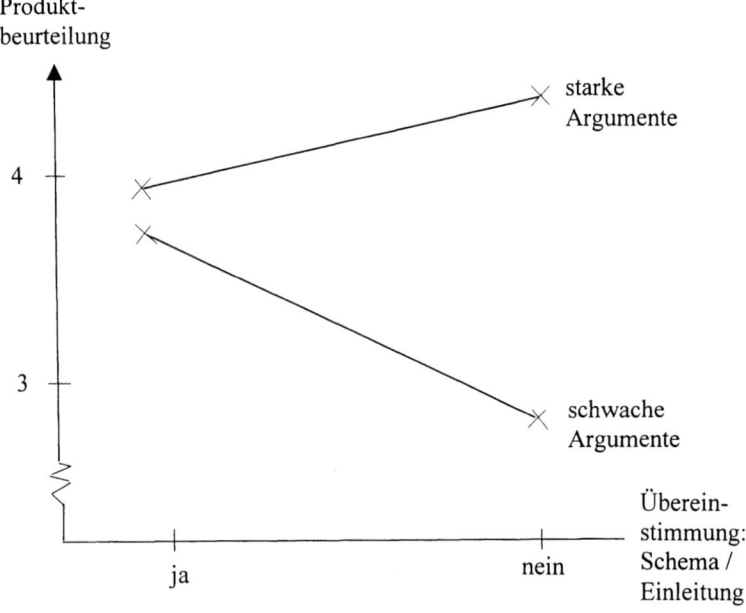

Abb. 5: Die Auswirkung der Übereinstimmung zwischen Schema und Verkäuferverhalten auf die Verarbeitung starker und schwacher Argumente eines Verkäufers (nach Sujan et al., 1986, S. 351)

Die Ergebnisse, die für den Fall des Anzug-Verkäufers ganz ähnlich ausfallen, verdeutlichen, dass die Verkäuferstereotype wesentlichen Einfluss auf die Verarbeitung der von einem Verkäufer vermittelten Informationen haben. Stimmt das Verhalten eines Verkäufers am Beginn eines Verkaufsgesprächs mit dem Schema überein, haben die weiteren Argumente - unabhängig von ihrer Qualität -, kaum Einfluss auf die Produktbeurteilung. Stimmt das Verhalten des Verkäufers dagegen nicht mit dem Schema überein - im Falle des Computer-Verkäufers bedeutet das eine negative Abweichung (!) von einem eher positiven Schema - so werden die Argumente offensichtlich sehr genau geprüft. Schwache Argumente *für* das Produkt schlagen sich in einer *negativen* Beurteilung nieder, starke Argumente dagegen führen in diesem Fall zu einer sehr viel positiveren Produktbeurteilung. Demnach wird also die Art der Informationsverarbeitung des Käufers durch die am Beginn des Verkaufsgesprächs ablaufende Kategorisierung der Person des Verkäufers bestimmt - wenn eine Übereinstimmung mit dem Stereotyp vorliegt, werden seine Argumente kaum beachtet, bei einer Abweichung vom Verkäufer-Schema werden die Argumente genauer geprüft und die Beurteilung des Produkts fällt in Abhängigkeit von der Qualität der Argumente sehr unterschiedlich aus.

Das legt natürlich eine Empfehlung folgender Natur nahe: Verkäufer, die nur über schwache Argumente verfügen, sollten sich möglichst stereotyp verhalten, die anderen dagegen sollten nicht dem Stereotyp entsprechen. Längerfristig günstiger erscheint dagegen folgende Empfehlung: Verkäufer sollten sich immer möglichst individuell verhalten und sich um gute Argumente für ihre Produkte bemühen (und Produkte, für die sich keine guten Arguemente finden lassen, nicht verkaufen). Dabei ist aber zu beachten, dass zu dieser Frage noch sehr wenig empirische Forschung im Feld des persönlichen Verkaufs vorliegt und sich die Ergebnisse der wenigen Untersuchungen nur unter Vorbehalt auf die Praxis übertragen lassen.

2.4 Emotionale und motivationale Vorgänge

Ganz im Gegensatz zur öffentlichen Wahrnehmung, in der Marketing und Marktpsychologie sehr stark mit Versuchen emotionaler Beeinflussung oder gar der Manipulation „unbewusster Motive" assoziiert wird, richtet sich ein Großteil der Konsumentenforschung auf die kognitiven Prozesse der Informationsaufnahme und -verarbeitung (Bänsch, 1996b; Behrens, 1991; Felser, 1997). Die Gründe für dieses Forschungsdefizit, die unter anderem in der unklaren theoretischen Konzeption und der Schwierigkeit der Erfassung von Emotionen und Motivationen liegen, müssen hier nicht weiter analysiert werden. Im vorliegenden Zusammenhang genügt es, einige Grundlagen und Anwendungen auf den Bereich des persönlichen Verkaufs zu skizzieren.

2.4.1 Emotionale Prozesse

2.4.1.1 Emotionspsychologische Grundlagen

Trotz des mittlerweile enorm gewachsenen Interesses der Psychologie an Fragen der Emotion besteht bislang keine Übereinstimmung, was dieses Konzept genau bezeichnet. In der Konsumentenforschung werden darunter in einem sehr eingeschränkten Sinn innere Erregungsvorgänge verstanden, die als angenehm oder unangenehm erlebt werden (vgl. Kroeber-Riel & Weinberg, 1996). Dieser Begriff lässt sich von den verwandten Konzepten „Affekt" und „Stimmung" abgrenzen: Als Affekte werden kurzzeitige, sehr starke Emotionen bezeichnet, Stimmungen sind dagegen längerdauernde Tönungen des Erlebens, sie bilden gewissermaßen den atmosphärischen Hintergrund des Erlebens (vgl. dazu Luomala & Laaksonen, 2000).

In der Psychologie können sich wohl die meisten Forscher auf die zentrale Bedeutung der sogenannten „emotionalen Trias" für die Beschreibung von Emotionen einigen (Scherer, 1996): Demnach umfassen Emotionen die

- physiologischen Prozesse,
- das bewusst erlebte Gefühl und
- den Gefühlsausdruck, der sich als nonverbales Verhalten darstellt.

Emotionen sind „leib-seelische" Vorgänge, d.h. *physiologische* und psychische Prozesse sind untrennbar verbunden. So ist die Emotion „Angst" gewöhnlich durch einen hohen Adrenalinspiegel, eingeschränkte Blutzufuhr zur Haut, aufgerissene Augen, große Muskelspannung, erhöhten Puls und einen schnellen Atemrhythmus gekennzeichnet (Ulich & Mayring, 1992). Allerdings können nicht für alle Emotionen eindeutige Muster physiologischer Prozesse identifiziert werden, daher machen die in der Konsumentenforschung so beliebten psychophysiologischen Messungen lediglich Aussagen über die mit Emotionen verbundene Aktivierung, aber nicht über die Qualität des Erlebens (vgl. zum Überblick über solche Messverfahren von Keitz, 1986).

Diese Qualität des Erlebens wird hier als *Gefühl* bezeichnet (häufig werden beide Begriffe synonym verwendet; Scherer, 1996). Obwohl - oder weil - unsere Sprache über eine unüberschaubare Zahl von Begriffen zur Beschreibung von Gefühlen verfügt, ist eine wissenschaftlich-präzise Kennzeichnung des Fühlens äußerst schwierig. Einige Merkmale lassen sich so umschreiben (vgl. Ulich & Mayring, 1992, S. 55ff.):

- Die leib-seelische Zuständlichkeit der Person steht im Zentrum des Bewusstseins, nicht ein Gedanke, eine Meinung oder eine Willensanstrengung.
- Fühlen bedeutet Berührtsein, Involviertsein: Im Gefühl kommt die Stellung des Menschen zu „etwas" - zur Welt, zu Gegenständen oder Personen - zum Ausdruck.
- Gefühle werden eher als „Widerfahrnis" erlebt, d.h. der Fühlende erfährt sich als passiv; sie erscheinen häufig als unwillkürlich oder spontan aufretend.
- Gefühle sind keine Mittel, sondern selbst Zwecke (die Frage „*wozu* freue ich mich"? ist sinnlos).

Zwar lassen sich diese Merkmale im eigenen Erleben häufig nachvollziehen, eine eindeutige Bestimmung der Gefühle und ihrer Qualitäten ist auf diesem Wege allerdings nicht möglich. Sehr viel präziser lässt sich dagegen das dritte Merkmal von

Emotionen erfassen, der *Gefühlsausdruck.* Darunter wird eine Reaktion in der Mimik, Gestik, Stimmlage usw. verstanden, die eine Emotion begleitet. Für das menschliche Ausdrucksverhalten ist die Mimik besonders wichtig. Starkes Interesse hat in der Forschung die Frage gefunden, ob einzelne Emotionen mit einem eindeutig erkennbaren Gesichtsausdruck einher gehen und ob solche Gesichtsausdrücke interkulturell vergleichbar sind (was auf die Wirkung angeborener neuronaler Programme schließen lässt). Nach dem aktuellen Stand der Forschung können beide Fragen bejaht werden (vgl. Scherer & Wallbott, 1990; Scherer, 1996). Typische mimische Ausdrucksmuster zentraler Emotionen hat bereits Charles Darwin in seinem bahnbrechenden Werk „The expression of the emotions in man and animals" (1872/1986) beschrieben:

- *Freude/Glück:* Mund ist geöffnet mit nach hinten und oben gezogenen Mundwinkeln; die Oberlippe ist etwas angehoben, unter und neben den Augen zeigen sich Fältchen;
- *Trauer/Verzweiflung:* die Mundwinkel sind gesenkt, die inneren Enden der Augenbrauen angehoben;
- *Furcht/Angst:* weit geöffneter Mund und aufgerissene Augen, zusammengezogene Pupillen;
- *Ärger/Wut:* senkrechte Falten auf der Stirn, zurückgezogene Lippen oder zusammengepresste Lippen und Zähne;
- *Abscheu:* Naserümpfen, leichtes Heben der Nase, senkrechte Falten auf der Stirn und geöffneter Mund (Scherer & Wallbott, 1990; Flammer, 1997).

Die Erfassung der Emotionen über die Beobachtung des Ausdrucks steht allerdings vor dem Problem, dass dieser Ausdruck in vielen Situationen der sozialen Kontrolle unterliegt - beispielsweise wird der Ausdruck von Wut oder Furcht gewöhnlich unterdrückt.

Neben diesen konstitutiven Merkmalen von Emotionen wird immer wieder die Frage diskutiert, welche Rolle die Kognitionen im Prozess der Emotion einnehmen. Nach Meinung vieler Forscher kommt ihnen wesentliche Bedeutung bei der Einschätzung der emotionsauslösenden Situation zu. Damit kann erklärt werden, warum ein und derselbe Reiz unterschiedliche Emotionen und daraus folgende Handlungstendenzen auslöst: So kann der Einwand, den ein Kunde im Verkaufsgespräch gegen das Produkt vorbringt, bei einem Verkäufer Unsicherheit und Verlegenheit auslösen, einen anderen dagegen zu wahren Höchstleistungen motivieren. Im einen Fall wird der Einwand als Bedrohung, im anderen als Herausforderung interpretiert. Nach Arnold (1960) erfolgt bei jeder Reizaufnahme eine sehr rasche, nicht-bewusste Einschätzung der Situation, die eine entsprechende Emotion und zugehörige Handlungstendenzen bewirkt. Lazarus (1991; Lazarus & Folkman, 1987) hat darauf aufbauend eine Stresstheorie entwickelt, nach der Menschen jede Situation hinsichtlich ihrer Bedeutung für das Wohlbefinden einschätzen (das sogenannte „primary appraisal") - wird eine Situation als bedrohlich erlebt und die Person sieht keine Möglichkeit, die Situation zu kontrollieren, entstehen nach dieser Theorie Angst und Fluchttendenzen, die als Stress interpretiert werden.

Die inhaltliche Umschreibung von Emotionen steht vor dem Problem der extremen Differenziertheit menschlichen emotionalen Erlebens. Diesem Problem begegnet die

Forschung, indem entweder nach grundlegenden Dimensionen gesucht wird, aus deren Mischung sich die einzelnen Emotionen zusammensetzen, oder aber sogenannte Basisemotionen aufgrund theoretischer Überlegungen postuliert werden. Als grundlegende Dimensionen werden seit Wundt (1905):

- Bewertung: angenehm - unangenehm
- Erregung: erregend - beruhigend
- Stärke: stark - schwach

angesehen. Die Suche nach Basisemotionen geht dagegen von evolutionsbiologischen Überlegungen aus, die sich bis auf Darwin (1872/1986) zurückführen lassen. In diesen Ansätzen werden Emotionen als phylogenetisch entstandene Anpassungsmechanismen interpretiert, die zum Überleben der Art beigetragen haben. So gelangt Plutchik (1980) zu acht Basisemotionen, die zusammen mit den auslösenden Reizen und den zugehörigen Handlungstendenzen in Abbildung 6 verdeutlicht sind:

Reiz →	Kognition →	Gefühl →	Verhalten →	Effekt
Bedrohung	„Gefahr"	Furcht/Schrecken	Weglaufen	Schutz
Hindernis	„Feind"	Ärger/Zorn	Schlagen	Zerstörung
Potentieller Gefährte	„Besitz"	Freude	Werben/Paaren	Fortpflanzung
Verlust einer geschätzten Person	„Isolation"	Trauer/Kummer	nach Hilfe suchen	Reintegration
Gruppenmitglied	„Freund"	Vertrauen	sich Bekümmern	Sozialer Anschluß
Scheusslicher Gegenstand	„Gift"	Ekel/Abscheu	Erbrechen/ Wegstoßen	Zurückweisung
Neuartige Umwelt	„Was ist hier los?"	Neugier	Erforschen/ Auskundschaften	Exploration
Neuartiger Gegenstand	„Was ist das?"	Überraschung	Anhalten/ Aufmerken	Orientierung

Abb. 6: Die Entstehung von Gefühlen aus evolutionsbiologischer Sicht (in Anlehnung an Plutchik, 1980, S. 16)

Über die genaue Anzahl solcher Basisemotionen besteht allerdings ebenso wenig Einigkeit unter den Forschern wie über den Weg, auf dem sich daraus Mischformen ergeben sollen (vgl. Scherer, 1990). Das ausgeprägte Interesse für solche Basisemotionen hat dazu geführt, dass sich die meisten Untersuchungen mit den „großen Emotionen" beschäftigen, die einen eindeutig positiven oder negativen Wert haben wie Angst oder Freude. Demgegenüber werden die weniger spektakulären „kleinen Emotionen", deren Richtung und Wert sich häufig nur schwer bestimmten lässt, gewöhnlich vernachlässigt. Es sind aber diese eher unspektakulären Emotionen, denen im Konsumentenverhalten und speziell im Falle des persönlichen Verkaufs besondere Bedeutung zukommt.

2.4.1.2 Die Rolle der Emotionen im persönlichen Verkauf

Ein Großteil der Konsumentenforschung beschränkt sich bei der Untersuchung der Rolle der Emotionen auf die Frage nach der emotionalen Konditionierung durch Werbung und die Vermittlung emotionaler Konsumerlebnisse (vgl. Weinberg, 1992; Neumann, 2000a). Für den persönlichen Verkauf sind letztere interessant, da in dieser Forschungsrichtung auch die Bedingungen untersucht werden, unter denen positive Stimmungen entstehen. Die Stimmung des Käufers hat Auswirkungen darauf, ob Argumente, die ein Verkäufer vorbringt, kritisch oder eher unkritisch geprüft werden (Bless, Bohner & Schwarz, 1992; Silberer & Jaekel, 1996). Das ist insofern von besonderer Bedeutung, als verschiedene Untersuchungen zeigen, dass in Abhängigkeit von der Stimmung die Qualität beeinflussender Argumente unterschiedliche Auswirkungen auf die Änderung von Einstellungen hat (vgl. Abb. 7):

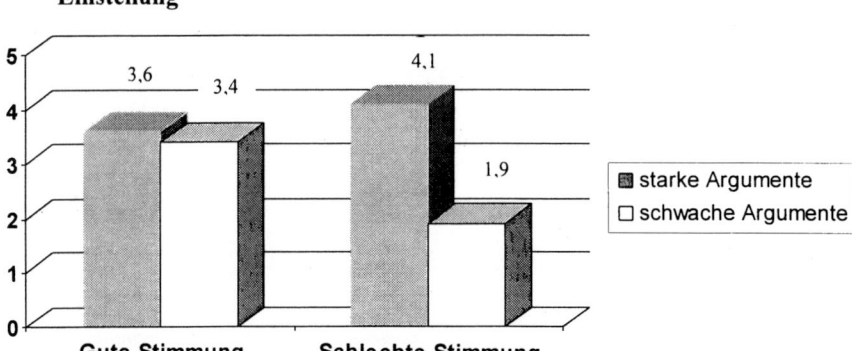

Abb. 7: Einstellungsänderung als Funktion von Stimmung und Qualität der Argumente (nach Bless & Fiedler, 1999, S. 17)

Wie in Abbildung 7 verdeutlicht, spiegeln Einstellungsurteile von Versuchspersonen in guter Stimmung nur in sehr geringem Ausmaß die Qualität der Argumente wider, Menschen in schlechter Stimmung lassen sich dagegen kaum von schwachen Argumenten beeinflussen. Stimmungen beeinflussen die Informationsverarbeitung: Menschen in guter Stimmung verarbeiten weniger Informationen, analysieren weniger intensiv vorliegende Argumente und sind unkritischer als negativ gestimmte Menschen. Gutgelaunte Käufer lassen sich leichter durch nebensächliche Reize beeinflussen und sind auch leichter zu überzeugen (allerdings sind auch hochgestimmte Menschen zur gründlichen Informationsverarbeitung bereit, wenn sich aus den Informationen wieder angenehme, stimmungssteigernde Konsequenzen ergeben; Wegener, Petty & Smith, 1995).

Diese Zusammenhänge lassen sich im Verkauf auf verschiedene Weise nutzen. Wenn der Käufer zum Verkäufer kommt, kann seine Stimmung durch die gezielte Gestaltung der Verkaufsumwelt beeinflusst werden. Außerdem kann der Verkäufer in der direkten Interaktion die Stimmung des Kunden berücksichtigen - entweder, in dem er sich auf die Stimmung des Käufers einstellt oder aber sie in seinem Sinne zu beeinflussen versucht. Zunächst zur *Gestaltung der Verkaufsumwelt*. Unter dem Schlagwort „Erlebnisorientierung" (Weinberg, 1992) werden im Marketing Methoden diskutiert, mit denen sich die Emotionen und Stimmungen von Kunden steuern lassen. Auf der Basis umweltpsychologischer Erkenntnisse (z.B. Mehrabian, 1987; Hellbrück & Fischer, 1999) werden auch Empfehlungen für die Gestaltung von Einzelhandelsgeschäften entwickelt, um den Absatz zu erhöhen. Die Umwelt beeinflusst menschliche Emotionen zumindest auf den Dimensionen „Bewertung: Lust - Unlust" und „Erregung: erregend - nicht-erregend". Durch die Manipulation verschiedener Reize kann die Umwelt, in der ein Verkaufsgespräch stattfindet, hinsichtlich des Grades der Erregung und des lustvollen Erlebens gezielt gestaltet werden. Dazu zählen die im Raum dominanten Farben: Grün wird als besonders angenehm erlebt – zum Beispiel machen grüne Zimmerpflanzen einen Raum lustbetonter und angenehmer (Mehrabian, 1987) -, rot hat stärker erregende Wirkung. Auch von der Beleuchtung gehen Einflüsse auf die Stimmung und die Emotionen aus. „Schummriges" Licht vermittelt Wärme, „hartes" (Halogen-)Licht dagegen eher Kälte (Erleben nüchterner Sachlichkeit). Starke emotionale Wirkungen gehen auch von der Stimulierung durch Musik aus, die sowohl auf der Lust- als auch der Erregungs-Dimension variiert. Dadurch kann das Annäherungsverhalten beeinflusst werden, d.h. die Tendenz zur Erkundung (z.B. das Suchverhalten in einem Einzelhandelsgeschäft), aber auch die Bereitschaft, mit anderen zu kommunizieren. In einer experimentellen Untersuchung konnten Dubé, Chebat und Morin (1995) zeigen, dass angenehme und erregende Hintergrundmusik den Wunsch, mit Beratern einer Bank in Kontakt zu treten, erhöht. Die Musik beeinflusste sowohl die Einschätzung der Freundlichkeit des Bankpersonals als auch die Bereitschaft, ihnen gegenüber freundlich zu sein und mit ihnen zu kommunizieren.

Die gezielte Gestaltung der Umwelt zur Auslösung von Stimmungen und Gefühlen ist den Verkaufssituationen vorbehalten, in denen der Käufer zum Verkäufer kommt. Emotionen kann der Verkäufer aber auch direkt im *persönlichen Kontakt* mit dem Käufer beeinflussen. Silberer und Jaekel (1996) empfehlen Verkäufern, die gute Argumente für ihre Produkte oder Dienstleistungen haben, sich an die Stimmung des Käufers anzupassen, d.h. zunächst seine Stimmung zu diagnostizieren und dann entsprechend zu reagieren bzw. zu handeln. Haben sie dagegen schlechte Argumente, so sollen sie versuchen, die Stimmung des Käufers positiv zu beeinflussen. Da - wie die Autoren richtig bemerken - nicht jeder Mensch beliebig in eine positive Stimmung zu versetzen ist, wird letztlich eine flexible Haltung zwischen Anpassung und Veränderung empfohlen. Solche Ratschläge setzen allerdings ein Wissen über die Funktion und die auslösenden Bedingungen von Emotionen im Gespräch bzw. allgemein in

Interaktionen voraus, das wissenschaftlich kaum in Ansätzen vorhanden ist (vgl. zum Überblick: Fiehler, 1990; Käsermann, 1995). Zwar haben Schwartz und Shaver (1987; zit. nach Metts & Bowers, 1994, S. 508) metaphorisch postuliert: „Der Tanz der sozialen Interaktion ist ein Tanz, der gestaltet wird, um bestimmte Gefühle zu ermutigen, auszulösen, zu vermeiden, zu maskieren und vorzutäuschen ...", was genau bei diesem „Tanz" passiert, ist aber noch wenig verstanden.

Kemper (1978) führt die emotionsrelevanten Strukturen der Interaktion auf die beiden grundlegenden Dimensionen „Macht" und „Ansehen" bzw. „Anerkennung" zurück. Die vielfältigen Kombinationen dieser als unabhängig gedachten Dimensionen bestimmen, welche Emotionen aus einer aktuellen Interaktion entstehen. Unter „Macht" versteht Kemper die Möglichkeit, den Interaktionspartner zu bestrafen bzw. ihm Belohnung vorzuenthalten. Auf den ersten Blick scheinen Verkäufer kaum über diese Möglichkeit zu verfügen, da doch gemeinhin der Kunde als „König" apostrophiert wird (Nerdinger, 1994). Hier sind allerdings die subtilen Möglichkeiten zu bedenken, mit denen ein Verkäufer aufgrund seiner extensiven Schulung sowie seiner größeren Erfahrung in der Steuerung von Interaktionen im Kunden auch negative Emotionen auslösen kann, die wiederum für die Ziele des Verkäufers günstig sein können. So entsteht nach Kemper (1978) zum Beispiel Verlegenheit, wenn jemand im Lauf der Interaktion durch seine eigenen Handlungen an Status und Ansehen verliert. Das können Verkäufer nutzen indem sie den Käufer dazu verlocken, sich selbst im Status zu erhöhen („Sie verfügen doch sicher auch über wenig Zeit" als Aussage, die dem Käufer eine Bedeutung unterstellt, die dieser kaum ableugnen kann; vgl. Bänsch, 1996a), mit der Folge, dass die Ablehnung eines Produkts, das diesem Status angemessen ist, zu Gefühlen der Verlegenheit führen würde. Häufiger werden allerdings Verkäufer versuchen, positive Gefühle über die Dimension der Anerkennung auszulösen. Hierzu zählen die verschiedenen Methoden der Aufwertung des Anderen - nonverbal durch die Zuwendung in Form von aktivem Zuhören, Fragen, Blickkontakt, Lächeln, Körperhaltung und Gestik, verbal durch die Anrede beim Namen sowie die verschiedenen sozialen Verstärker, die im Verkauf gängig sind (Bestätigung in der Sache und der Person, z.B. durch Lob, Anerkennung oder Komplimente; vgl. Silberer & Jaekel, 1996). Durch diese Methoden können im Kunden positive, auf das Selbst bezogene Gefühle wie „Stolz" ausgelöst werden, gleichzeitig erscheint der Verkäufer als sympathischer, wenn der Kunde den Eindruck hat, der Verkäufer bringt ihm positive Gefühle entgegen: Unter diesem Eindruck wird die Informationsverarbeitung des Käufers verbessert und die Überzeugungskraft des Verkäufers steigt (Sharma, 1999).

Neben den unmittelbaren sozialen Auslösern von Emotionen stehen im Gespräch noch andere Möglichkeiten zur Auslösung von Emotionen zur Verfügung (Käsermann, 1995; Cialdini, 1996a). So kann der Verkäufer durch überdurchschnittlichen Einsatz oder ein außergewöhnliches Entgegenkommen im Käufer (schwache) Gefühle der Schuld auslösen, die den Mechanismus der Reziprozität auslösen, d.h. die Tendenz, sich für eine Gefälligkeit erkenntlich zu zeigen. Das kommt letztlich wieder dem Verkäufer zugute kommen, wenn ein Kunde deshalb kauft. Darüber hinaus finden sich in gesprächspsychologischen Untersuchungen Belege, dass die Verletzung von Erwartungen die emotionale Empfänglichkeit für Überzeugungsversuche erhöht: Werden die Erwartungen, die ein Kunde an eine Interaktion mit einem Verkäufer richtet, positiv übertroffen, so ist er Überzeugungsversuchen gegenüber offener (vgl. zusammenfassend: Burgoon, 1990). Demnach könnte gerade das stereotype, in einer Vielzahl von Verkaufstrainings einstudierte Verhalten, das den Erwartungen an Verkäufer entspricht, für den Kunden ein Hinweis auf die Absichten sein, wogegen positive Verstöße gegen diese Erwartungen zu angenehmen Gefühlen führen, die wiederum einen Kauf wahrscheinlicher machen (Sujan et al., 1986; s.u. 2.3.2). So können die im Außendienst gängigen Versuche, einen Abschluss herbeizuführen, die Erwartungen des Kunden an typisches Verkäuferverhalten bestätigen, wogegen jeder demonstrative Verzicht darauf angenehm überrascht und aufgrund dieser Gefühle einen Abschluss herbeiführt (zu den üblichen Abschlusstechniken im persönlichen Verkauf vgl. Bänsch, 1996a).

All diese Überlegungen und Befunde deuten auf eine enorme Bedeutung der emotionalen, im Käufer ablaufenden Prozesse für ein besseres Verständnis des persönlichen Verkaufs. Damit eng verwandt sind die motivationalen Prozesse.

2.4.2 Motivationale Prozesse

2.4.2.1 Grundlagen der Motivation zum Kauf

Motivation erklärt die Richtung, Intensität und Ausdauer menschlichen Verhaltens (Thomae, 1965; Heckhausen, 1989; Rheinberg, 1997; vgl. zum folgenden Nerdinger, 1995; 2000b). *Richtung* bezieht sich auf die Frage nach der Entscheidung zwischen Handlungsalternativen, zum Beispiel „warum geht Käufer A in einen Supermarkt und Käufer B in ein Fachgeschäft, um dasselbe Produkt zu kaufen?" *Intensität* meint die Energie, mit der ein Verhalten ausgeführt wird. „Warum diskutiert Käufer A leidenschaftlich die Vor- und Nachteile eines Produkts mit dem Verkäufer, während Käufer B kaum Interesse dafür aufbringt?" *Ausdauer* beschreibt das Verhalten angesichts von Schwierigkeiten und Barrieren: „Warum setzt Käufer A, wenn er erfährt, dass das von ihm gewünschte Produkt nicht vorrätig ist, alle Hebel in Bewegung, damit es besorgt wird, während sich Käufer B mit der nächstbesten Alternative begnügt?"

Der Begriff „Motivation" umschreibt in diesem eingeschränkten Sinn das Streben nach Zielen, das immer eine Wechselwirkung von Person und Situation voraussetzt: Menschen handeln notwendig in einer bestimmten Situation, Handlungen können nicht im „luftleeren Raum" vollzogen werden. Entsprechend läßt sich das motivationale Geschehen in zwei Richtungen entfalten, die als Fragen nach den *personalen* und nach den *situativen* Grundlagen dieser Wechselwirkung formuliert werden (Heckhausen, 1989; Nerdinger, 1995). Auf der Seite der Person lassen sich zunächst die unterschiedlichsten Handlungsziele feststellen, wobei prinzipiell unendlich viele Formen und Ausprägungen von Zielen denkbar sind. Handlungsziele werden daher zu wissenschaftlichen Zwecken in Inhaltsklassen zusammen gefasst und nach ihrem thematischen Gehalt mit so allgemeinen Begriffen wie „Leistung", „Macht", „sozialer Anschluss" etc. umschrieben. Solche Inhaltsklassen von Handlungszielen bilden thematisch zusammenhängende Beweggründe des Handelns, die als *Motive* bezeichnet werden.

Motive werden in der Psychologie als ererbte Verhaltensbereitschaften verstanden, die das Erleben und Handeln in Richtung auf das Erreichen bestimmter Handlungsziele ausrichten (vgl. Rheinberg, 1997). Solche Verhaltensbereitschaften basieren auf speziellen Strukturen und Prozessen im Nervensystem, die das Verhalten meist unbewusst beeinflussen. Ihre Wirkung erzielen sie über physiologische Prozesse, die das Handeln mit Energie versorgen und im Kern mit den Emotionen übereinstimmen – Emotionen sind demnach die grundlegenden Determinanten der Motivation, sie energetisieren das Verhalten und geben ihm eine grobe Richtung vor (Beckmann, 1996). Darüber hinaus wird die Wirkung der Motive über die damit verbundenen Gefühle bewusst: Die am Beginn einer Handlung auftretenden Gefühle signalisieren die Dringlichkeit des angestrebten Ziels, die am Ende auftretenden Gefühle bewerten den Grad der Zielerreichung. Außerdem fördern Gefühle die Aufrechterhaltung der Handlung bei Widerständen und beeinflussen die Verarbeitung von Informationen im Dienste der Zielerreichung.

Durch die Anregung eines Motivs in einer bestimmten Situation können Handlungen ausgelöst werden. Die Qualität der Situation, Motive anzuregen, wird als *Anreiz* bezeichnet, womit der situative Aspekt der Motivation in den Blickpunkt gerät. Situationen bieten Gelegenheiten zur Realisierung von Wünschen und Zielen, sie können aber auch Bedrohliches signalisieren. Alles, was Situationen in diesem Sinne an Positivem oder Negativem verheißen, wird als Anreiz bezeichnet. Anreize haben aufgrund dieser Qualität einen Aufforderungscharakter dafür, bestimmte Handlungen auszuführen und andere zu unterlassen - und bilden deshalb bei der Erklärung von Handlungen das notwendige Pendant zu den Motiven. Das Streben nach Status und Prestige beispielsweise bildet ein für den persönlichen Verkauf sehr wichtiges Motiv. Verkäufer sollten demnach in der Lage sein zu erkennen, ob ein Käufer durch eine starke Ausprägung auf diesem Motiv gekennzeichnet ist und versuchen, es durch geeignete Anreize anzuregen, in dem er zum Beispiel die „ansehensteigernden" Merkmale eines Produkt „dezent" erwähnt.

2.4.2.2 Kaufmotive

Offensichtlich hat die Motivation des Käufers für den persönlichen Verkauf große Bedeutung, wird darüber doch letztlich die Frage nach dem „warum" bzw. „wozu" menschlichen Verhaltens beantwortet. Dadurch sollen sich Möglichkeiten der gezielten Beeinflussung der dabei im Käufer ablaufenden Prozesse eröffnen. Entsprechend nimmt die Frage der Motivation in der Literatur, die sich an den Verkaufspraktiker richtet, einen relativen breiten Raum ein. Zum einen werden hier mehr oder weniger lange Listen von Motiven präsentiert, die angeblich das Käuferverhalten bestimmen, zum anderen „Tips und Tricks" zum Umgang mit den Motiven verraten (vgl. z.B. Wage, 1981).

Die Frage nach *den* Motiven des Menschen stellt aber ein äußerst vertracktes Problem dar (Heckhausen, 1989). Da Motive nicht direkt beobachtbar sind, müssen sie aus dem konkreten Verhalten oder aber aus den Ergebnissen des Verhaltens erschlossen werden. Das setzt aber eine repräsentative Auswahl systematischer Verhaltensbeobachtungen voraus, die im Alltag kaum zu leisten ist. Die Alltagspsychologie ist daher durch typische Zirkelschlüsse charakterisiert: Aus dem Kauf eines Mercedes wird auf ein Prestigemotiv geschlossen, das wiederum den Kauf von Prestigeobjekten (Mercedes) erklären soll. Dabei stellt sich die Frage nach dem Allgemeinheitsgrad solcher „Motive". Im Extremfall kann jeder einzelnen Handlung ein spezielles Motiv unterstellt werden, wodurch sich beispielsweise ein „Mercedes-Kauf-Motiv" konstruieren lässt, das nichts anderes ist als eine Beschreibung des Sachverhaltes, den es zu erklären vorgibt. Andererseits könnte das Verhalten durch eine hochabstrakte Motivklassifikation erklärt werden, wie sie Maslow (1954) vorgelegt hat, der lediglich fünf hierarchisch geordnete Klassen von Motiven unterscheidet:

- Physiologische Motive (Hunger, Durst etc.),
- Sicherheitsmotive (Schutz, Vorsorge, Angstfreiheit etc.),
- Soziale Motive (Kontakt, Liebe, Zugehörigkeit),
- Ich-Motive (Anerkennung, Status, Prestige, Achtung)
- Selbstverwirklichung.

Im hier gewählten Beispiel wäre demnach ein Ich-Motiv Auslöser des Mercedes-Kaufs. Was hat aber ein Verkäufer durch diese „Erklärung" gewonnen? Die Klasse der Ich-Motive ist so weit gefasst, dass sie sich weder eindeutig diagnostizieren lässt, noch genau zu benennen ist, durch welche Anreize sie angeregt wird. Gewöhnlich wird daher im Sinne eines Kompromisses eine mehr oder weniger beliebige Anzahl von Konsummotiven mittleren Abstraktionsgrades aufgelistet. Ohne nähere Begründung nennt zum Beispiel Bänsch (1996a, S. 69ff.) folgende Motive, die für Verkäufer relevant seien:

- Gewinnmotiv
- Zeitersparnismotiv
- Sicherheitsmotiv
- Bequemlichkeitsmotiv
- Geltungsmotiv
- Nachahmungsmotiv
- Ökologiemotiv

Angenommen wird, dass diese „Motive" für die meisten Menschen Bedeutung haben und sich daher immer mit Gewinn anregen lassen (wofür viele exemplarische Redewendungen angeboten werden; ebda., S. 70ff.). Von der eher akademischen Frage abgesehen, ob es sich dabei durchweg um Motive handelt – so ist die Bedeutung ökologischer Aspekte bei Kaufentscheidungen auf eine Werthaltung zurückzuführen, die Neigung zur „Bequemlichkeit" eine simple Tendenz zum ökonomischen Einsatz der Kräfte -, ist der Erkenntniswert einer solchen Motivliste gering: Letztlich entspricht das damit Beschriebene lediglich den Alltagserfahrungen im Umgang mit Menschen.

Die hier angedeuteten Probleme bei der Bestimmung von Motiven haben dazu geführt, dass Fragen der Motivation in der Kosumentenforschung kaum noch untersucht werden (stattdessen wird die Einstellungsforschung um so intensiver betrieben; Kroeber-Riel & Weinberg, 1996). In der wissenschaftlichen Psychologie werden deshalb zum einen die Prozesse, die ein bestimmtes Verhalten auslösen, intensiver erforscht (Heckhausen, 1989; Nerdinger, 1995). Die dabei entwickelten Prozessmodelle der Motivation haben aber aufgrund ihrer Komplexität kaum praktische Relevanz für die Erklärung des Verhaltens von Käufern im Rahmen des persönlichen Verkaufs (sehr wohl aber zur Erklärung des Verhaltens von Verkäufern; s.u. 3.3.3). Zum anderen wurden einzelne Motive intensiver untersucht. Die Ergebnisse dazu werden an den verschiedenen, im vorliegenden Zusammenhang relevanten Stellen dargestellt.

2.5 Bildung und Änderung von Einstellungen

Der Begriff „Image" nimmt in der Konsumentenforschung eine zentrale Stellung ein, (Kroeber-Riel & Weinberg, 1996) und in sozialpsychologischer Perspektive verbirgt sich dahinter eines der am intensivsten untersuchten Konzepte, die Einstellung. Diesem Interesse liegt die Annahme zugrunde, dass Einstellungen einen wesentlichen Einfluss auf das Verhalten gegenüber einem Einstellungsobjekt ausüben (vgl. dazu auch die zentrale Stellung der Variable „Einstellung" im Modell von Howard & Sheth, 1969; s.u. 2.1.1). Da die Konsumentenforschung letztlich an der Erklärung des Kaufverhaltens interessiert ist, kommt nach dieser Sichtweise dem Image von Produkten, Dienstleistungen, Unternehmen etc. eine entscheidende Bedeutung für den Kauf zu. Nach einigen Anmerkungen zum Konzept der Einstellung wird kurz der Stand der Erkenntnis zur Entwicklung von Einstellungen, den Grundlagen der Einstellungsänderung sowie dem Zusammenhang von Einstellungen und (Kauf-)Verhalten dargestellt.

2.5.1 Das Konzept „Einstellung"

Die Geschichte des Konzepts „Einstellung" dauert annähernd so lang wie die Geschichte der Sozialpsychologie, trotzdem liegt bis heute keine allgemein akzeptierte Definition vor (vgl. z.B. Eagly & Chaiken, 1993; Fischer & Wiswede, 1997; Stahlberg & Frey, 1996; Thomas, 1991). Den Grundgedanken des Konzepts gibt aber das Drei-Komponenten-Modell von Rosenberg und Hovland (1960), das in Abbildung 8 dargestellt ist, sehr genau wieder.

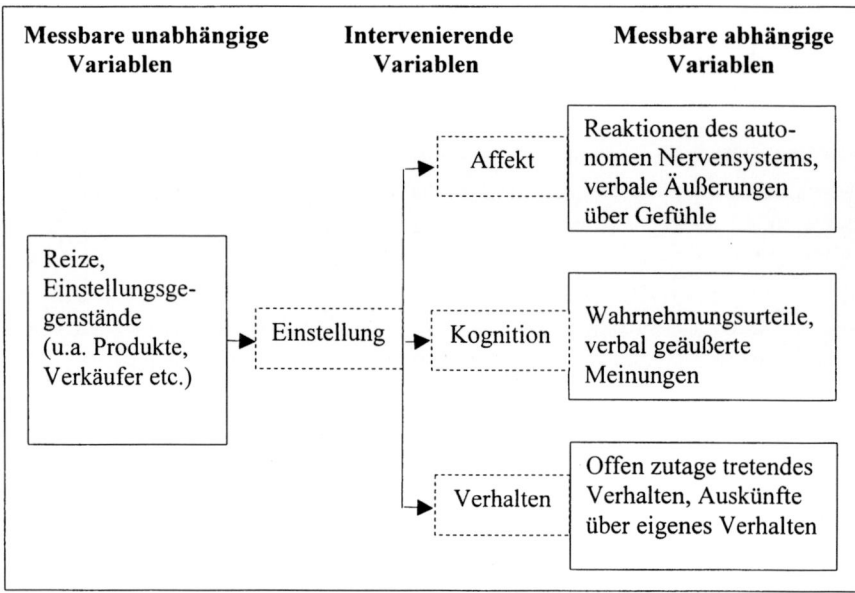

Abb. 8: Das Drei-Komponenten-Modell der Einstellung von Rosenberg und Hovland
(in Anlehnung an Thomas, 1991, S. 135)

Demnach vermittelt eine Einstellung zwischen Reizen, zum Beispiel einem wahrgenommenen Produkt, und objektiv erfassbaren Reaktionen auf diese Reize. Diese vermittelnde Größe ist durch eine emotionale bzw. affektive Komponente, eine kognitive
Komponente sowie eine Verhaltensbereitschaft gekennzeichnet. Die Einstellung gegenüber einem Mercedes umfasst also

1. Die Gefühle gegenüber dem Auto: Ein Mercedes wird als anziehend, erregend,
    ästhetisch befriedigend ... erlebt;
2. Die Meinung über das Auto: Gewöhnlich wird ein Mercedes als sicheres, aber
    sehr teureres Auto eingeschätzt;
3. Die Verhaltensbereitschaft: Zum Beispiel kann die Absicht bestehen, bei der
    nächsten Gelegenheit ein solches Auto zu erwerben.

Nach dieser Konzeption sollten die drei Komponenten empirische Zusammenhänge
aufweisen – sonst wären sie nicht als drei Aspekte einer Variable zu betrachten -, die
allerdings nicht zu hoch ausfallen dürfen, da sie in diesem Fall keinen eigenständigen
Erklärungswert aufweisen würden. In empirischen Überprüfungen konnten diese Forderungen kaum bestätigt werden: Einerseits korrelieren verbale Aussagen über Gefühle und Meinungen gegenüber einem Einstellungsobjekt sehr hoch, andererseits ist
die Realisierung von Verhaltensabsichten sehr stark von der Situation abhängig, weshalb sich die dritte Komponente als weitgehend unabhängig erweist. Daher wird Einstellung häufig auf die affektiv-bewertende und/oder die kognitive Komponente reduziert (vgl. Fischer & Wiswede, 1997; Stahlberg & Frey, 1996). Dadurch wird aller-

dings das Konzept zugunsten der Messbarkeit stark eingeschränkt, weshalb im folgenden das Drei-Komponenten-Modell als theoretische Grundlage dient.

Wesentliches Merkmal von Einstellungen ist ihr Objektbezug, der erlernt und zeitlich relativ stabil ist. Während sich die Konsumentenforschung gewöhnlich auf das Einstellungsobjekt „Produkt" oder „Dienstleistung" beschränkt, ist im Rahmen des persönlichen Verkaufs zu beachten, dass die Kaufsituation immer auch durch die Einstellung zur Rolle der Verkäufer in hohem Maße geprägt ist, d.h. Verkäufer müssen nicht nur eine positive Einstellung des Kunden gegenüber dem Angebot sicher stellen (Bänsch, 1996a), sondern gleichzeitig darauf achten, durch das eigene Verhalten keine negativen Einstellungen gegenüber der Rolle des Verkäufers zu bestärken.

Um ihr Ziel, den Verkauf von Produkten oder Dienstleistungen, zu erreichen, müssen Verkäufer entweder eine positive Einstellung zum Angebot erzeugen bzw. – sofern sie erkennen, dass bereits eine solche besteht – die bestehende Einstellung verstärken. Nicht selten müssen sie auch bestehende negative Einstellungen verändern.

2.5.2 Grundlagen der Einstellungsbildung und -änderung

Die stärkste Wirkung auf die Einstellungsbildung und auf die Änderung von Einstellungen hat die eigene Erfahrung (Felser, 1997; Felser, Kaupp & Pepels, 1999): Aus der unmittelbaren Erfahrung mit Produkten, Dienstleistungen, aber auch mit Berufsrollen wie der des Verkäufers bilden sich unsere Einstellungen. Die überzeugendsten Wirkungen im persönlichen Verkauf gehen daher von der Demonstration von Produkten und der Vermittlung von konkreten Erfahrungen aus (vgl. dazu z.B. Bänsch, 1996a). Ebenfalls eine recht starke Wirkung kann die direkte Kommunikation mit sehr glaubwürdigen Personen – Freunde, Bekannte, vertrauenswürdige Meinungsführer – haben. Hierin liegt die spezielle Chance, aber auch die Gefahr im persönlichen Verkauf. Gelingt es dem Verkäufer, sich als kompetenter und ehrlicher Makler seiner Produkte darzustellen, so er erhöht er seinen Einfluss. Die Gefahr ist vor allem im negativen Image des Verkäufers zu sehen, der allein aufgrund seines Berufs im Verdacht steht, das Angebot „schön zu reden". Relativ die geringste Bedeutung für die Einstellungsbildung und -änderung hat die Massenkommunikation, vor allem in Form von Werbung. Dadurch erklärt sich der besondere Stellenwert des persönlichen Verkaufs im Rahmen des Marketing.

In der Sozialpsychologie wurden einige Modelle zur Erklärung der Bildung und Änderung von Einstellungen durch Kommunikation entwickelt (Petty & Cacioppo, 1981; 1986; O'Keefe, 1990; Chaiken et al., 1996; Kruglanski & Thompson, 1999), für die Anwendung auf die konkreten Probleme im persönlichen Verkauf ist eines dieser Modelle von besonderer Bedeutung - das Elaboration-Likelihood-Modell (ELM) von Petty und Cacioppo (1981; 1986; vgl. dazu auch Stahlberg & Frey, 1993; Fischer & Wiswede, 1997). Das ELM thematisiert die Frage, wie Informationen vom Empfänger verarbeitet werden und welche Folgen dies für die Einstellungen hat. Die Autoren unterscheiden zwei Wege, auf denen Einstellungsänderungen durch Überzeugungsvorgänge ausgelöst werden: Einen zentralen und einen peripheren Weg der

Informationsverarbeitung. *Zentral* bedeutet eine tiefe Verarbeitung von Informationen und Argumenten - es finden ausführliche Überlegungs-, Abwägungs- und Entscheidungsprozesse statt. *Peripher* heißt dagegen, die Person vertraut auf Gewohnheiten, lässt sich von Schlüsselreizen leiten und greift auf dominante Reaktionen zurück. Zentraler Weg heißt nicht richtige oder rationale Informationsverarbeitung, vielmehr können in Abhängigkeit von der Motivation die bekannten Effekte der Informationsselektion und -verzerrung sogar verstärkt auftreten. Allerdings garantiert nach Meinung der Autoren nur der zentrale Weg eine stabile Einstellungsänderung mit den entsprechenden langfristigen Auswirkungen auf das Verhalten. Abbildung 9 zeigt das Modell im Überblick.

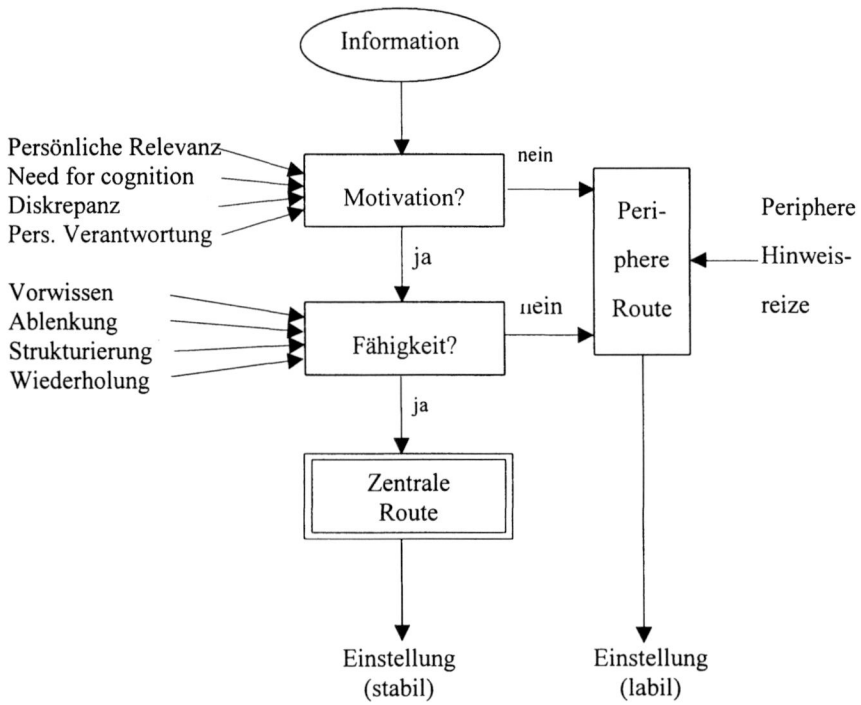

Abb. 9: Das Elaboration-Likelihood-Modell (nach Fischer & Wiswede, 1997, S. 303)

Das Modell unterstellt eine grundsätzliche Motivation, angemessene Einstellungen zu erwerben bzw. zu besitzen. Die Intensität und die Art und Weise, in der Menschen einstellungsrelevante Informationen verarbeiten, hängt allerdings von ihrer Motivationslage und ihren Fähigkeiten ab. Diese werden durch personale und situative Faktoren beeinflusst. Dazu zählen

- *Eigenschaften der Person:* Ist die Information für die Person subjektiv sehr wichtig, wird sie in höherem Maße zur gründlichen Verarbeitung der dargebotenen Informationen motiviert sein. Wer beispielsweise ein Auto kaufen möchte, hat gewöhnlich ein hohes Involvement und ist daher auch motiviert, die Argumente des

Verkäufers aufmerksam zu verarbeiten. Die Motivation zur vertieften Beschäftigung mit Informationen wird auch davon beeinflusst, ob die dargebotenen Informationen diskrepant zu bestehenden Einstellungen sind oder mit diesen in Einklang stehen. Sehr komplexe Information kann dagegen zu Problemen bei der Verarbeitung führen. Wenn ein Versicherungsverkäufer sein Angebot und die Tarife so kompliziert darstellt, dass ein „normaler" Verbraucher ihm nicht folgen kann, führt das zu einer oberflächlichen Informationsverarbeitung auf dem peripheren Weg. Auch die unstrukturierte Darbietung von Informationen kann sich negativ auf die Fähigkeit zur Verarbeitung auswirken.

- *Eigenschaften des Umfeldes des Verkaufs:* Erwartet die Person einen Beeinflussungsversuch, so wird sie besonders motiviert sein, auf alle Hinweise zu achten und diese entsprechend zu verarbeiten. Wird sie dagegen durch andere Reize abgelenkt oder steht sie unter Zeitdruck, so nimmt ihre Fähigkeit zur intensiven Verarbeitung der Informationen ab.
- *Eigenschaften des Rezipienten:* Ist der Rezipient durch „need for cognition" - die Neigung, über Probleme grundsätzlich vertieft nachzudenken - gekennzeichnet, so ist seine Motivation für den zentralen Weg prinzipiell höher. Aber auch die persönliche Relevanz des Themas und die Frage, ob man sich für die Folgen einer Einstellung verantwortlich fühlt, beeinflussen die Motivation zur Informationsverarbeitung.
- *Eigenschaften des Verkäufers:* Wirkt der Verkäufer so, als wollte er nur seine Interessen durchsetzen, kann das zu Misstrauen und damit zu höherer Motivation für die vertiefte Verarbeitung aller relevant erscheinenden Informationen führen. Wirkt er dagegen sympathisch, wird man sich seinen Ansichten und Argumenten schneller öffnen (Cialdini, 1996a; Felser, 1997). Da Attraktivität die Sympathie steigert, können Verkäufer durch sorgfältige Gestaltung ihres Äußeren ihren Einfluss erhöhen. Weitere Merkmale des Verkäufers wie seine Kompetenz und sein selbstsicheres Auftreten können vom zentralen Weg ablenken.
- *Medium der Botschaft:* Bilder und auch bildhafte Worte werden leichter verarbeitet, komplexe Informationen führen eher in schriftlicher Form zur vertieften Verarbeitung. Bei zentraler Informationsverarbeitung zählt vor allem die Qualität der Argumente, bei peripherer dagegen die Quantität.

Je höher die Fähigkeit und die Motivation zur angemessenen Verarbeitung von Informationen, desto größer ist die Wahrscheinlichkeit der Wahl des zentralen Weges. Ansonsten bestimmen periphere Hinweisreize wie die Einschätzung der Glaubwürdigkeit oder bestimmte Schlüsselreize, die zum Beispiel auf die Ähnlichkeit des Interaktionspartners hinweisen, die Einstellungsänderung.

Fasst man das Ziel des persönlichen Verkaufs als Änderung der Einstellung des Kunden gegenüber einem Produkt oder einer Dienstleistung, so kann das Modell einige wesentliche Aspekte des Überzeugungsprozesses verdeutlichen. Verkäufer, die an einer langfristigen Beziehung zu einem Kunden interessiert sind, sollten demnach alles unternehmen, damit der Kunde die dargebotenen Informationen möglichst intensiv verarbeitet, d.h. den zentralen Weg einschlägt. Das Modell gibt Hinweise, auf welche personalen und situativen Faktoren Verkäufer achten müssen, damit die Motivation zur vertieften Verarbeitung steigt bzw. wie die Information darzubieten ist, damit sie den Fähigkeiten des Kunden entsprechen. Wer dagegen nicht an längerfristigen Beziehungen interessiert bzw. wer von seinen Angeboten selbst so wenig überzeugt ist, dass er sich keine vertiefte Beschäftigung mit den Vor- und Nachteilen durch den Kunden wünscht, der wird eher versuchen, den Kunden über den peripheren Weg zu beeinflussen. Auch dafür gibt das Modell einige Hinweise (obwohl es natürlich ethisch angemessener wäre, in diesem Fall auf eine Einflussnahme zu verzichten).

Mit der Bildung bzw. Änderung einer Einstellung gegenüber dem Angebot ist ein wichtiger Schritt auf dem Weg zum Kauf getan. Eine positive Einstellung ist aber längst noch kein Garant für das entsprechende (Kauf-)Verhalten.

2.5.3 Einstellung und (Kauf-)Verhalten

Das große Interesse der Sozial- und der Konsumentenpsychologie am Einstellungskonzept erklärt sich aus der grundlegenden Annahme: Einstellungen bestimmen Verhalten oder genauer, mit der zunehmenden Stärke einer positiven Einstellung zu einem Produkt steigt die Kaufwahrscheinlichkeit. Beide Disziplinen sind mit dieser Annahme einem „Wechselbad der Gefühle" ausgesetzt (vgl. z.B. Ajzen & Fishbein, 1980; Eckes & Six, 1994; Kraus, 1995; Stahlberg & Frey, 1996): Am Beginn der Forschung stand eine große Euphorie mit Blick auf die verhaltensbestimmende Wirkung von Einstellungen, die nach und nach der Ernüchterung gewichen ist. Vor allem in der sozialpsychologischen (Grundlagen-)Forschung, aber auch im Bereich der Konsumentenforschung wurde zunehmend die These vertreten, der Zusammenhang zwischen Einstellungen und Verhalten sei durchschnittlich sehr gering. Einstellungen können demnach nur unter ganz bestimmten Umständen Verhalten erklären. Mittlerweile haben neuere Entwicklungen der Methodik genauere und differenziertere Analysen vorliegender Untersuchungen ermöglicht. So kommen Eckes und Six (1994) auf der Basis einer Meta-Analyse von 500 Untersuchungen (mit rund 160.000 Versuchspersonen) zu dem Ergebnis, dass Einstellungen und Verhalten zu .39 korrelieren, was für sozialwissenschaftliche Zusammenhänge als sehr beachtliche Größe anzusehen ist (vgl. auch Kraus, 1995).

Mit einer solchen Korrelation ist allerdings noch nichts über die kausalen Beziehungen ausgesagt: Einstellungen können Verhalten beeinflussen oder umgekehrt Verhalten die Einstellung. Zunächst zum ersten Fall. In der Forschung sind eine Vielzahl von Bedingungen zusammengestellt worden, unter denen ein Einfluss von Einstellungen auf Verhalten wirksam wird (vgl. zusammenfassend Kroeber-Riel & Weinberg, 1996). Einige davon sind auch für die Situation des persönlichen Verkaufs relevant:

• Zunächst ist zu beachten, dass bestehende Einstellungen vor allem in solchen Kaufsituationen wirksam werden, in denen der Käufer *involviert* ist und seine Kaufentscheidungen zumindest in einem gewissen Ausmaß gedanklich steuert bzw. ganz bewusst seinen Vorlieben folgt. Diese Bedingungen dürften für einen nicht geringen Teil der Situationen des persönlichen Verkaufs zutreffen. In anderen Situationen kann es zu einer Verarbeitung der gebotenen Information auf peripherem Wege mit einer (labilen) Änderung der Einstellung kommen, die einen einmaligen Kauf auslöst (Petty & Cacioppo, 1986) – in diesen Fällen würde sich auf aggregiertem Niveau nur ein geringer Zusammenhang zwischen Einstellung und Verhalten zeigen.

- Die Wirkung von Einstellungen auf das Verhalten ist weiter von *Merkmalen der Situation* abhängig. Dazu zählen auch die sozialen Normen, an denen sich ein Konsument orientiert (Fishbein & Ajzen, 1975). So kann jemand eine sehr positive Einstellung gegenüber jugendlicher Kleidung haben, da er aber aufgrund seines etwas fortgeschrittenen Alters den Spott seines sozialen Umfeldes – Familie, Kollegen etc. – fürchtet, verzichtet er auf den Kauf der entsprechenden Kleidung. Solche Normen haben im persönlichen Verkauf eine sehr große Bedeutung, Verkäufer müssen sie erkennen und können versuchen, ihre Wirkung zum Beispiel durch Verweis auf Referenz- oder Bezugsgruppen abzuschwächen (Cialdini, 1996a; Bänsch, 1996a). Daneben finden sich auch ganz „handfeste" situative Bedingungen, die über den Kauf eines Produkts unabhängig von der Einstellung entscheiden – beispielsweise die Frage, ob das gewünschte Produkt verfügbar ist.

- Auch die *Art der Einstellung* hat Einfluss auf die Verhaltenswirkung, wobei vor allem die Spezifität zu nennen ist. So kann ein Konsument allgemein eine negative Einstellung gegenüber modernen Kommunikationsmitteln haben, weil er vielleicht negative Auswirkungen auf die persönlichen zwischenmenschlichen Beziehungen fürchtet, aber sich dennoch ein mobiles Funktelefon kaufen, weil er glaubt, dies sei eine der wenigen technischen Neuerungen auf diesem Gebiet, die sich nicht negativ auf seine zwischenmenschlichen Beziehungen auswirken. Da Einstellungen häufig sehr allgemein gefasst sind, der Kauf eines Produkts jedoch immer ein sehr spezifisches Verhalten darstellt, können sich Einstellungen und Verhalten (scheinbar) leicht widersprechen. Ein weiteres – bereits erwähntes - Merkmal von Einstellungen ist die Art, in der sie erlernt wurden: Einstellungen, die durch unmittelbare Erfahrungen mit dem Objekt entstehen, führen eher zu einem entsprechenden Verhalten als solche, die über Kommunikation erworben wurden (Fazio & Zanna, 1981).

- Schließlich ist die Wirkung der Einstellungen auf das Verhalten auch von *Merkmalen der Person* abhängig. Hier ist in erster Linie an das Merkmal der Selbstüberwachung zu denken („self monitoring"). Nach Snyder (1987) legen sich selbst überwachende Menschen sehr viel Wert auf soziale Angemessenheit ihres Verhaltens, sie haben eine besonders subtile Wahrnehmung für die Ausdrucksweisen anderer in sozialen Situationen, an denen sie ihr eigenes Verhalten ausrichten. Bei schwachen Selbstüberwachern finden sich sehr enge Zusammenhänge zwischen Einstellung und Verhalten, bei hoch selbstüberwachenden Menschen lassen sich dagegen solche Zusammenhänge nicht nachweisen (Snyder, 1987). Mit anderen Worten: Wenig selbstüberwachende Personen orientieren sich an internen, dispositionalen Faktoren, stark selbstüberwachende Menschen werden dagegen von außen gesteuert - durch Gruppennormen, Rollenerwartungen und soziale Hinweisreize. Dieses Merkmal kann wiederum am Verhalten der Käufer relativ zuverlässig erkannt werden – Menschen, die sich nicht an den Verkäufer anpassen und unabhängig von der Situation ein sehr individuelles Verhalten zeigen, sind mit hoher Wahrscheinlichkeit durch geringe Selbstüberwachung gekennzeichnet. Ihr Verhalten wird durch ihre Einstellungen gesteuert, die sich wiederum – da sie für soziale Einflüsse weniger zugänglich sind – in der Verkaufssituation schwerer ändern lassen. In diesem Fall müssen Verkäufer versuchen, die Einstellungen in Erfahrung zu bringen und – sofern möglich - darauf abgestimmte Produkte anzubieten.

Bislang wurde der Zusammenhang zwischen Einstellung und Verhalten unter dem Aspekt beleuchtet, dass Einstellungen Verhalten bestimmen. Häufig findet sich auch der umgekehrte Fall, in dem das Verhalten die Einstellung bestimmt. Das zeigt sich im Alltag in den verschiedensten Situationen – so werden nach der Geburt eines Kindes die Einstellungen der Eltern gewöhnlich konservativer (Felser, 1997). Der Kauf von Produkten, für die ein geringes Involvement besteht, führt zu einer positiven Einstellung gegenüber dem Produkt nach dem Kauf (Kroeber-Riel & Weinberg, 1996). Vielfach wird diese Tendenz zur Anpassung der Einstellung an das gezeigte Verhalten als der wichtigste Fall der Einstellungsänderung betrachtet. Erklären lässt sich dies mit Hilfe der *Theorie kognitiver Dissonanz* (Festinger, 1957), die als eine der wichtigsten sozialpsychologischen Theorien gilt und auch im Bereich des persönlichen Verkaufs zur Erklärung von Einstellungen bzw. Einstellungsänderungen herangezogen wird (vgl. Bänsch, 1996a; Fischer & Wiswede, 1997; Frey & Gaska, 1993).

Nach der Theorie kognitiver Dissonanz streben Menschen ein Gleichgewicht ihres kognitiven Systems an, wobei Festinger (1957) unter Kognitionen Meinungen, Glaubensweisen, Wissenseinheiten etc. versteht. Kognitionen können in relevanter oder in irrelevanter Beziehung zueinander stehen, entscheidend dafür ist, ob sie psychologisch etwas miteinander zu tun haben oder nicht. Relevante Beziehungen können wiederum konsonant oder dissonant sein: Die Kognitionen „Ich habe Aktien gekauft" und „Aktien sind die beste Geldanlage" sind konsonant, dagegen sind die Kognitionen „Ich habe Aktien gekauft" und „Aktien sind eine riskante Geldanlage" dissonant, wenn sie im kognitiven System eines Menschen auftreten, der sehr risikoscheu ist. Solche dissonanten Kognitionen erzeugen eine Motivation, die Dissonanz aufzulösen bzw. zu reduzieren, um das kognitive System wieder ins Gleichgewicht zu bringen. Diese Reduktion kann erfolgen durch

- die Addititon konsonanter Kognitionen, zum Beispiel kann nach Informationen gesucht werden, die belegen, dass Aktien gar nicht sonderlich riskant sind;
- die Subtraktion von dissonanten Kognitionen, der Kauf der Aktien kann aus dem Bewusstsein verdrängt werden (was gewöhnlich nur schwer gelingt);
- die Neu- oder Umbewertung von dissonanten Elementen, die Höhe des Geldbetrages, der in Aktien investiert wurde, wird in diesem Fall subjektiv verringert.

Durch diese Prozesse werden Einstellungen, die einem Verhalten widersprechen, geändert, nachdem ein einstellungswidriges Verhalten gezeigt wurde: So kann der Kauf von Aktien nachträglich zu einer positiven Einstellung gegenüber Aktien führen.

Von besonderer Bedeutung im Marketing und im persönlichen Verkauf ist die Dissonanz, die im sogenannten „Nachentscheidungs-Konflikt" auftritt. Wenn vor einer Kaufentscheidung die Vor- und Nachteile aller zum Kauf in Frage kommenden Alternativen geprüft wurden, können nach dem Kauf die Vorteile der abgelehnten Alternativen ins Bewusstsein treten. Um die Dissonanz zur Kognition „Ich habe aber X gekauft" aufzulösen, besteht daher nach dem Kauf eine besondere Bereitschaft, positive Informationen über das erstandene Produkt aufzunehmen. Für den persönlichen Verkauf wird daraus zweierlei gefolgert. Zum einen sollen Käufer nach dem Kauf in ihrer Entscheidung bestärkt werden (z.B. „damit haben Sie das Produkt mit dem besten Preis-Leistungs-Verhältnis erworben"), zum anderen sollen Verkäufer bereits im Verkaufsgespräch alle Einwände gegen das Produkt systematisch beseitigen, um den Nachentscheidungs-Konflikt zu verringern (Bänsch, 1996a).

2.6 Kaufentscheidung und Kauf

Das Problem der Entscheidung über den Kauf eines Produktes bzw. das Kaufverhalten hat in der Konsumentenforschung sehr großes Interesse gefunden mit der Folge einer äußerst differenzierten Befundlage (vgl. zum Überblick: Bänsch, 1996b; Engel et al., 1995; Kroeber-Riel & Weinberg, 1996; zu den psychologischen Grundlagen von Entscheidungen: Jungermann, Pfister & Fischer, 1998). Der Stand der Forschung zu diesem kaum noch zu überschauenden Bereich kann hier nicht einmal näherungsweise dargestellt werden, vielmehr konzentrieren sich die folgenden Ausführungen wieder auf einige Aspekte, die für den persönlichen Verkauf von besonderer Bedeutung sind. Dazu zählen vor allem die verschiedenen Arten des Kaufverhaltens, da sie grundlegend sind für das verkaufsnotwendige Wissen über den Kunden. Zunächst aber einige Anmerkungen zur Beziehung zwischen der ökonomischen und der psychologischen Sichtweise von Entscheidungen.

2.6.1 Ökonomische und psychologische Merkmale von Entscheidungen

Entscheidungen sind Situationen, in denen eine Person zwischen mindestens zwei Optionen wählt (vgl. zum folgenden Jungermann et al., 1998). Als Optionen werden diejenigen Objekte oder Handlungen bezeichnet, zwischen denen gewählt wird - im Bereich des Konsumentenverhaltens interessiert vor allem die Wahl von Produkten oder Dienstleistungen, im persönlichen Verkauf kommt zudem der Entscheidung zwischen den grundlegenden Handlungsmöglichkeiten „kaufen oder nicht kaufen" zentrale Bedeutung zu. Solche Wahlakte lassen sich unter verschiedenen Perspektiven analysieren. Die *präskriptive* Entscheidungstheorie, die in den Wirtschaftswissenschaften dominiert, macht Aussagen darüber, welche Optionen eine Person wählen sollte, wenn man von bestimmten Postulaten rationalen Verhaltens ausgeht (vgl. z.B. Eisenführ & Weber, 1994). Zu diesem Zweck werden Ziele, Optionen, Umweltbedingungen, Ergebnisse und deren Wahrscheinlichkeiten sowie deren Nutzen ermittelt und anhand von Regeln der Entscheidungslogik verknüpft, wobei gewöhnlich ein Ziel der Nutzenmaximierung angenommen wird. Demgegenüber beschreibt die *deskriptive* Entscheidungsforschung, die unter anderem in der Psychologie und der Konsumentenforschung betrieben wird, das tatsächliche Entscheidungsverhalten von Menschen - speziell in ihrer Rolle als Konsumenten.

Viele Annahmen der präskriptiven Entscheidungstheorie lassen sich empirisch nicht bestätigen, d.h. Entscheidungsverhalten wird durch psychologische Mechanismen beeinflusst, die nicht den strengen Anforderungen der ökonomischen Rationalität entsprechen. Das bedeutet aber nicht, menschliche Entscheidungen wären deshalb irrational, vielmehr folgen sie einer eigenen (Psycho-)Logik. Das sei am Beispiel des subjektiven Nutzens von Produkten bzw. der Präferenz für bestimmte Produkte verdeutlicht. Nach den Annahmen der präskriptiven Entscheidungstheorie bewerten Menschen in Entscheidungssituationen lediglich die Konsequenzen der Wahl von Optionen, dagegen verweisen empirische Untersuchungen auf eine Vielzahl von Faktoren, die auf den Nutzen und die Präferenz Einfluss haben (vgl. Jungermann et al., 1998).

Ein besonders eindrückliches Beispiel bietet der sogenannte *Besitztumseffekt* (Thaler, 1980; vgl. auch Felser, 1997), der sich an einem einfachen Experiment verdeutlichen lässt: Einer Gruppe von Versuchspersonen wurde ein attraktiver Krug geschenkt und gesagt, sie können den Krug behalten oder zu einem für sie akzeptablen Preis verkaufen. Einer zweiten Gruppe wurde ein (geringer) Geldbetrag geschenkt und gesagt, sie können das Geld behalten oder dafür einen Krug kaufen. Wenn nun die Besitzer des Kruges gefragt werden, zu welchem Preis sie den Krug verkaufen würden, zeigt sich, dass diese im Durchschnitt mehr als doppelt so viel für ihren Krug verlangen, als die andere Gruppe dafür zu zahlen bereit wäre. Der Wert eines Kruges im Tausch gegen Geld ist nicht dasselbe wie der Wert des Geldes im Tausch gegen einen Krug - ein eindeutiger Verstoß gegen die ökonomische Logik. Erklären lässt sich dieses Verhalten über die unterschiedliche Einschätzung von Gewinnen und Verlusten. Für die Verkäufer ist die Abgabe des Kruges ein Verlust gegenüber dem Zustand, in dem sie den Krug besitzen, für die Käufer dagegen eine Gewinn. Da Verluste psychologisch schwerer wiegen als (gleich große) Gewinne, ist der Krug für die Verkäufer wertvoller (Tversky & Kahneman, 1991).

Für den persönlichen Verkauf hat der Besitztumseffekt große Bedeutung, die noch dadurch gesteigert wird, dass allein die Beschreibung von Konsequenzen oder Zuständen als Gewinne oder Verluste das Entscheidungsverhalten unterschiedlich beeinflusst: Wird zum Beispiel dem Besitzer eines Hauses gesagt, wieviel Heizkosten er sich jeden Monat sparen kann (Gewinn), wenn er sich eine bestimmte Wärmedämmung zulegt, so hat dies auf seine Kaufentscheidung weniger Einfluss als die Beschreibung der (gleich hohen) Verluste, die er jeden Monate ohne die Dämmung hat! Dieser Einfluss der Beschreibung von Alternativen in Entscheidungssituationen, der auch als *Framing-Effekt* bezeichnet wird (Jungermann et al., 1998), zeigt sich in verschiedenen Zusammenhängen: So wurde Versuchspersonen in einer Untersuchung eine Krankenversicherung angeboten, die den Aufenthalt im Krankenhaus „aus Gründen einer Krankheit wie auch eines Unfalls" abdeckt; einer zweiten Gruppe wurde dieselbe Krankenversicherung angeboten, allerdings mit dem Hinweis, dass sie einen Aufenthalt im Krankenhaus „aus welchem Grund auch immer" abdeckt. Die Befragten sollten jeweils angeben, wieviel sie für die Versicherung bezahlen würden: Die erste Gruppe wollte deutlich mehr für die Versicherung zahlen als die zweite! In diesem Fall hat die direkte Erwähnung der Ursachen des Aufenthaltes im Krankenhaus zur Einschätzung einer höheren Wahrscheinlichkeit eines Unfalls oder einer Krankheit geführt und damit steigt die Attraktivität der Versicherung (Jungermann et al., 1998). Verkäufer können also allein durch die Formulierung ihrer Angebote die Präferenzen der Kunden beeinflussen.

Subjektiv unterschiedliche Präferenzen bei objektiv gleichem Nutzen können aber nicht nur auf die Art der Beschreibung zurückgeführt werden, sie hängen auch vom *Bezugssystem* ab, anhand dessen eine Einschätzung erfolgt. Das wird in einer Untersuchung von Tversky und Kahneman (1981) deutlich, in der eine Gruppe von Versuchspersonen folgendes Szenario vorgelegt wurde:

„Stellen Sie sich vor, Sie seien im Begriff, eine Jacke für 125 DM und einen Taschenrechner für 15 DM zu kaufen. Der Verkäufer weist Sie darauf hin, dass es den Taschenrechner, den Sie kaufen wollen, im Augenblick in einer anderen Filiale, 20 Minuten Fahrzeit entfernt, im Sonderangebot für 10 DM gibt. Würden Sie den Weg zu dem anderen Geschäft machen?" (Jungermann et al., 1998, S. 75).

68% der Befragten entschieden sich in diesem Fall für eine Fahrt zu dem anderen Geschäft, um 5 DM zu sparen (es handelte sich um Studenten und Studentinnen). Einer zweiten Gruppe wurde dasselbe Szenario vorgelegt, in dem lediglich die Preise für die Produkte ausgetauscht waren, d.h. die Strickjacke kostete in diesem Fall 15 DM, der Taschenrechner 125 DM, im Sonderangebot kostete er 120 DM. Obwohl die Alternativen in beiden Fällen völlig gleich sind - 20 Minuten Weg um 5 DM zu sparen -, wollen sich in diesem Fall nur 29% der Befragten auf den Weg machen! Offensichtlich bildet der Preis des Taschenrechners den Bezugspunkt, von dem aus die Alternativen bewertet werden. Im ersten Fall spart man sich durch den Weg ein Drittel des Preises (5 von 15 DM), im zweiten Fall dagegen „lediglich" 4% (5 von 125 DM). Die Entscheidung wird also nicht nach dem objektiven Nutzen getroffen, sondern nach einer subjektiven Kalkulation von Aufwand und Ertrag, die je nach gewähltem Bezugspunkt ganz unterschiedlich ausfällt.

Das sind einige sogenannte „Entscheidungsanomalien", die menschliches Entscheidungsverhalten kennzeichnen und dabei von den Annahmen der präskriptiven Entscheidungstheorie abweichen (zu weiteren Anomalien vgl. Jungermann et al., 1998). Das damit beschriebene Verhalten ist nicht „irrational", sondern folgt jeweils einer eigenen Logik, die psychologisch sehr wohl sinnvoll sein kann. Für das Konsumentenverhalten entscheidend ist aber, dass auch unterschiedliche Formen des Kaufverhaltens existieren.

2.6.2 Kaufarten

Kaufentscheidungen hängen von verschiedenen Bedingungen ab, dazu zählt die Art des Produkts und damit verbunden das Involvement. Orientiert am Involvement können habituelle bzw. impulsive (geringes Involvement), limitierte (mittleres Involvement) und extensive Entscheidungen differenziert werden (hohes Involvement; vgl. Engel et al., 1995; Kroeber-Riel & Weinberg, 1996; Trommsdorff, 1998). Der extensive Entscheidungstyp, der noch am ehesten dem ökonomischen, rationalen Verhalten entspricht, tritt nach verbreiteten Schätzungen am seltensten auf, gewohnheitsmäßiges und impulsives Verhalten am häufigsten (Kroeber-Riel & Weinberg, 1996). Diese Schätzungen beziehen sich allerdings auf *alle* Käufe, im persönlichen Verkauf dürften dagegen limitierte Entscheidungen, speziell bei beratungsintensiven Produkten die Entscheidungen dominieren.

2.6.2.1 Habituelle Käufe

Habituelle Käufe kennzeichnen Einkaufsgewohnheiten, vor allem der Kauf von Alltagsartikeln wie Nahrungs- und Genussmittel erfolgt häufig in Form solcher verfestigter Verhaltensmuster. Gewöhnlich wird angenommen, dass solchen Gewohnheiten einmal echte (extensive) Entscheidungen zugrunde lagen, die im Laufe der Zeit aufgrund der Zufriedenheit mit den Produkten habitualisiert werden. Ausgangspunkt kann aber auch Zufallsverhalten sein, das nachträglich „rationalisiert" wurde, d.h. eine beliebige Wahl wird durch vernünftige Gründe gerechtfertigt und aus Gründen der Konsistenz aufrechterhalten (Felser, 1997). Kaufgewohnheiten führen zur kognitiven Entlastung, bei zunehmender Erfahrung mit einem Produkt nehmen der Informationsbedarf und die Überlegungen bei der Auswahl ab. In der Folge sinkt der Bedarf an Beratung, die Kunden gehen zum Kauf beispielsweise in den Supermarkt. Während sich in diesen Fällen der Verkäufer gewissermaßen selbst überflüssig macht, kann er den Hang zur Habitualisierung des Verhaltens auch für seine Zwecke nutzen - wenn der Kunde einen persönlichen Kontakt zu einem Geschäft bzw. seinen Verkäufern herstellt, führt das häufig zu einer zweiten Form des Gewohnheitskaufes, der Produkt- oder Markentreue (wobei nicht notwendig die Wirkrichtung von der Geschäfts- zur Markentreue läuft, lediglich die Korrelation zwischen beiden Größen ist bestätigt; vgl. Kroeber-Riel & Weinberg, 1996). In diesem Fall entwickelt sich eine emotionale Bindung an ein Produkt oder eine Marke, eine Art „Loyalität", die gelegentlich auch dann zum weiteren Kauf führt, wenn man weiß, dass andere Marken die besseren Alternativen darstellen. Einige Bedingungen der Markentreue lassen sich relativ zuverlässig angeben (vgl. Becker, 1998). Die Markentreue ist größer bei

- älteren Menschen: Mit dem Alter sinkt die Risikobereitschaft und das Verhalten wird weniger flexibel;
- Menschen mit geringem sozialen Status: Ihre Bereitschaft und Fähigkeit zur Informationsverarbeitung ist geringer und sie erleben beim Kauf größere Unsicherheit;

- hohem wahrgenommenem Kaufrisiko - in diesem Fall kann durch die Wahl des „Bewährten" das Risiko minimiert werden;
- Produkten mit hohem Prestigewert.

Die beiden letztgenannten Bedingungen deuten auf eine Markentreue bei relativ hohem Involvement.

2.6.2.2 Impulsivkäufe

Impulskäufen liegen spontane, unüberlegte Entschlüsse zugrunde, das Verhalten ist unmittelbar reizgesteuert (Rook, 1987). Vor allem bei Produkten geringeren Wertes kommt dem Verkaufsort entscheidende Bedeutung für die Auslösung von Impulskäufen zu: Stark aktivierende Produktgestaltung, die richtige Plazierung im Regal, Displaymaterial etc. tragen zur Auslösung von Impulskäufen bei. Durch die gezielte Gestaltung der Reize werden sogenannte „suggestive Impulskäufe" ausgelöst, von denen sich „Impulskäufe durch Überredung" unterscheiden lassen (Becker, 1998). Letztere kommen durch den Einfluss des Verkäufers zustande, der eine periphere Verarbeitung der Informationen auslöst (Petty & Cacioppo, 1986; ob es sich dabei um „echte" Impulskäufe handelt, ist allerdings umstritten; vgl. Becker, 1998). Die Bedingungen, unter denen Impulskäufe ausgelöst werden, sind bislang noch wenig erforscht. Neben dem Aufforderungscharakter der Reize scheinen starke normative Einflüsse wirksam zu sein, d.h. nur wenn die Situation als angemessen für Impulskäufe eingeschätzt wird, kommt es auch dazu (Rook & Fisher, 1996). Außerdem haben auch situative Merkmale wie ausreichend zur Verfügung stehende Zeit und finanzielle Möglichkeiten Einfluss auf den Impulskauf (Beatty & Ferrell, 1998), die Befunde zu Merkmalen der Produkte bzw. der Persönlichkeit des Käufers sind dagegen widersprüchlich.

2.6.2.3 Limitierte Käufe

Bei limitierten Käufen wird nur ein begrenzter kognitiver Aufwand betrieben, die Entscheidung fällt aufgrund allgemeiner Kauferfahrungen, Einstellungen zu bestimmten Marken oder der Zufriedenheit mit bisherigen Käufen innerhalb der Produktklasse. Wenn diese gespeicherten Informationen nicht ausreichen, werden Informationen gesucht und die Entscheidung anhand sogenannter Heuristiken gefällt (Becker, 1998; Felser, 1997). Unter Heuristiken versteht man „kognitive Daumenregeln" (Jungermann et al., 1998) oder „mentale Abkürzungen (Cialdini, 1996a), die in unsicheren Situationen Orientierung geben. Dabei stützen sich Käufer auf Schlüsselinformationen, die verschiedene Informationen verdichten und als besonders wichtig wahrgenommen werden, zum Beispiel den Preis. Die Heuristik „teuer = gut" entspricht der allgemeinen Erfahrung, dass qualitativ hochwertige Produkte gewöhnlich teurer sind und ermöglicht in Situationen der Unsicherheit über die Qualität des Produkts in der Regel angemessene Entscheidungen. Daneben finden sich auch starke emotionale Einflüsse: Offensichtlich werden manche Entscheidungen nach einer

„Wie fühle ich mich dabei?"-Heuristik getroffen (Pham, 1998). Dabei wird das Ent-scheidungsobjekt kognitiv repräsentiert, die dadurch ausgelösten Gefühle inspiziert und eine Entscheidung für das Objekt getroffen, wenn die Gefühle für das Objekt repräsentativ sind.

Limitierte Käufe haben große Bedeutung für den persönlichen Verkauf, nach Schätzungen von Kuß (1991) nutzen mindestens ein Drittel aller Konsumenten auch bei großen Anschaffungen nur eine Schlüsselinformation bei der Entscheidung. Dabei können Verkäufer die Neigung, in unsicheren Situationen auf die Aussagen von Ex-perten zu vertrauen, ausnutzen - auch hier handelt es sich um eine Heuristik in der Form „Halte dich an Ratschläge von Experten". Die Empfehlung eines Produkts durch den Verkäufer oder gar sein Hinweis, das Produkt selbst zu verwenden, kann wie eine Schlüsselinformation zur Qualität aufgenommen werden und zu verkürzter kognitiver Verarbeitung führen.

2.6.2.4 Extensive Käufe

Der extensive Kauf ist durch ausgedehnte Alternativensuche und -bewertung gekenn-zeichnet, gewöhnlich ist der Kunde noch unentschlossen und dabei hoch involviert (Engel et al., 1995). Gewöhnlich tritt diese Form beim Kauf teurer und langlebiger Produkte auf, der nicht durch dringende Bedürfnisse motiviert ist. In diesem Fall kommt der Kompetenz des Verkäufers und seiner Fähigkeit zur Beratung besondere Bedeutung zu, da - im Sinne des Modells von Petty und Cacioppo (1981) - die Infor-mationen auf dem zentralen Weg verarbeitet werden.

Die Integration der Informationen zu einem Gesamturteil und die Entscheidung für ein Produkt oder eine Dienstleistung kann durch unterschiedliche Modelle dargestellt werden (vgl. Behrens, 1991; Kroeber-Riel & Weinberg, 1996; Trommsdorff, 1998). Nach dem *additiven, linear-kompensatorischen Modell* werden die Beurteilungen verschiedener Merkmale jeder Alternative mit der jeweiligen subjektiven Wichtigkeit gewichtet und zu einem Gesamturteil addiert. Zum Beispiel stehen zwei Stereoanla-gen zur Wahl. Dem Käufer sind Klangfülle, Design und Preis - in dieser Reihenfolge - besonders wichtig. Er beurteilt jede der beiden Anlagen nach diesen drei Aspekten und kommt durch die Addition der gewichteten Merkmale zu einem eindeutigen Er-gebnis - die Stereoanlage mit dem höchsten Beurteilungswert wird gekauft. Kompen-satorisch bedeutet dabei, Schwächen eines Produkts gleichen sich durch seine Stärken aus, zum Beispiel kann ein im Vergleich zur alternativen Anlage höherer Preis durch eine deutlich überzeugendere Klangfülle und ein begeisterndes Design kompensiert werden. Für den Verkäufer bedeutet eine solche Strategie zum einen, die subjektiven Gewichte des Kunden im Gespräch zu erfahren und zum anderen, möglichst viele gute Argumente für eine Alternative anzubieten. Schließlich kann auch die Möglich-keit der Kompensation genutzt werden, um das vom Verkäufer präferierte Modell zu verkaufen.

Solche Kompromisse werden aber nicht immer akzeptiert, manchmal müssen Pro-dukte in mehreren Merkmalen den subjektiven Ansprüchen genügen - nur dann werden sie gekauft. In diesem Fall spricht man von einem *konjunktiven Modell*, da die Merkmale durch ein logisches „und" verknüpft (konjugiert) werden: Eine Stereoanlage wird nur gekauft, wenn sie eine hervorragende Klangfülle hat und im Design überzeugt und ein vorab festgelegtes Preisniveau nicht übersteigt. Mit diesem Modell gelangt man allerdings nur zu einer Einteilung in akzeptable und nicht-akzeptable Produkte. Wenn mehrere Produkte den festgelegten Standards entsprechen, muss unter diesen nach einem anderen Modell ausgewählt werden. Käufer, die durch konjunktive Modelle gekennzeichnet sind, können dem Verkäufer gewöhnlich vorab ihre Vorstellungen klar benennen, der Verkäufer kann dann - um den Verkaufsvorgang zeitlich zu begrenzen - gezielt eine den Vorstellungen entsprechende und andere, teilweise nicht entsprechende zur Auswahl stellen, um eine Entscheidung herbeizuführen.

Das Gegenstück zum konjunktiven Modell ist das *disjunktive Modell*: Ein Produkt wird akzeptiert, wenn es auf einem Merkmal den Ansprüchen genügt, unabhängig von den übrigen Merkmalen. Die Stereoanlage wird gekauft, wenn die Klangfülle überzeugt oder das Design begeistert oder der Preis „stimmt". Auch in diesem, eher theoretisch interessanten Fall ist keine Entscheidung gewährleistet. Das disjunktive Modell setzt gleichwertige Merkmale voraus, von denen nur eines vorhanden sein muss, damit ein Produkt akzeptabel ist - in der realen Kaufsituation wäre daher ein sequenzielles Vorgehen zu erwarten, in dem das erste Produkt, das in einem Aspekt den Ansprüchen genügt, auch gewählt wird (das ist aber nur in solchen Fällen zu erwarten, in denen das Involvement eingeschränkt ist).

Demgegenüber werden beim *lexikografischen Modell* die Produktmerkmale zunächst nach ihrer Wichtigkeit in eine Rangreihe gebracht und die zur Auswahl stehenden Produkte auf dem wichtigsten Merkmal verglichen. Die Alternative mit der besten Ausprägung wird akzeptiert (bzw. diejenige mit den schlechtesten Merkmalen ausgeschlossen). Zum Beispiel werden die Stereoanlagen zunächst in ihrer Klangfülle verglichen und diejenige, die am überzeugendsten klingt, gewählt. Wenn auf diesem Wege keine eindeutige Entscheidung möglich ist, werden die Produkte auf dem zweit-wichtigsten Merkmal verglichen usw. Von Käufern, die nach dem lexikografischen Modell vorgehen, ist zu erwarten, dass sie auf den Verkaufsvorgang großen Einfluss nehmen - der Verkäufer wird in diesem Fall vor allem dazu gebraucht, die notwendigen Vergleiche zwischen den Produkten systematisch durchzuführen.

2.7 Kundenzufriedenheit

Verglichen mit dem Thema „Kauf" fristet die Frage nach der Zufriedenheit des Käufers mit dem Kauf bzw. mit der Verkaufsinteraktion ein Schattendasein in den gängigen Lehrbüchern des Konsumentenverhaltens. Das mag daran liegen, dass die Kunden- bzw. Käuferzufriedenheit von dieser Disziplin in erster Linie instrumentell, d.h. als eine Größe zur Vorhersage des (künftigen) Kaufs angesehen wird. Demgegenüber erscheint Zufriedenheit aus psychologischer Perspektive gewissermaßen als Gegenstück zum Kauf - als psychologisch entscheidendes Ergebnis der ganzen Verkaufsinteraktion: Soll ein Verkaufsgespräch aus betriebswirtschaftlicher Sicht in einen Kauf münden, so soll es aus psychologischer Sicht (auch) zur Zufriedenheit des Kunden führen! Daher werden im folgenden knapp einige grundlegende Merkmale und Konzepte der Kundenzufriedenheit vorgestellt.

2.7.1 Das Konzept „Zufriedenheit"

Bereits auf die Frage, was denn überhaupt Zufriedenheit sei, findet sich in der Literatur keine eindeutige Antwort. In Anlehnung an die hochentwickelte Erforschung der Arbeitszufriedenheit lassen sich mindestens vier verschiedene Konzepte der Zufriedenheit unterscheiden (vgl. zum folgenden Nerdinger, 1995; Neuberger & Allerbeck, 1978; Groß-Engelmann, 1999; Oliver, 1996):

1. *Affektive Bewertungsreaktion:* In diesem ersten Sinn wird Zufriedenheit als ein Gefühl definiert, das sich als Folge einer positiven oder negativen Bewertung eines Objekts (z.B. eines Produkts) oder eines Erlebnisses (einer Dienstleistung, einem Verkaufsgespräch) einstellt. Unter Abstraktion von den konkreten, auslösenden Bedingungen wurde in der phänomenologischen Psychologie dieses Gefühl so umschrieben: „Zufriedenheit ist ein Friede der Seele, sie ist frei von Unruhe und Gespanntheit unerfüllter Ansprüche, während Unzufriedenheit wie ein Stachel in der Seele wirkt, der den Menschen nicht zur Ruhe kommen lässt" (Lersch, 1962; zit. nach Neuberger & Allerbeck, 1978, S. 13). Eine solche Beschreibung ist zwar im subjektiven Erleben nachvollziehbar, sie macht aber keine Aussage darüber, wie ein solcher Zustand zustande kommt.

2. *Bedürfnisbefriedigung:* Hier wird der Bezug zur Konsumentenmotivation deutlich - wird ein Konsument durch bestimmte Bedürfnisse (Motive) zum Kauf eines Produkts/einer Dienstleistung „getrieben", so führt die Befriedigung seiner Bedürfnisse mittels des Produkts/der Dienstleistung zum Zustand der Zufriedenheit. Da allerdings - wie gezeigt - weder eine eindeutige Festlegung kaufrelevanter Motive noch eine Klassifikation der Merkmale von Produkten oder auch von Verhaltensweisen von Verkäufern, die zur Befriedigung von Motiven führen, möglich ist, erweist sich diese Definition als empirisch wenig praktikabel.

3. *Erleben eines gerechten Tausches:* Da ein Kauf eine Transaktion darstellt, kann in Anlehnung an die Gerechtigkeitstheorie von Adams (1965; Müller, 1998) ein Gefühl der Unzufriedenheit entstehen, wenn der eigene Einsatz - vor allem die finanziellen Kosten, aber zum Beispiel auch die eigene Freundlichkeit und das Entgegenkommen gegenüber dem Verkäufer - im Verhältnis zum Ertrag (dem erworbenen Produkt/der Dienstleistung, den selbstbezogenen Gefühlen nach der Transaktion) geringer erscheint als das Verhältnis Einsatz : Ertrag auf Seiten des Verkäufers. Gefühle der Ungerechtigkeit tauchen im persönlichen Verkauf vor allem auf, wenn sich ein Käufer „über den Tisch gezogen" fühlt, den Eindruck hat, der Verkäufer habe ihm mit Hilfe rhetorischer „Tricks" übervorteilt. Ob allerdings der Zustand der Zufriedenheit allein aufgrund einer gerechten Behandlung bzw. „eines guten Geschäfts" eintritt, erscheint fraglich.

4. *(Aufgehobene) Soll-Ist-Differenz:* Dieser Ansatz, der auch als Disconfirmation-Paradigma bezeichnet wird (vgl. Stauss, 1999), hat sich in der Kundenzufriedenheits-Forschung weitgehend durchgesetzt. Demnach ist Kundenzufriedenheit das bewertete Ergebnis eines Soll-Ist-Vergleichs über Konsumerlebnisse - Kunden vergleichen nach diesem Ansatz die wahrgenommene Leistung (Ist-Standard) mit ihren Erwartungen (Soll-Standard). Werden bei diesem Vergleich die Erwartungen übertroffen oder verfehlt (Disconfirmation), so stellt sich (Un-)Zufriedenheit ein.

Von den verschiedenen Varianten des Disconfirmation Paradigmas wird im folgenden das Modell von Bitner (1990) dargestellt, das für den Dienstleistungsbereich entwickelt wurde und auch für viele Situationen des persönlichen Verkaufs relevant ist.

2.7.2 Das Modell von Bitner (1990)

Für eine Psychologie des persönlichen Verkaufs ist mit Blick auf die Kundenzufriedenheit besonders die Frage von Interesse, *womit* der Kunde zufrieden ist: Mit dem gekauften Produkt/der Dienstleistung oder aber mit dem Verhalten des Verkäufers. Während die Konsumentenforschung sich eher für die Zufriedenheit mit dem Produkt interessiert, steht im vorliegenden Zusammenhang die Frage nach der Zufriedenheit mit dem Verhalten des Verkäufers und deren Auswirkung auf die Gesamtzufriedenheit mit dem Kauf im Vordergrund. Erste Untersuchungen zeigen, dass diese Unterscheidung sehr wohl von Bedeutung ist: So konnte in der Untersuchung von Humphreys und Williams (1996) die Gesamtzufriedenheit von Industrie-Einkäufern durch beide Aspekte erklärt werden, wobei die Zufriedenheit mit dem Verkäufer nahezu doppelt soviel Varianz in der Gesamtzufriedenheit erklärt im Vergleich zur Zufriedenheit mit den technischen Merkmalen des Produkts (vgl. auch Meffert & Schwetje, 1999). Die folgenden Ausführungen beschränken sich auf die Zufriedenheit mit dem Verkäufer bzw. mit der Interaktion.

Bitner (1990) setzt mit ihrem Modell der Kundenzufriedenheit an der grundlegenden Einheit einer Dienstleistung an, der Begegnung zwischen Dienstleistern und Kunden (dem „service encounter"). Da in diesem Fall das Verhalten der Person des Dienstleisters im Zentrum steht, erscheint das Modell geeignet für die Übertragung auf die Situation des persönlichen Verkaufs. Die Autorin versucht, den kognitiven Prozess, der im Rahmen der Interaktion im Kunden abläuft, etwas näher zu beleuchten. Die von ihr entwickelten Vorstellungen zeigt Abbildung 10 (die Aspekte des Modells, die versuchen, die wahrgenommene Qualität von Dienstleistungen zu erklären, wurden in Abbildung 10 nicht berücksichtigt):

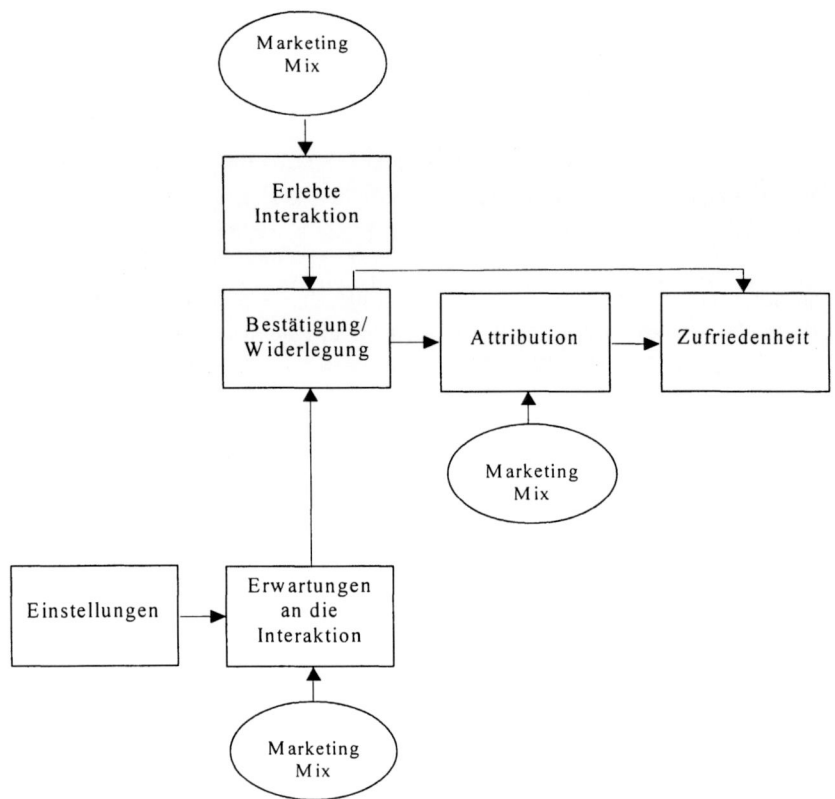

Abb. 10: Modell der Bewertung von Dienstleistungsinteraktionen (nach Bitner, 1990, S. 71)

Die linke Hälfte des Modells entspricht dem Disconfirmation-Paradigma. Auf der Basis bestehender Einstellungen, die sich aufgrund spezifischer Ansprüche, aber auch durch frühere Kontakte mit Verkäufern gebildet haben, entwickeln sich Erwartungen an den Verlauf der Interaktion. Durch die erlebte Interaktion können die Erwartungen bestätigt oder widerlegt werden. Beide psychologischen Größen - Wahrnehmung und Erwartung - lassen sich durch das Unternehmen beeinflussen. Bitner (1990) sieht hier alle Faktoren des Marketing-Mix am Werk, d.h. Produktgestaltung, Preis, Werbung, Absatzmethode sowie die unternehmensinternen Prozesse, die auf das Verhalten des Verkäufers Einfluss haben, die Gestaltung der Umwelt, in der sich Verkäufer und Käufer begegnen und die Mitarbeiter des Unternehmens, d.h. die Verkäufer selbst.

Als entscheidende intervenierende Variable zwischen dem Diskrepanzerlebnis und nachfolgender (Un-)Zufriedenheit führt Bitner das Konzept der Kausalattribution ein (vgl. dazu z.B. Heckhausen, 1989). Menschen suchen für die meisten Ereignisse im Leben nach Erklärungen, indem sie den Ereignissen bestimmte Ursachen zuschreiben, d.h. sie nehmen Kausalattributionen vor. Nach Bitners Modell suchen Kunden also nach Erklärungen dafür, warum sich ihre Erwartungen nicht erfüllt haben, wobei dieser kognitive Prozess wiederum von den verschiedenen Marketingaktivitäten des Unternehmens beeinflusst werden kann. Erst die Attribution der Ursachen entscheidet darüber, ob Zufriedenheit oder Unzufriedenheit mit der Interaktion eintritt (das Modell sieht auch die Möglichkeit vor, dass (Un-)Zufriedenheit automatisch eintreten kann - das wird durch den direkten Pfeil zwischen Widerlegung und Zufriedenheit angedeutet).

Die zentralen psychologischen Annahmen hat die Autorin mit der Simulation einer Situation in einem Reisebüro getestet, in der bei der Begegnung zwischen Verkäufern und Kunden ein Fehler im Service auftritt. In der Attribution wurden zwei Faktoren unterschieden - der Fehler steht unter Kontrolle des Verkäufers oder nicht bzw. der Fehler ist stabil (wird sich wiederholen) oder zufällig. Der Einfluss der Person des Verkäufers auf die Attribution (Person-Faktor des Marketing-Mix) wurde dreifach variiert: Der Verkäufer gibt eine sogenannte externale Erklärung, d.h. er führt eine Ursache an, die nicht unter der Kontrolle der Firma steht; eine internale Ursache, die im Gegensatz dazu von der Firma kontrollierbar ist; bzw. gar keine Erklärung für den Fehler. Darüber hinaus wurde noch ein weiterer Faktor manipuliert - auf den Fehler folgt das Angebot einer Kompensation oder aber ein solches Angebot bleibt aus. Schließlich wurde der Eindruck, den die räumliche Gestaltung des Büros auf den Kunden macht, manipuliert, um die Auswirkungen auf dessen Attributionen zu erfassen. Auf Fotos sind die Räume des Reisebüros einmal als hochorganisiert, einmal als „chaotisch" dargestellt.

Folgendes zeigt sich: Kunden, die für einen Fehler im Service den Verkäufer verantwortlich machen, sind unzufriedener als solche, die glauben, das Versagen konnte von ihm nicht verhindert werden. Demnach hat die Attribution der Ursachen eines Fehlers Auswirkungen auf die Zufriedenheit. Darüber hinaus lassen sich für alle von Verkäufern kontrollierbaren Variablen Einflüsse auf die Attributionen der Bedienten nachweisen. Wenn der Verkäufer die Schuld auf Ereignisse schiebt, die von der Firma nicht kontrollierbar waren (externale Erklärung), wenn er ein Angebot zur Kompensation des Fehlers macht und der Eindruck eines hochorganisierten Büros führen bei den Kunden eher zu der Erklärung, der Verkäufer sei nicht verantwortlich für den Fehler. Da diese Größen als Teile des Marketing-Mix verstanden werden, kann die Zufriedenheit der Bedienten durch „richtiges" Verhalten des Verkäufers bzw. gezielte Gestaltung der Räumlichkeiten im Sinne des Unternehmens beeinflusst werden.

Nach den Befunden dieser Studie ist die Zufriedenheit nicht lediglich eine Funktion von Erwartung und erlebter Realität bzw. der Disconfirmation, vielmehr werden verschiedene Merkmale des Kontextes bei der Erklärung der Disconfirmation berücksichtigt - unter anderem das Verhalten des Verkäufers nach einem Fehler, aber auch die Umwelt, in der ein Verkaufs- oder Beratungsgespräch stattfindet - und in Abhängigkeit von den dabei entwickelten Erklärungen stellt sich Zufriedenheit oder Unzufriedenheit ein (zu weiteren, speziellen Problemen der Kundenzufriedenheits-Forschung vgl. Groß-Engelmann, 1999; Stauss, 1999). Das verweist auf die zentrale Bedeutung des Verkäufers für die Zufriedenheit des Käufers, sein Verhalten wird im nächsten Kapitel etwas ausführlicher analysiert.

3. Verkäufer

Die Person des Verkäufers und sein Verhalten müssen vor dem Hintergrund der besonderen Merkmale und Anforderungen der Verkaufstätigkeit gesehen werden. Dazu zählen (vgl. Dubinsky, Howell, Ingram & Bellenger, 1986):

- Verkäufer müssen häufig verschiedene Rollen ausfüllen. Sie sollen Produkte oder Dienstleistungen an bestehende und neue Kunden verkaufen, Serviceleistungen für die Kunden erbringen, zur Marktanalyse beitragen usw. Mal treten sie als Vertreter ihrer Kunden gegenüber den Mitarbeitern des Unternehmens auf, dann sollen sie ihr Unternehmen gegenüber den Kunden repräsentieren und - häufig genug - müssen sie sich selbst vertreten und entsprechend darstellen.
- Da Verkaufstätigkeiten keine Routinetätigkeiten sind, müssen sich Verkäufer innovativ und flexibel verhalten.
- Verkaufen erfordert hohe Ausdauer, Selbstdisziplin und die Fähigkeit, sich immer wieder selbst zu motivieren.
- Verkaufssituationen sind sehr „stressend" – aufgrund der hohen Unsicherheit und zahlreicher interpersoneller Konflikte müssen Verkäufer sehr viel „Coping" verrichten, d.h. sie brauchen Strategien, um mit dem Stress zu Rande zu kommen (Lazarus & Folkman, 1987; Udris & Frese, 1999). Dass die Arbeit von Verkäufern in der Öffentlichkeit stattfindet, verstärkt den Stress zusätzlich.
- Bei vielen Verkaufstätigkeiten stellen sich die Ergebnisse des Einsatzes erst verspätet ein - das gilt besonders für die sogenannte Bestandspflege, d.h. den Service für bestehende Kunden. Da gute Leistungen nicht unmittelbar, z.B. durch Erfolgserlebnisse verstärkt werden, erleben viele Verkäufer häufig die enttäuschenden Gefühle der Desillusionierung.
- Verkäufer (im Außendienst) sind physisch, sozial und psychologisch von den übrigen Mitarbeitern eines Unternehmens getrennt. Dadurch werden die normativen Bindungen an das Unternehmen geschwächt und das Verhalten kann nicht durch die soziale Kontrolle in einer Arbeitsgruppe gesteuert werden.

Das sind einige Merkmale der Verkäufertätigkeit, die besonders gravierende Auswirkungen auf die Person und das Verhalten der Verkäufer zeigen. Vor diesem Hintergrund wird zunächst ein einfaches Modell des Verkäuferverhaltens entwickelt, dessen zentrale Bestandteile – Verhaltensergebnisse, Persönlichkeit und Umwelt – anschließend vertieft diskutiert werden.

3.1 Ein Modell des Verkäuferverhaltens

In der amerikanischen Verkäuferforschung wurden einige, mehr oder weniger elaborierte Modelle des Verkäuferverhaltens entwickelt (z.B. Walker, Churchill & Ford, 1977; Weitz, 1981; Weitz, Sujan & Sujan, 1986). Diese Modelle orientieren sich gewöhnlich am S-O-R-Modell der Psychologie: Demnach wirken Reize (Stimuli: S) auf einen Menschen (Organismus: O), der diese Reize verarbeitet und in der Folge darauf reagiert (Reaktion: R). Dieses Modell entspricht zwar nicht mehr dem „state of the art" in der Psychologie (Groeben & Scheele, 1977), da sich aber die überwältigende Mehrzahl der vorliegenden Studien zum Verkäuferverhalten an dieser Modellvorstellung orientiert, bietet sie einen didaktisch geeigneten Ansatz zur Strukturierung des sehr heterogenen Feldes. Das in Abbildung 11 präsentierte Modell des Verkäuferhaltens ist daher lediglich als Orientierungsrahmen zu verstehen, in dem die Variablen geordnet werden, die bislang zur Erklärung des Verkäuferverhaltens intensiver untersucht wurden und sich dabei als relativ bedeutsam erwiesen haben:

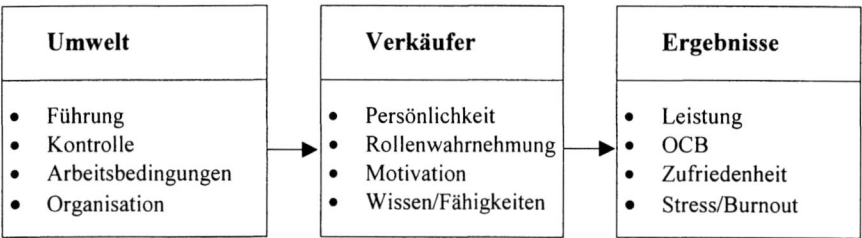

Abb. 11: Ein Modell des Verkäuferverhaltens

Demnach agiert der Verkäufer in einer Umwelt, die u.a. durch die je spezielle Führung und Kontrolle des Vorgesetzten gekennzeichnet ist, unter ganz bestimmten Arbeitsbedingungen und – in der Regel – in einer Organisation, die aufgrund ihrer Struktur, ihres Klimas und ihrer Kultur ganz bestimmte Wirkungen auf den Verkäufer ausübt. Zur Umwelt des Verkäufers zählen natürlich noch eine Vielzahl von Variablen, die äußerst bedeutend für sein Verhalten sind – die Bedingungen am Markt, sein privates Umfeld, Kollegen usw. Diese Bereiche müssen hier vernachlässigt werden, vor allem, weil sie kaum psychologisch relevante empirische Forschung ausgelöst haben. Das wichtigste Merkmal der Umwelt des Verkäufers aber, der Kunde, wird in einem eigenen Kapitel behandelt.

Die einflussreichsten Modelle des Verkäuferverhaltens postulieren drei wesentliche psychologische Determinanten: Die Rollenwahrnehmung, d.h. wie ein Verkäufer die Erwartungen an sein Verhalten verarbeitet; die Motivation, die im Verkauf häufig mit der Anstrengung bzw. der Leistungsbereitschaft gleich gesetzt wird; schließlich das Wissen und die Fähigkeiten, wobei unter Wissen nicht das spezifische Produktwissen verstanden wird, sondern das Wissen um die soziale Dynamik der Verkaufssituationen. Schließlich wird in Abbildung 11 auch noch die Persönlichkeit des Verkäufers berücksichtigt, obwohl diese Größe in modernen Modellen des Verkäuferverhaltens kaum noch Beachtung findet. Die psychologische Forschung hat aber in den letzten Jahren eine Vielzahl von Belegen für die große Bedeutung dieser - lange Zeit ignorierten - Variable vorgelegt, die deshalb bei der Erklärung des Verkäuferverhaltens heute wieder einen prominenten Stellenwert einnimmt.

Auf der Seite der Folgen umfasst das Modell vier verschiedene Größen, die sich auf Verhalten (Leistung, OCB) und Erleben (Arbeitszufriedenheit, Stress/Burnout) beziehen. Während in der betriebswirtschaftlich orientierten Forschung die Leistung im Sinne objektiver Verkaufszahlen den entscheidenden Bezugspunkt bildet, betont die psychologische Forschung positive (Zufriedenheit) und negative Dimensionen des Erlebens (Stress/Burnout) als eigenständige Werte. Darüber hinaus lässt sich auch das Verhalten der Verkäufer und damit der ökonomische Erfolg nicht lediglich auf das Leistungsverhalten beschränken: Die Ergebnisse ganzer Verkaufseinheiten werden durch Verhaltensweisen beeinflusst, die sich auf die Kollegen oder die Organisation beziehen und von Verkäufern freiwillig gezeigt werden. Diesen Verhaltensbereich bezeichnet man als „organizational citizenship behavior" (OCB; Organ & Paine, 1999; Nerdinger, 2000a).

Da die Determinanten des Verkäuferverhaltens immer an den Ergebnissen gemessen werden, beginnt die Darstellung mit dem „Ende der Kette", d.h. den Konsequenzen.

3.2 Konsequenzen des Verkäuferverhaltens

Die Konsequenzen des Verkäuferverhaltens bilden – methodisch betrachtet – die abhängige Variable, die über die verschiedenen Merkmale der Person bzw. der Umwelt des Verkäufers erklärt wird. Unter Anwendungsgesichtspunkten geht es um die Ergebnisse des Verhaltens, wobei im Bereich des Verkaufs eindeutig die – gewöhnlich über Umsatzzahlen erfasste – Leistung im Vordergrund steht. Dieser eindimensionale Blickwinkel wird in der Wissenschaft um Indikatoren der Befindlichkeit bzw. Einstellungen der Verkäufer erweitert. Die wichtigsten, in der empirischen Forschung untersuchten Konsequenzen werden zur Vorbereitung der Analyse der Determinanten zunächst grundlegend diskutiert.

3.2.1 Leistung

Obwohl von zentraler Bedeutung, wird der Leistungsbegriff in der psychologischen Forschung sehr unklar gehandhabt, wobei besonders die Unterscheidung zwischen Leistungs*verhalten* und Leistungs*ergebnis* selten explizit getroffen wird. In Anlehnung an Campbell, McCloy, Oppler und Sager (1993; vgl. auch Borman, 1991) kann Verhalten, Leistung („performance") und Effektivität unterschieden werden.
- *Leistungsverhalten* umfasst ohne Bewertung alle Aufgaben und Aktivitäten, in die z.B. ein Verkäufer in einem Organisation eingebunden ist.
- *Leistung* im Sinne der Verrichtung der Arbeit umfasst die Beiträge des Verkäufers zur Erreichung der Ziele der Organisation, d.h. das Verhalten, das seinen Beitrag zur Effektivität der Organisation erhöht oder verringert.
- *Effektivität* bezieht sich demnach auf die Ergebnisse der Leistung, die gewöhnlich in globalen Maßen wie der Produktivität oder Umsatzzahlen erfasst werden.

Die Unterscheidung in Leistung und Effektivität, in Leistungsverhalten und Leistungsergebnisse ist von großer Bedeutung, da Effektiviätsmaße nicht nur die individuellen Beiträge des Verkäufers bzw. allgemein der Mitarbeiter erfassen, sondern durch Faktoren beeinflusst werden, die ein Verkäufer nicht kontrollieren kann.

Der Verkauf scheint geradezu ideal zur Erfassung der Leistung im Sinne der Effektivität durch objektive Maße: Umsatz in einer festgelegten Periode, Anzahl der Verkäufe pro Zeiteinheit, Stornoquoten usw. – im Verkauf kann alles mögliche „objektiv" gezählt und gemessen werden. Bei genauer Betrachtung lässt sich aber keines dieser Maße allein auf das Leistungsverhalten des Verkäufers zurückgeführt, da die Ergebnisse immer auch durch Faktoren der Umwelt beeinflusst werden (Borman, 1991). Dazu zählen vor allem die Bedingungen am Markt, der Zuschnitt der Verkaufsgebiete, aber z.B. auch das Verhalten der Vorgesetzten gegenüber den einzelnen Verkäufern. In dem Maße, in dem diese Umweltfaktoren Einfluss auf die Ergebnisse nehmen und nicht für alle Verkäufer (eines Unternehmens) gleich sind, sind die Maße kontaminiert, d.h. sie erlauben keinen eindeutigen Rückschluss auf den Anteil des Verkäufers an der Leistung.

Gelegentlich wird versucht, die Verkaufszahlen anhand von Umweltfaktoren zu gewichten, z.B. wird das Marktpotential im Gebiet eines Verkäufers bei der Berechnung berücksichtigt. In der Praxis versuchen verantwortungsbewusste Führungskräfte bei der Formulierung von Zielvorgaben möglichst viele solcher Einflussfaktoren der Umwelt, aber auch des individuellen Verkäufers (z.B. seine Verkaufserfahrung) zu berücksichtigen. Da aber in der Regel gar nicht alle relevanten Einflussfaktoren bekannt sind, geschweige denn die Größe des Einflusses objektiv erfasst und gewichtet werden könnte, sind solche Vorgehensweisen immer durch subjektive Präferenzen der Führungskräfte verzerrt. Damit nicht genug, können objektive Maße wichtige Aspekte des Verhaltens von Verkäufern nicht erfassen, z.B. den Beitrag, den sie durch ihr Verhalten für ein positives Image der Organisation leisten oder ihre Bemühungen um die Qualität der Beziehung zu den Kunden.

Daher bietet es sich sowohl in der Forschung als auch in der Praxis an, das Leistungsverhalten des Verkäufers als Bezugspunkt zu wählen, da auf diesem Wege bei der Bewertung der Leistung nur das berücksichtigt wird, was der einzelne Verkäufer kontrollieren kann und damit auch selbst verantworten muss. Das wird z.B. im Rahmen regelmäßiger Mitarbeiterbeurteilungen versucht, wobei der Vorgesetzte das Leistungsverhalten der ihm unterstellten Verkäufer auf verschiedenen Dimensionen einstuft (vgl. Schuler, 1989; Nerdinger, 1993). Wird eine solche Beurteilung mit einem Mitarbeitergespräch verbunden, das den Vorgesetzten zwingt, seine Ergebnisse durch konkrete Beobachtungen zu belegen und mit der Sicht des Mitarbeiters abzustimmen, erhöht sich die wahrgenommene Fairness der Bewertung im Vergleich zur bloßen Berücksichtigung objektiver Maße (Nerdinger, 1993). In wissenschaftlichen Untersuchungen, in denen Mitarbeiterbeurteilungen als abhängige Variable „Leistung" verwendet werden, ist dagegen mit systematischen Verzerrungen aufgrund der Subjektivität der Beurteilenden zu rechnen. Solche Verzerrungen sind aber abhängig von der Vertrautheit des Verkaufsleiters mit seinen Verkäufern: Wenn sie wenig vertraut mit dem Verkäufer sind, unterschätzen sie seine Produktivität, sind sie sehr vertraut mit ihm, neigen sie zur Überschätzung (Sundvik & Lindeman, 1998; zum Vergleich von subjektiven und objektiven Leistungsmaßen in der Verkäuferforschung vgl. die Meta-Analyse von Rich, Bommer, MacKenzie, Podsakoff & Johnson, 1999).

Obwohl im Verkauf so großer Wert auf Umsatzzahlen gelegt wird, scheinen solche Zahlen bei der Beurteilung der Leistung von Verkäufern durch ihre Verkaufsleiter eine erstaunlich geringe Bedeutung zu spielen: Durch objektive Verkaufszahlen kann nur zwischen fünf und acht Prozent der Varianz in den Mitarbeiterbeurteilungen durch den Verkaufsleiter erklärt werden (vgl. zusammenfassend: MacKenzie, Podsakoff & Fetter, 1991; 1993), in einer Meta-Analyse von 21 Studien fanden Rich et al. (1999) eine durchschnittliche Korrelation von .447 zwischen objektiven und subjektiven Leistungsmaßen. Offensichtlich werden bei der Bewertung der Leistung eine Vielzahl von Verhaltensweisen berücksichtigt, die nicht in unmittelbarem Zusammenhang mit der Effektivität stehen. In den Untersuchungen von MacKenzie und seinen Kollegen (1991; 1993; MacKenzie, Podsakoff & Paine, 1999) waren bei Stichproben von Verkäufern aus verschiedenen Branchen die Leistungsbeurteilungen von Verkaufsleitern sehr viel besser erklärbar, wenn zusätzlich zu den objektiven Verkaufszahlen das sogenannte „organizational citizenship behavior" berücksichtigt wurde - dieses Verhalten erklärt in verschiedenen empirischen Studien sogar mehr Varianz in den Beurteilungen als die objektiven Leistungsmaße.

3.2.2 Organizational citizenship behavior

Durch das Konstrukt „Leistung" soll erfasst werden, wie gut ein Verkäufer seine Aufgabe bewältigt und damit zum Erfolg des Unternehmens beiträgt. Dabei denkt man gewöhnlich an das aufgabenbezogene Verhalten des Verkäufers - die Zahl seiner Kundenbesuche, das Engagement im Verkaufsgespräch usw. Dieses Verhalten wird formal vom Unternehmen bzw. den Vorgesetzten vorgeschrieben, seine Ausführung wird kontrolliert und durch Belohnungen bzw. Bestrafungen gesteuert. Solche Verhaltensweisen werden auch als Intra-Rollenverhalten bezeichnet. Nach Katz (1964) ist aber eine Organisation, deren Mitglieder nur genau das formal vorgeschriebene und belohnte Verhalten zeigen, kaum überlebensfähig (im deutschen Sprachraum wird dieses Phänomen gelegentlich als „Dienst nach Vorschrift" umschrieben). Katz (1964) unterscheidet davon das innovative und spontane Verhalten, das Mitarbeiter freiwillig zeigen, das die formalen Rollenanforderungen übersteigt und zur Funktionsfähigkeit der Organisation beiträgt. Ein solches Verhalten wird als „organizational citizenship behavior" (OCB) bezeichnet (Nerdinger, 2000a).

Das Konzept OCB wurde von Organ (1988) entwickelt zur Erklärung der in der empirischen Forschung immer wieder belegten eher dürftigen und kontraintuitiven Zusammenhänge zwischen Leistung und Zufriedenheit: Nach seiner Meinung wirkt die Zufriedenheit eines Mitarbeiters nicht direkt auf seine Leistung, sondern auf sein OCB. Dieses sollte wiederum auf aggregiertem Niveau, d.h. für ganze betriebliche Einheiten, positiven Einfluss auf die Ergebnisse haben.

OCB wurde nicht theoretisch abgeleitet, sondern empirisch begründet. Das ursprünglich entwickelte Messinstrument (Bateman & Organ, 1983) besteht aus 16 Items, die auf zwei Faktoren laden und als

1. Altruismus: Hilfeleistungen für Kollegen, Kunden oder Vorgesetzte und

2. Gewissenhaftigkeit im Sinne besonders sorgfältiger Erfüllung der Aufgaben bezeichnet wurden. Später erweiterte Organ (1988) das Konstrukt um die Dimensionen

3. arbeitsrelevante Höflichkeit: sich zuerst mit anderen abstimmen, bevor Handlungen gezeigt werden, die deren Arbeitsbereich betreffen;

4. Sportsmanship: gelassenes Ertragen der Ärgernisse, die unweigerlich aus der Zusammenarbeit zwischen Menschen entstehen;

5. Bürgertugenden: die Teilhabe am „öffentlichen Leben" der Organisation.

Diese Erweiterungen haben sich allerdings empirisch nur bedingt bewährt (Organ & Paine, 1999), weshalb gewöhnlich lediglich die Dimensionen „Altruismus" und „Gewissenhaftigkeit" untersucht werden.

Ein zentrales theoretisches Problem des OCB ist die Bestimmung als Verhalten, das die formalen Anforderungen übersteigt (d.h. als Extra-Rollenverhalten; Nerdinger, 2000a). Das führt zu einer negativen Abgrenzung von Intra-Rollenverhalten, ohne diese Grenze genau benennen zu können. Mittlerweile verzichtet Organ (Organ & Paine, 1999) auf dieses definierende Merkmal und definiert OCB als Verhalten, das den kollektiven Charakter der Organisation bewahrt, da es die Beziehungen unter den Mitarbeitern verstärkt - eine Definition, die allerdings die Klarheit des Konzepts nicht unbedingt erhöht.

OCB hat auch im Verkauf einiges Interesse gefunden. Der Grund dafür liegt nicht zuletzt in der Erwartung positiver Auswirkungen des OCB auf die Effektivität. Dabei ist nicht das individuelle Leistungsergebnis gemeint, sondern das Ergebnis ganzer Gruppen von Verkäufern oder übergreifender Einheiten der Organisation. OCB kann die Ergebnisse einer Arbeitsgruppe bzw. der Organisation verbessern, da die damit beschriebenen Verhaltensweisen

• die Notwendigkeit reduzieren, knappe Ressourcen für Funktionen der Aufrechterhaltung betrieblicher Abläufe einzusetzen und diese Ressourcen für produktive Zwecke frei werden;

• die Produktivität der Kollegen bzw. Vorgesetzten steigern;

• effektive Mittel zur Koordination der Aktivitäten zwischen den Mitgliedern von Arbeitsgruppen bzw. zwischen Arbeitsgruppen darstellen;

• dazu beitragen, die Attraktivität der Organisation als Arbeitgeber zu erhöhen und damit gute Mitarbeiter angezogen bzw. behalten werden (Nerdinger, 2000a).

OCB könnte allerdings im Verkauf weniger Bedeutung als in anderen Tätigkeitsfeldern haben, da in diesem Feld „Einzelkämpfer" dominieren, die ihre Aktivitäten nur selten koordinieren müssen. Mittlerweile finden sich aber einige empirische Belege, die auf die große Bedeutung des OCB im Verkauf verweisen. George und Bettenhausen (1990) haben 33 Läden einer Einzelhandelskette untersucht. Die Verkäufer schätzten das prosoziale, auf die Kunden gerichtete hilfreiche Verhalten in ihrem Laden ein. Der über alle Verkäufer eines Ladens gemittelte Wert prosozialen Verhaltens wurde mit dem über objektive Daten gemessenen Verkaufserfolg des jeweiligen Ladens in den folgenden Monaten korreliert, wobei sich ein signifikanter positiver Zusammenhang ergab. Außerdem zeigte sich eine signifikant negative Korrelation zur Fluktuation der Mitarbeiter (dieser Zusammenhang findet sich auch in einer Studie an

Verkäufern im Außendienst von MacKenzie, Podsakoff & Ahearne, 1998). Die Grenzen der Untersuchung liegen allerdings in der Beschränkung des OCB auf kundenorientiertes Verhalten: Möglicherweise haben die Verkäufer damit lediglich Aspekte der in ihrem Laden praktizierten Kundenorientierung eingestuft; wie aber verschiedene Untersuchungen belegen, schlägt sich kundenorientiertes Verhalten im Dienstleistungsbereich in höheren Absätzen nieder (Nerdinger, 1994; Bruhn, 1999). Gerade deshalb wird ein solches Verhalten mittlerweile vom Kundenkontaktpersonal allgemein gefordert - und kann daher nur bedingt als prosoziales Verhalten bzw. OCB interpretiert werden.

Überzeugender ist dagegen eine Untersuchung von Podsakoff und MacKenzie (1994), die 987 Versicherungsagenten von ihren Vorgesetzten hinsichtlich ihres OCB einstufen ließen. Die Daten wurden für 116 Agenturen aggregiert und mit den Umsatzergebnissen der Agenturen korreliert, wobei sich signifikant positive Zusammenhänge der Leistungsergebnisse mit „Bürgertugenden" und „Sportsmanship", ein negativer Zusammenhang dagegen mit hilfreichen Verhaltensweisen (Altruismus) ergaben. Dieses Ergebnis ist insofern besonders interessant, da die Versicherungsagenten allein auf Basis ihrer objektiven Verkaufszahlen entlohnt wurden. Auf die Organisation bzw. Kollegen bezogenes OCB hat aber trotzdem positive Auswirkungen auf die Ergebnisse. Auch im extrem individualisierten Arbeitsbereich von Versicherungsverkäufern sind die Ergebnisse der Organisation demnach nicht einfach aus der Summe der individuellen (Intra-Rollen-) Leistungen zu erklären. In einer Branche, in der das „Einzelkämpfertum" gewünscht und belohnt wird, beeinträchtigt dagegen hilfreiches Verhalten - so kann die negative Korrelation mit Altruismus interpretiert werden - die Ergebnisse der Arbeitseinheit. Allerdings war in dem untersuchten Unternehmen wie in vielen Unternehmen der Versicherungsbranche die Fluktuation enorm hoch - ca. 45% aller Versicherungsvertreter kündigten ihre Stelle im ersten Jahr - und daher kündigen möglicherweise diejenigen, die Hilfestellung erfahren, bevor sich diese Hilfe positiv auf die Arbeitsergebnisse auswirken kann.

Schließlich haben Walz und Niehoff (1996) die bislang einzige Studie vorgelegt, in der die Auswirkungen von OCB auf das Ergebnis ganzer Organisationen untersucht wurde. Fast Food Restaurants mit gutem bzw. schlechtem Umsatz konnten diskriminanzanalytisch durch Faktoren des OCB unterschieden werden. Hilfreiches Verhalten unter den Mitarbeitern kann demnach die Kundenzufriedenheit, die von Kunden wahrgenommene Qualität des Service, die Sauberkeit des Restaurants und die Effizienz der Organisation erklären. Damit kann ein positiver Zusammenhang von OCB und verschiedenen Kriterien der Effektivität von Arbeitsgruppen bzw. ganzer Organisationen als relativ gesichert gelten. Kritischer sieht es dagegen in der Frage aus, wodurch OCB ausgelöst wird (vgl. Puffer, 1987). Lediglich ein Zusammenhang zur Arbeitszufriedenheit wird regelmäßig empirisch bestätigt, wobei Netemeyer, Boles, McKee und McMurrian (1997) in Untersuchungen an Verkäufern aus dem Dienstleistungssektor einen kausalen Einfluss von Arbeitszufriedenheit auf OCB nachgewiesen haben. MacKenzie et al. (1998) bestätigen diese kausale Wirkung in einer groß angelegten Untersuchung an Versicherungsverkäufern, darüber hinaus wurde in dieser Untersuchung ein Einfluss des Intra-Rollenverhaltens auf die Arbeitszufriedenheit nachgewiesen, d.h. Erfolgserlebnisse im Verkauf führen zu Arbeitszufriedenheit, die wiederum zu OCB motiviert.

3.2.3 Arbeitszufriedenheit

Arbeitszufriedenheit wird gewöhnlich als Funktion der Motivation des Verkäufers bzw. allgemein der Mitarbeiter konzipiert, was letztlich in der grundlegenden Fragestellung der Motivationspsychologie begründet ist: Werden in der Arbeit Bedürfnisse befriedigt bzw. die Ziele des Handelns erreicht, dann stellt sich als Ergebnis das Gefühl der Zufriedenheit ein; umgekehrt führt das Versagen der Bedürfnisbefriedigung oder der Zielerreichung zu Unzufriedenheit (Locke & Henne, 1986). Bei genauerer Betrachtung erweist sich allerdings noch nicht einmal der Begriff der Arbeitszufriedenheit als hinlänglich eindeutig definiert. Die Arbeitszufriedenheitsforschung hat mittlerweile kaum mehr überschaubare Ausmaße angenommen (vgl. zum Überblick Six & Kleinbeck, 1989; Fischer, 1989; speziell für den Verkauf: Brown & Peterson, 1993). Die folgenden Anmerkungen müssen sich daher auf ausgewählte terminologische Probleme und wesentliche Korrelate, vor allem den Zusammenhang mit der Leistung beschränken.

Unter Arbeitszufriedenheit wird in der Regel eine *Einstellung* zur Arbeit bzw. zu Aspekten der Arbeitssituation verstanden Einstellungen sind kognitive, affektive und konative, d.h. verhaltensbezogene Reaktionen gegenüber einem Objekt (Fischer & Wiswede, 1997). Arbeitszufriedenheit im Sinne einer Einstellung umfasst demnach die Meinungen über die Arbeit, die emotionalen Reaktionen auf die Arbeit und die Bereitschaft, sich in bestimmter Weise in der Arbeit zu engagieren. Definiert man Arbeitszufriedenheit als Einstellung, dann ist entscheidend, auf welche Aspekte der Arbeit sich die Einstellung bezieht. In den verschiedenen empirischen Untersuchungen finden sich immer wieder folgende Merkmale (Six & Kleinbeck, 1989):

- Aufgabe (Vielseitigkeit der Aufgabe, Möglichkeit zum Lernen etc.);
- Äußere Arbeitsbedingungen (Beleuchtung, Klima etc.);
- Bezahlung;
- Aufstieg (Chancen zur Beförderung);
- Vorgesetzter (Führungsstil, Aufgaben- bzw. Mitarbeiterorientierung etc.);
- Kollegen (Zusammenarbeit, Unterstützung etc.);
- Organisation und Leitung der Firma.

Die Auswahl der Merkmale wirkt relativ willkürlich, die zugrundeliegenden theoretischen Annahmen werden gewöhnlich nicht dargestellt. Darüber hinaus zeigt sich in empirischen Untersuchungen, dass die verschiedenen Aspekte der Arbeit nicht unabhängig voneinander sind, sondern positiv korrelieren. Darüber hinaus sind in den meisten empirischen Untersuchungen die unterschiedlichen Aspekte der Arbeit nicht unabhängig voneinander, sondern korrelieren positiv. Vermutlich erkennen oder konstruieren die Befragten Zusammenhänge zwischen den einzelnen Merkmalen, z.B. kann die Höhe der Entlohnung auf den Einsatz des Vorgesetzten für den Mitarbeiter zurückgeführt werden - in diesem Beispiel entsteht eine positive Korrelation zwischen der Zufriedenheit mit dem Gehalt und dem Führungsstil des Vorgesetzten.

Das Konzept der Arbeitszufriedenheit ist gerade aufgrund seiner scheinbar beliebigen Definitionen in Verruf geraten. *Die* Definition von Arbeitszufriedenheit kann es aber nicht geben, genauso wenig wie es *die* Definition von Arbeit geben kann (Neuberger, 1985)! Vielmehr muss immer gefragt werden, was mit dem Konzept eigentlich erklärt werden soll. Besonders intensiv wurde in der Verkäuferforschung der Zusammenhang zwischen Arbeitszufriedenheit und Leistung thematisiert, vermutlich wegen der in der Verkaufspraxis vorherrschenden These, wonach zufriedene Mitarbeiter auch mehr leisten (Brown & Peterson, 1993). Die in einschlägigen Sammelreferaten berichteten Befunde kommen aber im Schnitt nur zu einer Korrelation zwischen Leistungsmaßen und Zufriedenheit von .14, selten werden höhere Korrelationen als .30 nachgewiesen (Six & Kleinbeck, 1989; Six & Eckes, 1991). In ihrer Meta-Analyse der vorliegenden Untersuchungen zwischen Leistung und Zufriedenheit von Verkäufern finden Brown und Peterson (1993) in fast allen Studien eine positive, aber sehr niedrige Korrelation. Relativ gut gesichert sind dagegen Zusammenhänge zwischen Arbeitszufriedenheit und Fluktuation unter Verkäufern: Neben der Unzufriedenheit mit der Bezahlung (Roberts & Chonko, 1994) führt vor allem die Enttäuschung über die interpersonalen Beziehungen in der Arbeit zur Kündigungsabsicht, wobei Frauen besonders sensibel auf dieses Merkmal der Arbeit reagieren (Wotruba & Tyagi, 1991; McNeilly & Goldsmith, 1991). Ein kausaler Zusammenhang zwischen Leistung und Zufriedenheit - vermutet wird gewöhnlich ein „Kraft durch Freude"-Effekt, d.h. zufriedene Mitarbeiter sollen mehr leisten – konte auch in der Meta-Analyse von Brown und Peterson (1993) nicht nachgewiesen werden. Dagegen kann Leistung bei Verkäufern zu Zufriedenheit führen: Leistung ist in der Lage, Erfolgserlebnisse auszulösen, die wiederum die Ursache von Zufriedenheit sind (vgl. Brown, Cron & Leigh, 1993)!

Die geringfügigen Zusammenhänge zwischen Leistung und Zufriedenheit lassen sich aber auch durch die Korrelation der beiden Größen mit einer dritten Variable erklären. Dafür kommt die „Anstrengung" in Frage. Zwar hat die Organisationspsychologie nach wie vor keinen klar spezifizierten Begriff der „Anstrengung" (Campbell & Pritchard, 1976), auf einer ganz basalen Ebene setzt sich aber Anstrengung aus den beiden entscheidenden Ressourcen zusammen, über die ein Mitarbeiter verfügt: Die Zeit und die Energie, die er in die Arbeit investiert. Brown und Peterson (1994) konnten an einer Stichprobe von selbständig arbeitenden Verkäufern pfadanalytisch zeigen, dass sowohl das Leistungsverhalten als auch die Arbeitszufriedenheit in hohem Maße durch die so verstandene Anstrengung beeinflusst wird (das bedeutet auch, Arbeitszufriedenheit kann allein dem Prozess der Aufgabenerfüllung entspringen).

Aufschlussreicher als die geringe durchschnittliche Ausprägung der Korrelationen zwischen Leistung und Zufriedenheit ist ihre hohe Streuung - demnach kann Arbeitszufriedenheit auch in einem negativen Zusammenhang zur Leistung stehen, d.h. hohe Arbeitszufriedenheit kann auch mit niedriger Leistung einher gehen und umgekehrt! Für diesen Befund sind verschiedene Erklärungen denkbar: Möglicherweise ist die mangelnde Berücksichtigung dessen, was sich hinter der Aussage „zufrieden" verbirgt, für die durchschnittlich niedrigen, aber weit streuenden Zusammenhänge verantwortlich. Eine andere Erklärung setzt an der Methodik der Untersuchungen an (Fisher & Locke, 1992). Arbeitszufriedenheit wird in empirischen Studien gewöhnlich als relativ allgemeine Einstellung zur Arbeit operationalisiert, Leistung dagegen als Ergebnis sehr spezifischer Handlungen, die zudem über einen kurzen Zeitraum erfasst werden. Eine allgemeine Einstellung wird also mit einem sehr spezifischen Verhalten in Beziehung gesetzt. Die lange Forschungstradition über den Zusammenhang von Einstellungen und Verhalten ist aber ist aber zu dem Ergebnis gekommen: Nur wenn beide Größen auf demselben Abstraktionsniveau gemessen werden, sind auch enge Zusammenhänge nachweisbar (Stahlberg & Frey, 1996). Nach Fisher und Locke (1992) muss daher auch das (Leistungs-)Verhalten auf aggregiertem Niveau gemessen werden, d.h. es ist ein Durchschnitt über möglichst viele Verhaltensergebnisse zu bilden. Diese Bedingung erfüllen Untersuchungen des Zusammenhangs zwischen der Arbeitszufriedenheit und OCB (Organ & Paine, 1999; Nerdinger, 2000a).

Das Konzept der Arbeitszufriedenheit kann zwar momentan sowohl theoretisch als auch methodisch wenig befriedigen, als persönliche Konsequenz der Arbeit im Verkauf scheint es aber weiterhin unverzichtbar. Nach wie vor bildet Arbeitszufriedenheit das wichtigste personale Kriterium zur Erfassung der Wirkungen von Arbeit in Organisationen - auch in der Verkäuferforschung. Wie die Zusammenhänge mit dem OCB zeigen, hat Arbeitszufriedenheit in erster Linie Einfluss auf Handlungen, die für den längerfristigen Zusammenhalt in Arbeitsgruppen und in ganzen Organisationen entscheidend sind: Zufriedenheit befördert prosoziales, über die bloßen Rollenanforderungen hinausgehendes Verhalten in Organisationen.

Werden mit dem Konzept der Arbeitszufriedenheit vor allem die positiven Folgen für die Person erfasst, so findet sich in letzter Zeit auch in der Untersuchung von Verkäufern ein verstärktes Interesse an den negativen Folgen der Arbeit, die mit den Konzepten Stress bzw. Burnout gemessen werden.

3.2.4 Stress und Burnout

Im Bereich des Verkaufs wird relativ viel über Stress – genauer: über (Rollen-) Stressoren – geforscht, wobei allerdings Stress gewöhnlich als unabhängige Variable betrachtet wird: Die meisten Untersuchungen zielen auf die Frage, wie Stress die Leistung verringert. Dass Stress krank macht und daher in psychologischer Perspektive eine ganz wesentliche Folge (unabhängige Variable) der Arbeit darstellt, wird (nicht nur) in der Verkäuferforschung weitgehend ignoriert. In Anlehnung an Greif (1991) kann Stress verstanden werden als ein „intensiver, unangenehmer Spannungszustand in einer stark aversiven, bedrohlichen, subjektiv lang andauernden Situation, deren Vermeidung subjektiv wichtig ist" (ebda., S. 13). Zu den zweifelsfrei nachgewiesenen Stressfolgen zählen psychosomatische Beschwerden und Erkrankungen, Unzufriedenheit, Resignation und Depressivität (Richter & Hacker, 1998; Udris & Frese, 1999). Die Ursachen des Stress, die sogenannten Stressoren, lassen sich in vier Kategorien gliedern (Goodwin, Mayo & Hill, 1997):
1. Akute, zeitbegrenzte Stressoren: Solche Stressoren, zu denen z.B. die Erwartung

einer Operation oder ein Fallschirmsprung zählt, sind durch hohe Erregung aufgrund einer verstärkten Ausschüttung von Adrenalin gekennzeichnet. Im persönlichen Verkauf kann das z.B. durch die Erwartung eines kritischen Kundengesprächs ausgelöst werden.

2. Stressor-Sequenzen, die z.B. nach negativen Ereignissen wie dem Verlust des Arbeitsplatzes oder einer Scheidung auftreten können. Im persönlichen Verkauf zählt dazu der Verlust eines Schlüsselkunden.

3. Chronische, intermitterende Stressoren, die täglich oder wöchentlich, monatlich .. auftreten können. Beispiele im Verkauf sind die regelmäßigen Kontrollgespräche mit dem Vorgesetzten oder Kontakte mit schwierigen Kunden.

4. Chronische Stressoren, die über lange Zeit bestehen. Im Verkauf zählen dazu die typischen Anforderungen der Berufsrolle, die bislang auch am intensivsten untersucht wurden (s.u. 2.3.2.3).

Inhaltlich betrachtet sind im persönlichen Verkauf zwei Bereiche besonders relevant. Erstens Stressoren in der Arbeitsaufgabe, wobei im Verkauf die quantitative Überforderung in Form des enormen Leistungsdrucks zu nennen ist. Besondere Bedeutung haben aber – zweitens - soziale Stressoren, da der persönliche Verkauf den ständigen Kontakt mit anderen, meistens fremden Menschen erfordert. Dabei ist allerdings zumindest im Außendienst zwischen der Quantität und der Qualität der Kontakte zu unterscheiden. Eine Untersuchung an über 1300 dänischen Reisenden konnte folgende Stressoren nachweisen: Zahl der Arbeitsstunden pro Woche, Zahl der Kunden pro Woche und ein hoher Grad an Anforderungen. Die Dauer der Kontakte mit den Kunden korreliert dagegen mit psychischer Gesundheit, d.h. viele flüchtige Kontakte machen krank, intensive Kundenbeziehungen dagegen verhindern negative Symptome des Stress (Borg & Kristensen, 1999).

Kundenkontakte können auch zu einem speziellen Stresssymptom, dem sogenannten Burnout (Leiter, 1993; Richter & Hacker, 1998) führen. Burnout stellt eine spezifische Beanspruchungsfolge personenbezogener Dienstleistungsberufe dar, die durch besondere Belastungen im beruflichen Kontakt mit anderen Menschen gekennzeichnet sind. Da auch Verkaufstätigkeiten diese Voraussetzungen erfüllen, hat das Konzept „Burnout" spezielle Bedeutung für diesen Bereich. Der Begriff geht auf Freudenberger (1974) zurück, der damit einen Prozess beschrieben hat, in dessen Verlauf zunächst aufopferungsbereite, pflichtbewußte und hoch motivierte Helfer in psychosozialen Berufen nach einiger beruflicher Erfahrung Symptome chronischer Erschöpfung und Müdigkeit zeigen. Im Zuge dieser Entwicklung verändert sich die ursprünglich positive Einstellung zu den Klienten und wird zunehmend zynischer und rücksichtsloser, die Helfer zeigen Anzeichen von Reizbarkeit, Rigidität und Depressivität. Ursprünglich auf psychosoziale und medizinische Berufe begrenzt, wurde Burnout bald als Merkmal aller personenbezogenen Dienstleistungen untersucht.

In Anlehnung an Maslach und Jackson (1984) kann Burnout als Syndrom von „emotionaler Erschöpfung", „Depersonalisation" und „Gefühlen reduzierter persönlicher Leistungsfähigkeit" beschrieben werden.

- *Emotionale Erschöpfung* äußert sich im unterschiedlich intensiven Gefühl, ausgelaugt, erledigt, ausgebrannt und frustriert zu sein, die Arbeit mit Menschen wird als Strapaze und als zu anstrengend erlebt;

- *Depersonalisation* beschreibt die Tendenz, Kunden als unpersönliche Objekte zu behandeln und ihnen gegenüber negative und zynische Einstellungen zu entwikkeln;

- *reduzierte Leistungsfähigkeit* äußert sich im Gefühl mangelnder Tatkraft, sie entsteht durch das wachsende Gefühl der Inkompetenz und des Versagens bei der Arbeit mit Menschen.

Zur Erklärung von Burnout finden sich im wesentlichen zwei theoretische Ansätze (Gusy, 1995). In eher klinisch orientierten Studien steht die Persönlichkeit im Vordergrund, wobei angenommen wird, dass der Konflikt zwischen den hohen Erwartungen an den Beruf bzw. die Arbeit mit Menschen und der desillusionierenden Realität den Ausgangspunkt im Prozess des Ausbrennens bildet. Die Ursache des Burnout wird entsprechend in einer nicht gelungenen Anpassungsleistung der Person an die berufliche Situation gesehen. Demgegenüber konzentrieren sich arbeitspsychologische Untersuchungen auf die Erforschung der situativen Ursachen des Burnout. Das Syndrom wird stresstheoretisch als Folge eines spezifischen Verhältnisses von Belastungen zu Ressourcen gedeutet, wobei als Belastungen „Zeitdruck, rollenbezogene Probleme, Arbeitsmenge" etc. und als Ressourcen „soziale Unterstützung", „Tätigkeits- und Handlungsspielräume" untersucht werden.

Da sich persönlicher Verkauf auch als eine Form der personenbezogenen Dienstleistung betrachten lässt (Nerdinger, 1994), liegt es nahe, auch bei Verkäufern die Symptome des Burnout zu erforschen (Babakus, Cravens, Johnston & Moncrief, 1999; Boles, Johnston & Hair, 1997; Klein & Verbeke, 1999; Sand & Miyazaki, 2000; Singh, Goolsby & Rhodes, 1994). Die vorliegenden Untersuchungen bestätigen die Erwartungen, d.h. emotionale Erschöpfung hat negative Auswirkungen auf die Arbeitszufriedenheit, die Fluktuation und auf die Leistung im Sinne der Produktivität, wobei der zweite Zusammenhang eher niedrig zu sein scheint (Babakus et al., 1999). Leider wurde auch in diesen Untersuchungen Burnout nicht als unabhängige Variable betrachtet, d.h. es wurde nicht geprüft, wie viele der befragten Verkäufer tatsächlich ernsthafte Symptome von Burnout zeigen. In einer Untersuchung des Kundenkontaktpersonals einer Bank fanden sich rund fünf Prozent ernsthafter Fälle von Burnout (Nerdinger, 1992). Aufgrund der im Vergleich zu den meisten „reinen" Verkaufstätigkeiten anderen Arbeitsbedingungen in Banken kann dieses Ergebnis aber nicht generalisiert werden. Die Frage nach der Bedeutung des Burnout im persönlichen Verkauf verdient daher in künftigen Untersuchungen sehr viel stärkere Beachtung.

3.2.5 Weitere Konsequenzen und Fazit

Neben Leistung, Zufriedenheit, OCB und Burnout werden in der empirischen Verkäuferforschung noch weitere abhängige Variablen eingesetzt. Zu den betriebswirtschaftlich unmittelbar relevanten Größen zählen die Fluktuation und die Kündigungsabsicht. Die *Kündigungsabsicht* ist zwar eine subjektive Variable, sie hat sich aber in der Forschung als der beste Prädiktor des Verhaltens, d.h. der tatsächlichen Kündigung erwiesen (Ajzen & Fishbein, 1980; Lang-von Wins & Kaschube, 1998). Eine solche, subjektiv geäußerte Absicht kann daher als ein valider Indikator für eine betriebswirtschaftlich bedeutsame Konsequenz, die Fluktuation betrachtet werden. Die *Fluktuation* wird von den meisten Organisationen regelmäßig erfasst, gewöhnlich als Anzahl der Personalabgänge im Verhältnis zum durchschnittlichen Personalbestand (Bisani, 1997). Jede Kündigung und die damit verbundene Suche nach neuen Verkäufern ist für das Unternehmen mit sehr hohen Kosten verbunden - daher erstaunt es zunächst, dass der Verkauf wohl der Unternehmensbereich mit der höchsten Fluktuation ist. Wer Verkaufsleiter nach den Ursachen dieser hohen Fluktuation fragt, erhält gewöhnlich psychologisierende Antworten, in denen die Persönlichkeit der Verkäufer - ihr alleiniges Interesse an Geld, die Unfähigkeit, sich unterzuordnen etc. - verantwortlich gemacht wird (vgl. Nerdinger, von Rosenstiel, Spieß & Sigl, 1990). Das ist um so erstaunlicher, als es ja eben diese Verkaufsleiter sind, die solche Persönlichkeiten auswählen, ausbilden und führen (und dabei vor allem auf finanzielle Anreize setzen).

Scheinbar haben sich in weiten Bereichen des Verkaufs, besonders im Außendienst, implizite Persönlichkeitstheorien (Fischer & Wiswede, 1997) durchgesetzt, nach denen diejenigen Personen, die aufgrund ihrer Persönlichkeit hohe Umsätze versprechen, „leider" nur ihre eigenen Interessen verfolgen und daher unfähig zur Bindung an ein Unternehmen sind. Solche impliziten Persönlichkeitstheorien sollten misstrauisch machen, denn sie schreiben die Ursachen der Fluktuation allein den Verkäufern zu und entlasten die Vorgesetzten von Verantwortung (im Sinne „da kann man nichts machen"). Dagegen zeigen empirische Untersuchungen ein sehr viel differenzierteres Bild: Neben der bereits berichteten Korrelation zwischen Arbeitszufriedenheit - speziell die Zufriedenheit mit den interpersonalen Beziehungen (s.u. 2.2.3) - mit der Bereitschaft zur Kündigung finden sich auch Zusammenhänge mit der Leistung. Demnach kündigen Verkäufer, deren Leistung gemessen an objektiven Verkaufszahlen schwächer ist, sehr viel häufiger (Futrell & Parasuraman, 1984; Johnston, Parasuraman, Futrell & Sager, 1989). Da „schlechte Zahlen" im Verkauf gewöhnlich zu erhöhtem Druck auf den Verkäufer führen, kann dieser Zusammenhang letztlich auch auf das Verhalten der Vorgesetzten zurückgeführt werden (möglich wäre natürlich auch ein Effekt der „Einsicht" von seiten des Verkäufers, wonach die Aufgabe nicht für ihn geeignet ist).

Das Commitment, die *Bindung* an die Organisation ist eine weitere abhängige Variable, die häufiger in der Verkäuferforschung verwendet wird. Die Bindung wird gewöhnlich als eine Einstellung zur Organisation verstanden und zählt daher zu den subjektiven Konsequenzen. Dabei lassen sich zwei Formen unterscheiden: Die kalkulative und die affektive Bindung (Moser, 1996). Kalkulative Bindung entsteht, wenn Mitarbeiter ihre Kosten für das Verlassen des Unternehmens als zu hoch einschätzen – weil sie in einem anderen Unternehmen weniger verdienen würden, die Chancen auf dem Arbeitsmarkt gering sind oder wegen anderer rationaler Gründe. Wer kalkulativ gebunden ist, der bleibt im Unternehmen, weil er bleiben muss. Wer demgegnüber affektiv an das Unternehmen gebunden ist, bleibt, weil er will – weil er sich mit dem Unternehmen identifiziert, in seine Aufgaben involviert ist und sich dem Unternehmen emotional verpflichtet fühlt. In der Verkäuferforschung wird gewöhnlich die affektive Bindung erhoben (z.b. Brown & Peterson, 1993). Da die affektive Bindung an die Organisation in der Regel negativ mit der Kündigungsbereitschaft korreliert, kann sie als weiterer subjektiver Indikator der Fluktuation dienen. Gelegentlich finden sich auch positive - allerdings sehr niedrige - Zusammenhänge mit der Leistung und der Arbeitszufriedenheit. Die Zusammenhänge mit der Leistung scheinen allerdings abhängig von weiteren Größen - z.B. ist bei finanziell unabhängigen Außendienst-Verkäufern der Zusammenhang deutlich enger als bei finanziell abhängigen. Letztere sind aus kalkulativen Gründen an das Unternehmen gebunden und fühlen sich deshalb nicht zu besonderen Leistungen verpflichtet (Brett, Cron & Slocum, 1995)!

Zusammenfassend lässt sich sagen, in der Verkäuferforschung - wie allgemein in den Sozialwissenschaften – wurden zwar eine Vielzahl von Indikatoren für Konsequenzen des Verhaltens entwickelt, die präzise Interpretation ihrer Bedeutung macht aber nach wie vor relative große Probleme. Das ist bei allen, im folgenden berichteten Zusammenhängen zwischen Verkäuferverhalten und Ergebnisindikatoren zu berücksichtigen.

3.3 Die Person des Verkäufers

Wie so viele Forschungsfelder der angewandten Psychologie und allgemein der Sozialwissenschaften unterliegt auch das Interesse für die Person, genauer: die Persönlichkeit des Verkäufers gewissen Schwankungen. Am Beginn der Forschung stand die Suche nach den Merkmalen „guter", d.h. erfolgreicher Verkäufer (vgl. Kroeber-Riel & Weinberg, 1996). Weitgehend theoriefrei wurden mehr oder weniger plausible Merkmale und Eigenschaften von sehr erfolgreichen Verkäufern mit den Merkmalen von wenig erfolgreichen verglichen, mit dem Ergebnis fehlender Ergebnisse (zusammen-fassend: Cotham, 1970). Diese Enttäuschung führte zu einem radikalen Wandel der theoretischen und empirischen Ausrichtung der Verkäuferforschung – von nun ab wurde der Verkaufsvorgang als eine Interaktion zwischen Verkäufer und Käufer konzipiert, deren Ausgang vom Verhalten beider Partner abhängt (Evans, 1963).

Die Untersuchung konkreter Interaktionen ist allerdings methodisch extrem aufwendig und die Ergebnisse lassen sich eher selten in unmittelbare Empfehlungen zur Verbesserung des Verkaufserfolgs umsetzen. Daher verengte sich diese Forschung schnell auf die Suche nach Techniken, die dem Verkäufer die Kontrolle und die Steuerung der Interaktion mit dem Kunden ermöglichen sollen. Da solche Techniken angeblich erlernbar sind, entfaltete sich bald eine „blühende Industrie" des Verkaufstrainings, wobei allenthalben wahre Wundermittel mit „todsicherem Erfolg" versprochen werden (zur wissenschaftlichen Evaluation solcher Trainings vgl. Merzenich-Hieker, 1996; Gülpen, 1996). Verkaufserfolge lassen sich aber nicht beliebig allein durch Verhaltenstrainings herstellen. Außerdem konnte die Forschung mit verbesserten Instrumenten zur Erfassung von Persönlichkeitsmerkmalen zum Teil ganz erhebliche Anteile an der Varianz des Arbeitsverhaltens erklären (Barrick & Mount, 1991). Darüber hinaus werden heute theoriegeleitet die Variablen und Prozesse erforscht, die zwischen den eher allgemeinen Merkmalen der Persönlichkeit, dem Verhalten und dem Verhaltensergebnis - dem Verkaufserfolg - vermitteln.

Nach einem kurze Überblick zum Stand der Erforschung relevanter Persönlichkeitsmerkmale werden im folgenden die wichtigsten Prozesse der Vermittlung zwischen Persönlichkeit und Verhaltenserfolg diskutiert.

3.3.1 Persönlichkeitsmerkmale

Der Begriff „Persönlichkeit", der alltagssprachlich ganz selbstverständlich verwendet wird, erweist sich bei wissenschaftlicher Betrachtung als äußerst abstrakt und nur schwer fassbar. Zur Beschreibung von Mitmenschen werden im alltägliche Leben gewöhnlich Attribute verwendet wie „intelligent, faul, hilfsbereit, konservativ, katholisch, spießig ..." – die Reihe ließe sich beliebig verlängern. Damit werden Eigenschaften von Menschen bezeichnet, wobei Konsistenzen in einem interindividuell variierenden Verhalten über verschiedene Situationen unterstellt werden (Amelang & Bartussek, 1997): Ausgangspunkt ist die Beobachtung eines Verhaltens, das z.B. als „intelligent" eingestuft wird – eine Eigenschaft, in der sich Menschen unterscheiden, d.h. die Eigenschaft variiert interindividuell. Gleichzeitig wird damit unterstellt, der besagte Mensch werde sich auch in anderen Situationen intelligent verhalten, sein Verhalten sei demnach in verschiedenen Situationen konsistent.

Intelligenz lässt sich aber genauso wenig beobachten wie z.B. Faulheit oder Trunksucht, Beobachter schließen lediglich aus einem konkret beobachtbaren Verhalten auf eine zugrunde liegende Eigenschaft. Ein solcher Schluss erfolgt aufgrund des Wissens um oder die Erwartung von bestimmten Verhaltensweisen, die sich auf Dispositionen, d.h. Verhaltens*bereitschaften* beziehen. Eigenschaften oder – wie in Anlehnung an die angloamerikanische Forschung häufig gesagt wird – „traits" werden also aus Verhalten erschlossen und beziehen sich auf überdauernde Merkmale (demgegenüber beschreiben „states" aktuelle Zustände der Befindlichkeit, die sich ständig ändern). Damit können Eigenschaften als „relativ breite und zeitlich stabile Dispositionen zu bestimmten Verhaltensweisen, die konsistent in verschiedenen Situationen auftreten", definiert werden (Amelang & Bartussek, 1997, S. 61f.). Persönlichkeit bezeichnet entsprechend die einzigartige Struktur von traits, die jeden einzelnen Menschen kennzeichnet.

3.3.1.1 „Fünf-Faktoren-Modell" und Verkaufserfolg

Persönlichkeit lässt sich relativ sparsam durch folgende fünf Eigenschaften beschreiben, die auch als „Fünf-Faktoren-Modell" bezeichnet werden (Borkenau & Ostendorf, 1993):

1. *Gewissenhaftigkeit* unterscheidet ordentliche, zuverlässige, hart arbeitende, diszi-
   plinierte, pünktliche, penible, ehrgeizige und systematische von nachlässigen und
   gleichgültigen Personen. Diese Eigenschaft umfasst sowohl Aspekte der Verlässlichkeit (ordentlich, zuverlässig etc.) als auch der Leistungsorientierung (hart ar-
   beitend, ehrgeizig etc.).

2. *Extraversion* – Menschen, die über diese Eigenschaft verfügen, sind gesellig, aktiv, energisch, gesprächig, personenorientiert, herzlich, optimistisch und heiter, sie
   mögen Anregungen und Aufregungen. Auch diese Eigenschaft lässt sich in Un-
   terkategorien aufspalten: Zum einen finden sich Merkmale der Geselligkeit, zum
   anderen wird der Einfluss auf andere betont (Hough, 1992).

3. *Neurotizismus*: Wer in diesem Merkmal hohe Ausprägungen aufweist, neigt dazu,
   nervös, ängstlich, traurig, unsicher und verlegen zu sein und sich Sorgen um seine
   Gesundheit zu machen. Solche Menschen tendieren zu unrealistischen Ideen und
   sind weniger in der Lage, ihre Bedürfnisse zu kontrollieren und auf Stresssitua-
   tionen angemessen zu reagieren.

4. *Verträglichkeit* kennzeichnet altruistische, mitfühlende, verständnisvolle und
   wohlwollende Menschen. Sie neigen zu zwischenmenschlichem Vertrauen, zu
   Kooperation und Nachgiebigkeit und sie haben ein starkes Harmoniebedürfnis.

5. *Offenheit für Erfahrung*: Erfahrungsoffene Menschen zeichnen sich durch hohe
   Wertschätzung für neue Erfahrungen aus, bevorzugen Abwechslung, sind wissbe-
   gierig, kreativ, fantasievoll und unabhängig in ihrem Urteil. Sie haben vielfältige
   kulturelle Interessen und interessieren sich für öffentliche Ereignisse.

Vinchur, Schippmann, Switzer und Roth (1998) haben eine äußerst aufwendige Meta-
Analyse von besonders gründlich ausgewählten Verkäufer-Studien durchgeführt, in
denen Zusammenhänge zwischen den fünf Faktoren und der Leistung empirisch
überprüft wurden. Im Gegensatz zu früheren Analysen (Barrick & Mount, 1991;
1995; Salgado, 1997) haben sie die Faktoren „Gewissenhaftigkeit" und „Extraversion" in ihre Komponenten aufgespalten, außerdem wurden kognitive Fähigkeiten sowie Verkaufsfähigkeiten berücksichtigt. Letztere wurden mit Fragebögen, die Wissen
über Verkaufstechniken abfragen, erfasst. Die wichtigsten Ergebnisse zeigt die Tabelle 2:

	Rating			Verkaufszahlen		
	r	K	N	r	K	N
Eigenschaften						
- Geselligkeit	.12	18	2.389	.15	4	279
- Einfluss	.28	25	2.907	.26	14	2.278
- Verläßlichkeit	.18	15	1.702	.18	5	359
- Leistungsorient.	.25	8	1.319	.41	10	1.269
Kogn. Fähigkeiten						
- Allgemein	.40	22	1.231	.04	12	1.876
- Verbal	.14	4	597	- .28	5	501
Verkaufsfähigkeiten	.45	28	2.710	.37	14	1.613

r = korrigierte Korrelation
K = Anzahl der Studien
N = Anzahl untersuchter Verkäufer

Tab. 2: Meta-Analyse der Prädiktoren von Beurteilungen (Ratings) bzw. Verkaufszahlen von Verkäufern (Vinchur et al., 1998, S. 591)

Zunächst belegen die unterschiedlichen Zusammenhänge zwischen den Prädiktoren
und den subjektiven (Ratings) bzw. objektiven (Verkaufszahlen) Kriterien, dass Beurteilungen der Leistung durch Vorgesetzte relativ wenig durch die objektiv erfassten
Kriterien beeinflusst werden. Weiter finden sich lediglich für Gewissenhaftigkeit und
Extraversion enge Zusammenhänge mit der Leistung (daher beschränkt sich Tabelle 2
auf die Komponenten dieser Eigenschaften). Besonders erstaunlich ist, dass sich kein
Zusammenhang zwischen Neurotizismus und Leistung findet, gilt doch in der Verkaufspraxis die damit verbundene Ängstlichkeit - im Gegensatz zu Selbstvertrauen -
als extrem schädlich für den Verkaufserfolg (vgl. Kumpf, 1997). Bei Gewissenhaftigkeit ist es der Aspekt der Leistungsorientierung, der mit Beurteilungen durch den
Vorgesetzten, besonders aber mit objektiven Verkaufszahlen korreliert. wobei der
Zusammenhang mit Extraversion – einer Eigenschaft, die Verkäufern gewöhnlich in
hohem Maße zugeschrieben wird – verblüffend niedrig ausfällt. Bei Extraversion
erweist sich lediglich der Aspekt des Einflusses auf andere Menschen als guter Prädiktor sowohl der subjektiven Beurteilung durch den Verkaufsleiter als auch der objektive Verkaufszahlen. Eine hohe Leistungsorientierung und ein andere Menschen
beeinflussendes Wesen sind also wichtige Merkmale erfolgreicher Verkäufer.

Noch wichtiger als diese Eigenschaften sind aber kognitive Fähigkeiten – Beurteilungen durch Vorgesetzte können sehr gut durch allgemeine kognitive Fähigkeiten
vorhergesagt werden, interessanterweise korrelieren verbale Fähigkeiten negativ mit
objektivem Verkaufserfolg. Mit die besten Vorhersagen der Leistungen ermöglichen
schließlich Tests, die das Wissen um richtiges Verhalten in Verkaufssituationen erfassen. Nach diesen Ergebnissen sollte bei der Auswahl von Verkäufern sehr viel
stärker als bisher auf kognitive Fähigkeiten geachtet werden, wobei das, was im Ein-
stellungsgespräch gewöhnlich besonders beeindruckt – die verbalen Fähigkeiten –

eher ein Ausschlussgrund für den persönlichen Verkauf sein sollte!

Persönlichkeitsmerkmale, speziell die im „Fünf-Faktoren-Modell" erfassten, erklären konstant einen zwar nicht sehr hohen, aber bedeutsamen Anteil an der Varianz der Leistung von Verkäufern. Die Persönlichkeit steht darüber hinaus auch mit anderen relevanten Konsequenzen des Verkäuferberufs in signifikanter Beziehung. Zum Beispiel erklärtenIn einer Untersuchung an Einzelhandelsverkäufern die Merkmale „Verträglichkeit" und „Gewissenhaftigkeit" alle fünf Faktoren des organizational citizenship behavior (Neuman & Kickul, 1998), an Versicherungsverkäufern konnte deren „organizational citizenship behavior" (OCB) durch vier der fünf Faktoren erklärt werden (McManus & Kelly, 1999). In dieser Untersuchung wurden die Persönlichkeitsfaktoren zusammen mit einem bewährten biografischen Fragebogen erhoben und konnten - zusätzlich zu den biografischen Daten - erhebliche Anteile an der Varianz des OCB erklären. Das entspricht den theoretischen Erwartungen, da OCB freiwillig gezeigt wird und daher in besonderem Maße von der Persönlichkeit abhängt. Die Persönlichkeit von Verkäufern verdient also sehr viel größere Beachtung in der Verkäuferforschung - dabei ist vor allem genauer zu untersuchen, *warum* bestimmte Zusammenhänge zwischen Persönlichkeit und Verkaufserfolg so häufig *nicht* nachgewiesen wurden. Das sei am Beispiel des Merkmals „Extraversion" verdeutlicht.

3.3.1.2 Moderationen zwischen Persönlichkeit und Verkaufserfolg

Verkäufer erscheinen als nachgerade prototypische Vertreter extravertierter Persönlichkeiten, daher haben die relativ niedrigen Zusammenhänge zwischen Extraversion und beruflichem Erfolg bereits Barrick und Mount (1991) zu Spekulationen veranlasst, ob diese Beziehung durch andere Faktoren - z.B. Merkmale der Organisation oder der Arbeit - moderiert wird. Methodisch spricht man von einer Moderatorvariable, wenn der Zusammenhang zwischen einem Prädiktor (eine Variable, die eine andere vorhersagen soll) und einem Kriterium (die vorhergesagte Variable) von einer dritten Variable abhängt. Für solche Moderationen finden sich mittlerweile einige Hinweise. Stewart (1996) hat untersucht, ob die wichtigste Form der Kontrolle im Verkauf, das Belohnungssystem, die Beziehung zwischen Extraversion und Leistung moderiert. Zur Erklärung dieser Wirkung bezieht er sich auf die Theorie der Extraversion von Gray (1973; zit. nach Stewart, 1996), der wiederum Überlegungen von Eysenck modifiziert hat.

Nach Gray sind Unterschiede in der Extraversion auf ein emotionales System zurückzuführen, das er als Verhaltens-Aktivierungs-System bezeichnet. Ein hoher Grad an Aktivierung wird in dem Teil des Gehirns, der mit dem Verhaltens-Aktivierungs-System assoziiert ist, als angenehm erlebt. Bei Extravertierten soll von Natur aus dieser Teil des Gehirns intern (kortikal) relativ schwach stimuliert werden. Aufgrund dieser chronischen Unterstimulierung haben Extravertierte emotionale Defizite, die sie dazu veranlassen, extern nach Belohnungen zu suchen, die zu einer Stimulierung des Belohnungsmechanismus im Gehirn führen. Da wiederum andere Menschen die wichtigste externe Quelle der Belohnung darstellen, suchen Extravertierte den Kontakt zu anderen Menschen, die ihnen soziale Belohnungen vermitteln können und damit angenehme kortikale Aktivitäten auslösen. Demnach wäre der Wunsch nach externen Belohnungen der entscheidende Unterschied zwischen Intra- und Extravertierten. Extravertierte sind sehr empfänglich für externe Belohnungen und daher auch sehr sensibel für alles, was Belohnungen signalisiert.

Ausgehend von dieser Theorie sollten nach Meinung von Stewart (1996) extravertierte Verkäufer ihre Anstrengungen auf die Arbeitsaufgaben richten, die am meisten externe Belohnung versprechen. Aufgaben dagegen, die keine Belohnungen versprechen, können ihr Verhaltens-Aktivierungs-System nicht beeinflussen und sollten daher von ihnen eher gemieden werden. Das heißt, der Effekt der Extraversion auf die Leistung von Verkäufern sollte durch die Belohnungsstruktur des Unternehmens moderiert werden. Diese These hat Stewart an zwei Dimensionen der Arbeit von Verkäufern untersucht, die Gewinnung von Neukunden bzw. die Pflege bestehender Beziehungen. Wenn ein Unternehmen die Gewinnung von Neukunden explizit belohnt, nicht jedoch die Pflege bestehender Beziehungen, sollte sich ein Zusammenhang zwischen Extraversion und neu gewonnenen Kunden zeigen, bei der Pflege von Kunden sollte dagegen keine Korrelation mit Extraversion auftreten. Wenn dagegen in einem Unternehmen die Pflege von Kunden ausdrücklich belohnt wird, sollten sich umgekehrte Zusammenhänge zur Extraversion zeigen.

Stewart (1996) konnte diese Hypothese an Verkäufern eines Verbandes überprüfen, der Lobby-Arbeit im politischen System betreibt. Die Verkaufsrepräsentanten des Verbandes mussten zum einen die bestehenden Beziehungen zu den im Verband organisierten Unternehmen pflegen und zum anderen neue Mitglieder akquirieren. Der Verband war nach geografischen Regionen in 41 Divisionen organisiert. Da innerhalb dieser Divisionen jeweils unterschiedliche Ziele präferiert wurden - entweder Gewinnung von neuen Mitgliedern oder Bestandspflege - und die Leistung der Verkäufer regelmäßig über objektive Maße erfasst wurde, war der Verband für diese Untersuchung ausgezeichnet geeignet. Die Gewinnung von Neukunden korreliert negativ mit der Pflege bestehender Kunden, d.h. diese beiden Ziele schließen sich zumindest partiell aus - während die Gewinnung von Neukunden auf „harte Verkaufstechniken" setzt, fordert die Pflege bestehender Kunden eine längerfristige Strategie und die Befriedigung individueller Kundenbedürfnisse. Wie theoretisch erwartet, zeigen Extravertierte jeweils nur in dem Bereich gute Leistungen, der explizit belohnt wird. Abbildung 12 verdeutlicht dies am Beispiel der Gewinnung neuer Kunden.

Die Belohnung der Akquisition von Neukunden korreliert positiv mit Extraversion, die Belohnung von Kundenpflege dagegen negativ. Bei umgekehrter Belohnungsstruktur finden sich entsprechend umgekehrte Zusammenhänge. Extraversion hat demnach die erwartete Bedeutung für den Verkaufserfolg, die Befunde erklären aber auch, warum extravertierte Verkäufer bei Vorgesetzten sehr geschätzt sind – sie lassen sich einfacher durch vorgegebene Ziele und Belohnungen steuern!

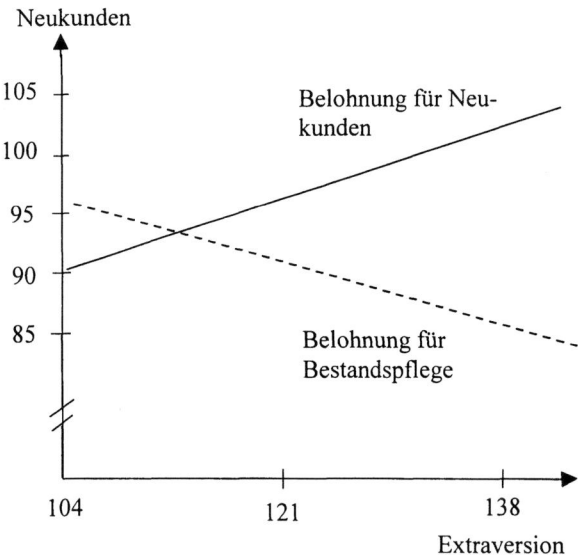

Abb. 12: Der Zusammenhang zwischen Leistung (Gewinnung neuer Kunden) und Extraversion in Abhängigkeit von der Belohnungsstruktur (nach Stewart, 1996, S. 625)

Zwar sind die Zusammenhänge in dieser Untersuchung relativ niedrig, die Suche nach Moderator-Variablen kann aber zu einem besseren Verständnis der Bedeutung der Persönlichkeitseigenschaft „Extraversion" für den Verkaufserfolg beitragen. Das dürfte auch für andere Persönlichkeitseigenschaften gelten. So wird zum Beispiel der Einfluss des Leistungsstrebens - ein Teilaspekt des Persönlichkeitsmerkmals „Gewissenhaftigkeit" - auf die Leistung von Autoverkäufern durch das praktizierte Zeitmanagement moderiert: Verkäufer mit stark ausgeprägtem Leistungsstreben und regelmäßigem, auf kurze zeitliche Perioden bezogenem Zeitmanagement zeigen die besten Leistungen (Barling, Cheung & Kelloway, 1996). Die enttäuschend geringen Zusammenhänge zwischen Leistung und Persönlichkeit der Verkäufer, die in früheren Studien gefunden wurden, sind demnach auf eine zu einfache Vorstellung von den Beziehungen zwischen Persönlichkeit und Verkaufserfolg zurückzuführen. Künftig müssen verstärkt die Interaktionen zwischen den verschiedenen, erfolgsrelevanten Bedingungen auf Seiten der Person des Verkäufers und der betrieblichen bzw. der Markt-Situation berücksichtigt werden.

3.3.1.3 Soziale Persönlichkeitsmerkmale: Selbstüberwachung

Neben dem „Fünf-Faktoren-Modell" wurden in vereinzelten Studien noch viele weitere Persönlichkeitsmerkmale in Beziehung zum beruflichen Erfolg von Verkäufern
gesetzt, die sich hier nicht vollständig aufzählen lassen. Aufgrund der sozialen Natur
des persönlichen Verkaufs sei aber auf eine Eigenschaft verwiesen, die gerade für die
Interaktion mit anderen Menschen große Bedeutung hat: Das bereits erwähnte Merkmal der *Selbstüberwachung* (Snyder, 1987): Wenig selbstüberwachende Personen
orientieren sich an ihren Einstellungen und Werten, stark selbstüberwachende Menschen werden dagegen von außen gesteuert - vor allem durch Rollenerwartungen und
soziale Hinweisreize. Verkäufer mit hoher Selbstüberwachung beobachten das Verhalten ihrer Kunden sehr genau, sind sensibel für deren Erwartungen und versuchen,
diese Erwartungen durch ihr Verhalten zu erfüllen. Die Ergebnisse einer Untersuchung von Caldwell und O'Reilly (1982), wonach Verkäufer mit hoher Selbstüberwachung statistisch signifikant höhere Umsätze verbuchen, deuten darauf hin, dass
sich die Fähigkeit zu genauer Beobachtung des Verhaltens der Kunden im Verkauf
auszahlt (vgl. auch Verbeke, 1994). In einer Untersuchung von Moser, Galais und
Kuhn (1999) an selbstständigen Handelsvertretern der Versicherungsbranche hatten
hohe Selbstüberwacher, die noch über relativ wenig Berufserfahrung verfügten, den
besten Erfolg im Neukundengeschäft. Die Anpassung des Verhaltens an die Erwartungen der Kunden führt also zu besseren Verkaufserfolgen.

Die dabei wirkenden Faktoren lassen sich folgendermaßen rekonstruieren: Nach
den Befunden von Buck (1989; vgl. Snodgrass, Ploutz-Snyder & Hecht, 1998) ist das
Persönlichkeitsmerkmal „Expressivität" besonders geeignet zur Vorhersage der Em-
pathie, d.h. der Fähigkeit, sich in andere Menschen einzufühlen. Unter Expressivität
wird das Ausmaß verstanden, in dem Gefühle im nonverbalen Verhalten ablesbar sind
(DePaulo, 1992). Nach den Befunden von Buck steckt Expressivität an: Die gezeigten
Gefühle des einen Akteurs führen zu komplementären Expressionen des anderen.
Damit kann eine wechselseitige Verstärkung nonverbalen Verhaltens im Rahmen der
Verkaufsinteraktion angenommen werden. Sind Verkäufer expressiv, lösen sie mit
größerer Wahrscheinlichkeit beim Kunden ein Verhalten aus, in dem sich deren Gefühle zeigen und ablesbar werden (Verbeke, 1994). Über genaue Beobachtung des
Verhaltens – eine Fähigkeit, über die expressive Menschen in höherem Maße verfügen (Snodgrass et. al., 1998) - schaffen sie sich damit die Bedingungen, die es ihnen
ermöglichen, sich besser in den Kunden einzufühlen. Und diese Fähigkeit ist wiederum Menschen, die zu Selbstüberwachung neigen, stärker ausgeprägt (DePaulo, 1992)

3.3.1.4 Fazit und Folgerungen

Die Erforschung von Persönlichkeitseigenschaften, anhand derer sich erfolgreiche von wenig erfolgreichen Verkäufern unterscheiden lassen, zielt letztlich auf die Selektion: Die valide Erfassung solcher erfolgskritischer Merkmale durch Tests, Assessment Center, situative (Weekley & Gier, 1987) bzw. multimodale Einstellungsinterviews (vgl. Schuler, 1996) etc. ermöglicht es, gezielt solche Bewerber auszuwählen, die geeignet für den Beruf des Verkäufers sind. Selektion ist eine wichtige Strategie zur Steigerung der Produktivität und damit der Sicherung des Erfolgs, wenn die Leistungen der Mitarbeiter in ihrem Beruf stark streuen. In diesem Fall tragen Trainings sehr viel weniger als gezielte Auswahlstrategien zur Produktivitätssteigerung bei, da in diesem Fall der Erfolg im Beruf in starkem Maße von der Persönlichkeit abhängt. Genau das trifft nun auf den Verkauf ganz besonders zu: Von allen untersuchten Berufen sind bei Versicherungsverkäufern die größten individuellen Unterschiede in der Leistung festzustellen, andere Verkaufsbereiche rangieren ebenfalls unter den Berufen mit den größten Leistungsunterschieden (Hunter, Schmidt & Judiesch, 1990; vgl. auch Schuler, 1996). Gerade im Verkauf also eine ganz besonders sorgfältige Auswahl gefordert, da fundierte Auswahl die Produktivität stärker beeinflusst als nachfolgende Trainings (Berechnungen des Nutzens von Auwahlverfahren für Mitarbeiter im Außendienst bestätigen diese Aussage; vgl. Gosslar & Lindstam, 1999). In der Praxis wird aber allzu oft eine gegenteilige Strategie verfolgt - Auswahl hat gewöhnlich einen viel geringeren Stellenwert als das Training von Verkäufern.

Dieses Missverhältnis ist deshalb besonders bedenklich, da in vielen Verkaufstrainings offensichtlich gar keine hilfreichen Fähigkeiten vermittelt werden. So wurde zum Beispiel in einer sehr gründlichen Untersuchung der Wirkung von Verkaufstrainings gezeigt, dass die Verhaltensempfehlungen der Trainer weit hinter dem zurück bleiben, was die Verkäufer bereits vor dem Training an Methoden der Gesprächssteuerung auf der Beziehungsebene angewendet haben (vgl. Brons-Albert, 1995a; 1995b). Zu demselben Ergebnis kommt auch ein Vergleich zwischen den in der Praktikerliteratur gegebenen Ratschlägen und dem tatsächlichen Verhalten von erfolgreichen Verkäufern - diese verfügen über mehr und viel differenziertere Verkaufstechniken als die Autoren empfehlen und wenden sie höchst flexibel, der Situation angemessen an, vermeiden also den Schematismus der in der Literatur gewöhnlich empfohlenen „Tips und Tricks" (Pothmann, 1997). Im Verkauf verspricht daher die Auswahl geeigneter Bewerber größeren Erfolg als das pauschale Training aller Verkäufer.

Wie die neuere Forschung belegt, lassen sich erfolgreiche von wenig erfolgreichen Verkäufern valide aufgrund von Merkmalen der Persönlichkeit trennen. Eine hohe Leistungsorientierung, Einfluss auf andere und Selbstüberwachung sind wichtige Merkmale beruflichen Erfolgs, und zwar auch, wenn Erfolg in einer verengten Sicht lediglich mit Verkaufszahlen gleichgesetzt wird. Darüber hinaus sind allgemeine kognitive Fähigkeiten und Verkaufsfähigkeiten, die in ganz konkreten Aufgaben abverlangt werden, sehr gute Prädiktoren der Verkäuferleistung. Alle diese Merkmale lassen sich durch Tests bzw. Assessment Center Übungen valide erfassen (vgl. Schuler,

1996). Besonders erfolgversprechend erscheint es, wenn Unternehmen Tests entwikkeln, in denen spezielle Verkaufsfähigkeiten gemessen werden, die auf die spezifischen Anforderungen dieser Unternehmen abgestimmt sind. Als allgemeine Empfehlung kann daher gesagt werden, der (finanzielle) Aufwand, der für Selektion im
Vergleich zum Training betrieben wird, sollte ein ähnliches Verhältnis aufweisen wie
die Leistung des besten im Verhältnis zum schwächsten Verkäufer (das bezieht sich
natürlich nicht auf die fachliche Schulung der Verkäufer - diese ist in jedem Fall zu
gewährleisten -, sondern auf die „Psychotrainings", die in den letzten Jahren im Verkauf immer mehr überhand nehmen, besonders die sogenannten Motivations- bzw.
Persönlichkeitstrainings; vgl. Leidenfrost, Götz & Hellmeister, 1999).

Persönlichkeitseigenschaften haben eher statischen Charakter, sie sind über die
Zeit relativ stabil und kennzeichnen das Verhalten von Verkäufern in vielen verschiedenen Situationen. Davon lassen sich die Merkmale der Person abgrenzen, die stärker
von der Situation abhängig sind und ebenfalls das Verhalten erklären können. Zur
Erklärung des Arbeitsverhaltens von Verkäufern werden häufig drei Größen herangezogen: Rollenwahrnehmungen, Motivation und Wissen/Fähigkeiten (Vroom, 1964;
Walker et al., 1977; Weitz et al., 1986): Rollenwahrnehmungen beeinflussen, welche
Aktivitäten unternommen werden und wie man sie ausführen soll; Motivation bestimmt die Quantität der Anstrengung, die in diese Aktivitäten investiert wird; Wis-
sen/Fähigkeiten beeinflussen die Qualität dieser Anstrengung.

3.3.2 Rollenwahrnehmung

3.3.2.1 Grundlagen der Rollentheorie

Nach einer, in der Verkäuferforschung weit verbreiteten Einschätzung bilden die Erwartungen, die zentrale Bezugspersonen - Vorgesetzten, Kunden, Kollegen, Angehö-
rige – an die Person des Verkäufers richten, eine ganz entscheidende Einflussgröße
auf das Verhalten von Verkäufern. Die Wirkung solcher Erwartungen erklärt die
Rollentheorie (auf die verschiedenen theoretischen Rollenkonzepte kann hier nicht
näher eingegangen werden; vgl. Fischer & Wiswede, 1998; Nerdinger, 1994; Neuberger, 1995). Die Rollentheorie basiert auf der dramaturgischen Metapher (Goffman,
1969) – vergleichbar einem Schauspieler auf der Bühne spielen alle Menschen in sozialen Situationen eine Rolle. Rolle wird dabei verstanden als ein Bündel normativer
Erwartungen, die sich an den Inhaber einer bestimmten sozialen Position richten. Bei
der Rollenanalyse wird nicht individuelles Verhalten studiert, sondern das Verhalten
in Beziehung auf bestimmte, sozial definierte Positionen: Nicht die Besonderheit eines konkreten Verkäufers interessiert, sondern sein Verhalten in der *Rolle* des Verkäufers.

Der Begriff „Rollenset" beschreibt die Menschen, die direkt mit der Rolle verbunden sind (vgl. zum folgenden Katz & Kahn, 1978) – bei einem Verkäufer sind dies
z.B. sein Vorgesetzter, seine Kollegen, möglicherweise die Sekretärin, in besonderem
Maße aber die Kunden. Die Personen innerhalb des Rollensets entwickeln Erwartun-

gen darüber, wie sich die fokale Person – im Beispiel der Verkäufer – angemessen verhalten sollte: Der Vorgesetzte erwartet, dass er möglichst viele Termine mit Kunden vereinbart, dem Kunden die neuesten Produkte verkauft etc.; der Kunde erwartet eine angemessene Beratung, nicht bedrängt zu werden – weitere Erwartungen kann jeder Leser dem eigenen Erleben entnehmen. Alle diese Erwartungen definieren zusammen die Rolle des Verkäufers.

Rollenerwartungen werden der fokalen Person übermittelt, indem versucht wird, sie kommunikativ zu beeinflussen. Diese Kommunikationen werden als „gesendete Rolle" bezeichnet, die jeweils kommunizierende Person entsprechend als „Rollensender". Zu solchen Versuchen der Beeinflussung zählen die Zielsetzungsgespräche des Vorgesetzten ebenso wie die Versuche der Kunden, den Verkäufer zu einem Verhalten in ihrem Sinne zu bewegen. Die „wahrgenommene Rolle" beschreibt, wie die fokale Person, die auch als Rollenempfänger bezeichnet wird, diese Beeinflussungsversuche (Erwartungen) wahrnimmt und versteht. Zum Beispiel kann ein Verkäufer eine Zielvorgabe, seinen Umsatz um 10% zu steigern, so verstehen, er solle künftig die Kunden weniger beraten und statt dessen „harte Verkaufstechniken" einsetzen. Die Reaktionen des Rollenempfängers auf die wahrgenommenen Erwartungen werden als Rollenverhalten bezeichnet. Jedes Verhalten, das eine Person aus ihre sozialen Position heraus zeigt, ist damit als Rollenverhalten zu verstehen.

3.3.2.2 Rollenkonflikte

Erwartungen, die sich an den Inhaber einer sozialen Position richten, sind gewöhnlich nicht eindeutig, in spezifischen Rollenbezügen werden sie immer wieder neu interpretiert und können damit zu den verschiedensten Konflikten führen (vgl. zum folgenden Kahn, Wolfe, Quinn, Snoek & Rosenthal, 1964; Nerdinger, 1997; Fischer & Wiswede, 1997). Solche Konflikte werden gewöhnlich als Inter-Rollenkonflikt, Intra-Rollenkonflikt und Person-Rollenkonflikt bezeichnet, wobei sich bei letzterem wiederum Unterscheidungen nach Inter-Sender- und Intra-Senderkonflikte vornehmen lassen. Abbildung 13 veranschaulicht die Konfliktarten.

Ein *Inter-Rollenkonflikt* gründet in der Tatsache, dass eine Person verschiedene gesellschaftliche Positionen einnimmt (z.B. Verkäufer, Ehemann, Katholik etc.). Dieser Konflikttypus kann letztlich alle Menschen betreffen, für eine Psychologie des Verkaufs sind dagegen die übrigen Konfliktarten zentral, da sie häufig in der Verkaufssituation angelegt sind. Ein *Intra-Rollenkonflikt* tritt auf, wenn an einen Rolleninhaber unterschiedliche oder uneindeutige Erwartungen gerichtet werden. Der erste Fall wird als *Inter-Senderkonflikt* oder auch als „Two Bosses Dilemma" bezeichnet (Shamir, 1980). Bei angestellten Verkäufern stellen sich solche Probleme gehäuft ein, da sie an der „Grenze" ihrer Organisation arbeiten: Kunde und Organisation - gewöhnlich vertreten durch Vorgesetzte - können unterschiedliche Rollenerwartungen senden, Verkäufer stehen in diesem Fall im Schnittpunkt verschiedener Interessen.

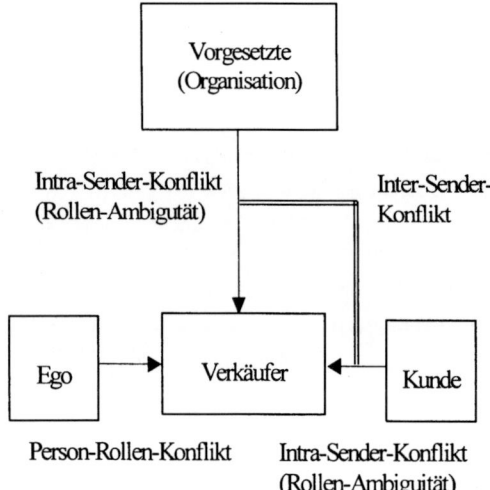

Abb. 13: Rollenkonflikte

Dieser Situation sind sich die Vorgesetzten gewöhnlich bewusst, da aber in Organisationen hin und wieder das Unmögliche erwartet wird, finden sich für das Problem Lösungen, die zur sogenannten *Rollenambiguität* führen: Verkäufer sollen möglichst hohe Umsätze erzielen und gleichzeitig die Kunden langfristig an die Organisation binden (vgl. dazu Bruhn, 1999). Das Umsatzziel legt nun den Einsatz gewisser Einflussstrategien nahe, die bei den Kunden gelegentlich einen schalen Nachgeschmack hinterlassen und einer längerfristigen Beziehung abträglich sind (Nerdinger et al, 1990; Sigl, Spieß, von Rosenstiel & Nerdinger, 1993; Stewart, 1996). Die „Lösung" dieses Problems überlassen Vorgesetzte allzu häufig ihren Verkäufern, das hat für die Vorgesetzten den Vorteil, dass sie dann *jedes* Arbeitsergebnis anerkennen oder kritisieren können (das Erleben von Rollenambiguität scheint aber auch von der Person des Verkäufers abhängig - zumindest gibt es einige Hinweise, wonach Verkäufer, die zu hoher Selbstüberwachung neigen, auch häufiger Rollenambiguität erleben; Dubinsky, Hartley & Yammarino, 1985; Dubinsky & Hartley, 1986).

Für die Beziehung zwischen Verkäufer und Kunde ist der *Person-Rollenkonflikt* kennzeichnend. Ein solcher Konflikt entsteht, wenn die von den Kunden an den Verkäufer gesendeten Erwartungen mit dessen Persönlichkeit, seinen Wertorientierungen oder allgemein seinem Selbstbild kollidieren. Zwar handelt es sich dabei um einen sehr wichtigen Konflikttyp, in der empirischen Verkäuferforschung wurde er bislang aber vernachlässigt. Daher wird diese Problematik im Anschluss an die Darstellung der empirischen Befundlage etwas genauer diskutiert.

3.3.2.3 Rollenstress im persönlichen Verkauf

In der Verkäuferforschung werden in der Regel die Folgen der Rollenambiguität und des Inter-Senderkonflikts empirisch untersucht. Gelegentlich wird dabei auch die sogenannte „Rollenüberlastung" thematisiert, d.h. ein Verkäufer sieht rein quantitativ zu viele Erwartungen an sich gerichtet. Da die damit beschriebenen Phänomene Stress auslösen können, wird ihre Wirkung zusammengefasst als Rollenstress bezeichnet. In der marketingorientierten Verkäuferforschung interessiert natürlich in erster Linie der Zusammenhang zwischen Rollenstress und Leistung, aber auch mit der Kündigungsbereitschaft, da damit erhebliche Kosten für den Betrieb verbunden sind. In der eher psychologisch orientierten Literatur wird zusätzlich der Zusammenhang von Rollenstress und Arbeitszufriedenheit, aber auch weiteren Einstellungen wie die affektive Bindung an das Unternehmen betont.

Zum Zeitpunkt der Durchführung der ersten bedeutenden Meta-Analyse der Prädiktoren der Verkäuferleistung von Churchill, Ford, Hartley und Walker (1985) lagen erst vier Studien zum Thema „Rollenwahrnehmung" vor, deshalb waren die Ergebnisse noch nicht sehr aussagekräftig. Besser stellte sich die Forschungslage bei der Meta-Analyse von Brown und Peterson (1993) dar. Die wichtigsten Ergebnisse zeigt Tabelle 3:

	Leistung			Zufriedenheit			Bindung			Kündigungs-absicht		
	r	K	N	r	K	N	r	K	N	r	K	N
Rollenambiguität	-.31	6	826	-.33	13	2166	-.35	5	534	.36	4	414
Rollenkonflikt	-.07	10	1251	-.26	12	2042	-.40	6	712	.28	3	337

r = korrigierte Korrelation
K = Anzahl der Studien
N = Anzahl untersuchter Verkäufer

Tab. 3: Meta-analytische Zusammenhänge zwischen Rollenstressoren und ausgewählten abhängigen Variablen (nach Brown & Peterson, 1993, S. 70)

Während Rollenambiguität mit allen abhängigen Variablen beachtliche Zusammenhänge aufweist, korreliert Rollenkonflikt lediglich mit der affektiven Bindung an die Organisation relativ eng. Zum Leistungsverhalten zeigt sich dagegen praktisch kein Zusammenhang. Demnach haben konfligierende Erwartungen keine gravierenden Auswirkungen auf die Verkaufsleistung, Unklarheit über die Erwartungen dagegen in erheblichem Ausmaß. Vermutlich setzen Verkäufer Prioritäten in den von ihnen verfolgten Zielen, wenn sie widersprüchliche Erwartungen an sich gerichtet sehen. Allerdings fühlen sich Verkäufer aufgrund von Rollenkonflikten nicht mehr affektiv an das Unternehmen gebunden und sind als Folge auch eher bereit, zu kündigen. Wenn die Erwartungen der Vorgesetzten in Konflikt zu den Erwartungen der Kunden stehen, fühlen sie sich vermutlich vom Unternehmen im Stich gelassen (vgl. dazu auch Sager, 1994).

Die Autoren haben anhand der meta-analytisch gefundenen Zusammenhänge eine Kausalanalyse durchgeführt. Das am besten an die Daten angepasste Modell zeigt Abbildung 14:

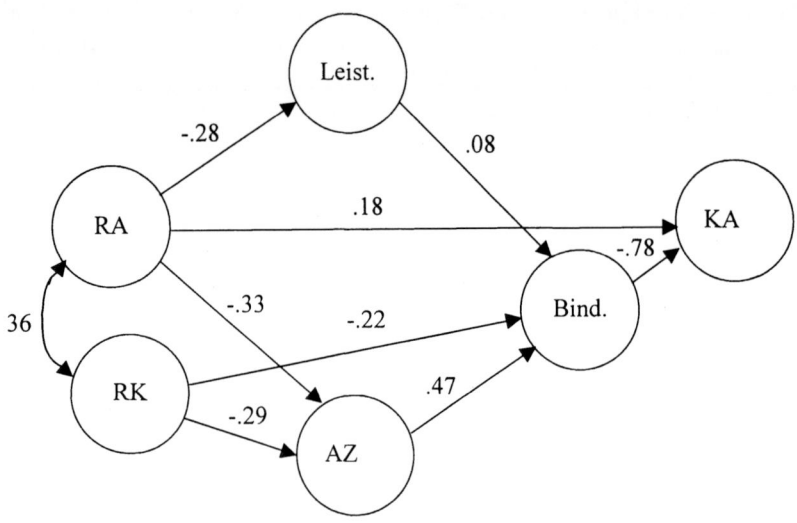

RA   = Rollenambiguität
RK   = Rollenkonflikt
Leist. = Leistung
AZ   = Arbeitszufriedenheit
Bind. = Bindung an die Organisation
KA   = Kündigungsabsicht

Abb. 14: Kausale Zusammenhänge zwischen Rollenstressoren und abhängigen Variablen (nach Brown & Peterson, 1993)

Rollenambiguität und -konflikt sind wichtige Determinanten der Arbeitszufriedenheit, die wiederum - vermittelt über die Bindung an die Organisation - die Bereitschaft zur Kündigung stark beeinflusst (zu Moderatorvariablen des Zusammenhangs zwischen Rollenstress und der Bindung an die Organisation vgl. Michaels & Dixon, 1994). Leistungsverhalten wird dagegen durch die in dieses Modell aufgenommenen Variablen kaum erklärt.

Wie Verkäufer mit Rollenstress umgehen, d.h. ihr Coping-Verhalten, hat bislang nur geringe Beachtung gefunden. Strutton und Lumpkin (1994) haben die Auswirkungen unterschiedlicher Coping-Strategien auf den Erfolg von Verkaufspräsentationen studiert – mit wenig aussagefähigen Ergebnissen. Dagegen finden sich Hinweise, wonach die gewählte Coping-Strategie in Zusammenhang mit Persönlicheitsmerkmalen steht - Verkäufer, die nach Herausforderung streben, sich als selbstbestimmt erleben und Vertrauen in ihre verkäuferischen Fähigkeiten haben, versuchen Stress eher problemorientiert zu bewältigen; Menschen mit niedriger Ausprägung in diesen Merkmalen neigen zu emotionsbezogener Bewältigung (die psychoanalytisch als „unreif" eingestuft wird; vgl. Strutton, Pelton & Lumpkin, 1995; Srivastava & Sager, 1999). Eine sehr wichtige Coping-Strategie, das Aufsuchen sozialer Unterstützung (Sand & Miyazaki, 2000), scheint dagegen bei Verkäufern problematisch - aufgrund ihrer Position an der Grenze der Organisation haben sie relativ wenig Kontakte zu Kollegen und Kolleginnen im Unternehmen, die anderen Verkäufer werden häufig nur als Konkurrenten wahrgenommen. Diese Situation verschlimmernd, verfügen viele Verkäufer auch im privaten Bereich über nur wenig belastbare Beziehungen, sodass auch von dieser Seite kaum soziale Unterstützung erfolgt. Entsprechend berichten die von Goodwin et al. (1997) qualitativ befragten Verkäufer im Außendienst, sie erwarteten sich von Kunden mehr soziale Unterstützung als von ihrem Vorgesetzten, ihren Kollegen oder auch von Bekannten. Die aktive Suche nach sozialer Unterstützung beim Kunden kann sich scheinbar auch geschäftlich auswirken, zumindest berichtet eine der befragten Verkäuferinnen, bei den Kunden, bei denen sie in kritischen Situationen emotionale Unterstützung sucht, habe sich später ihr Verkaufsvolumen verdoppelt.

Nonis, Sager und Kumar (1996) untersuchten den Zusammenhang zwischen Rollenstressoren und einer speziellen Coping-Strategie, dem Versuch von Verkäufern, Einfluss auf den Vorgesetzten zu nehmen. In Anlehnung an Kipnis, Schmidt und Wilkinson (1980; vgl. Blickle & Gönner, 1999) haben die Autoren folgende Einflussstrategien berücksichtigt:

1. *Sachliche Überzeugung:* Versuchen, durch rationale Argumente oder durch Erarbeiten schriftlicher Vorlagen den Vorgesetzten zu überzeugen.
2. *Austausch anbieten:* In diesem Fall werden „Geschäfte" angeboten - im Sinne eines „wenn Sie das für mich tun, mache ich jenes für Sie".
3. *Einschmeicheln:* Ein freundliches, einschmeichelndes Verhalten zeigt sich unter anderem in begeisterter Zustimmung zu den Ansichten des Vorgesetzten.
4. *Druck ausüben:* Durch bestimmtes Auftreten wird die eigene Entschlossenheit demonstriert; Verkäufer, von denen der Vorgesetzte in irgend einer Weise abhängig ist, können auch mit Konsequenzen drohen (das hat vor allem bei den „Starverkäufern", die einen großen Anteil am Umsatz haben, große Wirkung).
5. *Koalitionen bilden:* Bevor ein Vorschlag beim Vorgesetzten präsentiert wird, sichert sich ein Verkäufer bei den Kollegen Unterstützung für sein Vorhaben.
6. *Übergeordnete Instanzen einschalten:* Verkäufer wenden sich offiziell oder inoffiziell beispielsweise an den nächsthöheren Vorgesetzten und bitten diesen um Unterstützung für ihr Vorhaben.

Nach den Befunden neigen Verkäufer, die starke Rollenkonflikte erleben, zur Ausübung von Druck bzw. schalten eher übergeordnete Instanzen ein. Verkäufer, die unter Rollenambiguität leiden, tendieren zu Austausch-Angeboten und Koalitionsbildungen (Nonis et al., 1996). Rollenambiguität geht demnach mit eher subtilen Einflussstrategien (Austausch anbieten) einher, Rollenkonflikte führen dagegen zu eher

„harten" Strategien (Druck ausüben). Eine theoretisch befriedigende Erklärung für diese Ergebnisse steht aber noch aus.

Kipnis, Schmidt und Braxton-Brown (1990) berichten über eine Studie an Verkäufern eines Medizingeräte-Herstellers, in der die Folgen solcher Coping-Strategien für die Verkäufer untersucht wurden. Je mehr die Verkäufer versuchten, ihre Vorgesetzten durch Ausübung von Druck, Koalitionsbildung und Einschalten höherer Instanzen zu beeinflussen, desto unzufriedener waren sie mit den verschiedensten Aspekten ihrer Arbeit. Das bedeutet, je mehr die Verkäufer unternehmen müssen, um ihrer Vorgesetzten dahin zu bringen, dass sie im Sinne der Verkäufer handeln, desto unzufriedener werden sie. Dasselbe trifft aber auch für die Beeinflussungsstrategien der Vorgesetzten zu - je mehr Druck die Vorgesetzten auf die Mitarbeiter ausüben, desto unzufriedener sind die Verkäufer.

3.3.2.4 Person-Rollenkonflikt und Gefühlsarbeit

Für den Person-Rollenkonflikt, der bislang von der empirischen Forschung weitgehend ignoriert wurde, ist der Status des Verkäufers entscheidend. Während relativ statushohe Verkäufer - z.B. im seriösen Finanzdienstleistungs- oder im Investitionsgüterbereich - durchaus Möglichkeiten haben, auch Respekt vor ihrer Person einzufordern, stellt sich die Situation statusniederer „Haustür-Vertreter" prekärer dar (Shamir, 1980). Ihre Leistungen werden von Kunden als auswechselbar oder gar als unnütz erlebt, ihr Verhalten als aufdringlich und lästig, was sich nicht selten im mangelnden Respekt vor ihrer Persönlichkeit niederschlägt. Aufgrund der geringen gesellschaftlichen und beruflichen Stellung sind davon betroffene Verkäufer aber auch in höherem Maße gezwungen, eine solche Situation zu ertragen. Für Verkäufer in statusniederen Positionen ist daher eine Variante des Person-Rollenkonflikts besonders bedeutsam, die Shamir (1980) als Dilemma der Ungleichheit bezeichnet hat.

Dieser Konflikttypus folgt direkt aus der strukturellen Verteilung von Macht und Status zwischen Kunde und Verkäufer. Verkäufer sollen gewöhnlich dem Ego des Kunden „schmeicheln" und ihn keinesfalls verärgern. Daher sind die herkömmlichen Spielregeln des Umgangs zwischen Fremden in der Beziehung zwischen statusniederen Verkäufern und Kunden außer Kraft gesetzt (Argyle & Henderson, 1986). Nicht nur können sich Kunden gegenüber Verkäufern „mehr herausnehmen", Verkäufer dürfen auch die quasi natürliche Reaktion auf unhöfliches Verhalten von Kunden - ihn zurecht zu weisen - nicht zeigen. Während im Alltagsleben ein Verstoß gegen die Regeln des zwischenmenschlichen Umgangs gewöhnlich sofort zu einer korrigierenden Gegenreaktion führt, müssen Verkäufer in der beruflichen Situation eine solche Reaktion unterdrücken (vgl. Shamir, 1980). Wird der Persönlichkeit des Verkäufers durch die Kunden nicht der alltäglich geforderte Respekt gezollt, kann es zu den vielen kleinen Verletzungen kommen, die sich im Laufe der Zeit zu Stress-Erlebnissen kumulieren (Udris & Frese, 1999).

Angesichts einer solchen Situation dem Kunden zu schmeicheln und positive Gefühle zu zeigen, erfordert die Kontrolle der eigenen Emotionen, die selbst stressend sein bzw. zu Burnout führen kann. Die Kontrolle der eigenen Gefühle mit dem Ziel, einen beruflich erwünschten Gefühlsausdruck hervorzurufen, wird als *Gefühlsarbeit* bezeichnet: Wie die Untersuchung an Flugbegleitern und Inkasso-Angestellten durch Hochschild (1983; vgl. Nerdinger, 1994; Rastetter, 1999) zeigt, bildet die Präsentation von Emotionen einen wesentlichen Aspekt der Arbeit in personenbezogenen Dienstleistungen. Demnach finden sich in solchen Tätigkeiten sogenannte Darstellungsregeln, die vorschreiben, welcher Gefühlsausdruck in der Arbeit zu zeigen ist. Darstellungsregeln beruhen auf beruflichen und/oder Normen der Organisation, sie werden im Rahmen der beruflichen bzw. organisationalen Sozialisation vermittelt und bilden einen wesentlichen Teil der beruflichen Rolle (Rafaeli & Sutton, 1989). Die Regeln der Gefühlsdarstellung variieren interkulturell - so gehört z.B. in den USA ein strahlendes Lächeln und ein enthusiastisch intoniertes „How are you?" zwingend zur Begrüßung durch Verkäufer, in Deutschland soll ihr Verhalten eher moderate Gefühle ausdrücken -, Darstellungsregeln können aber auch in Abhängigkeit von der Situation verschiedene Formen annehmen: So erwarten Kunden von Verkäufern im Einzelhandel freundliches und entgegenkommendes Verhalten, wenn nur wenige Kunden im Geschäft sind, herrscht dagegen großer Andrang, sollen sie geschäftig wirken und einen neutralen Gefühlsausdruck zeigen (sonst entsteht der Eindruck, die Verkäufer würden nicht schnell arbeiten; die jeweiligen Bedürfnisse der Kunden entscheiden also über die angemessene Gefühlsdarstellung; vgl. Sutton & Rafaeli, 1988).

Für die Herstellung und Präsentation von Gefühlsausdrücken, die in Einklang mit den normativen Darstellungsregeln einer Arbeitssituation stehen, hat Hochschild (1983) den Begriff „Gefühlsarbeit" geprägt und über die Auswirkungen in Form von Selbstentfremdung und Burnout spekuliert. Morris und Feldman (1996) definieren Gefühlsarbeit als den Aufwand, den die Planung und die Kontrolle des von der Organisation erwünschten Gefühlsausdrucks in beruflichen Interaktionen erfordern. Die Autoren differenzieren das Konstrukt nach vier Dimensionen: Die Häufigkeit, mit der ein von der Organisation erwünschter Gefühlsausdruck gezeigt wird; den Grad der Aufmerksamkeit, den der erwünschte Gefühlsausdruck erfordert; die Vielfalt der darzustellenden Gefühle und schließlich den Grad an emotionaler Dissonanz, der aus dem Widerspruch zwischen dargestellten und erlebten Gefühlen resultiert. Die folgenden Ausführungen beschränken sich auf diese vierte Dimension, da damit ein qualitatives Merkmal von Gefühlsarbeit beschrieben wird, das theoretisch in der Lage sein sollte, den Prozess des Burnout zu erhellen.

Emotionale Dissonanz, der Widerspruch zwischen den beruflich bzw. von der Organisation geforderten Gefühlsdarstellungen und den erlebten Gefühlen, ist ein genuines Merkmal beruflicher Tätigkeiten, die den direkten Kontakt mit Menschen erfordern. Daher ist zu erwarten, dass auch Verkäufer emotionale Dissonanz erleben. Gewöhnlich müssen Verkäufer im persönlichen Kontakt mit Kunden Gefühle der Freundlichkeit und Sympathie darstellen (daneben findet sich natürlich noch eine Vielzahl weiterer Darstellungen, zum Beispiel Begeisterung für das angebotene Produkt, antizipierte Trauer zur Veranschaulichung der furchtbaren Folgen des Verzichts auf eine Lebensversicherung usw.). Zeigt aber – wie im Person-Rollenkonflikt dargestellt – der Kunde ein unangemessenes Verhalten oder stellt er Ansprüche an den

Verkäufer, die mit dessen Selbstbild kollidieren, dann können im Verkäufer negative Gefühle gegenüber dem Kunden auftreten. Damit eine überzeugende Darstellung der erwünschten Gefühle gelingt, müssen die eigenen Gefühle kontrolliert werden. Das kann nach Hochschild (1983) durch Oberflächen- oder Tiefen-Handeln erfolgen.

Oberflächen-Handeln bedeutet, den erwünschten Gefühlsausdruck lediglich nachzuahmen, d.h. durch die entsprechende Mimik, Gestik und eventuell dazu gehörige verbale und paraverbale Anteile wird das Erscheinungsbild eines Gefühls nachgestellt. Eine solche, an der Oberfläche bleibende Darstellung entspricht weitgehend den von Goffman (1969) diskutierten Strategien des Impression Management, mit denen beim Interaktionspartner ein bestimmter Eindruck erzeugt wird. Solche Strategien sind zwar mit relativ geringem psychischem Aufwand verbunden, der so produzierte Gefühlsausdruck wird aber auch leicht als unecht erlebt. Das vermeidet die Strategie des Tiefen-Handelns, bei der versucht wird, das gewünschte Gefühl tatsächlich zu erleben, damit sich ein authentischer Gefühlsausdruck automatisch einstellt (Scherer, 1996). Dazu wird entweder die Wahrnehmung der Situation gezielt verzerrt – so versuchen beispielsweise Flugbegleiter das Nörgeln von Fluggästen als Ausdruck von Angst wahrzunehmen, um Gefühle der Zuwendung wie gegenüber Kindern in sich hervorzurufen. Neben solchen Umdeutungen der Situation kann man auch versuchen, durch Selbstermahnung das Empfinden bestimmter Gefühle auszulösen (Hochschild, 1983; vgl. dazu auch Rastetter, 1999). Der mit Tiefen-Handeln verbundene Aufwand wirkt allerdings wie eine Beanspruchung und soll auf Dauer zur Entfremdung von den eigenen Gefühlen führen (Morris & Feldman, 1996).

Die erlebte emotionale Dissonanz kann zwei Qualitäten annehmen, die Rafaeli und Sutton (1987) als „faking in good faith" versus „faking in bad faith" bezeichnen. Bei der Vortäuschung von Gefühlen aus Überzeugung (faking in good faith) gehen Dienstleister – und vermutlich auch Verkäufer - davon aus, dass es sich dabei um eine notwendige Anforderung der Tätigkeit handelt, die sie aufgrund ihrer Identifikation mit dem Beruf akzeptieren. Rafaeli und Sutton (1987) führen dies auf die Internalisierung der beruflich geforderten Darstellungsregeln zurück, die möglicherweise das Erleben von Stress verhindern kann. Die selbstbestimmte - nicht von der Organisation auferlegte - Darstellung von Gefühlen wird zumindest von Flugbegleitern als Ausdruck der beruflichen Kompetenz gedeutet und positiv bewertet (Nerdinger, 1994). Auch die Ergebnisse der Studie von Wharton (1993), wonach die Zufriedenheit in Berufen mit hohen Anteilen an Gefühlsarbeit höher liegt als in anderen Berufen, deutet in diese Richtung.

Die Vortäuschung von Gefühlen gegen die eigene Überzeugung (faking in bad faith) könnte demgegenüber die Entwicklung von Burnout fördern, denn ein solches Verhalten sollte nach Meinung der Betroffenen nicht Teil der beruflichen Rolle sein und wird von ihnen deshalb als erzwungen erlebt. In diesem Fall liegt ein Person-Rollen-Konflikt vor, ein Widerspruch zwischen dem Rollenerfordernis zur Darstellung von Emotionen und den persönlichen Werten und Normen, von dem negative Wirkungen auf das subjektive Wohlbefinden zu erwarten sind (Kahn et al., 1964; Ashforth & Humphrey, 1993). Erste Untersuchungen im Dienstleistungsbereich bestätigen diese Vermutungen (vgl. Nerdinger & Röper, 1999), über die Gefühlsarbeit speziell von Verkäufern finden sich bislang allerdings noch keine empirischen Studien. Da aber der persönliche Verkauf den unmittelbaren Kontakt mit (fremden) Menschen erfordert, lassen sich vermutlich auch in diesem Bereich vergleichbare Zusammenhänge nachweisen (zur Steuerung der Gefühlsarbeit von Versicherungsverkäufern durch ihre Organisation vgl. Leidner, 1993).

3.3.2.5 Fazit und Folgerungen

Es dürfte kaum einen zweiten Bereich angewandter sozialwissenschaftlier Forschung geben, in dem das Rollenkonzept soviel Aufmerksamkeit erfahren hat, wie in der Verkäuferforschung. Dafür mag es verschiedene Gründe geben, zum Beispiel vermitteln gerade Verkäufer häufig den subjektiven Eindruck, sie würden „eine Rolle spielen" (Goffman, 1969), Freundlichkeit und Interesse für den Käufer nur aus egoistischen Motiven heucheln bzw. weil sie allgemein als wenig aufrichtig eingestuft werden (Nerdinger, 1994). Wissenschaftlich gesehen bietet das Rollenkonzept ein geeignetes Instrument der Analyse, da Verkäufer eine Position an der Grenze der Organisation einnehmen, sie stellen die Verbindung zwischen Organisation und Kunden her und sind daher häufig divergierenden Erwartungen ausgesetzt. Deshalb sollten sich bei Verkäufern gehäuft Rollenkonflikte, Rollenambiguität und die damit verbundenen Stresssymptome beobachten lassen. Das hat die empirische Forschung eindrucksvoll bestätigt. Rollenkonflikte und Rollenambiguität wirken negativ auf die Arbeitszufriedenheit - teilweise auch auf die Leistung -, erhöhen die Kündigungsabsicht direkt bzw. vermittelt über die negative Wirkung auf die Bindung an die Organisation und verursachen nicht nur den Verkäufern, sondern auch der Organisation hohe Kosten. Damit sind in erster Linie Vorgesetzte gefordert, denn ein Gutteil dieser Konflikte ist unmittelbar auf ihr Verhalten zurückzuführen bzw. kann von ihnen direkt beeinflusst werden. Die Vorgesetzten müssen in diesem Unterfangen aber wiederum von der Organisation unterstützt werden.

Rollenambiguität können Vorgesetzte verhindern, indem sie zum einen Zielklarheit herstellen und zum anderen bei konfligierenden Zielen eindeutige Präferenzen setzen. Vermutlich bereitet gerade dies vielen Vorgesetzten Probleme: Das heute vielfach verbal geforderte kundenorientierte Verhalten führt gewöhnlich erst mittelfristig zum finanziellen Erfolg (Trommsdorf, 1997; Bruhn, 1999), ihre eigene Leistung wird aber an den Absatzzahlen und damit am schnellen Erfolg gemessen. Wenn ein Unternehmen aber tatsächlich Kundenorientierung anstrebt, muss es dem Ziel kundenorientierten Verkaufens auch die höchste Präferenz einräumen und entsprechendes Verhalten belohnen (wer Kundenorientierung fordert und allein nach Umsatz bezahlt, widerspricht sich selbst; zu den Bedingungen und Folgen der Bezahlung von Verkäufern in Abhängigkeit von der Kundenzufriedenheit vgl. Sharma, 1997). Entsprechend dürfen natürlich auch Verkaufsleiter nicht nur an den Umsätzen ihrer Verkäufer gemessen werden, sondern auch daran, ob sie es schaffen, eine Verkaufsmannschaft aufzubauen und zu führen, die durch kundenorientiertes Verhalten ein positives Image des Unternehmens in den Markt trägt. Wenn eine solche Haltung im Unternehmen nicht nur in Sonntagsreden gepredigt, sondern konsequent gelebt wird, verringern sich die Rollenkonflikte, da die Verkäufer den Erwartungen ihrer Kunden entsprechen und sich dabei der Unterstützung ihres Unternehmens sicher sein können.

3.3.3 Motivation

3.3.3.1 Ein Phasenmodell der Verkäufermotivation

Vermutlich gibt es keinen zweiten Bereich der Arbeit, in dem der Motivation der Mitarbeiter eine vergleichbar große Bedeutung beigemessen wird wie im Verkauf. Dahinter steht der im Verkaufsmanagement tief verwurzelte Glaube, dass die Verkaufsergebnisse in erster Linie von der Anstrengung der Verkäufer abhängen (welche Abwertung der Dimensionen des Wissens und Könnens und welche Verstärkung des negativen Images von Verkäufern damit ausgerechnet vom Verkaufsmanagement vorgenommen wird, darüber scheint sich kaum jemand klar zu sein). Die grundlegenden Konzepte der Motivation - Motiv und Anreiz - wurden bereits im Zusammenhang mit der Motivation der Käufer besprochen (s.u. 2.4.2), die folgenden Ausführungen beziehen sich daher auf die speziellen Fragen der Arbeitsmotivation.

Theorien der Arbeitsmotivation werden nach einem Vorschlag von Campbell und Pritchard (1976) häufig formal in zwei Klassen eingeteilt - Inhalts- und Prozesstheorien. *Inhaltstheorien* der Arbeitsmotivation gehen gewöhnlich von einer Taxonomie der Motive aus und versuchen, Zusammenhänge mit Handlungsergebnissen nachzuweisen. Die Prozesse, die zwischen der Motivaktivierung und dem Handeln liegen, werden bei diesem Vorgehen weitgehend ausgeblendet. Dem dynamischen Geschehen widmen sich dagegen die *Prozesstheorien*, in denen die Inhalte der Ziele des Handelns unbestimmt bleiben. Vielmehr wird - gewöhnlich unter der Annahme der Nutzenmaximierung - der Prozeß der subjektiv-rationalen Abwägung von Vor- und Nachteilen einzelner Handlungsalternativen und die daraus resultierende Wahl thematisiert.

Diese rein formale Zweiteilung der Theorien verdeutlicht den relativ unbefriedigenden Stand der Forschung im Bereich der Arbeitsmotivation. Heckhausen (1989; vgl. Gollwitzer, 1996) hat daher den Versuch unternommen, Handlungen in verschiedene Phasen zu unterteilen. Abbildung 15 zeigt eine modifizierte Form des von ihm entwickelten Handlungsphasen-Modells:

Motivation	**Volition**		**Motivation**
prädezisional	präaktional	aktional	postaktional
Wählen	Zielsetzung	Handeln	Bewerten

Abb. 15: Das Handlungsphasen-Modell (modifiziert nach Heckhausen, 1989)

Das Handlungsphasen-Modell umfasst den Prozess des Entstehens, Heranreifens und Vergehens von Motivation (vgl. Gollwitzer, 1996). Dieser Prozess wird in vier Phasen eingeteilt, in denen sich dem Handelnden je spezifische Aufgaben stellen. In einer ersten, motivationalen Phase muss zwischen verschiedenen Handlungsalternativen gewählt werden. Zu den wichtigsten Entscheidungen zählen die Wahl zwischen beruflichen Alternativen, später die Wahl eines bestimmten Arbeitgebers: Die Entscheidung für den Verkäuferberuf und die Wahl eines Unternehmens sind demnach motivationale Fragen. Nach der Entscheidung treten Probleme des Willens - der Volition - auf den Plan: Zunächst stellt sich die Aufgabe, die gewählte Handlungsalternative zu realisieren. Im Verkauf entspricht diese, dem Handeln vorgelagerte und daher als präaktional bezeichnete Phase der Ausrichtung des Handelns auf konkrete Verkaufsziele. Ziele wirken unmittelbar auf den Willen ein, der das Handeln kontrolliert und reguliert, damit eine Zielerreichung möglich wird. Auch solche Kontrollprozesse stellen Phänomene des Willens dar, weshalb Heckhausen (1989) von einer aktionalen Volitionsphase spricht. Nach Beendigung einer Handlung schließt sich unter bestimmten Umständen wieder eine motivationale Phase an, in der das Erreichte bewertet wird. Solche Bewertungen können Auswirkungen auf künftige Wahlsituationen (prädezisionale Motivationsphasen) haben, was ihren motivationalen Charakter verdeutlicht.

Anhand dieses Modells werden im folgenden Motivation und Volition von Verkäufern im Handlungsablauf rekonstruiert und die wesentlichen Ergebnisse empirischer Forschung integriert.

3.3.3.2 Prädezisionale Motivationsphase: Wählen

Die erste Phase, die als prädezisionale Motivation bezeichnet wird, ist durch Wünschen und Abwägen gekennzeichnet. Nach Meinung von Heckhausen (1989) wirken die Motive einer Person als „mehr oder weniger stark sprudelnde Quelle der Wunschproduktion". Da bekanntlich nicht alle Wünsche realisierbar sind (auch wenn in manchen Verkäufertrainings genau dieser Eindruck suggeriert wird; vgl. Nordhausen & Billerbeck, 1999), muss eine Auswahl getroffen werden, d.h. es muss abgewogen werden, welchen Wünschen die höchste Präferenz zukommt und wie groß die Wahrscheinlichkeit ist, diese Wünsche zu realisieren. In der prädezisionalen Phase steht demnach die Wahl zwischen Handlungsalternativen an. Dieses Problem wird in der wissenschaftlichen Erforschung des Verkaufs gewöhnlich durch sogenannte Erwartungs-mal-Wert-Theorien beschrieben, von denen die VIE-Theorie von Vroom (1964) besondere Bedeutung gewonnen hat.

Die VIE-Thorie

Vroom (1964) führt drei Größen zur Erklärung der Wahl zwischen Handlungsalternativen ein: Valenz, Instrumentalität und Erwartung (weshalb die Theorie auch nach den Anfangsbuchstaben der drei Variablen als VIE-Theorie bezeichnet wird). Unter *Valenz* versteht er den wahrgenommenen Wert einer Handlung bzw. einer Handlungsfolge. Als *Erwartung* bezeichnet er eine subjektive Erfolgswahrscheinlichkeit, die zwischen 0 und 1 variieren kann. *Instrumentalität* bedeutet bei Vroom (1964) einen Mittel-Zweck-Zusammenhang zwischen Handlungen und Handlungsfolgen, der zwischen -1 (ein Mittel verhindert die Zielerreichung) und +1 (ein Mittel führt zwangsläufig zur Zielerreichung) variiert.

Die von Vroom (1964) postulierte Verbindung dieser Variablen führt immer wieder zu großen begrifflichen Problemen, da in den originalen Formulierungen nicht ganz eindeutig zu unterscheiden ist, worauf sich jeweils der Begriff „Valenz" bezieht. Zur Vermeidung dieser begrifflichen Unschärfen kann in Anschluss an Heckhausen (1989) zwischen einer Handlung, einem Handlungsergebnis und den Folgen des Handlungsergebnisses - bei Heckhausen wiederum etwas unglücklich als „Handlungsfolgen" bezeichnet, genauer müßte es Handlungsergebnisfolgen heißen - unterschieden werden. Folgende Beziehungen bestehen (Abb. 16):

Handlung i   Handlungsergebnis j   Handlungsfolgen k bis n

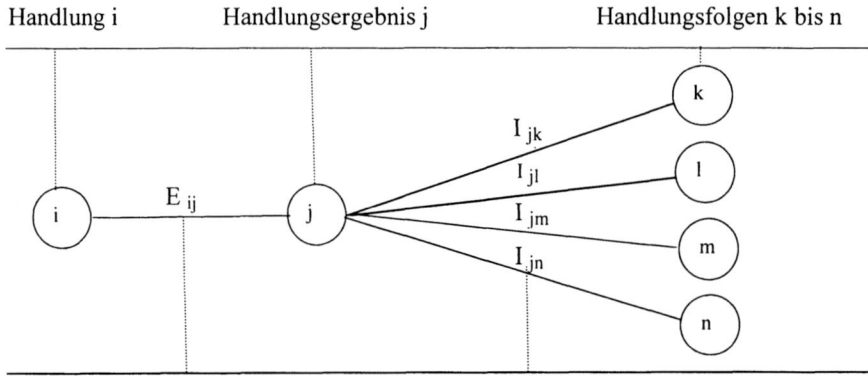

Erwartung, dass Handlung i   Instrumentalität des Handlungsergebnisses j
zum Handlungsergebnis j führt   für Handlungsfolgen k bis n

Abb. 16: Die VIE-Theorie von Vroom (nach Heckhausen, 1989)

„Erwartung" beschreibt die subjektive Wahrscheinlichkeit eines Zusammenhangs zwischen einer Handlung und einem bestimmten Handlungsergebnis. So sollte z.B.

die Erwartung, dass eine hohe Anstrengung (Handlung i) zu einer hohen Leistungsmenge führt (Handlungsergebnis j), groß sein, wenn eine Arbeit weitgehend selbstbestimmt ausgeführt wird, d.h. unabhängig von äußeren Einflüssen ist und der Verkäufer glaubt, über die für die Ausführung notwendigen Fähigkeiten und Fertigkeiten zu
verfügen. Ein solches Handlungsergebnis kann in bestimmter Beziehung zu angestrebten Folgen stehen - zum Beispiel wird bei umsatzabhängiger Bezahlung gewöhnlich eine hohe Leistungsmenge (Handlungsergebnis j) zu einem besseren Einkommen führen (Handlungsfolge k). In diesem Falle hätte das Handlungsergebnis
eine positive Instrumentalität für die Folge „Einkommen", sofern ein Verkäufer diesen Zusammenhang auch so wahrnimmt. Im Falle der absoluten Gewissheit ergibt
sich ein Wert der Instrumentalität von +1. Eine andere Konsequenz großer Leistung
könnte die Beeinträchtigung der Gesundheit darstellen, d.h. für „Gesundheit" (Handlungsfolge l) könnte eine negative Instrumentalität wahrgenommen werden. In diesem
Falle würde die absolute Gewissheit über die gesundheitsschädlichen Folgen einer
hoher Leistungsmenge zu einem Instrumentalitätswert der Arbeit im Verkauf von -1
führen.

Im Ansatz von Vroom (1964) haben nur die Handlungsergebnisfolgen eine eigenständige Valenz, die Handlungsergebnisse dagegen erhalten ihre Valenz durch die
instrumentelle Beziehung, in der sie zu positiv oder negativ bewerteten Folgen stehen. Nach dieser Logik errechnet sich die Valenz eines Handlungsergebnisses als
Summe der Produkte von Handlungsergebnisfolgen und zugehörigen Instrumentalitäten gemäß folgender Formel:

$$V_j = f \left[\ \Sigma \ (V_k \ x \ I_{jk}) \ \right]$$

V_j = Valenz des Handlungsergebnisses j,
I_{jk} = wahrgenommene Instrumentalität des Handlungsergebnisses j für die Hand-
         lungsfolge k,
V_k = Valenz der Handlungsfolge k.

Die multiplikative Verknüpfung von Instrumentalität und Valenz der Handlungsergebnisfolgen ist dabei theoretisch gefordert: Führt ein Handlungsergebnis mit ziemli-
cher Sicherheit zu einer bestimmten Handlungsfolge (positive Instrumentalität), die
negativ bewertet wird, entsteht durch die Multiplikation ein negativer Wert, d.h. das
Handlungsergebnis erhält eine negative Valenz. Mit dieser Formel prognostiziert
Vroom (1964) Entscheidungen zwischen gedanklich antizipierten Handlungsergebnissen, indem die Valenzen alternativer Handlungsergebnisse errechnet werden. Zur
Beantwortung der Frage nach den Unterschieden in der Leistung von Verkäufern
muss als weitere Information die Erwartung, dass eine Handlung bzw. genauer: die
Anstrengung bei einer Handlung auch zu dem erwünschten Handlungsergebnis führt,
berücksichtigt werden. Aus der multiplikativen Verknüpfung zwischen Erwartung
und errechneter Valenz des Handlungsergebnisses ergibt sich dann ein Maß der Anstrengung, das Vroom (1964) als „force" (F) bezeichnet und gewöhnlich mit Kraft
oder Anstrengung übersetzt wird:

$$F_j = f\left[\ \Sigma\ (E_{ij} \times V_j)\ \right]$$

F_i = Anstrengung für Handlung i,
E_{ij}= subjektive Wahrscheinlichkeit, dass der Handlung i das Ergebnis j folgt,
V_j = Valenz des Handlungsergebnisses j.

Die Kraft F muss in diesem Ansatz als Höhe des Anstrengungsniveaus interpretiert werden. Ein hohes Anstrengungsniveau wird gewählt, wenn das Handlungsergebnis eine hohe Valenz aufweist und die subjektive Wahrscheinlichkeit, ein solches Ergebnis hervorzubringen, ebenfalls hoch ist. Hat beispielsweise ein hoher Verkaufsumsatz eine positive Valenz (aufgrund seiner instrumentellen Verbindung zu geschätzten Handlungsergebnisfolgen) und glaubt ein Verkäufer, er könne durch Anstrengung einen hohen Umsatz erzielen, sollte er sich nach diesem Modell sehr anstrengen. Aufgrund der multiplikativen Verknüpfung müsste nach dem Modell eine Handlung unterlassen werden, wenn kein Zusammenhang zwischen eigener Anstrengung und beliebig hoch geschätzten Handlungsergebnissen wahrgenommen wird (Erwartung = 0).

Die VIE-Theorie im Verkauf

Die VIE-Theorie hat lange Zeit die Untersuchungen zur Verkäufermotivation dominiert (Churchill, Ford & Walker, 1979; Ford, Churchill & Walker, 1985; Ingram & Bellenger, 1983; Teas, 1981; Tyagi, 1982; 1985). Das besondere Interesse galt dabei zum einen der Frage der Valenzen - welche Anreize werden von Verkäufern besonders geschätzt? Zum anderen wurde die Bedeutung der Instrumentalität bzw. der Erwartung für den Verkaufserfolg untersucht.

Wie häufig festgestellt wurde, hat die Bezahlung für Verkäufer aus verschiedenen Branchen und Tätigkeiten die höchste Valenz (Churchill et al., 1979; Ford et al., 1985; Ingram & Bellenger, 1983). In Untersuchungen an rund 500 deutschen Verkäufern, die im Außendienst der unterschiedlichsten Branchen beschäftigt waren, hat sich die berufliche Autonomie als sehr wichtig erwiesen (vgl. Abb. 17).

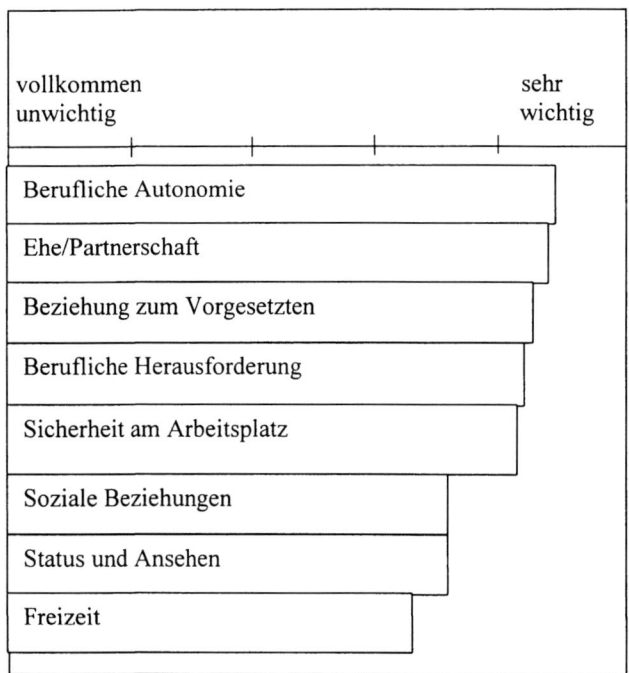

Abb. 17: Valenzen verschiedener Handlungsfolgen bei Verkäufern im Außendienst (Nerdinger, 1985, S. 30)

Neben der Autonomie sind den Verkäufern soziale Beziehungen im privaten (Partner) und beruflichen Bereich (Vorgesetzte) sehr wichtig. Daneben haben nur noch Aspekte der Tätigkeit - die erlebte Herausforderung und die berufliche Sicherheit - größere Bedeutung. Da vermutlich die Einschätzung der Valenz materieller Faktoren im Verkauf der sozialen Erwünschtheit unterliegt, wurde in dieser Studie auf ihre Erhebung verzichtet. Das weist auf einen grundlegenden Mangel aller Untersuchungen zum VIE-Modell hin – da dieses Modell keine Angaben über die Inhalte der Variablen macht, hängen die jeweiligen Befunde stark von den Vorannahmen der Forscher ab. Das gilt natürlich auch für die Erfassung der Instrumentalität der Tätigkeit im Verkauf für die Realisierung der verschiedenen Handlungsfolgen. Abbildung 18 veranschaulicht dies am Ergebnis derselben Studie (Nerdinger, 1985).

Demnach ermöglicht die Tätigkeit im Außendienst die Realisierung der wichtigsten Handlungsfolge, der beruflichen Autonomie, in relativ hohem Maße. Genau dies steht aber wohl in Konkurrenz zur Realisierung der zweitwichtigsten Handlungsfolge, einer harmonischen Ehe bzw. Partnerschaft. Hier deuten sich in der Tätigkeit angelegte Konflikte an, die negative Auswirkungen auf die Verkäufermotivation haben können.

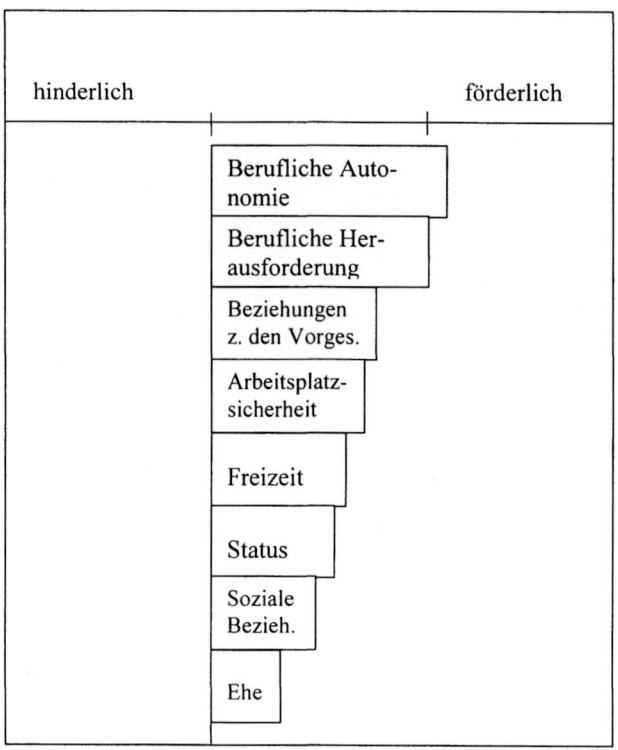

Abb. 18: Instrumentalitäten verschiedener Handlungsfolgen bei Verkäufern im Außendienst (Nerdinger, 1985, S. 40)

Die Befunde entsprechen weitgehend dem gängigen Verkäufer-Stereotyp, das scheinbar auch Verkaufsmanager in ihren Motivationsstrategien leitet - demnach sind Verkäufer in erster Linie an Geld und Unabhängigkeit interessiert! Eine solche Motivation wird auch als *extrinsisch* bezeichnet: Man arbeitet, weil Arbeit ein Mittel zum Zweck ist. Die Annahme einer extrinsichen Motivation ermöglicht es wiederum, das Verhalten von Verkäufern relativ gezielt zu steuern: Da finanzielle Anreize eine hohe Valenz haben, werden Verkäufer die Handlungen ausführen, von denen sie erwarten, dass sie mit großer Wahrscheinlichkeit zu finanziellen Belohnungen führen. Sharma und Sarel (1995) haben das am Beispiel der Bereitschaft von Verkäufern, auf die Bedürfnisse der Kunden einzugehen, gezeigt. Diese Bereitschaft ist ein entscheidender Faktor zur Erhöhung der Kundenzufriedenheit und damit der langfristigen Bindung der Kunden an das Unternehmen. In der Studie wurde die Bereitschaft in Abhängigkeit vom Entlohnungssystem untersucht, verglichen wurde die Wirkung verschiedener Formen der Entlohnung: Umsatzorientierte Prämien, Prämien auf der Basis von Kundenzufriedenheitsdaten und hybride Entlohnungen, bei denen sowohl Umsatz- als auch Kundenzufriedenheitsdaten zur Berechnung der Prämien herangezogen wird. Wie erwartet, zeigen Verkäufer, deren Prämien auf der Basis von Kundenzufriedenheitsdaten vergeben werden, die höchste Bereitschaft, auf die Bedürfnisse der Kunden einzugehen - wenn sie zwischen einem Neukundengeschäft und einer Serviceleistung für bestehende Kunden wählen müssen, entscheiden sie sich für letzteres. Interessanterweise zeigten aber die Verkäufer die geringste Bereitschaft, die nach einem hybriden System belohnt wurden. Die Autoren führen dies auf die mit solchen Systemen steigende Unsicherheit über die Instrumentalität der Anstrengung für die Belohnung zurück, d.h. in solchen hybriden Belohnungssystemen neigen Verkäufer dazu, die Aufgaben zu erfüllen, die zu sicheren Ergebnissen führen.

Finanzielle Anreize zählen zweifellos zu den wichtigsten Motivatoren von Verkäufern (vgl. z.B. Ford et al., 1985), es mehren sich aber die Belege, die auch auf eine intrinsische Motivation von Verkäufern hinweisen. Wer *intrinsisch* motiviert ist, erlebt die Arbeit selbst als belohnend - die Ausführung der Tätigkeit ist interessant, macht Spaß und vermittelt dem Arbeitenden das Gefühl, sich in der Arbeit weiter zu entwickeln. Zum Beispiel differenzieren in einer Untersuchung an Versicherungsverkäufern die Befragten zwischen intrinsischen und extrinsischen Valenzen und Instrumentalitäten (Tyagi, 1982). Zu den intrinsischen Valenzen/Instrumentalitäten zählen sie „interessante Arbeit, Gefühle persönlichen Wachstums und der Leistung", die extrinsischen umfassen unter anderem „Sieger im Verkaufswettbewerb werden, in den ´eine Million Dollar Club` aufgenommen werden" etc. In dieser Studie wurden die intrinsischen Valenzen der Verkäufer u.a. durch einen mitarbeiterorientierten Führungsstil der Vorgesetzten und eine als wichtig erlebte Aufgabe beeinflusst (vgl. auch Tyagi, 1985). Bei deutschen Verkäufern im Außendienst konnte ebenfalls eine starke Betonung des Inhalts und der Sinnhaftigkeit der Aufgabe festgestellt werden (Nerdinger, 1985). Auch im Verkauf ist die Arbeit nicht nur Mittel zum Zweck, sondern stellt einen Wert an sich, einen sogenannten „terminalen Wert" dar (vgl. Brown & Peterson, 1994).

Die Erwartung, durch eigene Anstrengung gesetzte Verkaufsziele zu erreichen, wird gleichfalls durch Merkmale der Aufgabe beeinflusst: Dazu zählen die Vielfältigkeit und die Ganzheitlichkeit der Aufgabe (Tyagi, 1982), die Partizipation an Entscheidungen, die den Verkäufer betreffen (Teas, 1981), aber auch persönliche Merkmale wie ein gut ausgeprägtes Selbstwertgefühl (Bagozzi, 1980; Kohli, 1985). Die Wahrnehmung der Instrumentalität der Zielerreichung für intrinsische bzw. extrinsische Valenzen wird durch Merkmale der Aufgabe wie Autonomie, Aufgabenvielfalt und Ganzheitlichkeit (Teas, 1981) positiv beeinflusst, dasselbe gilt für Rollenklarheit (Kohli, 1985). Rollenkonflikte und Rollenüberlastung haben dagegen negative Wirkung auf die Instrumentalität (Tyagi, 1982). Diese Beziehungen sind in verschiedenen Stadien der Karriere von Verkäufern unterschiedlich ausgeprägt (Cron, Dubinsky & Michaels, 1988). So nehmen Verkäufer am Beginn ihrer Karriere eine eher geringe Instrumentalität zwischen ihrer Leistung und der Bezahlung wahr, d.h. sie glauben nicht, durch Leistung auch eine angemessene Bezahlung erreichen zu können. Mit größerer Berufserfahrung wird dieser Zusammenhang enger.

Diese Befunde zeigen, dass die VIE-Theorie erhebliche Anteile an der Varianz der Verkäufermotivation erklärt. Einige zentrale Probleme sind aber nicht zu übersehen. Da der Ansatz als eine Prozesstheorie keine Aussage über die inhaltliche Bedeutung der Valenzen macht, werden in den meisten Untersuchungen mehr oder weniger willkürlich intrinsische und extrinsische Anreize berücksichtigt. Deshalb können auf diesem Wege auch kaum eindeutige Folgerungen für die Motivierung von Verkäufern gezogen werden. Die Forschung hat sich daher in den letzten Jahren verstärkt auf die anderen Phasen der Motivation gerichtet.

3.3.3.3 Präaktionale Volitionsphase: Ziele setzen

Mit der Entscheidung für eine Handlungsalternative ist eine Bereitschaft zu ihrer Umsetzung verbunden. Diese muss von den Vorgesetzten auf betriebliche Ziele, d.h. vor allem auf Leistungsergebnisse ausgerichtet werden. Das Bild von den Handlungsphasen ist dabei etwas hinderlich - natürlich greifen im betrieblichen Alltag die Phasen der Ausrichtung des Handelns und der Handlungsrealisierung ständig ineinander. Zum Zwecke der besseren Veranschaulichung wird aber diese „künstliche" Trennung weiter beibehalten - demnach kommt es im zweiten Schritt darauf an, Richtung, Intensität und Ausdauer des Arbeitshandelns zu steuern.

Diese Aufgabe ist aus Sicht der Praxis die eigentlich zentrale - sprechen Verkaufsleiter von der Motivation ihrer Verkäufer, meinen sie gewöhnlich deren Engagement und ihren Arbeitseinsatz, d.h. die Intensität und die Ausdauer des Handelns. Erstaunlicherweise wurde diese Frage erst in den letzten Jahrzehnten intensiver untersucht, was nicht zuletzt auf die Theorie der Zielsetzung zurückzuführen ist. Diese Theorie wurde in den letzten 25 Jahren induktiv aus einer Grundannahme entwickelt (vgl. Locke & Latham, 1990; s.a. Kleinbeck & Schmidt, 1996; Nerdinger, 1995; 2000b; Wegge, 1998). Ausgehend von der Frage, warum manche Menschen ihre Arbeitsaufgaben besser erledigen als andere, sollte - sofern Fähigkeiten, Fertigkeiten, Wissen und situative Umstände vergleichbar sind - der Grund motivationaler Art sein. Die einfachste und unmittelbarste motivationale bzw. genauer: volitionale Erklärung dafür sind unterschiedliche Ziele der Verkäufer, d.h. Unterschiede in den Handlungen sind auf verschiedene Ziele zurückzuführen. Zwei basale Aussagen der Theorie wurden in mehreren hundert empirischen Untersuchungen bestätigt:

1. Schwierige, herausfordernde Ziele führen zu besseren Leistungen als mittlere oder leicht zu erreichende Ziele.
2. Herausfordernde und präzise, spezifische Ziele führen zu besseren Leistungen als allgemeine, vage Ziele („Geben Sie Ihr Bestes").

Nachdem diese Hypothesen eindeutig empirisch bestätigt wurden, hat die Forschung sich der Frage der Wirkmechanismen von Zielen gewidmet. Der aktuelle Stand der Theorie lässt sich so darstellen (Abb. 19):

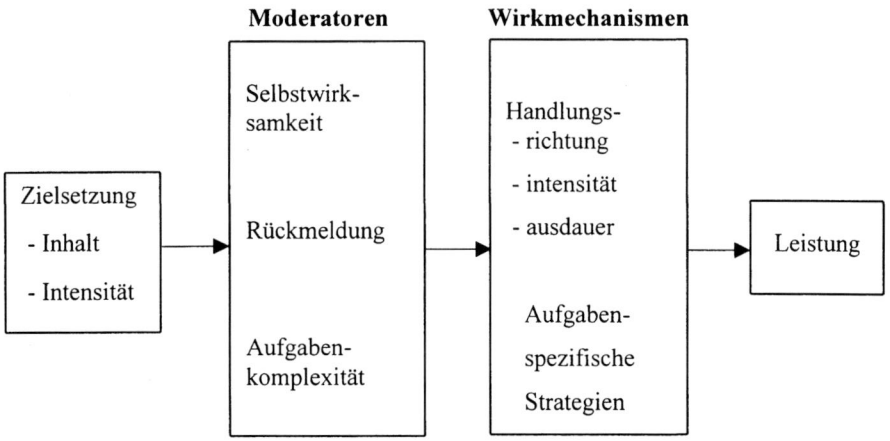

Abb. 19: Die Theorie der Zielsetzung

Herausfordernde und spezifische Ziele führen zu Leistungssteigerungen, wobei dieser Zusammenhang durch Selbstwirksamkeit, Rückmeldung und Aufgabenkomplexität moderiert wird. Die Wirkung erfolgt über die Ausrichtung des Handelns, die Erhöhung seiner Ausdauer und/oder seiner Intensität. Bei komplexen Aufgaben wiederum stimulieren Ziele die Entwicklung von Strategien und Plänen.

Zielinhalt

Den wesentlichen Inhalt der Zielsetzung bilden die beiden, bereits genannten Hypothesen. Sie wurden mittlerweile in mehr als vierhundert empirischen Studien mit den verschiedensten Aufgaben - darunter auch in Feldstudien an Außendienstmitarbeitern (z.B. Ivancevic, 1976, Klein & Kim, 1998) - und unter den verschiedensten Bedingungen überprüft (Locke & Latham, 1990). Die darin formulierten Zusammenhänge können heute wohl als die am besten bestätigten Befunde in der Organisationspsychologie bezeichnet werden. Bei der Übertragung auf die Führung von Verkäufern sind allerdings einige Punkte zu beachten: Die Schwierigkeit der Ziele - von der Theorie mit dem Begriff „herausfordernd" umschrieben - wird in empirischen Studien gewöhnlich als objektive Schwierigkeit definiert. Bei der Anwendung ist dagegen immer der einzelne Verkäufer zu betrachten. Ausgehend von seinen bis dato gezeigten Leistungen müssen die Ziele so formuliert werden, dass sie zwar über dem erreichten Leistungsstand liegen, aber in einem realistischen Maß. Sonst führt Zielsetzung zu Frustration und letztlich sogar zu Leistungsminderung (vgl. Chowdhury, 1993).

Die Bedingungen, unter denen sich Verkäufer selbst hohe Ziele setzen, haben Brown, Cron und Slocum (1998) untersucht. Nach ihrer Hypothese sollte das wahrgenommene psychologische Klima in der Verkaufsorganisation mit Persönlichkeitsmerkmalen bei der Vorhersage der Zielhöhe und der Leistung interagieren. Im Verkauf wird häufig ein Klima der Konkurrenz geschaffen, zum Beispiel durch die bekannten Rennlisten, die Veröffentlichung der je aktuellen Verkaufszahlen aller Verkäufer. Wie die Autoren zeigen, führt ein solches konkurrenzorientiertes Klima nur bei den Verkäufern, deren Persönlichkeit durch starke Konkurrenzorientierung gekennzeichnet ist, zu höheren Zielsetzungen und höherer Leistung. Wenig konkurrenzorientierte Verkäufer setzen sich dagegen niedrigere Ziele, und zwar unabhängig vom psychologischen (konkurrenzorientierten) Klima in der Organisation.

Ziele sollten möglichst präzise sein. Das legt nahe, sich auf solche Ziele zu beschränken, die sich in Zahlen ausdrücken lassen. Dadurch entsteht aber die Gefahr des Menge-Güte-Austauschs: Um eine quantitativ hohe Leistung zu erbringen, wird die Qualität der Arbeit verringert (Kleinbeck & Schmidt, 1996). Damit werden aber Zielsetzungen der gewachsenen Bedeutung der Qualität im Verkauf zum Zwecke der Kundenbindung nicht gerecht. Ziele müssen daher immer auch den qualitativen Aspekt der Arbeitsaufgabe berücksichtigen. Im Verkauf bedeutet das, es müssen auch Ziele der Kundenbindung und des bedarfsorientierten Verkaufs gesetzt werden (vgl. Brater & Landig, 1995; Uhl, 2000). Dazu bieten sich je nach Verkaufsaufgabe unterschiedliche Maßnahmen an, zum Beispiel die Vereinbarung von Stornoquoten oder cross-selling-Raten im Finanzdienstleistungsbereich. Es ist auch möglich, Beratungsbögen vorzgueben, die ein Verkäufer nach den Verkaufsgesprächen ausfüllt und die der Vorgesetzte später gemeinsam mit dem Verkäufer analysiert.

Außerdem sollten keine Konflikte zwischen Zielen bestehen. So kann im Verkauf ein Konflikt zwischen Umsatzzielen und dem Ziel längerfristiger Kundenbindung bestehen – besonders, wenn die Absatzziele nur durch sogenannten Hochdruck-Verkauf zu erreichen sind. Solche Methoden hinterlassen bei Kunden häufig schale Gefühle, die Bindung verhindern (Nerdinger et al., 1990). Lassen sich die Ziele nicht konfliktfrei formulieren, dann müssen sie auf jeden Fall in eine Hierarchie gebracht werden, damit die Mitarbeiter wissen, welches Ziel in Zweifelsfällen Vorrang hat. Eine solche Hierarchie muss aber mit dem Belohnungssystem des Unternehmens in Einklang stehen: Wird - wie im Verkauf üblich - allein die Quantität der Umsätze durch Prämien etc. belohnt, dann werden Verkäufer ganz unabhängig von ihren Zielen immer darin das für das Unternehmen wichtigste Ziel sehen.

Zielbindung

Die zweite wesentliche Dimension der Zielsetzung ist die Bindung an die Ziele. Bindung bezeichnet die Stärke der Intention, ein Ziel zu erreichen; sie kann auch als das Gefühl der Verpflichtung zur Zielerreichung umschrieben werden (Wegge, 1998). Schwierige Ziele führen zu höheren Leistungen, wenn man sich an die Ziele gebunden fühlt; wer sich nicht an das Ziel gebunden fühlt, der wird für sich leichtere wählen. Zielbindung äußert sich letztlich darin, ob der Verkäufer das fremdgesetzte, von seinem Verkaufsleiter vorgegebene Ziel zu seinem eigenen macht. Diese Frage hat große Bedeutung für die Anwendung, denn nur wer sich an seine Ziele gebunden fühlt, die fremdgesetzten Ziele als seine eigenen ansieht, wird auch die entsprechenden Leistungen zeigen. Zielbindung ist von einigen Bedingungen abhängig. Die Persönlichkeitseigenschaft „Gewissenhaftigkeit" hat positive Auswirkungen auf die Zielbindung, d.h. verlässliche und leistungsorientierte Verkäufer fühlen sich stärker an ihre Ziele gebunden – das fanden zumindest Barrick, Mount und Strauss (1993) in einer Untersuchung an Verkäufern aus dem industriellen Sektor. Die Wirkung der Persönlichkeitseigenschaft „Gewissenhaftigkeit" auf objektive Verkaufszahlen und Leistungsbeurteilungen durch Vorgesetzte wird durch selbst gesetzte Leistungsziele und die Bindung an diese Ziele vermittelt. Gewissenhaftigkeit hat zwar auch direkten Einfluss auf Verkaufsergebnisse und Leistungsbeurteilungen, gewissenhafte Verkäufer setzen sich aber auch autonom Leistungsziele und fühlen sich an diese gebunden - ihre Leistung ist in erster Linie auf die Bindung an die Ziele zurückzuführen.

Zielbindung von Verkäufern wird auch von den situativen Bedingungen und der erlebten Unterstützung durch den Vorgesetzten beeinflusst. In einer Studie an Verkäufern in Einzelhandelsgeschäften korrelierten situative Hindernisse - ein Mangel an Zeit, Material oder auch an Informationen - negativ mit der Bindung an die Verkaufsziele, die erlebte Unterstützung des Vorgesetzten bei der Zielerreichung hatte dagegen einen engen positiven Zusammenhang mit der Bindung an Ziele (Klein & Kim, 1998). Die Leistung - gemessen in objektiven Verkaufszahlen - wurde in dieser Studie auch durch eine Interaktion zwischen Bindung und erlebter Unterstützung durch den Vorgesetzten erklärt: Verkäufer, die sich an die Ziele gebunden und durch den Vorgesetzten unterstützt fühlten, hatten die geringste Leistung. Diejenigen, die sich nicht an ihre Ziele gebunden fühlten, aber starke Unterstützung durch den Vorgesetzten erlebten, hatten die geringste Leistung. Nach der Vermutung der Autoren konzentrierten sich diese Verkäufer in Übereinstimmung mit ihren Vorgesetzten auf andere Dimensionen der Leistung, nicht auf den bloßen Abverkauf.

Zur Herstellung von Zielbindung wird Vorgesetzten gewöhnlich empfohlen, die Mitarbeiter an der Zielfestlegung zu beteiligen, d.h. Zielvereinbarungen zu treffen. In empirischen Studien - zumindest im angloamerikanischen Sprachraum - ließ sich allerdings keine leistungssteigernde Wirkung der Partizipation bei der Zielfestlegung feststellen (Ivancevic, 1976; Latham, Erez & Locke, 1988). Nach diesen Befunden genügt es, sogenannte „tell and sell" Ziele zu setzen - in diesem Fall legt der Vorgesetzte die Ziele fest und erklärt dem Verkäufer, warum es wichtig ist, die Ziele zu erreichen. Dafür dürfte besonders ein Grund verantwortlich sein: Wird beispielsweise einem Autoverkäufer lediglich gesagt, er müsse im nächsten Monat zehn Autos verkaufen („tell goal"), dann erhält eine solche Zielsetzung den Charakter eines Befehls, der Zielbindung eher verhindert, da er den bei Verkäufern gewöhnlich starken Wunsch nach Unabhängigkeit verletzt (Nerdinger, 1985). Wird ihm dagegen erklärt, er müsse zehn Autos verkaufen, weil sonst die Zweigstelle in Schwierigkeiten kommt, er damit einen Beitrag für das Überleben des Unternehmens leistet, das unter enormem Konkurrenzdruck steht etc. („tell and sell goal"), verdeutlicht das dem Verkäufer die Wichtigkeit des Ziels. Unter dieser Bedingung - und, so kann vermutet werden, bei hinlänglicher Identifikation des Verkäufers mit dem Unternehmen - wird er das Ziel akzeptieren, da ihm der übergeordnete Zusammenhang seiner Ziele deutlich wird. Das bedeutet: Wenn die Erklärungen für vorgegebene Ziele glaubhaft sind, haben sie die gleiche Wirkung wie Partizipation!

Trotzdem dürfte Partizipation bei der Zielfestlegung sehr wichtig sein. Empirische Studien haben gewöhnlich einen begrenzten zeitlichen Horizont. Daher kann in der Regel nicht die Frage beantwortet werden, ob „tell and sell" Ziele über die Zeit hinweg akzeptiert werden. Gewinnen Verkäufer den Eindruck, ihr Vorgesetzter findet immer Gründe, sie nicht an der Zielfestlegung zu beteiligen, könnte solch eine Strategie Reaktanz (Brehm, 1966; Brehm & Brehm, 1981; s.u. 4.2.2.3) erzeugen - die Mitarbeiter fühlen sich in ihrer Freiheit bedroht und manipuliert und entwickeln deshalb keine Bindung an die Ziele. Daher ist längerfristig sicherlich auch im Verkauf die Teilhabe der Verkäufer an der Zielfestlegung, d.h. die Zielvereinbarung der angezeigte Weg, um Bindung zu erzeugen.

Selbstwirksamkeit

Selbstwirksamkeit, das Vertrauen, das gesteckte Ziel zu erreichen, ist ein besonders wichtiges Personmerkmal für die Bewältigung von Leistungssituationen. Selbstwirksamkeit beschreibt den Glauben, über die Fähigkeit zur Kontrolle des Handelns und von Ereignissen, die für das eigene Leben wichtig sind, zu verfügen. Dieses Konzept umfasst die subjektive Einschätzung aller psychologischen Faktoren, die zu effektivem Leistungshandeln erforderlich sind (z.B. Anpassungsfähigkeit; Kreativität; wahrgenommene Fähigkeit, komplexe Handlungssequenzen ausführen zu können usw.). Selbstwirksamkeit hat nach vorliegenden Befunden Einfluss auf alle Handlungsphasen: Wer sich als selbstwirksam erlebt, mobilisiert mehr Energie in einer Aufgabe, zeigt höhere Ausdauer angesichts von Schwierigkeiten und Rückschlägen, erlebt geringeren Stress beim Versuch, Anforderungen zu bewältigen und verzagt nicht so leicht, wenn er in einer Aufgabe scheitert (Bandura, 1991). Selbstwirksamkeit ist einer der besten Prädiktoren beruflicher Leistung, hohe Selbstwirksamkeit steigert die Leistung um rund 28% (Stajkovic & Luthans, 1998).

Bagozzi (1980) hat als erster die hohe Bedeutung der Selbstwirksamkeit für die Erklärung der Leistung im persönlichen Verkauf empirisch belegt, direkte und moderierende Zusammenhänge zwischen Selbstwirksamkeit und Leistung wurden mittlerweile durch verschiedene Untersuchungen in diversen Verkaufsfeldern bestätigt (vgl. zusammenfassend: Brown et al., 1998). Frayne und Geringer (2000) haben an einer Stichprobe von Versicherungsverkäufern gezeigt, dass sich durch Selbst-Managementtrainings die Selbstwirksamkeit gezielt beeinflussen lässt und in der Folge höhere Leistungen zu beobachten sind (die sowohl durch subjektive als auch durch objektive Maße erhoben wurden; zu Aufbau und Durchführung solcher Trainings vgl. Nerdinger, 1995).

Obwohl die Wirkrichtung noch nicht eindeutig geklärt ist - erfolgreiche Erfüllung der Ziele kann auch das Gefühl der Selbstwirksamkeit erhöhen (Lee, 1988) -, scheint das Wissen um den positiven Zusammenhang zwischen Selbstvertrauen und Verkaufserfolg in der Praxis weit verbreitet. Darauf deuten zumindest die im Verkauf stark nachgefragten, sogenannten Motivations- und Persönlichkeitstrainings hin, bei denen unter anderem durch die Vermittlung von Grenzerfahrungen (Feuerlaufen etc.) versucht wird, ein buchstäblich „grenzenloses" Selbstvertrauen aufzubauen (vgl. Leidenfrost et al., 1999). Bei Selbstwirksamkeit handelt es sich aber um *aufgabenspezifisches* Selbstvertrauen, das auf einer *realistischen* Einschätzung des eigenen Könnens beruht. Entsprechend ist auch Ängstlichkeit als Persönlichkeitsmerkmal *nicht* hinderlich für den Verkaufserfolg - ängstliche Versicherungsverkäufer strengen sich sogar mehr an und sind produktiver als wenig ängstliche (allerdings berichten ängstliche Verkäufer über stärkere Stresserlebnisse; vgl. Mughal, Walsh und Wildung, 1996). Ängstlichkeit als Persönlichkeitsmerkmal geht mit einer realistischeren Weltsicht einher. Die Mehrzahl der eher esoterischen Übungen und Trainings vermittelt dagegen keine realistische Weltsicht, sie ermöglichen keine aufgabenspezifischen Erfahrungen und führen – sofern sie überhaupt etwas bewirken bzw. bei labilen Teilnehmern nicht sogar psychische Störungen auslösen (Hemminger & Keden, 1997) – zu einem unrealistischen Selbstvertrauen: Die Wirkungen der dadurch beförderten Selbstüberschätzung können sich aber gerade auf das soziale Verhalten von Verkäufern sehr negativ auswirken.

Unrealistisches Selbstvertrauen hat negative Wirkungen auf die psychische Gesundheit und – für Verkäufer besonders bedenklich – korreliert negativ mit sozialer Kompetenz (Colvin, Funder & Block, 1995). Wer zu unrealistischer, sich und seine Möglichkeiten überhöhender Selbsteinschätzung neigt, ist

- wenig sensibel für soziale Hinweisreize,
- reagiert feindselig gegenüber anderen Menschen,
- macht andere für eigenes Versagen verantwortlich,
- macht andere von sich abhängig und beutet deren Abhängigkeit aus,
- wird von anderen Menschen abgelehnt u.a.m..

In einer gründlich durchgeführten Längsschnittuntersuchung wurden sich selbst überschätzende Menschen beim ersten Kontakt von ihren Interaktionspartnern positiv eingeschätzt, nach kurzer Bekanntschaft kippte jedoch die Einschätzung um und erfolgte in der von Colvin et al. (1995) beschriebenen negativen Weise (Paulhus, 1998). Unrealistisches Selbstvertrauen kann also einen „Blender-Effekt" auslösen – möglicherweise wird es deshalb in den Bereichen des Verkaufs geschätzt, die lediglich am schnellen Umsatz interessiert sind und daher auf die genannten, fragwürdigen Veranstaltungen setzen. Unternehmen, die ihre Verkäufer auf solche „Trainings" schicken, gefährden damit langfristige Kundenbeziehungen und tragen erheblich zum negativen Image des Verkäuferberufs bei!

Rückmeldung

Ein zweiter, ausgesprochen wichtiger Moderator ist die Rückmeldung über Zielfortschritte (vgl. zusammenfassend: Kluger & DeNisi, 1996). In verschiedenen Studien von Locke hatte Rückmeldung ohne herausfordernde Ziele keinen Einfluß auf die Leistung. Zusätzlich zu schwierigen Zielen verabreichte Rückmeldungen dagegen erhöhen die Leistung (Locke & Latham, 1990). Bei manchen Aufgaben ist die Rückmeldung direkt gegeben - ein Verkäufer mit dem Ziel, in einem Monat eine bestimmte Zahl von Bausparverträgen zu verkaufen, kann immer abschätzen, wie er in der Zielerfüllung voran kommt. Hat er gleichzeitig das Ziel kundenorientierter Beratung (Brater & Landig, 1995), kann er dagegen nur schwer abschätzen, ob ihm das gelingt. Bei solchen Aufgaben und ganz allgemein bei qualitativen Zielen muss daher der Vorgesetzte seine Eindrücke über die Zielfortschritte rückmelden (zu Rückmeldungen durch die Kollegen des Verkäufers vgl. Kohli & Jaworski, 1994).

Rückmeldungen lassen sich zum einen unterscheiden nach den Formen der Bewertung, d.h. ob die Rückmeldung mit Anerkennung bzw. Kritik verbunden ist. Weiter lässt sich nach der vermittelten Information differenzieren in Ergebnisrückmeldungen und Verhaltensrückmeldung – im ersten Fall wird Verkäufern zum Beispiel gesagt, welchen Zielerreichungsgrad sie haben, im zweiten werden ihnen konkrete Beobachtungen über ihr Verhalten im Kundengespräch rückgemeldet. Jaworski und Kohli (1991) haben die Auswirkungen der dadurch gebildeten vier Formen von Rückmeldung an Autoverkäufern untersucht. Nach ihren Befunden hat positive Rückmeldung (verbunden mit Anerkennung) sowohl informierende als auch motivierende Funktion und wirkt sich positiv auf Leistung und Zufriedenheit von Verkäufern aus. Negative Rückmeldung dagegen hat nur eine Informationsfunktion und kann die Leistung kaum beeinflussen. Positive Rückmeldung über Ergebnisse zeigte den stärksten Effekt auf die Leistung, dagegen hatte positive Verhaltensrückmeldung den stärksten Effekt auf die Arbeitszufriedenheit (diese Wirkung könnte aber von der Komplexität der Aufgabe abhängig sein – zumindest hatten positive Rückmeldungen in einer Untersuchung an Verkäufern von Fast-Food-Restaurants keine Wirkung auf das Verhalten und die Leistung; Waldersee & Luthans, 1994).

In der Praxis wird Rückmeldung gewöhnlich im Controlling-Schema gegeben, d.h. es werden nur Abweichungen vom vorgegebenen Sollwert angesprochen - obwohl Verkäufer in der Regel genau diese Information bereits besitzen - und dann analysiert, wie diese Abweichungen zustande kamen, wobei gewöhnlich die Ursache beim Verkäufer gesucht wird. Eine solche Form der Rückmeldung zielt nicht auf Lerneffekte, sondern auf negative Gefühle der Schuld, der Scham etc. und kann daher nur als Strategie der Erzeugung permanenten Drucks gedeutet werden (zu den negativen Folgen vgl. 3.3.3.4).

Aufgabenkomplexität

Auch die Aufgabenkomplexität moderiert die Beziehung zwischen Zielsetzung und Leistung. Der Zusammenhang zwischen schwierigen und spezifischen Zielen mit der Leistung ist bei einfachen Aufgaben sehr viel enger als bei komplexen. Der Grund dafür liegt vermutlich in einem Wirkmechanismus der Zielsetzung: Zur Bewältigung komplexer Aufgaben sind elaborierte Pläne und Strategien notwendig, daher ist die Leistung nicht zuletzt von der Qualität der Pläne und Strategien abhängig. Die Qualitä der Pläne und Strategien wird aber nicht nur von den Zielen, sondern auch von persönlichen Merkmalen, von Fähigkeiten und Fertigkeiten beeinflusst (Nerdinger, 1995). Zwar wurde die moderierende Wirkung der Aufgabenkomplexität im Verkaufsbereich noch nicht empirisch untersucht, wie sich aber leicht nachvollziehen lässt, entfalten herausfordernde und präzise Ziele stärkere Wirkung beim Verkauf einfacher Produkte, die kaum erklärungsbedürftig sind und im Verkaufsgespräch weder ausgefeilte Argumentationen noch differenzierte Reaktionen auf unterschiedlichste Situationen erfordern. Dagegen ist der Verkauf ganzer Industrieanlagen eine langwierige und äußerst komplexe Aufgabe, die allein durch herausfordernde Ziele kaum zu steuern ist.

Wirkmechanismen

Ziele wirken direkt auf die *Richtung*, die *Intensität* und die *Ausdauer* des Handelns - das ist der eigentliche Grund für die leistungssteigernde Wirkung von herausfordernden, spezifischen Zielen. Ziele haben janusförmigen Charakter, sie bilden kognitiv den angestrebten, künftigen Zustand ab und bieten gleichzeitig einen Maßstab, an dem Handlungsergebnisse gemessen werden. Der kognitive Abgleich zwischen den Handlungsergebnissen und den angestrebten Zielen wirkt direkt auf den Willen ein, d.h. Führen durch Zielvereinbarung steigert die Leistung, indem sie den Willen der Mitarbeiter zur Leistung anspricht.

Ein weiterer, zwischen Zielen und Leistung vermittelnder Prozess, sind *aufgabenspezifische Strategien*. Wenn Verkäufer mit Zielen konfrontiert werden, suchen sie nach Methoden oder entwickeln Pläne, die geeignet sind zur Realisierung der Ziele. Wood und Locke (1990) unterscheiden zwei aufgabenspezifische Strategien: Anwendung gespeicherter und Entwicklung neuer Pläne, die speziell für die Lösung einer Aufgabe geeignet sind. Aufgabenspezifische Pläne werden auf verschiedenen Wegen erworben und dann gespeichert: Durch Lernen am Modell, d.h. durch Beobachtung von Personen in entsprechenden Aufgabenbezügen (Bandura, 1991), durch die wiederholte Ausübung einer Tätigkeit und die dabei gemachten Erfahrungen und/oder durch Instruktionen in derselben oder ähnlichen Aufgaben, die während der Einarbeitungszeit von Vorgesetzten oder erfahrenen Kollegen gegeben werden. Obwohl solche Pläne ursprünglich bewusst erlernt wurden, können sie später weitgehend automatisch und ohne Nachdenken verfolgt werden, sofern sie in der Arbeit regelmäßig zum Einsatz kommen.

Neue aufgabenspezifische Pläne werden dagegen durch Rekombination von gespeicherten Plänen oder aber durch Ausprobieren völlig neuer Herangehensweisen an Probleme entwickelt. Solche Pläne sind Ergebnis von Versuch-und-Irrtums-Strategien oder kreativen Problemlösetechniken. Ihre Entwicklung kann durch vorgängiges Scheitern gespeicherter Pläne oder aber durch die Antizipation ihres Scheiterns motiviert sein. So können Verkäufer bemerken, dass die herkömmlichen Verkaufsstrategien bei jüngeren Kunden nicht mehr sehr erfolgreich sind (zu den Ursachen solcher Wandlungen vgl. von Rosenstiel & Nerdinger, 2000). Durch Diagnose des Problems - inwiefern unterscheiden sich jüngere von älteren Kunden, was ist den jüngeren wichtig etc. - können sie neue Strategien des Verkaufsgesprächs entwickeln. Je nach Komplexität der Aufgabe variiert der Einsatz solcher Pläne: Bei sehr einfachen Aufgaben - z.b. Routine-Verkaufsgesprächen - kann Intensität und Ausdauer des Handelns direkt durch Ziele gesteuert werden, bei durchschnittlich-schwierigen Aufgaben werden verstärkt gespeicherte Pläne abgerufen, bei hochkomplexen Aufgaben, wie sie im Verkauf von Industriegütern oder hich-tech Produkten vorzufinden sind, kommt es mit höherer Wahrscheinlichkeit zur Entwicklung neuer, aufgabenbezogener Pläne.

Zusammenfassung: Die Bedeutung von Zielsetzungen für den Verkauf

In keinem beruflichen Bereich werden Zielsetzungen so konsequent eingesetzt, wie im Verkauf. Das ist natürlich keine Wirkung der entsprechenden psychologischen Theorie, sondern ergibt sich zum Gutteil aus den Bedingungen der Verkaufstätigkeit: Die Fixierung auf quantitativ messbare Umsätze und der permanente Leistungsdruck sorgen dafür, dass in der Regel sehr spezifische und hohe Ziele vorgegeben werden (allerdings kommt eine groß angelegte Untersuchung im Versicherungsgewerbe, zu dem Ergebnis, dass die Verkäufer lediglich mittelschwere Ziele haben - hier erhebt sich natürlich wieder die Frage nach der Bewertung des Schwierigkeitsgrades; vgl. Uhl, 2000). Damit sind aber die Grundaussagen der Theorie der Zielsetzung gewöhnlich bereits durch die Rahmenbedingungen des Verkaufs erfüllt. Trotzdem können Führungskräfte im Verkauf von der konsequenten Anwendung aller Bestandteile der Theorie profitieren, ganz im Gegenteil: Im Verkauf ist sehr oft ein eher mechanistisches Verständnis anzutreffen, wonach hohe Ziele und permanente Kontrolle der Zielerreichung Garant des Erfolgs seien. Die Theorie der Zielsetzung hat die Bedingungen herausgearbeitet, unter denen solche Zusammenhänge auftreten können – das Wissen um diese Bedingungen ist aber erst der Schlüssel zum Erfolg der Methode.

Zunächst ist folgendes zu beachten: Hohe Ziele als solche bewirken noch gar nichts, nur wenn sie als Herausforderung erlebt werden, können sie die Leistung beeinflussen. Werden Ziele als zu hoch erlebt, entmutigen sie den Verkäufer und senken sogar seine Leistung; erscheinen sie als zu leicht, kann der Verkäufer nicht das Maximum seiner Leistung entfalten (Chowdhury, 1993). Verkaufsleiter müssen also im Gespräch mit den Verkäufern ausloten, wo der je individuelle Punkt der Herausforderung liegt. Weiter müssen sie in der Lage sein zu erklären, wie denn eine geforderte Leistungssteigerung zu erreichen ist – eine verkürzte Sicht der Zielsetzung legt den Irrtum nahe, der Vorgesetzte müsse nur einfach mehr fordern und es wäre Sache des Verkäufers, dieses „mehr" zu realisieren. Die im Verkauf häufig anzutreffende Vorstellung, Leistungsergebnisse seien allein eine Funktion der Anstrengung (Mowen, Keith, Brown & Jackson, 1985; Sujan, Weitz & Kumar, 1994), erweist sich als kontraproduktiv, da sie den Verkäufern leicht den Eindruck vermittelt, sie würden nur „ausgepresst". Ein solcher Eindruck verhindert aber die für den Erfolg entscheidende Zielbindung.

Zielbindung kann durch Beteiligung der Verkäufer an der Zielfindung erreicht werden. Dem steht allerdings das in vielen verkaufsorientierten Unternehmen praktizierte „Management by Objectives" (vgl. Neuberger, 1995) entgegen: Dabei werden von der Geschäftsleitung jedem Verkaufsbezirk Zielvorgaben gemacht, die anschließend nur noch auf die einzelnen Verkäufer aufgeteilt werden. Solche, allein von den Wachstumsvorstellungen der Geschäftsleitung diktierten Ziele gehen aber häufig an den Marktbedingungen vorbei und können gelegentlich die maximale Leistung sogar verhindern. Ziele sollten daher in einem „top-down, bottom-up"-Prozess im Unternehmen abgestimmt werden: Nach einer allgemeinen Zielvorgabe durch die Geschäftsleitung muss diese von den Mitarbeitern auf die Realisierbarkeit geprüft und mit den entsprechenden Argumenten „nach oben" kommuniziert werden.

Viele Fehler werden in der Praxis auch in der Frage der Rückmeldung gemacht. Belohnungen werden häufig nur im Rahmen jährlich stattfindender „Shows" vermittelt, in denen die „Star-Verkäufer" öffentlich ausgezeichnet werden. Das soll einen Vorbildeffekt auslösen, erzeugt aber allzu oft nur Frustration bei den Zurückgesetzten. Ähnlich negative Effekte können auch die beliebten „Rennlisten" bewirken, in denen ständig für jeden Verkäufer sichtbar ist, wie er im Vergleich zu den Kollegen auf dem Weg zum Ziel liegt. Das ist eine sichere Methode, um bei der Mehrzahl ab dem Punkt, an dem keine Gewinnaussicht mehr besteht, die Leistung zu senken. Mit solchen Methoden arbeiten Vorgesetzte, die über die konkrete Arbeit ihrer Verkäufer, über ihre Stärken und Schwächen nicht Bescheid wissen. Solche Vorgesetzte können ihren Verkäufern auch keine gezielten Rückmeldungen darüber geben, wie sich deren Leistung verbessern lässt. Genauso wenig können sie gezielt das Verhalten anerkennen, das zielführend ist - vor allem durch positiven Verstärkung des „richtigen" Verhaltens lässt sich aber das für den Erfolg so wichtige Erleben der Selbstwirksamkeit aufbauen.

Das zeigt: Führen durch Ziele ist eine psychologisch sehr anspruchsvolle Technik, die sehr viel mehr erfordert, als nur hohe Ziele vorgeben!

3.3.3.4 Aktionale Volitionsphase: Handlungen kontrollieren

In der aktionalen Volitionsphase geht es darum, die Ziele in konkrete Handlungen umzusetzen. Daher werden im folgenden zwei prinzipielle Arten des Handelns von Verkäufern dargestellt und dann einige Mechanismen diskutiert, die solche Handlungen „auf Zielkurs" halten.

„Hart" vs. „smart": Das Konzept des „adaptiven Verkaufens"

Das berufliche Handeln von Verkäufern wird häufig in zwei grobe Kategorien eingeteilt, die als „hartes" vs. „smartes" Arbeiten bezeichnet werden (Spiro & Weitz, 1990; Sujan, 1986; Sujan et al., 1994; Swenson & Herche, 1994; Weitz et al., 1986). „Hartes Arbeiten" bezieht sich auf die Anstrengung, die ein Verkäufer in seine Arbeit investiert. Diese zeigt sich im zeitlichen Aufwand, der dem Verkauf gewidmet wird und der Ausdauer, die sich angesichts von Misserfolgen und Rückschlägen bei der Zielverfolgung manifestiert. Hartes Arbeiten wird als reine Funktion der Motivation verstanden. Bei vielen Verkaufsmanagern scheint die Vorstellung zu dominieren, Verkaufserfolge seien allein durch den Einsatz bzw. die Anstrengung ihrer Verkäufer zu erklären (Sujan et al., 1994).

Demgegenüber bezeichnet „smartes Arbeiten" ein Verhalten, das darauf gerichtet ist, Wissen über Verkaufssituationen zu erwerben und dieses Wissen wiederum im Verkauf anzuwenden. Smartes Arbeiten verlangt „kontextuelle Intelligenz" - der Verkäufer muss sich mental auf jede neue Verkaufssituation einstellen, sein Vorgehen planen und sein Verhalten den jeweiligen Verkaufssituationen adäquat anpassen können (Sujan et al., 1994). Ein solches Vorgehen wird auch als „adaptives Verkaufen" bezeichnet. Beim adaptiven Verkaufen verändert der Verkäufer sein Verhalten während der Interaktion mit dem Käufer bzw. zwischen verschiedenen Interaktionen in Abhängigkeit von der wahrgenommenen Information über die Art der jeweiligen Verkaufssituation (Weitz et al., 1986). Das Gegenteil adaptiven Verkaufens bieten Verkäufer, die in jedem Verkaufsgespräch „antrainierte" Präsentationen abwickeln und auf Einwände mit stereotypen, präparierten „Argumenten" reagieren. Im Rahmen der Validierung eines Instruments zur Erfassung adaptiven Verkaufens haben Spiro und Weitz (1990) gezeigt, dass dieses Verhalten u.a. mit Persönlichkeitsmerkmalen, die ein flexibles, auf andere Menschen eingehendes Verhalten steuern - Selbstüberwachung, Empathie, Sensibilität für andere Menschen - und mit intrinsischer Motivation zum Verkauf korreliert (wobei der Zusammenhang zwischen Empathie und Verkaufserfolg zwar plausibel, aber nicht eindeutig gesichert ist; vgl. Dawson, Soper & Pettijohn, 1992; McBane, 1995).

Adaptives Verkaufen setzt eine langfristige Strategie der Kundenbindung voraus, sie zahlt sich entsprechend für ein Unternehmen nur dann aus, wenn die damit verbundenen Kosten einer sorgfältigen Auswahl der Verkäufer und einer intensiven Schulung der Fähigkeit, relevante Informationen zu erfassen und sie adäquat - d.h. im Sinne des Kundenbedarfs - einzusetzen, die damit erzielten Umsätze nicht übersteigen (wobei die Opportunitätskosten des allein auf schnellen Umsatz ausgerichteten Verkaufs bei der Kalkulation des Nutzens kundenorientierten Verkaufens gewöhnlich nicht berücksichtigt werden; vgl. Spiro & Weitz, 1990).

Adaptives Verkaufen und Lernziel-Orientierung

Nach bislang vorliegenden Untersuchungen wird adaptives Verkaufen durch eine Lernziel-Orientierung gesteuert (Sujan et al., 1994; VandeWalle, Brown, Cron & Slocum, 1999). Verhalten in Leistungssituationen kann sich an zwei grundlegenden Zielen orientieren - einem Leistungs- oder einem Lernziel (Button, Mathieu & Zajac, 1996; Dweck & Leggett, 1988; Elliott & Dweck, 1988). Solche Zielorientierungen schaffen einen mentalen Rahmen, innerhalb dessen Menschen Leistungssituationen interpretieren und auf Hinweisreize reagieren - sie können als ein grundlegender, automatisch wirkender Mechanismus der Verhaltenssteuerung betrachtet werden. Diese Interpretationen und Reaktionsmuster treten in Aktion, wenn Menschen mit einer herausfordernden Situation konfrontiert sind.

Eine *Leistungsziel*-Orientierung richtet das Verhalten an der positiven Bewertung durch wichtige andere Personen aus (Verkaufsleiter, Kollegen etc.). Dahinter steht ein extrinsisches Interesse an der Arbeit - Arbeit dient im Rahmen der Leistungsziel-Orientierung dazu, hochbewertete Folgen zu erreichen (Anerkennung, Status, Prämien etc.). Unter dieser Bedingung, die auch als Ich-Orientierung bezeichnet wird, sind Verkäufer nicht bereit, neue Herangehensweisen an den Verkauf auszuprobieren, da sie befürchten, diese könnten zu schlechten Ergebnissen führen und damit auch zu negativen Bewertungen ihrer Leistung. Herausfordernde Verkaufssituationen mit der Möglichkeit des Scheiterns werden daher gemieden. Ein *Lernziel* orientiert dagegen Menschen auf die Verbesserung ihrer Fähigkeiten und die Beherrschung der Aufgaben, die sie ausführen. Dahinter steht ein intrinsisches Interesse an der Arbeit - eine Präferenz für herausfordernde Aufgaben, Neugier auf neue Situationen und die Suche nach Möglichkeiten, solche neuen Situationen zu bewältigen. Unter der Bedingung eines Lernziels, die auch im Gegensatz zur Ich- als Meisterschafts-Orientierung bezeichnet wird, genießen Verkäufer die Interaktion mit dem Kunden, in der sie selbst herausfinden, wie sie effektiv verkaufen könne. Sie fühlen sich von herausfordernden Verkaufssituationen angezogen und kümmern sich weniger um mögliche Fehler. Gefühle persönlichen Wachstums und der Beherrschung sozialer Situationen, die sich in der Arbeit entwickeln lassen, werden von lernzielorientierten Verkäufern hoch bewertet.

Aus der Perspektive der Organisation führt eine Leistungsziel-Orientierung zu kurzfristigen Verkaufserfolgen, wogegen eine Lernziel-Orientierung die verkäuferischen Fähigkeiten erhöht und damit längerfristigen Erfolg hat. Obwohl diese beiden Orientierungen relativ stabil sind, d.h. sich auch als Persönlichkeitsmerkmal betrachten lassen, werden sie durch Umwelteinflüsse stark angeregt (sie können also sowohl als „trait" als auch als „state" betrachtet werden; Kohli, Shervani & Challagalla, 1998). Werden die beiden Orientierungen getrennt erfasst, sind sie weitgehend unabhängig voneinander (Sujan et al. 1994).

In einer Untersuchung von Verkäufern verschiedener industrieller Branchen korrelierte adaptives Verkaufen mit (selbst berichteten) Leistungsmaßen, d.h. erfolgreiches Verkaufen beruht nicht (nur) auf harter, sondern (auch) auf „smarter", sozial intelligenter Arbeit (Sujan et al., 1994). Weiter wurden in dieser Studie hochsignifikante Zusammenhänge zwischen adaptivem Verkaufen und einer Lernziel-Orientierung gefunden, eine Leistungsziel-Orientierung korrelierte dagegen nicht mit adaptivem Verkaufen (trägt aber auch zur Erklärung der selbstberichteten Leistung bei; vgl. auch Kohli et al., 1998). Schließlich wird eine Lernziel-Orientierung durch das Feedback, das ein Vorgesetzter über die Leistung gibt, beeinflusst. Sowohl positive als auch negative Rückmeldungen über die Leistung korrelieren mit einer Lernziel-Orientierung, eine Leistungsziel-Orientierung dagegen korreliert nur mit negativem Feedback. Das bedeutet, die Orientierung an Leistungszielen wird auch durch das Verhalten der Verkaufsleiter beeinflusst - der ständige Leistungsdruck durch die

Rückmeldung über verfehlte Ziele fördert diese Orientierung und verhindert damit adaptives Verkaufen. Dagegen fördern positive, auf das Verhalten bezogene Rückmeldungen des Verkaufsleiters das Interesse der Verkäufer - der Verkaufsleiter weckt so den Wunsch, in der Arbeit zu lernen und die Fähigkeiten zu verbessern.

Die Ergebnisse dieser Studie sind allerdings noch nicht sehr aussagefähig, da ihr ein Querschnitt-Design zugrunde lag und keine unabhängigen Leistungsmaße erhoben wurden. Zudem bleibt unklar, auf welchem Wege sich die Orientierungen auf das konkrete Handeln vermitteln. Dieser Frage sind VandeWalle et al. (1999) nachgegangen, wobei sich nach ihrer Vermutung die Zielorientierungen über Mechanismen der Selbstregulation auf die Ergebnisse vermitteln sollten: Eine Lernziel-Orientierung - so wurde erwartet - hängt im Gegensatz zu einer Leistungsziel-Orientierung positiv zusammen mit der Absicht,

- sich anzustrengen,
- den Verkauf vorab zu planen und
- sich selbst höhere Ziele für den Verkauf zu setzen.

Untersucht haben die Autoren diese Hypothesen anhand von Daten, die sie im Rahmen einer dreimonatigen Promotions-Aktion eines Herstellers von medizinischen Geräten erheben konnten. Die Verkäufer haben am Beginn der Aktion in einem Fragebogen Lernziel- und Leistungsziel-Orientierung sowie ihre Absichten für diese Aktion – Grad der Anstrengung und Planung sowie die konkreten Zielsetzungen - angegeben, am Ende der Aktion wurde für jeden Verkäufer die Leistung im Sinne objektiver Verkaufszahlen erhoben.

Lernziel-Orientierung korreliert in dieser Studie hochsignifikant mit dem Verkaufsergebnis, Leistungsziel-Orientierung hängt dagegen nicht mit Leistung zusammen. Wie erwartet geht eine Lernziel-Orientierung mit höheren Zielsetzungen, mehr Anstrengung und detaillierter Planung einher, ein Leistungsziel korreliert nur schwach mit Planung. Schließlich werden die Verkaufszahlen in hohem Maße ($R^2_{adj.}$ = .60) durch die Mechanismen der Selbstregulation erklärt. Diese Mechanismen vermitteln also die Wirkung der Lernziel-Orientierung auf die Verkaufsergebnisse, wie Abbildung 20 verdeutlicht:

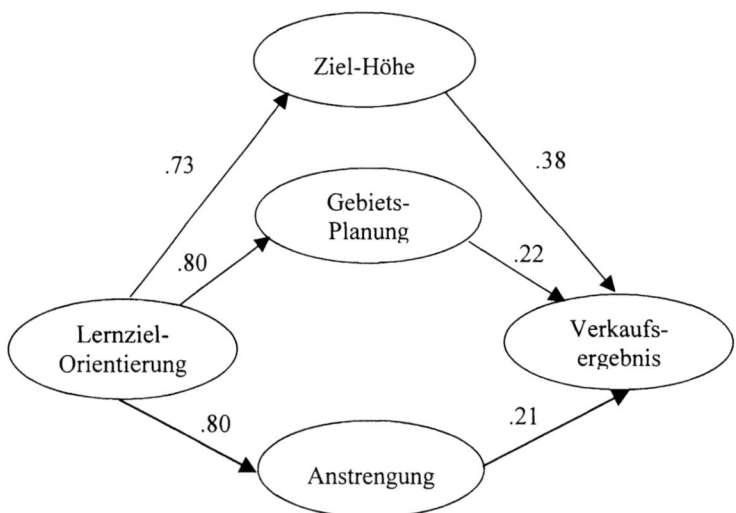

Abb. 20: Die vermittelnde Wirkung der Selbstregulation zwischen einer Lernziel-
Orientierung und Verkaufsergebnissen (die Zahlen geben standardisierte Parameter-
schätzungen wieder; alle Parameter sind signifikant für $p < .01$; nach VandeWalle et
al., 1999, S. 255).

Demnach werden die Mechanismen der Selbstregulation in Abhängigkeit von der
grundlegenden Zielorientierung unterschiedlich eingesetzt. Diese Befunde sind insofern von großem Interesse, als eine Leistungsziel-Orientierung im Verkauf besonders
verbreitet ist und durch viele, häufig eingesetzte Methoden der Verkäufermotivation –
Verstärkung des Konkurrenzdrucks unter den Kollegen, Bestrafung von Fehlern, be-
wertende Beurteilungen, öffentliche Auszeichnung erfolgreicher bzw. Abstrafungen
wenig erfolgreicher Verkäufer etc. - noch verstärkt wird. Langfristig unterminieren
diese Methoden der Mitarbeitersteuerung das intrinsische Interesse an der Arbeit des
Verkaufens. Statt dessen sollten Organisationen, die tatsächlich seriösen Verkauf und
Kundenbindung anstreben, bei ihren Verkäufern eine Lernziel-Orientierung stimulieren – durch Förderung der Kooperation zwischen den Kollegen, Ermutigung zu expe-
rimentellem Verhalten, auf die individuelle Entwicklung zielende Beurteilungssyste-
me und Belohnung kundenorientierten Verhaltens (Trommsdorf, 1997; Bruhn, 1999).

Zielgerichtete Emotionen im Verkauf

Wie neuere psychologische Forschungen zeigen, haben bei der Umsetzung von Zielen in konkrete Handlungen neben kognitiven, den Willen steuernden Variablen der
Selbstregulation die Emotionen eine besondere Bedeutung (Bagozzi, 1992; Frijda,
1993; Beckmann, 1996; Bagozzi, Baumgartner & Pieters, 1998). Neben der „emotionalen Trias" - die physiologischen Prozesse, das bewusst erlebte Gefühl und der Ge-

fühlsausdruck (s.u. 2.4.1.1) - sind nach Frijda (1993) die spezifischen Handlungsimpulse ganz wesentlicher Bestandteil von Emotionen. Zum Beispiel gehört zur Emotion „Furcht" notwendig der Handlungsimpuls „Weglaufen". Handlungsimpulse werden durch unterschiedliche Bewertungen von Situationen ausgelöst, Ereignisse werden als emotional relevant eingestuft, wenn sie die Ziele oder Motive eines Menschen unterstützen oder behindern können. Verhalten kann deshalb auch durch die Antizipation von Emotionen, die vermutlich nach einem Handlungsergebnis eintreten werden, motiviert sein.

Bagozzi (1992) hat in Anlehnung an diese Überlegungen zur Erklärung der Umsetzung von Absichten in konkretes Verhalten das Konzept der „zielgerichteten (antizipierten) Emotionen" entwickelt, das Brown, Cron und Slocum (1997) auf das Verkäuferverhalten übertragen haben. Nach Bagozzi (1992) sind persönliche Interessen - im Sinne dessen, was bei der Zielverfolgung auf dem Spiel steht - die primären Auslöser von Emotionen. Wenn Menschen ein Ziel erreichen wollen, überprüfen sie die Situation hinsichtlich ihrer möglichen Auswirkungen auf die persönlichen Interessen (das entspricht der primären Bewertung im Stress-Modell von Lazarus, wobei in diesem Modell das zentrale persönliche Interesse die Auswirkung auf das individuelle Wohlergehen darstellt; vgl. Lazarus, 1991; Lazarus & Folkman, 1987). Wenn die Situation keine Auswirkungen auf die persönlichen Interessen signalisiert, werden keine Emotionen generiert. Je stärker aber eine Situation mit den persönlichen Interessen verknüpft ist, desto stärkere Emotionen werden antizipiert. Zu den wichtigen persönlichen Interessen von Verkäufern zählen unter anderem Einkommen, Anerkennung, Status, Autonomie und die Möglichkeit zur beruflichen Entwicklung.

Wenn Menschen an die Konsequenzen der Zielerreichung bzw. -verfehlung denken, lösen die Bewertungen dieser Konsequenzen antizipatorische emotionale Reaktionen aus (Bagozzi et al., 1998). Die vorgestellten Konsequenzen einer Zielerreichung führen nach dieser Konzeption zu positiven Emotionen, die vorgestellten Konsequenzen einer Zielverfehlung zur Antizipation negativer Emotionen. Diese Emotionen lösen wiederum selbstregulierende Prozesse im Sinne von Volitionen aus - die Absicht, den Weg zum Ziel zu planen und sich dabei anzustrengen. Als Folge dieser Absichten wird ein Verhalten gezeigt, das die Wahrscheinlichkeit erhöht, positive Emotionen zu erleben bzw. die Wahrscheinlichkeit, negative Emotionen zu erleben, verringert. Die Transformation antizipatorischer Emotionen in zielgerichtetes Verhalten erfolgt über diese Volitionen, die sowohl eine direktive als auch eine motivationale Komponente aufweisen. Die Planungsaktivitäten und die Wahl geeigneter Handlungen entsprechen der direktiven Komponente, die motivationale Komponente bildet das Gefühl der Bindung an die zur Zielerreichung notwendige Anstrengung. Die Planung einer allgemeinen Strategie zur Bearbeitung eines Verkaufsgebietes und spezifische Strategien für bestimmte Kunden entsprechen im Verkauf der direktiven Komponente der Volitionen, die Bildung von Absichten darüber, wieviel Anstrengung in die Zielerreichung investiert wird, bildet die motivationale Komponente. Diese Volitionen steuern das zielgerichtete Verhalten, das zur Erreichung oder Verfehlung des Ziels führt.

Brown et al. (1997) haben dieses Modell in einer Längsschnittstudie überprüft, der dasselbe Design und die gleichen Verkäufergruppen zugrunde lagen, wie in der Studie von VandeWalle et al. (1999; s.u. *adaptives Verkaufen und Lernziel-Orientierung*). Am Beginn der dreimonatigen Promotions-Aktion des Medzingeräte-Herstellers wurden folgende Daten erhoben

- Persönliche Interessen: Die Verkäufer wurden gefragt, in wie weit neun verschiedene Interessen - Einkommen, Anerkennung durch die Firma etc. - mit ihrer Leistung in dieser Aktion verknüpft sind.

- Antizipatorische Emotionen: Sieben positive Emotionen als Reaktion auf eine Zielerfüllung (z.B. Stolz, Begeisterung etc.) und zehn negative als Reaktion auf eine schwache Leistung (z.B. Ärger, Frustration etc.).

- Volitionen: Gefragt wurde nach der antizipierten Gebietsplanung, der Planung von Strategien für besondere Kunden und nach der antizipierten Anstrengung.

Am Ende der Promotions-Aktion wurden zielgerichtete Handlungen, der Grad der Zielerreichung und die als Reaktion auf die Leistung erlebten Emotionen erfragt. Die zielgerichteten Handlungen wurden mit derselben Skala wie die Volitionen erhoben, die erlebten Emotionen mit derselben Skala, mit der zum ersten Zeitpunkt die antizipierten Emotionen erfasst wurden. Der Grad der Zielerreichung ergibt sich aus der Subtraktion des Ziels für die Aktion von der objektiv während der Aktion verkauften Geräte. Wie Abbildung 21 zeigt, wurden fast alle Hypothesen des Modells bestätigt:

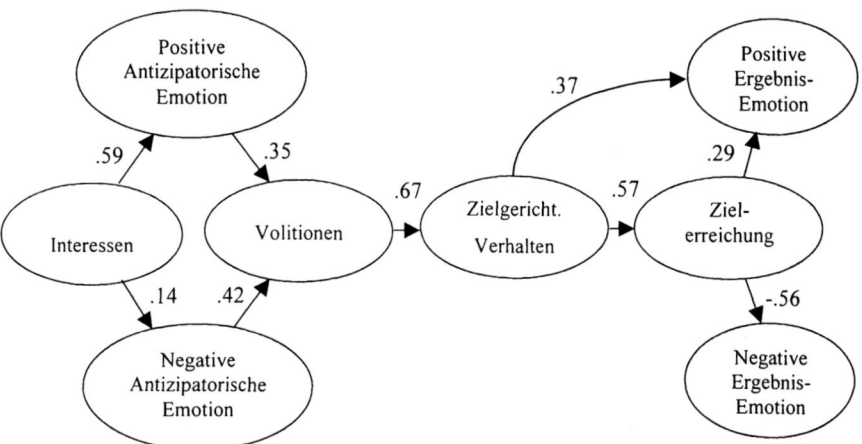

Abb. 21: Die Wirkung zielgerichteter Emotionen (die abgebildeten Koeffizienten sind standardisierte Parameter, die mit LISREL 8.2 nach der Maximum-Likelihood-Methode geschätzt wurden; nach Brown et al., 1997, S. 45)

Lediglich der vermutete Zusammenhang zwischen den persönlichen Anliegen und antizipierten negativen Emotionen als Reaktion auf die Vorstellung eines Scheiterns verfehlt die Signifikanz. Nach Meinung der Autoren ist dies auf die spezielle Promotions-Aktion zurückzuführen, in der die Verkäufer zwar einiges gewinnen konnten, aber bei einer Zielverfehlung kaum mit negativen Konsequenzen rechnen mussten.

Ebenfalls unerwartet ist der deutliche, direkte Zusammenhang zwischen zielgerichte-
tem Verhalten und positiven Emotionen nach Beendigung der Aktion. Das verweist
wieder auf den intrinsischen Wert des Arbeitshandelns - Verkäufer erleben positive
Emotionen nicht nur als Folge der Belohnungen von erreichten Zielen, sondern auch
die zielgerichteten Handlungen des Verkaufens lösen positive Emotionen aus und
können so den intrinsischen Wert des Arbeitshandelns erklären. (Ein solcher Zusammenhang hängt vermutlich auch von der Qualität der Beziehung zu den Kunden ab:
In einer Studie an japanischen Verkäufern korrelierte die Zufriedenheit mit der Beziehung zu den Kunden sehr eng mit der intrinsischen Motivation und der Zufriedenheit mit dem Arbeitsinhalt; Adachi, 1998).

Die Untersuchung von Brown et al. (1997) belegt einige, für das Verständnis der
Umsetzung von Zielen in konkretes Verhalten wichtige Zusammenhänge. Die persönlichen Interessen haben keine direkte Wirkung auf die Volitionen (Planungen und
Anstrengungsabsicht), sondern nur vermittelt über die antizipierten Emotionen. Die
Volitionen wiederum erklären rund 39% der Varianz in den zielgerichteten Handlungen, die drei Monate später erhoben wurden. Diese Handlungen erklären ihrerseits
33% der Varianz in der - objektiv erfassten - Zielerreichung, d.h. je mehr die Verkäufer ihre Aktivitäten geplant haben und je mehr Anstrengung sie investiert haben, desto besser war der Grad der Zielerreichung. Der Grad der Zielerreichung hängt positiv
mit dem Erleben positiver Emotionen und negativ mit dem Erleben negativer Emotionen zusammen, wobei der Zusammenhang zwischen der Zielverfehlung und negativen Emotionen besonders deutlich ist. Drei Monate vorher bestand aber keine Beziehung zwischen den persönlichen Anliegen und antizipierten negativen Emotionen -
das könnte auf einen Effekt nicht bestätigter Erwartungen hindeuten. Der enge Zusammenhang zwischen persönlichen Anliegen und antizipierten positiven Emotionen
lässt sich auf die Erwartung der Zielerfüllung zurückführen, in diesem Fall löst ein
tatsächliches Scheitern besonders starke negative Emotionen aus.

Auch wenn diese Befunde noch in anderen Verkaufskontexten zu bestätigen sind,
so verweisen sie doch auf die große Bedeutung der Emotionen und Volitionen zum
Verständnis der Steuerung des Verkäuferverhaltens. Emotionen spielen darüber hinaus auch in der postaktionalen Motivationsphase eine zentrale Rolle.

3.3.3.5 Postaktionale Motivationsphase: Handlungsergebnisse erklären

Auf die Beendigung einer Handlung folgt häufig ein handlungsbewertender Rück-
blick – beispielsweise wenn ein Verkäufer nach einem Verkaufsgespräch noch einmal
kurz über den Verlauf des Gesprächs und die Ergebnisse reflektiert. Dabei werden die
Erwartungen, Handlungspläne, vermuteten Ergebnisse und deren Folgen, die in der
prädezisionalen Motivationsphase antizipiert wurden, mit dem Verlauf der Handlung
und seinem realen Ergebnis verglichen. Eine solche Rückschau bildet eine wichtige
Erfahrungsquelle und beeinflusst künftige Handlungsplanungen sowie die zentralen
Parameter der Motivation, die Valenz, die Erwartung und die Instrumentalität. Daher
wird die postaktionale Phase wieder der Motivation zugeordnet. Übertragen auf die

Arbeitssituation erscheinen zwei Fälle handlungsbewertender Rückblicke besonders wichtig: Von der Organisation in mehr oder weniger regelmäßigen Abständen initiierte Bewertungen, besonders wichtig sind dafür die jährliche Beurteilungsrunden (Nerdinger, 1993; Schuler, 1989), sowie in unregelmäßig auftretenden Situationen - nach dem Abschluss umfangreicher Arbeitsaufgaben, als Folge von individuellen „Sinnkrisen" wie den im Verkauf häufigen Fall gescheiterter privater Beziehungen etc..

Im wesentlichen lassen sich in dieser Phase zwei Prozesse unterscheiden: Das Auftreten ergebnisbewertender Emotionen und Ursachenerklärungen für die Ergebnisse. Ergebnis- bzw. selbstbewertende Emotionen lassen sich auf Kausalattributionen, d.h. Ursachenerklärungen der Leistungsergebnisse zurückführen und werden daher gemeinsam mit diesen dargestellt.

Kausalattribution von Handlungsergebnissen

Die Frage nach den Ursachen von Handlungsergebnissen erscheint als anthropologische Konstante. Lobt ein Vorgesetzter seinen Verkäufer, fragt sich dieser möglicherweise: Soll ich nur mehr arbeiten? Will er sich einschmeicheln? Habe ich das Lob verdient? Stellt ein Verkäufer fest, dass er die Ziele, die er mit seinem Vorgesetzten vereinbart hat, nicht erreicht, sucht er gewöhnlich nach Erklärungen: Habe ich mich zu wenig eingesetzt? Hatte ich nicht genügend Unterstützung? Waren die Ziele aufgrund der wirtschaftlichen Situation unrealistisch hoch angesetzt? Vor allem für wichtigere Ereignisse suchen Menschen nach Erklärungen, sie schreiben Sachverhalten bestimmte Ursachen zu, d.h. sie nehmen Kausalattributionen vor (Heckhausen, 1989; Nerdinger, 1995; Weiner, 1994). Solche Ursachenzuschreibungen haben zentrale Bedeutung für das Leistungshandeln.

Nach Heider (1958), auf den die Attributionsforschung zurückgeht, werden die Ergebnisse von Handlungen prinzipiell auf zwei Klassen von Ursachen zurück geführt - Faktoren, die in der Person und solche, die in der Umwelt liegen. Die Zuschreibung von Ursachen auf die Person wird als internale Attribution, die Zuschreibung auf Faktoren der Umwelt als externale Attribution bezeichnet. Schreibt zum Beispiel ein Verkäufer den erfolgreichen Abschluss von Verkaufsverhandlungen seiner Begabung oder seinem großen Einsatz zu, dann attribuiert er internal. Erklärt er sich das Ergebnis dagegen mit der Großzügigkeit seines Verhandlungspartners oder der günstigen ökonomischen Situation, möglicherweise sogar mit zufälligen Umständen, attribuiert er external.

Die Unterscheidung in internale und externale Ursachen wird der Komplexität möglicher Kausalattributionen noch nicht hinlänglich gerecht. Die genannten Ursachen lassen sich auch danach unterscheiden, ob sie zeitlich stabil oder variabel sind (Weiner, 1994). Durch Kombination der Dimensionen Lokation (internal/external) und Stabilität (stabil/variabel) ergibt sich folgende Vierfeldertafel (Abb. 22):

Stabilität	Lokalität	
	internal	external
stabil	Fähigkeit	Aufgabenschwierigkeit
variabel	Anstrengung	Zufall

Abb. 22: Klassifikationsschema für Ursachen von Erfolg und Misserfolg

Sowohl Begabung als auch Anstrengung sind Ursachen für Erfolg oder Misserfolg, die in der Person liegen. Während aber die Begabung allgemein als ein stabiles Merkmal der Persönlichkeit angesehen wird, variiert die Anstrengung in Abhängigkeit von vielen Faktoren, unter anderm ist das Interesse an der Aufgabe und der wahrgenommene Unterstützung dafür wichtig. Ähnliches trifft für die Differenzierung externaler Ursachen zu - während eine bestimmte Aufgabe, man denke an den Verkauf eines industriellen Produkts, einen spezifischen, weitgehend invarianten Schwierigkeitsgrad hat, ist Glück oder Pech im Verkauf – und nicht nur dort - offensichtlich zufälliger Natur. Der Erfolg einer Verkaufsverhandlung kann mit Glück erklärt werden, weil der Verhandlungspartner guter Laune war. Dabei finden sich sowohl auf der Stabilitäts- als auch die Lokationsdimension inter- und intraindividuelle Unterschiede. So erscheint manchen Verkäufern die Aufgabenschwierigkeit als variabel - ein Verkäufer kann seine Aufgabe in Abhängigkeit vom Verkaufsgebiet als leicht oder schwierig wahrnehmen (Weiner, 1994).

Diese Differenzierungen erhalten ihre motivationale Bedeutung über den Einfluss, den sie auf die beiden zentralen prädezisionalen Motivationsvariablen - Erwartung und Valenz - ausüben. Der Zusammenhang zwischen postaktionalen Attributionen und prädezisionaler Motivation kann nach Gebert und von Rosenstiel (1996) folgendermaßen dargestellt werden (Abb. 23).

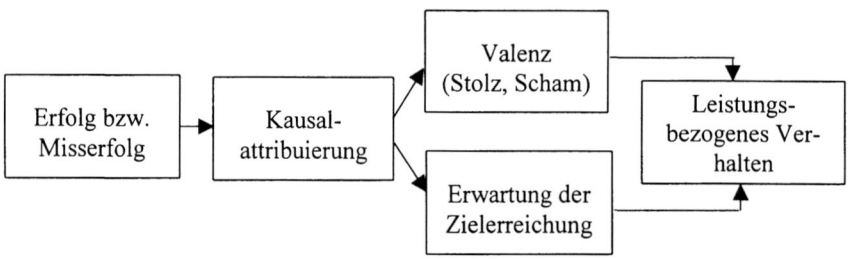

Abb. 23: Der Zusammenhang zwischen unterschiedlichen Kausalattributionen und den motivationalen Variablen „Valenz" und „Erwartung" (nach Gebert & von Rosenstiel, 1996, S. 70)

Die Dimension „Stabilität der zugeschriebenen Ursachen" hat wesentlichen Einfluss auf die Erwartung künftiger Erfolge bzw. Misserfolge: Zum Beispiel kann die Attribution eines Misserfolges auf den stabilen internalen Faktor „Begabung" dazu führen, dass in der nächsten vergleichbaren Situation die Erwartung eines Erfolges erheblich verringert wird. Damit sollte aber nach den Aussagen der VIE-Theorie (Vroom 1964) auch die Motivation zum Leistungshandeln sinken. Umgekehrt kann die Attribution auf den Faktor „mangelnde Anstrengung" zu einer Steigerung des persönliche Einsatzes in der nächsten vergleichbaren Situation führen: Wer Erfolg bzw. Misserfolg erlebt und glaubt, die Ursachen des Handlungsergebnisses werden weiter bestehen, der wird künftigen Erfolg bzw. Misserfolg mit größerer Sicherheit antizipieren. Werden die Ursachen des Leistungsergebnisses dagegen instabilen Faktoren zugeschrieben, ändern sich die Erwartungen nur unwesentlich.

Die von der Stabilität der Ursachenfaktoren abhängigen Änderungen von Erwartungen treten sowohl bei internalen als auch bei externalen Zuschreibungen auf. Attributionen auf den Faktor „Anstrengung" geben jedoch zu ausgeprägteren Änderungen der Erwartungen Anlass als Attributionen auf Zufall bzw. Glück. Das dürfte auf die größere Kontrollierbarkeit von „Anstrengung" im Vergleich mit „Zufall" zurückzuführen sein.

Der Einfluss auf die zweite wesentliche Motivationsvariable, die Attraktivität von Zielen bzw. ihre Valenz, erfolgt über die attributionsabhängigen Emotionen. Weiner (1994) berichtet über Befragungen, wonach eine Reihe unterschiedlicher Emotionen in Leistungssituationen attributionsunabhängig sind - so lösen Erfolge unabhängig von ihrer Erklärung Gefühle wie Zufriedenheit oder Befriedigung aus, Misserfolge führen zu Verstimmung, Missvergnügtheit etc. Darüber hinaus finden sich aber auch differenzierte Emotionen in Abhängigkeit von der jeweiligen Attribution (Abb. 24):

Attribution	Emotion
Erfolg	
Fähigkeit	Zuversicht, Kompetenz
Anstrengung (variabel)	Aktivation, Erregung
Anstrengung (stabil)	Entspannung
eigene Persönlichkeit	Selbstaufwertung
Anstrengung/Persönlichkeit anderer	Dankbarkeit
Zufall	Überraschung
Misserfolg	
Fähigkeit	Inkompetenz
Anstrengung (variabel oder stabil)	Schuld (Scham)
Persönlichkeit, intrinsische Motivation	Resignation
Anstrengung, Persönlichkeit, Motivation anderer	Aggression
Zufall	Überraschung

Abb. 24: Attributionen und dominante Emotionen bei Erfolg und Misserfolg (nach Weiner, 1994)

Im Erleben der Befragten zeigen sich damit neben intuitiv plausiblen Zuordnungen auch unerwartete Zusammenhänge. So führt Attribution von Erfolg auf konstante Anstrengung zu anderen Emotionen als Attribution auf variable Anstrengung: Erfolg nach kurzfristiger, intensiver Anstrengung wird als gesteigerte Aktivierung und Erregung erlebt, Erfolg nach langdauernder, beständiger Anstrengung dagegen führt zu Ruhe und Entspannung. Beim aktuellen Stand der Forschung lässt sich generalisierend nur sagen: Auswirkungen der erlebten Emotionen auf die Valenzen sind anzunehmen, wobei Stolz bzw. Scham in Leistungssituationen vermutlich besondere Bedeutung haben.

Attribution im Verkauf

In der Verkäuferforschung findet die Attributionstheorie erst seit einigen Jahren stärkere Beachtung. Johnston und Kim (1994) sind in ihrer Untersuchung der explorativen Frage nachgegangen, ob Verkäufer tatsächlich verschiedene Attributionen ihrer Leistung vornehmen. Zu diesem Zweck haben sie 163 Verkäufer mit verschiedenen Außendienst-Tätigkeiten in offenen Fragen gebeten, über kurz zurück liegende Erfolge und Misserfolge in ihrer Arbeit zu erzählen. Die Antworten wurden zunächst danach gruppiert, ob darin Attributionen vorkommen oder nicht (rein deskriptive Aussagen, z.B. „die Kundenbedürfnisse wurden nicht befriedigt" wurden als nicht-attributional eingestuft; das Verhältnis von attributionalen zu nicht-attributionalen Antworten berichten die Autoren nicht). Als Misserfolg eingestufte Situationen führen bei den Verkäufern häufiger zu Kausalattributionen (90.8% zu 64.4%; $p < .001$). Das entspricht Befunden, wonach Menschen zu Kausalattributionen neigen, wenn sie von Situationen überrascht werden oder ihre Überzeugungen bzw. Erwartungen bedroht sehen (Weiner, 1994).

Im nächsten Schritt wurden die Aussagen nach den beiden wichtigsten Dimensionen - Ort der Verursachung und Stabilität - kodiert und nach ihrer Häufigkeit verglichen (vgl. Tab. 4).

	Erfolg		**Misserfolg**	
Attribution	N	%	N	%
Internal/stabil	43	41.3	11	7.4
External/stabil	41	39.4	58	39.2
Internal/variabel	11	10.6	22	14.9
External/variabel	10	8.7	57	38.5
Σ	105	100	148	100

Tab. 4: Die Attribution von Verkaufsergebnissen (nach Johnston & Kim, 1994, S. 72)

Der gravierendste Unterschied zwischen Erfolgs- und Misserfolgssituationen betrifft die Dimension des Ortes der Verursachung: Internale Attributionen werden überwiegend in Erfolgssituationen vorgenommen (51.9% zu 22.3%; $p < .01$). Das bestätigt den sogenannten fundamentalen Attributionsfehler, der besagt, Menschen erklären Erfolge eher internal, Misserfolge dagegen external (Ross, 1977). Eine solche systematische Verzerrung der Ursachenzuschreibung dient in erster Linie dem Schutz des Selbstwertgefühls nach Misserfolgen. Zur Erklärung von Misserfolgen wurden in dieser Untersuchung auch sehr viel mehr unterschiedliche Gründe angeführt als für Erfolge. Am häufigsten werden external-stabile Ursachen wie mangelhafte Produkte, schwierige Kunden oder nicht wettbewerbsfähige Preise genannt. Offensichtlich haben Verkäufer mit der Kategorisierung der Ursachen von Misserfolgen größere Probleme als bei Erfolgen. Da diese Ursachen vom Verkäufer nicht zu beeinflussen und gleichzeitig relativ stabil sind, können sie dadurch künftigen Misserfolgen vorab den selbstwertbedrohenden Charakter nehmen. Zu beachten ist aber auch das Umfeld, in dem sich Verkäufer bewegen: Im Verkauf wird das ganze Denken auf den Erfolg ausgerichtet und Misserfolge werden vor allem im Rahmen sogenannter „Motivationsveranstaltungen" geradezu tabuisiert - genauso wie Zweifel häufig als „negatives Denken" diffamiert werden. Daher könnte sich in solchen Befunden auch die von seiten mancher Organisationen bei ihren Verkäufern systematisch geförderte Unfähigkeit zum produktiven Umgang mit Misserfolgen ausdrücken.

Sujan (1986) ist der Frage nachgegangen, ob die Attribution von Misserfolgen Einfluss auf die Absicht künftiger Handlungen ausübt. Speziell wurde überprüft, ob die Attribution von Misserfolgen auf eine ungünstige Verkaufsstrategie Verkäufer dazu motiviert, künftig „smarter" zu arbeiten, d.h. adaptiv zu verkaufen bzw. ob die Attribution eines Misserfolgs auf mangelnde Anstrengung dazu führt, künftig „härter" zu arbeiten (die jeweils umgekehrten Beziehungen - so wurde vermutet - sollten keine Zusammenhänge zeigen). In einer Fragebogenuntersuchung an 1283 Verkäufern aus 123 Unternehmen, die vorwiegend mit dem Verkauf industrieller Produkte befasst waren - nur 20% haben direkt an Endverbraucher verkauft -, wurden diese Hypothesen bestätigt. Darüber hinaus korrelierte eine extrinsische Motivation mit der Erklärung von Misserfolgen durch mangelnde Anstrengung, eine intrinsische Motivation dagegen führt nicht - wie vermutet - zur Erklärung über schlechte Verkaufsstrategien (Sujan, 1986).

Die Auswirkungen der Attribution von Erfolgen und Misserfolgen auf die Erwartung künftiger Leistungsergebnisse haben DeCarlo, Teas und McElroy (1997) an Verkäufern eines Unternehmens der Computerindustrie untersucht. Nach ihren Befunden moderieren Kausalattributionen den Zusammenhang zwischen Leistung und Erwartung: Verkäufer, die eine hohe Verkaufsleistung durch die langfristig angelegte Unterstützung durch die Firma, die Reputation der Firma und des Produkts im Markt, Wettbewerbsvorteile im Distributionssystem der Firma und ähnliche externale Ursachen erklärten, hatten besonders hohe Erwartungen künftigen Erfolgs. Wurden aber Misserfolge über die geringe Unterstützung durch die Firma etc. erklärt, dann waren die Erwartungen besonders niedrig. Führungskräfte müssen demnach regelmäßig auf die Erklärungen von Erfolg und Misserfolg ihrer Verkäufer achten, da sich daraus gravierende Konsequenzen für die Motivation ergeben.

Badovick (1990; Badovick, Hardaway & Kaminsky, 1992) hat die Frage untersucht, welchen Einfluss die Emotionen haben, die durch Attributionen von Erfolg oder Misserfolg bei der Erfüllung vorgegebener Verkaufsziele ausgelöst werden. Im Zentrum der Untersuchung standen die Folgen der Emotionen für die Absicht von Verkäufern, sich künftig mehr anzustrengen sowie ihre Erwartung künftiger Erfolge. Zu diesem Zweck wurden die Attributionen und damit verbundene Emotionen von Verkäufern eines Unternehmens der Dienstleistungsbranche erhoben, die im letzten Quartal ihre Umsatzzielvorgaben verfehlt hatten. Die Verkäufer mussten unter anderem auf einer Liste von 38 Emotionen ihre Reaktion auf das Verfehlen der Ziele angeben. Faktorenanalytisch ließen sich diese Angaben zu vier Faktoren verdichten:

- Gefühle der Selbstverantwortung (zum Beispiel „unzufrieden mit mir selbst", „schuldig", „ärgerlich über mich" etc.)
- Gefühle der Leistungszufriedenheit („stolz", „dankbar", „glücklich" etc.)
- Gefühle des Bedauerns
- Gefühle des Ärgers über andere

Die pfadanalytisch gewonnenen Zusammenhänge zwischen diesen Emotionen und den Attributionen sowie die Auswirkungen auf die Erwartung künftiger Erfolge und die Absicht, sich im nächsten Quartal mehr anzustrengen, zeigt Abbildung 25:

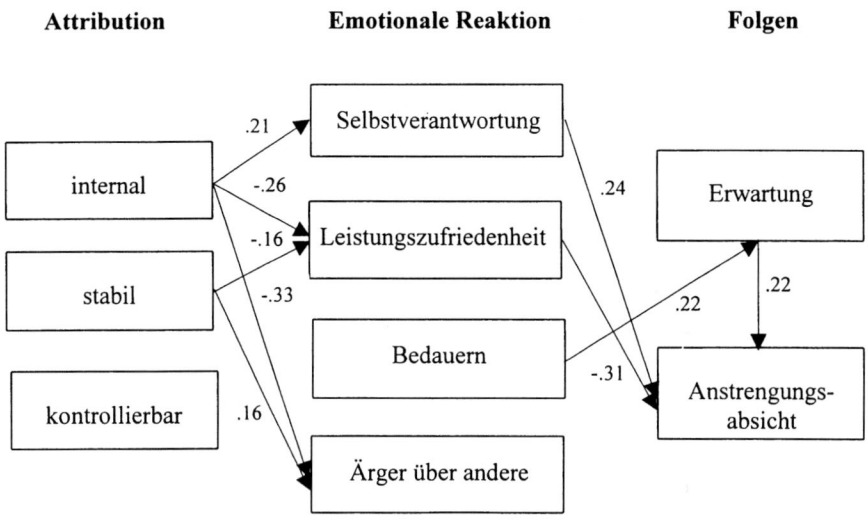

Abb. 25: Die Wirkung der Attribution von Zielverfehlungen auf nachfolgende Emotionen und die Absicht, sich anzustrengen (nach Badovick, 1990, S. 127)

Demnach löst die Attribution einer Zielverfehlung auf die eigene Person (internal) Gefühle der Selbstverantwortung aus und verhindert Leistungszufriedenheit sowie Ärger über andere. Solche Gefühle wiederum erhöhen die Absicht, sich im nächsten Quartal stärker anzustrengen. Stabile Attributionen haben einen negativen Einfluss auf Leistungszufriedenheit, führen aber zu Gefühlen des Ärgers über andere (hier findet sich ein Widerspruch zur Theorie von Weiner, nach der solche Gefühlen allein abhängig vom Ergebnis des Verhaltens sein sollten). Die Zufriedenheit über die Leistung führt zu geringerer Anstrengungsbereitschaft im nächsten Quartal - dieser Befund ist aber nicht eindeutig zu interpretieren, da nicht zusätzlich erhoben wurde, wie weit sich die Verkäufer ihrem Jahresziel schon genähert hatten, möglicherweise lagen sie bereits im Sollbereich und hatten daher im nächsten Quartal keine besonderen Anstrengungen mehr nötig. Weiter haben nur Gefühle des Bedauerns Einfluss auf die Erwartung künftiger Erfolge, die wiederum die Absicht sich anzustrengen mitbestimmen. Gefühle des Bedauerns scheinen keine persönliche Verantwortung für das Versagen einzuschließen, möglicherweise findet sich deshalb kein signifikanter Pfad von diesen Gefühlen zur Anstrengungsbereitschaft. Schließlich wirkt die Attribution „kontrollierbar" nicht direkt auf die in dieser Untersuchung operationalisierten Gefühle - gewöhnlich wirkt „Kontrollierbarkeit" auf Gefühle wie Scham oder Dankbarkeit, die in Leistungssituationen nicht so relevant sein könnten.

Einen etwas anderen Zugang zur Frage der Attribution hat Seligman (1991) gewählt. Er betrachtet Attributionen als relativ überdauerndes Merkmale der Persönlichkeit und unterscheidet zwei verschiedene Attributions*stile*:: Personen mit einem negativen Attributionsstil reagieren auf Misserfolge mit internalen, stabilen und globalen Erklärungen (global meint, sie generalisieren die Erklärungen im Sinne eines „das passiert mir immer"). Solche Personen sind nach seiner Erfahrung sehr sensibel für Kritik und Misserfolge und reagieren darauf mit Verlusten im Selbstwertgefühl und mit einer Form der berufsbezogenen Depression - der Rücknahme der auf den Kunden gerichteten Motivation. Ein positiver Attributionsstil dagegen erklärt *Erfolge* internal, stabil und global. Wer über einen solchen Attributionsstil verfügt, der reagiert auf Erfolge mit einer verstärkten, ergebnisorientierten Leistungsmotivation. Seligman und Schulman (1986) konnten an Versicherungsverkäufern in den USA eine signifikante Korrelation zwischen einem negativem Attributionsstil und den objektiv gemessenen Verkaufserfolgen nach einem und nach zwei Jahren nachweisen. Die Differenz zwischen einem positiven und einem negativen Attributionsstil erklärte, ob die Verkäufer nach einem Jahr noch in der Firma arbeiteten und korrelierte mit der Leistung nach einem Jahr signifikant.

Bei diesen Ergebnissen können allerdings auch kulturelle Unterschiede wirksam sein. Zumindest erklärte bei englischen Versicherungsverkäufern ein positiver Attributionsstil sowohl objektive Verkaufsergebnisse als auch die Leistungsbeurteilung von Verkäufern in Form von Rangreihen - ein negativer Attributionsstil hat genauso wenig Einfluss auf die Leistung wie die Differenz zwischen einem positiven und dem negativen Attributionsstil (Corr & Gray, 1995; 1996). Diese Unterschiede zwischen den beiden Ländern bzw. die Übertragung auf deutsche Verkäufer bedürfen noch der genaueren Untersuchung (außerdem lassen einige der grundlegenden Annahmen zum Attributionsstil in Untersuchungen an Verkäufern methodisch nicht verifizieren - so bilden die Attributionen für positive und negative Ereignisse nicht die Pole einer Dimension, sondern sind unabhängig voneinander; vgl. Xenikou, Furnham & McCarrey, 1997).

Die Attributionstheorie hat in der Erklärung der Verkäufermotivation zwar erst seit wenigen Jahren das Interesse der Forscher gefunden, die vorliegenden Ergebnisse sind aber als sehr ermutigend zu bezeichnen. Die wichtigste praktische Konsequenz dieser Forschungen betrifft die Führung und das Training von Verkäufern. Vorgesetzte müssen genau beobachten, wie sich Verkäufer Erfolge und Misserfolge erklären und – sofern leistungshemmende Attributionen auftreten – entsprechend gegensteuern, in dem sie ihren Verkäufern andere Attributionen nahe legen. Das ist besonders herausfordernd, da Vorgesetzte selbst in die Erfolge und Misserfolge ihrer Verkäufer involviert sind und den Mechanismen der Attribution, ganz besonders dem fundamentalen Attributionsfehler (Ross, 1977) genauso unterliegen. Daher besteht bei Vorgesetzten die Neigung, Misserfolge dem Verkäufer – in erster Linie seiner mangelnden Anstrengung – zuzuschreiben, Erfolge jedoch auch auf die eigenen Interventionen zurückzuführen. Mit diesem Erklärungsmuster können Vorgesetzte aber den Erfolg ihrer Mitarbeiter gezielt verringern (was dann wieder durch deren mangelnde Anstrengung erklärt wird usw.).

Für das Training von Verkäufern lässt sich aus den Untersuchungen zum Attributionsstil ein Vorgehen in drei Schritten ableiten (Schulman, 1999): Zuerst werden die

Attributionsstile von Verkäufern sowie die Situationen, in denen sie auftreten, erhoben. Im nächsten Schritt wird nach Belegen gesucht, um die Angemessenheit der Attributionen abzuschätzen. Schließlich lernen die Verkäufer Attributionen in den entsprechenden Situationen anzuwenden, die konstruktiver und der Realität angemessener sind. Dabei müssen allerdings nicht – wie die Untersuchung von Seligman und Schulman (1986) nahelegt -, Misserfolge möglichst auf externale Ursachen zurückgeführt werden. Auch die Erklärung über internale Ursachen kann motivierend sein, wenn sie zeitlich variabel oder sehr spezifisch sind. Wird zum Beispiel ein Misserfolg auf einen Mangel an (kurzfristiger) Anstrengung oder eine schlecht gewählte Strategie zurückgeführt, so kann dies in der nächsten Situation sehr motivierend sein (vgl. DeCarlo et al., 1997)

3.3.3.6 Fazit und Folgerungen

Der Bereich der Motivation bildet bislang das Zentrum der Verkäuferforschung, entsprechend elaboriert sind die Erkenntnisse auf diesem Feld. Diese Erkenntnisse legen ein Umdenken in weiten Bereichen des Verkaufs nahe: Immer noch dominiert in der Praxis das Bild vom Verkäufer, der lediglich extrinsisch motiviert ist und nur durch eine Mischung aus „Zuckerbrot und Peitsche" zur Leistung zu motivieren ist. Dem dienen die ewig gleichen Instrumente:

- Incentives („Club der Besten", „die Reise nach Hawai" usw.)
- „Motivationsveranstaltungen" mit dem Herausstellen von Vorbildern
- permanenter Konkurrenzdruck
- vergleichenden Beurteilungen
- am Umsatz orienentierte Bezahlung
- konsequente Bestrafung von Fehlern.

Verkaufen erscheint in diesem buchstäblich beschränkten Weltbild als bloßes Mittel zum (oberflächlichen) Zweck - dem Geldverdienen. Ein solches Weltbild wirkt aber wie eine sich selbst erfüllende Prophezeiung - durch die eingesetzten Motivationsinstrumente werden ganz bestimmte, extrinsisch motivierte Persönlichkeiten vom Verkäuferberuf angezogen und in dieser Haltung bestärkt. Das zeigt sich auch am Entlohnungssystem: Provisionsbezogene Bezahlung motiviert besonders extrinsisch orientierte Verkäufer, eine feste Entlohnung dagegen wirkt auf intrinsisch orientierte Verkäufer motivierend (Lee, 1998). Die gängige Organisation des Verkaufs ruft also das Verhalten hervor, auf das zu reagieren sie angeblich geschaffen wurde.

Ein Unternehmen, das tatsächlich langfristige Kundenbindung anstrebt und daher auf einen kundenorientierten Außendienst setzt (Bruhn, 1999), muss dagegen die intrinsische Motivation der Verkäufer stärken. Zu diesem Zweck sollten sich die Verantwortlichen im Verkauf fragen, was denn an der Tätigkeit des Verkaufens motivierend ist bzw. welche Bedingungen der Organisation eine extrinsische Motivation geradezu anerziehen und das Interesse an der Tätigkeit unterbinden. Unter dem Leitbild des adaptiven Verkaufens, das sich dem einzelnen Kunden und seinen Bedürfnissen anpasst, erhält der Verkauf eine Dimension sozialer Komplexität, die in den meisten

Bereichen intrinsisch motivieren kann. Der Verkäufer wird unter diesem Blickwinkel als „Interaktionsmanager" (Nerdinger, 1998) gesehen, der in der Lage ist, die Beziehung zu den unterschiedlichsten Menschen so zu gestalten, dass sie für beide Seiten – den Kunden und das Unternehmen – zu befriedigenden Ergebnissen führt.

Wenn ein solcher Paradigmenwechsel vollzogen wird, dürfen die Ziele nicht mehr vorgegeben, sondern müssen mit den Verkäufern vereinbart werden. Bei Zielvereinbarungen dürfen nicht allein die Ergebniszahlen im Zentrum stehen, sondern das Verhalten gegenüber den Kunden muss genauso wichtig werden. Weiter muss die Kooperation mit den Kollegen gefördert, experimentelles Verhalten ermutigt, kundenorientiertes Verhalten belohnt und auf die individuelle Entwicklung hin beurteilt werden – so entsteht eine Lernziel-Orientierung, die zur Qualifikation der Verkäufer führt. Damit ist den Kunden, den Unternehmen *und* den Verkäufern gedient.

Zweifellos sind die Konsequenzen dieser Auffassung von Motivation sehr anspruchsvoll und erfordern einen neuen Typ des Verkaufsmanagers, der seine Aufgabe nicht lediglich in der Realisierung von Umsatzzahlen sieht, sondern vor allem in der Entwicklung seiner Verkäufer zu Interaktionsmanagern. Unternehmen, die längerfristige Kundenbindung anstreben bzw. an einem Image als seriöser Anbieter interessiert sind, werden diesen Typ des Verkaufsmanagers künftig verstärkt suchen bzw. entwickeln müssen.

3.3.4 Wissen und Fähigkeiten

In ihrer Fixiertheit auf die Untersuchung der Motivation gibt die Verkäuferforschung ein getreues Spiegelbild der subjektiven Theorien von Praktikern ab. Die Frage, über welches Wissen und welche Fähigkeiten ein Verkäufer verfügen muss, hat jedenfalls bislang nur vergleichsweise wenig Forschung angeregt. Das ist im Falle der Fähigkeiten der Verkäufer besonders erstaunlich, da vor allem soziale Kompetenzen ganz offensichtlich im Zentrum dieses Berufs stehen. Die große Bedeutung der fachlichen Kompetenz für den Verkaufserfolg ist seit langem bekannt. Zum Beispiel haben Woodside und Davenport (1974) die fachliche Kompetenz manipuliert, indem sie Verkäufer dazu veranlassten, einem Teil ihrer Kunden detaillierte Informationen über ein Produkt zu geben, anderen Kunden wurden dagegen nur allgemeine Erklärungen geboten. Wenn die Verkäufer fachlich fundiert argumentierten, hatten sie sehr viel mehr Erfolg im Vergleich zum inkompetenten Eindruck (vgl. auch Busch & Wilson, 1976; Kirchler, 1999). Entsprechend tragen Maße der kognitiven Fähigkeit von Verkäufern über die Wirkung der Persönlichkeit hinaus zur Erklärung ihrer Leistung bei (Hattrup, O`Connell, & Wingate, 1998). Der in Meta-Analysen gefundene, sehr hohe Zusammenhang zwischen allgemeiner kognitiver Kompetenz und Verkaufserfolg bestätigt diese Befunde (Vinchur et al., 1998).

Auf diesen Aspekt der Verkäuferfähigkeiten soll hier nicht näher eingegangen werden, da er letztlich die aufgabenspezifischen „Warenkunde" widerspiegelt (um so wichtiger ist die fachliche Kompetenz aber für die konkrete Gestaltung der Ausbildung von Verkäufern). Die Leistung von Verkäufern hängt nicht zuletzt von ihrem

Wissen über die Werte und Einstellungen ihrer Kunden ab, was sich auch als ein Aspekt der sozialen Kompetenz verstehen lässt (Weitz, 1978). Bezeichnenderweise setzen die ersten Untersuchungen zu diesem Problem ein, als Weitz et al. (1986) postulierten, dass adaptives Verkaufen langfristig größeren Erfolg verspricht und als Voraussetzung für dieses anspruchsvolle Konzept des Verkaufens auch eine entsprechende Wissensbasis annahmen (umgekehrt heißt das, für alle anderen Formen des Verkaufens wird vermutet, Wissen und Fähigkeiten würden keine sonderliche Rolle spielen).

3.3.4.1 Fähigkeiten von Verkäufern: Soziale Kompetenz

Dass der persönliche Verkauf ausgeprägte soziale Fähigkeiten erfordert, erscheint fast trivial, findet er doch definitionsgemäß „face to face" mit den Kunden statt. Entsprechend werden solche sozialen Fähigkeiten in der Praktikerliteratur mit einer Vielfalt von Begriffen umschrieben. Dazu zählen (vgl. Schwalbe & Zander, 1987)

- Kommunikationsfähigkeit
- Menschenkenntnis
- Einfühlungsvermögen
- Überzeugungskraft
- Verkaufstechnik
- Sprachbeherrschung usw.

Alle diese Begriffe wirken unmittelbar plausibel, das ist aber in erster Linie ihrer vagen Formulierung zu verdanken, die es jedem ermöglicht, seine eigenen Vorstellungen mit den dadurch beschriebenen Fähigkeiten zu verbinden. Was sie dagegen tatsächlich bezeichnen und - wissenschaftlich entscheidend - wie sie sich empirisch fassen lassen, ist weitgehend unklar. Um zu wissenschaftlich verwertbaren Aussagen zu kommen, müssten für die verschiedenen Verkaufstätigkeiten fundierte Anforderungsanalysen durchgeführt werden (vgl. dazu z.B. Ulich, 1998). Da aber die Arbeitspsychologie, in deren Kompetenzbereich die Entwicklung von Instrumenten der Anforderungsanalyse fällt, ihr Interesse weitgehend auf die Arbeit in der Produktion beschränkt, liegen kaum geeignete Instrumente und noch weniger fundierte Analysen der Anforderungen im Verkaufsbereich vor (eine Ausnahme bildet die Anforderungsanalyse für Tätigkeiten mit Kundenkontakt im Bankbereich von Schuler und Diemand, 1991; vgl. auch Hogan, Hogan & Gregory, 1992; Brater & Landig, 1995; eine Tätigkeitsbewertung im Einzelhandel hat Poessiger, 1989, durchgeführt). Eine notwendige Fähigkeit, die gewöhnlich als soziale Kompetenz bezeichnet wird (Schuler & Barthelme, 1996), lässt sich allerdings allein aus der Interaktion mit dem Kunden ableiten, die für den persönlichen Verkauf entscheidend ist. Trotz der enormen sozialpsychologischen Bedeutung der damit umschriebenen Fähigkeit ist es aber bis heute nicht gelungen, für dieses Konzept eine allgemein akzeptierte Definition zu entwickeln. Basierend auf dem Ansatz von Hennig-Thurau und Thurau (1999) werden daher im folgenden nur kurz die wesentlichen Aspekte sozialer Kompetenz skizziert.

Aufbauend auf den sozialpsychologischen Theorien von Argyle (1983) sowie den vor allem in der Entwicklungspsychologie intensiver studierten Konzepten der Perspektivenübernahme bzw. der Empathie (Steins & Wicklund, 1993) haben Hennig-Thurau und Thurau (1999) versucht, die für das berufliche soziale Handeln wesentlichen Merkmale der sozialen Kompetenz zu systematisieren. Wie bereits erwähnt, ist allerdings bereits die Definition sehr problematisch - unter 15 von den Autoren untersuchten Definitionen waren nicht einmal zwei Merkmale auszumachen, die für alle Definitionen zutreffen. Deshalb ist auch ihre eigene Definition nur als Vorschlag zu verstehen. Nach ihrer Meinung handelt „es sich bei Sozialkompetenz um die Fähigkeit einer Person (...), auf die Erreichung von Zielen im Rahmen von persönlichen Interaktionsprozessen positiv einzuwirken, wobei eine Zielerreichung an die Erfüllung der Bedürfnisse des Interaktionspartners gebunden ist" (ebda., S. 303). Besonders hervorzuheben sind an der Definition zwei Aspekte. Zum einen wird soziale Kompetenz als Verhaltensdisposition gesehen, d.h. diese Fähigkeit bildet eine notwendige, aber nicht hinreichende Bedingung für sozial kompetentes Verhalten - damit es zu sozial kompetentem Verhalten kommt, bedarf es demach weiterer Bedingungen des Umfeldes. Zum anderen wird die Orientierung an den Bedürfnissen des Interaktionspartners als entscheidend für die Zielerreichung postuliert. Ein kurzfristiger Verkaufserfolg, der zu Lasten des Kunden geht, wird also als Widerspruch zur sozialen Kompetenz eines Verkäufers angesehen. Dieses Definitionsmerkmal ist insofern problematisch, als es scheinbar ethische Aspekte zum Beschreibung eines empirischen Sachverhaltes macht. Soziale Kompetenz könnte aber auch die Berücksichtigung der Interessen und Bedürfnisse des Interaktionspartners bei den eigenen Zielen und Verhaltensplanungen einschließen, da die Person prinzipiell mit wiederholten Kontakten zu den Interaktionspartnern rechnen muss.

Die Autoren unterscheiden an der so definierten sozialen Kompetenz vier Elemente:

1. Die *verbalen und nonverbalen Fähigkeiten zur Gestaltung der Interaktion.* Diese werden als Potential verstanden, d.h. sie lassen sich nur je individuell optimieren, allgemeingültige Strategien der Vermittlung von Sozialkompetenz wären demnach nicht denkbar.

2. Die Fähigkeit zu *sozial sensibler Wahrnehmung und adäquater Beurteilung*: Diese kognitive Fähigkeiten umfassen die Einschätzung der eigenen Potentiale bzw. der Potentiale des Interaktionspartners sowie die adäquate Wahrnehmung der jeweiligen Interaktionssituation, die sich ständig ändert. Die Bewältigung sozialer Situationen stellt hohe kognitive Anforderungen, wobei die angemessene Einschätzung der Wünsche und Verhaltensweisen des Interaktionspartners besonders schwierig ist. Grundlage dieser Fähigkeiten ist zum einen die Perspektivenübernahme, d.h. das Erkennen des objektiv wahrnehmbaren Hintergrundes einer anderen Person (Steins & Wicklund, 1993), das es ermöglicht, die Handlungsziele des Interaktionspartners zu verstehen und unter Berücksichtigung dieser Zielvorstellung selbst zu Handeln. Zum anderen basiert die adäquate Wahrnehmung sozialer Situationen auf dem verwandten Konzept der Empathie, welches die Fähigkeit zur Einfühlung in die Emotionen des Interaktionspartners beschreibt (die Fähigkeit

zur angemessenen Beurteilung des Wahrgenommenen bildet einen Teil des deklarativen und des prozeduralen Wissens, das im nächsten Abschnitt noch genauer diskutiert wird).

3. Die *systematische Planung von Interaktionszielen, -strategien und der reflektierte Einsatz der verbalen und nonverbalen Fähigkeiten* zur Steuerung der Interaktion. Auch hier handelt es sich um eine kognitive Fähigkeit, die vor allem aufgrund der notwendigen Integration von Zielen, Strategien und Planungen hohe Anforderungen stellt.

4. Schließlich zählen die Autoren noch ein sogenanntes *Stimmungsmanagement* zur sozialen Kompetenz, das die Steuerung und Kontrolle der kurzfristigen Stimmungen umfassen soll. Dieser Aspekt wird leider nicht genauer ausgeführt, man kann aber darin die Gefühlsarbeit im Sinne des „faking in good faith" (Rafaeli & Sutton, 1987; s.u. 2.3.2.4) erkennen.

Damit liegt ein hinlänglich präzises Konzept der sozialen Kompetenz vor, zu dessen ersten beiden Komponenten sich auch einige Forschung findet (vgl. Schuler & Barthelme, 1996). Nach den bereits berichteten Befunden zum Persönlichkeitsmerkmal „Selbstüberwachung" und zum adaptiven Verkaufen sind Verkäufer, die eine ausgeprägte Fähigkeit zur Verhaltensbeobachtung besitzen und ihr Verhalten an den daraus erschlossenen Erwartungen ausrichten, erfolgreicher (Caldwell & O`Reilley, 1982; Hester, Koger & McCauley, 1985; Verbeke, 1994; vgl. auch Anselmi & Zemanek, 1997; zu den verbalen und nonverbalen Fähigkeiten s.u. 4.3). Die Bedeutung der Fähigkeit zur systematischen Planung von Interaktionen korreliert mit der im folgenden dargestellten Wissensbasis, die Folgen des Stimmungsmanagements bzw. der Gefühlsarbeit für den Verkaufserfolg wurden noch nicht genauer untersucht.

Die praktische Bedeutung einer vertieften Erforschung der Bedingungen und Folgen sozialer Kompetenz von Verkäufern liegt sowohl in der Selektion geeigneterVerkäufer (Schuler, 1996; Schuler & Barthelme, 1996; Müller, 1999) als auch im Training dieser Fähigkeit, wobei der „Trainingsmarkt" dafür überreichliche Angebote bereit hält (vgl. von Rosenstiel, 1992; Udris, 1993; Weil, 1995; Müller, 1999).

3.3.4.2 Kategoriales Wissen und adaptives Verkaufen

Der Ablauf des persönlichen Verkaufs kann in folgende Aufgaben des Verkäufers eingeteilt werden (Szymanski, 1988):

1. den Kunden klassifizieren, d.h. ihn einer Klasse von Kunden zuordnen, denen er am meisten ähnelt;
2. auf der Basis dieser Zuordnung eine Verkaufsstrategie wählen, die bei dieser Klasse von Kunden in der Vergangenheit erfolgreich war und
3. die Strategie anwenden mit dem Ziel, die Bedürfnisse und Ziele des Kunden zu befriedigen.

Unter diesem Blickwinkel erhält die Frage des Wissens von Verkäufern entscheidende Bedeutung für den Verkaufserfolg. In der Psychologie wurden eine Reihe zum Großteil hoch elaborierter Modelle des Gedächtnisses und der Informationsverarbeitung entwickelt (vgl. Kluwe, 1992). In der Verkäuferforschung hat das kategoriale Gedächtnismodell von Rosch (1975; Mervis & Rosch, 1981) bislang die größte Beachtung gefunden, da es angibt, wie das Wissen über einen Bereich zu Strategien des Umgangs mit den damit verbundenen Problemen führt und sich daraus Hypothesen über die Unterschiede in der Wissensstruktur erfolgreicher und nicht-erfolgreicher Verkäufer ableiten lassen.

Kategorisierung scheint ein fundamentales Prinzip menschlicher Informationsverarbeitung (Rosch, 1975). Menschen kategorisieren die Welt, damit die Objekte, Personen oder Ereignisse innerhalb einer Kategorie als ähnlich und gleichzeitig unterschiedlich von Objekten, Personen oder Ereignissen anderer Kategorien wahrgenommen werden. Die im Laufe des Lebens gesammelte Erfahrung wird demnach in Kategorien gespeichert und in neuen Situationen auf diese Kategorien zurückgegriffen. Übertragen auf den Verkauf bedeutet das, Verkäufer können aufgrund von Kategorisierungsprozessen mit komplexen Verkaufssituationen besser umgehen: Wenn ein erfahrener Verkäufer in eine neue Verkaufssituation kommt, vergleicht er sie auf Ähnlichkeit mit kategorial gespeicherten Situationen und greift dann auf die damit verbundenen Strategien zum Umgang mit Kunden in solchen Situationen zurück.

Kategorien sind kognitive Strukturen, die das organisierte und untereinander verbundene Wissen über einen Bereich - zum Beispiel über Verkaufssituationen - repräsentieren (vgl. zum folgenden Rosch, 1975; Weitz et al., 1986). Zwei Arten von Wissen sind kategorial organisiert, deklaratives und prozedurales. *Deklaratives Wissen* umfasst die Fakten, die mit einer Kategorie verbunden sind, zum Beispiel die Attribute, die eine schwierige Verkaufssituation oder - für den Verkauf besonders wichtig - Kundentypen beschreiben. *Prozedurales Wissen* umfasst die Handlungssequenzen, die mit einer Kategorie verbunden sind, beispielsweise wie man in einer schwierigen Verkaufssituation vorgehen muss, um Erfolg zu haben. Prozedurales Wissen liegt gewöhnlich in Form von Skripten vor, d.h. Gedächtnisstrukturen, die den Ablauf sozialer Situationen beinhalten (vgl. Abelson, 1981; Leong, Busch & John, 1989; s.u. 2.3.1). Deklaratives Wissen beinhaltet also die Fakten, die zur Interpretation und zum Verständnis einer Verkaufssituation notwendig sind, prozedurales Wissen dagegen zeigt an, was man in dieser Situation machen sollte.

Eine besondere Form der Kategorisierung, die zum deklarativen Wissen zählt, bilden sogenannte Kundentypologien. Kundentypologien finden sich in allen Berufen, die den unmittelbaren Kontakt mit anderen Menschen erfordern (Humphrey & Ashforth, 1994; Mennerick, 1974; Nerdinger, 1994). Verkäufer konstruieren und verwenden solche Typologien, um Kunden zu klassifizieren, Verkaufssituationen besser organisieren, interpretieren und bewerten zu können sowie zur Auswahl geeigneter Verkaufsstrategien (Sharma & Levy, 1995). Eine Kundentypologie ordnet die Kunden nach ihren hervorstechenden Merkmalen jeweils bestimmten „Typen" zu. Die Vielzahl möglicher Typologien ergibt sich durch die jeweils aufgaben- bzw. situationsspezifischen Merkmale der Tätigkeit. Sharma und Levy (1995) haben die Kategorien untersucht, die Verkäufer im Einzelhandel zur Klassifizierung ihrer Kunden verwenden. Die Verkäufer ließen sich nach ihrer Klassifizierungs-Strategie in drei Gruppen einteilen:

1. *Bedürfnisbezogene Kategorisierer*: Solche Verkäufer unterscheiden ihre Kunden aufgrund der Produktbedürfnisse, die sie äußern - die so kategorisierten Kunden kaufen Produkte als Geschenke oder für den eigenen Gebrauch, kennen die Produkte und wählen sie selber aus; sie erkundigen sich erst nach der Auswahl beim Verkäufer.

2. *Entscheidungsbezogene Kategorisierer*: Diese Verkäufer klassifizieren ihre Kunden in erster Linie nach der Art, in der sie Entscheidungen über den Kauf treffen. Außerdem haben sie eine Tendenz, die Kunden danach zu beurteilen, ob sie die Hilfe des Verkäufers suchen und ob sie sich lediglich „mal umsehen" wollen.

3. *Trainingbezogene Kategorisierer*: Verkäufer in dieser Gruppe orientieren sich bei ihrer Klassifikation an dem, was sie im Verkaufstraining gelernt haben. Im Fall der untersuchten Einzelhandelskette waren das zwei Aspekte des Kundenverhaltens: Wissen die Kunden bereits vorher, was sie wollen, oder wollen sie sich informieren bzw. suchen sie die Hilfe des Verkäufers oder nicht.

Wenn sie über eine ausgefeilte Kundentypologie verfügen, können Verkäufer aufgrund sozialer Hinweisreize neue Kunden sehr schnell klassifizieren, im weiteren Verlauf der Interaktion wird dann das Verhalten des Verkäufers auch von den Informationen und Reaktionsmustern, die einem bestimmten Typ kognitiv zugeordnet sind, gesteuert. Das sei am Beispiel verdeutlicht: In einer qualitativen Studie unterschieden befragte Pharma-Außendienstmitarbeiter, die Apotheken besuchen, zwei Typen: Den ethisch- und den marketingorientierten Apotheker („Der erste Typ des Apothekers ist der, der den ethischen Anspruch seines Berufsstandes sehr, sehr hoch hält ... Dann gibt es den nächsten, das ist wiederum das Extrem, der seine Apotheke mehr und mehr nach kaufmännischen Gesichtspunkten führt"; Aussage eines Pharma-Außendienstmitarbeiters, zit. nach Schäfer, 1992, S. 92f.). Die Kategorisierung der Kunden in solche stereotype Typologien verringert die Unsicherheit gegenüber fremden Kunden und vermittelt den Verkäufern kognitive Kontrolle über die Verkaufssituation (Humphrey & Ashforth, 1994).

Die Diagnose des Kundentyps scheint im Fall der Apotheker sehr einfach. Neben dem Alter der Apotheker - jüngere sind nach Meinung der Außendienstmitarbeiter eher marketingorientiert - gibt es viele Signale in der Gestaltung der Apotheke, die als Hinweisreize die Typenzuordnung steuern. Dazu zählt der Zinnteller für das Wechselgeld - ein „untrügliches Zeichen" des ethisch-orientierten Apothekers - im Gegensatz zu den werbeverzierten Plastik-Geldablagen, an denen sich der marketingorientierte Apotheker erkennen läßt. Ein anderes Signal ist, „... wenn eine Apotheke eben mehr auf aktiv eingerichtet ist. Sprich, eben mit Aktionsangeboten, mit Schütten, mit Aufstellern und Prospekte ausliegend" (Schäfer, 1992, S. 95). Wer also die Werbeangebote der Außendienstmitarbeiter nützt, gibt sich als marketingorientiert zu erkennen. Damit schaffen sich diese Verkäufer aktiv die Möglichkeit, ihre Kunden zu typologisieren.

Verkäufer müssen im Rahmen eines Kategorisierungsprozesses zunächst die produkt- bzw. verkaufsbezogenen Bedürfnisse der Kunden identifizieren, wobei die Qualität der Kategorisierung entscheidend für den Verkaufserfolg ist. Lambert, Marmornstein und Sharma (1990) belegen empirisch einen positiven Zusammenhang zwischen der Akkuratheit der Wahrnehmung des Kunden durch Verkäufer und ihrer Leistung. Solche Kundentypologien können nur zum Teil gelehrt bzw. von Kollegen übernommen werden - im Wesentlichen sind sie eine Funktion der Erfahrung von Verkäufern. Die Zahl der Kategorien, mit denen Kunden beschrieben werden, steigt mit der Erfahrung der Verkäufer (Gengler, Howard & Zolner, 1995). Darüber hinaus sollten erfahrenere Verkäufer auch über mehr Verhaltensweisen verfügen, mit denen sie auf die Kundentypen reagieren können. Solche Verhaltensweisen sind in Form des prozeduralen Wissens gespeichert.

Das prozedurale Wissen der Pharma-Außendienstmitarbeiter, d.h. die Strategien des Verkaufsgesprächs, sind auf die verwendete Typologisierung abgestellt. Das verdeutlichen Aussagen der befragten Pharma-Außendienstmitarbeiter: „Und die kann man dann eben auch unterschiedlich ansprechen. Den einen spreche ich darauf an, dass wir hier ein hochwertiges Arzneimittel haben mit bewährten Wirkstoffen." Interviewerin: „Ist das dann bei dem Ethiker?" „Ja. Bei dem anderen mach` ich es dann auf die ökonomische Tour, dass ich ihn auch mit Rabatten reize und mit zusätzlichen Hilfsmitteln - ob jetzt Dias im Schaufenster, was er gerne verwendet, oder Dekorationen im Schaufenster, Broschüren, Taschentücher, etc." (ebda., S. 97). In der Untersuchung von Sharma und Levy (1995) hatten bedürfnisbezogene Kategorisierer die höchsten Verkaufszahlen, dagegen praktizierten entscheidungsbezogene Verkäufer besonders intensiv das adaptive Verkaufen (Sujan et al., 1994) und verwendeten die differenziertesten Kategorien zur Beschreibung von Kunden.

Das prozedurale Wissen von erfahrenen Verkäufern industrieller Produkte haben Leigh und McGraw (1989) untersucht. Ihnen wurden Szenarios vorgelegt - z.B. ein Verkaufsgespräch mit einem Neukunden - und sie sollten in angemessener Reihenfolge die Aktivitäten oder Ereignisse benennen, die sie während der Vorbereitung bzw. in der Interaktion durchführen. Anschließend sollten sie noch die vier wichtigsten Ziele des Verkaufsgesprächs benennen (vgl. Tab. 5).

Ziele des Erstkontakts	%
Informationssammlung über die Bedürfnisse/Ziele des Kunden	84
Persönlichen Rapport zum Kunden herstellen	44
Einen günstigen Eindruck von mir (dem Verkäufer) herstellen	44
Einen positiven Eindruck der Firma vermitteln	33

Planungs-Wissen	%
Überprüfung vorliegender Informationen über den Kunden	48
Die Bedeutung des Kunden ermitteln (Größe bzw. Umsatz)	28
Feststellen der Namen derer, die am ersten Treffen teilnehmen	32
Vorgänger im Verkauf wegen Hintergrundinformation kontaktieren	36
Herausfinden, wer beim Kunden die Entscheidungsmacht hat	52
Befreundete Kunden wegen Hintergrundinformationen kontaktieren	44
....	

Besuchstermin bestätigen	52
Angemessene Erscheinung und Kleidung kontrollieren	20
Zeitpuffer einplanen, um rechtzeitiges Eintreffen zu sichern	36

Interaktions-Wissen	%
Den Käufer ansehen und lächeln	28
Begrüßung austauschen	44
Persönliche Einführung	72
Hände schütteln	40
Visitenkarten austauschen	40
Sitz-Ritual	56
Small talk	36
.....	
Nach einem Folgetermin fragen	40
Einen Folgetermin festlegen	48
Kunden für Zeit und Kooperation danken	76

Tab. 5: Prozedurales Wissen über Neukundenkontakte und dabei verfolgte Ziele (auszugsweise nach Leigh & McGraw, 1989; S. 22f.)

Der Inhalt der Kategorien ist natürlich ideografisch bestimmt – je nach Erfahrung des Verkäufers, aber auch in Abhängigkeit vom Unternehmen, der Konkurrenzsituation am Markt und den spezifischen Kunden finden sich andere Inhalte des prozeduralen Wissens.

3.3.4.3 Die Bedeutung deklarativen und prozeduralen Wissens im persönlichen Verkauf

Weitz et al. (1986) haben Hypothesen über die Struktur des Wissens und ihre Auswirkungen auf adaptives Verkaufen formuliert. Demnach sollte die Zahl der Kategorien, ihre hierarchische Organisation und die Art der Klassifizierung Auswirkungen auf adaptives Verkaufen haben. Außerdem sollte die Zahl der verfügbaren Handlungsstrategien, d.h. der Umfang des prozeduralen Wissens, positiv auf das adaptive Verkaufen wirken. Die Verfügbarkeit einer Vielzahl von kategorisierten Verkaufssituationen sollte präzisere Klassifikationen der Verkaufssituationen ermöglichen und damit zur Wahl effektiverer Verkaufsstrategien beitragen. Die Kategorien, über die effektivere Verkäufer verfügen, sollten hierarchisch organisiert sein, da sich auf diesem Wege die Information differenzierter speichern lässt. Weiter sollen effektive Verkäufer Verkaufssituationen nach Attributen speichern, die angemessene Strategien nahelegen, ineffektive Verkäufer sich dagegen auf oberflächliche Merkmale beschränken (z.B. Titel des Kunden, seine Position im Unternehmen, sein Bekleidungsstil etc.). Schließlich – und das ist nach Meinung der Autoren der erfolgsentscheidende Faktor – sollten effektivere Verkäufer über ein größeres Repertoire an Verkaufsstrategien verfügen.

Sujan, Sujan und Bettman (1988) haben die Hypothesen von Weitz et al. (1986) teilweise überprüft. Zur Untersuchung der Unterschiede in der Wissensstruktur erfolgreicher und nicht-erfolgreicher Verkäufer haben Sujan et al. (1988) eine Stichprobe von Telefonverkäufern befragt. Es handelte sich dabei um Studenten, die bei Alumni - ehemaligen Studenten, die es mittlerweile zu Wohlstand gebracht haben - Spenden für ihre Universität sammelten. Sie sollten an die verschiedenen Kundentypen denken, mit denen sie telefonieren und die wichtigsten Unterschiede benennen. Dann sollten sie diese „Typen" hinsichtlich ihrer demografischen und Persönlichkeitsmerkmale beschreiben und für jeden angeben, welche Strategien sie bei ihm einsetzen, um zum Ziel zu kommen. Der Leiter des Telefondienstes hat seine Verkäufer nach ihrer Leistung eingestuft, anhand dieser Einstufung wurden erfolgreiche von weniger erfolgreichen Verkäufern unterschieden.

In der Anzahl der Kategorien fanden sich keine Unterschiede zwischen den Gruppen, aber erfolgreiche Verkäufer produzieren pro Kategorie mehr beschreibende Merkmale ihrer Kunden und nennen mehr Strategien, mit denen sie auf diese Kunden reagieren. Anstelle der Überprüfung der hierarchischen Organisation der Kategorien haben Sujan et al. (1988) den Grad der Überlappung zwischen den Kategorien untersucht. In Anlehnung an empirische Befunde aus anderen Gebieten haben sie vermutet, dass nicht eine größere Differenziertheit, sondern eine größere Überlappung – zur Beschreibung verschiedener Kunden werden mehr ähnliche Begriffe verwendet – den erfolgreichen Verkäufer auszeichnet. Genau diese Annahme konnte in der Untersuchung signifikant bestätigt werden. Verkäufer setzen aber nicht notwendig bei allen Kunden ähnliche Strategien ein, vielmehr sind sie weniger geneigt, sich an jede individuelle Besonderheit anzupassen. Mit anderen Worten scheint es ein Optimum in der Differenzierung zwischen Kunden zu geben – wenn dieses Unter- oder Überschritten wird, sinkt der Erfolg.

Die Ergebnisse erhalten besonderes Gewicht, da sie in einer anschließenden Längsschnittstudie repliziert wurden. Dabei wurden bei einer Gruppe neuer Verkäufer am Beginn ihrer Arbeit und nach dreizehn Wochen ein zweites mal dieselben Daten erhoben. Die Zahl der Kategorien stieg mit wachsender Erfahrung nicht an, aber die Beschreibungen der Kunden und der Verkaufsstrategien werden reichhaltiger. Außerdem stieg die Überlappung der Kategorien zur Beschreibung von Kundenmerkmalen signifikant an (dieselbe Tendenz zeigt sich für die Strategien, verfehlt allerdings knapp die Signifikanz). Darüber hinaus unterscheiden sich erfolgreiche von wenig erfolgreichen Verkäufern im prozeduralen Wissen - sie verfügen über mehr Verkaufsstrategien, die auf verschiedene Kundentypen abgestimmt und in sich besser elaboriert sowie untereinander stärker unterschieden sind (vgl. auch Leong et al., 1989).

Szymanski und Churchill (1990) haben diese Fragestellung vertieft und die Qualität der verwendeten Hinweise untersucht. Nach ihrer Vermutung sollten sich erfolgreiche von wenig erfolgreichen Verkäufern in der Bewertung von Hinweisen unterscheiden, und zwar im Gewicht, das sie einzelnen Hinweisen in der Bewertung einräumen, in der Verteilung dieser Gewichte über verschiedene Hinweise hinweg undwelche Werte als angemessen für die Mitgliedschaft in einer Kategorie betrachtet werden. Befragt wurden Verkäufer von Finanzdienstleistungen, die ähnlich große Erfahrung im Verkauf hatten, die alle städtische Bezirke bearbeiteten und über keine Erfahrungen in anderen Verkaufsbereichen verfügten. Dadurch sollte der Einfluss individueller Unterschiede in der Verkaufserfahrung auf die Bewertung der Hinweise ausgeschaltet werden. 82 Verkäufer, die diesen Bedingungen entsprachen, wurden zunächst in qualitativen Interviews über ihr Vorgehen bei der Einschätzung prospektiver Kunden - vom ersten Hinweis auf einen Kunden bis zum ersten Kontakt - befragt. Weitgehend übereinstimmend fand sich ein dreistufiges Vorgehen.

In einem ersten Schritt werden die Hinweise dahingehend klassifiziert, ob es sich um einen potentiellen Kunden oder Nicht-Kunden (Personen, die keinerlei Beachtung finden) handelt. Dann wird genauer untersucht, ob es sich bei der Person um einen „guten", „normalen" oder „schlechten" Kunden – gemessen an der Absatzerwartung – handelt. Da die Verkäufer gewöhnlich mehr als einen potentiellen Kandidaten zu einem Zeitpunkt haben, wird im dritten Schritt geprüft, wer der beste Kandidat ist, der dann als nächster kontaktiert wird. Die extrem hohe Übereinstimmung zwischen den Verkäufern in diesem Vorgehen deutet wieder darauf hin, dass effektive Verkäufer sich von ineffektiven nicht durch die bloße Zahl der Kategorien prozeduralen Wissens unterscheiden. Die meisten Verkäufer stützen dabei ihr Urteil auf wenige Hinweise: Einfache demografische Daten (Alter, Zahl der Kinder, Verheiratet, Einkommen) und fachlich etwas tiefer gehende Information (Absicht, sich finanziell zu verbessern und Anzahl finanzieller Ziele).

In einer zweiten, quantitativ angelegten Untersuchung wurde anschließend überprüft, wie diese Entscheidungen gefällt werden, d.h. welche Gewichte den eingehenden Informationen beigemessen werden. Obwohl diese Untersuchung sehr gründlich und aufwendig durchgeführt wurde, sind die Ergebnisse eher enttäuschend ausgefallen: Zwischen effektiven und ineffektiven Verkäufern finden sich lediglich marginale Unterschiede in der Art, wie sie die eingehende Information gewichten und wie sie prospektive Kunden bestehenden Kategorien zuweisen. So legen effektive Verkäufer beim ersten Schritt – der Feststellung, ob es sich überhaupt um einen potentiellen Kunden handelt – größeres Gewicht auf das Einkommen und weniger auf das Alter und die Zahl der Kinder. Ob sich aber auf der Basis dieser Informationen tatsächlich die entscheidenden Unterschiede zwischen effektiven und ineffektiven Verkäufern finden lassen, kann anhand dieser Untersuchung nicht geklärt werden.

Einige Unterschiede zwischen erfolgreichen und wenig erfolgreichen Verkäufern im Einzelhandel konnten auch Sharma, Levy und Kumar (2000) feststellen. Im deklarativen Wissen zeigen sich folgende Unterschiede: Erfolgreiche Verkäufer

- verwenden mehr Kategorien, um Kunden zu klassifizieren
- die Kategorien umfassen reichere Beschreibungen
- die Kategorien sind trennschärfer, d.h. die Überlappungen sind geringer
- sie kategorisieren ihre Kunden eher aufgrund derer Bedürfnisse als über physische Merkmale.

Im prozeduralen Wissen zeigt sich bei den erfolgreichen Einzelhandelsverkäufern, dass sie

- mehr einzelne Verkaufsschritte nutzen
- den Verkaufsprozess reichhaltiger beschreiben
- häufiger aktiv versuchen, Informationen über ihre Kunden zu erhalten
- das prozedurale Wissen auf einem höheren Abstraktionsniveau speichern.

Beim aktuellen Stand der Forschung lassen sich also durchaus Unterschiede im deklarativen und im prozeduralen Wissen von Verkäufern feststellen, worauf diese Unterschiede zurückzuführen sind und wie sie sich in konkretes Verhalten umsetzen, ist bislang aber noch nicht geklärt.

3.3.4.4 Fazit und Folgerungen

Der Stand der Forschung zur Frage der Fähigkeiten und des Wissens von Verkäufern ist momentan eher als ernüchternd zu bezeichnen ist. Möglicherweise sind dafür methodische Probleme oder eine unzureichende Differenzierung des Wissens in Abhängigkeit von den Anforderungen verantwortlich (vgl. dazu Wagner, Sujan, Sujan, Rashotte & Sternberg, 1999). So könnte es in manchen Verkaufstätigkeiten in erster Linie darauf ankommen, potenzielle Kunden zu erkennen. Wenn diese erkannt sind, verkauft sich das Produkt mehr oder weniger von selbst. Wer Abonnements für Periodika - zum Beispiel eine populärwissenschaftliche Zeitschrift - verkauft, der kann über noch so viele „Verkaufstricks" verfügen, wenn ein Kunde kein Interesse an solchen Themen hat, wird er kaum bestellen. In anderen Bereichen sind dagegen die Käufer und ihre Interessen vorab klar und es kommt vor allem darauf an, den Käufer davon zu überzeugen, das angebotene Produkt und nicht das Konkurrenzprodukt zu kaufen. So stehen beispielsweise im Verkauf von Industriegütern die potenziellen Kunden und die Konkurrenten von vornherein fest. In diesem Fall müssen die Verkäufer über ein spezielles Überzeugungswissen verfügen, sonst kauft der Kunde bei der Konkurrenz. Damit verbunden ist die Frage, wie denn solche unterschiedlichen Wissensbereiche kognitiv repräsentiert sind. Wagner et al. (1999) finden einige Hinweise, wonach sich erfahrene und erfolgreiche Verkäufer weitgehend an „Daumenregeln" orientieren, zum Beispiel „versuche einen Kunden sehr zufrieden zu stellen, dann kannst du ihn als Referenz verwenden" oder „da Kunden den Preis mit Qualität verbinden, kannst du aus dem hohen Preis deines Produkts einen Verkaufsvorteil machen".

Damit verbunden ist die Frage der empirischen Erhebung der Wissensstrukturen, die manchmal etwas künstlich wirkt bzw. in quantitativen Untersuchungen lediglich als Reaktion auf das vorgelegte Material erfolgt. Möglicherweise erfolgt der ganze Prozess der Einschätzung von Kunden und der Wahl geeigneter Handlungsstrategien so hochgradig intuitiv, dass mit den vorliegenden Methoden die wesentlichen Merkmale des Vorgehens der Verkäufer gar nicht erfasst werden. In diesem Falle wäre es vielleicht angemessener, kognitive Merkmale der sozialen Kompetenz (Hennig-Thurau & Thurau, 1999) als Indikatoren solcher Fähigkeiten zu erheben. Darüber hinaus ist auch auf den Befund aus der Meta-Analyse von Vinchur et al. (1998) zu verweisen, wonach Tests der allgemeinen kognitiven Fähigkeiten sowie von Unternehmen entwickelte Tests zur Erfassung des Wissens über die je spezifische Verkaufsaufgabe mit zu den besten Prädiktoren der Leistung von Verkäufern zählen. Verkaufen erfordert eine hohe Intelligenz, aber eben nicht im akademischen, sondern im lebenspraktischen Sinne. Eine konkretere Untersuchung der Anforderungen spezieller Verkaufssituationen an das Wissen und die Fähigkeiten sowie subtilere Methoden zu ihrer Erfassung könnten daher künftig zu noch besseren Ergebnissen führen.

3.4 Die Umwelt des Verkäufers

Die Umwelt, die Einfluss auf das Verhalten der Verkäufer nehmen kann, ist prinzipiell ein „weites Feld", aus dem die Verkäuferforschung bislang nur wenige Aspekte – und auch die nur kursorisch - thematisiert hat: Dazu zählen das Führungs- und Kontrollverhalten, die Arbeitsbedingungen und ausgewählte Merkmale der Organisation. Die vorliegenden Erkenntnisse zu diesen Bereichen werden im folgenden kurz skizziert. Das mit Abstand wichtigste Element der Umwelt des Verkäufers, sein Kunde, wird im nächsten Kapitel beleuchtet.

3.4.1 Führung und Kontrolle

Unter Führung kann ganz allgemein die bewusste und zielbezogene Einflussnahme auf Menschen verstanden werden, wobei sich die Ziele der Einflussnahme gewöhnlich aus den Unternehmenszielen ableiten. Obwohl das Verhalten von Führungskräften allgemein als eine grundlegende Determinante des Mitarbeiterverhaltens angesehen wird (Neuberger, 1995), hat es in der Verkäuferforschung relativ wenig Beachtung gefunden. In den frühen Phasen der Forschung wurden lediglich die Wirkungen des Führungsstils der Vorgesetzten verschiedentlich untersucht. Den Ausgangspunkt bildete dabei die Konzeption der sogenannten Michigan-Studien, in denen zwei unabhängige Dimensionen des Führungsverhaltens unterschieden und in einem Fragebogen messbar gemacht wurden: Das „initiating structure", das ein aufgabenorientiertes Führungsverhalten beschreibt, und „consideration", ein Verhalten, in dem freundliche Wärme gegenüber den Mitarbeitern zum Ausdruck kommt und daher auch als Mitarbeiterorientierung bezeichnet wird (Gebert & von Rosenstiel, 1996).

In verschiedenen Studien wurden diese Variablen aus Sicht der Verkäufer gemessen und mit ihrer selbstberichteten Leistung, ihrer Arbeitszufriedenheit und der Rollenwahrnehmung korreliert. Die Ergebnisse fallen - wie in vergleichbaren Untersuchungen in anderen Arbeitsbereichen (Neuberger, 1995) - eher ernüchternd aus: Zwar finden sich relativ einheitlich Zusammenhänge zwischen Mitarbeiterorientierung und Zufriedenheit (Teas, 1981; 1983 vgl. aber DeCarlo & Agarwal, 1998) und zwischen Mitarbeiterorientierung und Rollenklarheit bzw. Rollenkonflikt (Teas, 1983; Sager, 1994), allerdings fallen die Korrelationen trotz der gemeinsamen Methodenvarianz - es handelt sich durchgehend um Querschnittstudien, bei denen alle Variablen in Fragebogenform bei den Verkäufern erhoben werden - eher niedrig aus. Für aufgabenorientiertes Führungsverhalten finden sich keine eindeutigen Ergebnisse (Teas, 1983;

Kohli, 1989; DeCarlo & Agarwal, 1998).). Auch die Suche nach moderierenden Variablen (Kohli, 1985) bzw. Versuche mit Operationalisierungen eher verkaufsspezifischen Führungsverhaltens haben keine eindeutigen Ergebnisse erbracht (Kohli, 1985; Tyagi, 1985).

Zusammenfassend lässt sich daher sagen: Ganz im Gegensatz zu den in der Praktikerliteratur für Verkaufsmanager regelmäßig verkündeten Versprechungen gibt es eben nicht „den einen, besten Weg" zur Führung im Verkauf. Wichtiger scheint es stattdessen für Vorgesetzte zu sein, als Rollenmodell für die Verkäufer zu wirken, d.h. selbst das Verhalten zu zeigen, das von den Verkäufern erwartet wird: Dadurch wird das Vertrauen in den Vorgesetzten erhöht und indirekt die Zufriedenheit und die Leistung der Verkäufer positiv beeinflusst (Rich, 1997). In den letzten Jahren konzentriert sich die Forschung auf ein spezielles Merkmal der Verkaufstätigkeit, die Grenzrolle, und seine Folgen für eine Dimension des Führungsverhaltens - die Kontrolle der Verkäufer.

3.4.1.1 Probleme von Grenzrollen

Versteht man Organisationen als offene Systeme (Katz & Kahn, 1978), lassen sie sich durch ihre Randelemente, die Relationen zu anderen Systemen aufweisen, kennzeichnen. Diese Randelemente sorgen für die lebensnotwendigen Transaktionen zwischen der Organisation und ihrer Umwelt und haben daher besondere Bedeutung für die Funktionsfähigkeit des Systems. Solche Positionen werden als Grenzrollen, ihre Inhaber als „Türsteher" (gate keeper) bezeichnet, da sie den Zugang zur Organisation - den Informationsfluss in die Organisation - gewissermaßen filtern. Die spezifischen Funktionen von Grenzrollen sind Repräsentation nach außen und Informationsverarbeitung (Bowen & Schneider, 1988) - das entspricht der doppelten Funktion von Grenzen, der Trennung *und* Verbindung von System und Umwelt (Luhmann, 1984, S. 52ff.; vgl. zum folgenden Nerdinger, 1994).

Repräsentation nach außen (und innen). Durch die Repräsentationsfunktion der Inhaber von Grenzrollen vermitteln Organisationen Informationen über sich an die Umwelt mit dem Ziel, ein ganz bestimmtes Bild von der Organisation zu entwerfen und damit letztlich das Verhalten relevanter Gruppen und Personen in der Umwelt zu beeinflussen (Adams, 1980). Strategisch eingesetzte Repräsentation sucht die Adressaten innerhalb oder außerhalb der Organisation zu beeinflussen, wobei Adams (1980) je nach Ziel der Beeinflussung Coping von defensivem Verhalten unterscheidet. *Coping* liegt nach seiner Definition vor, wenn ein Verhalten dem Erreichen der Organisationsziele dient. Das sei am Beispiel des Verkaufs von Bankdienstleistungen verdeutlicht (vgl. dazu Nerdinger, 1994). Wenn eine Bank schlechtere Konditionen anbietet als die Konkurrenz, können ihre Kundenberater versuchen, den Kunden so viele andere Vorteile des Bankprodukts zu vermitteln, damit die Produktpolitik der Organisation in positivem Licht erstrahlt. Aber auch die Repräsentanz der Kunden nach innen verlangt gelegentlich ein geschicktes Verhalten von Verkäufern, um letztlich das zentrale Ziel des Unternehmens - Gewinn - zu erfüllen. Kredite können ab einem Kreditvolumen, das die Handlungsvollmacht des Beraters übersteigt, nur nach Prüfung der Bonität des Kunden durch die Kreditabteilung gewährt werden. Zu diesem Zweck müssen die Kundenbetreuer die finanzielle Situation des Kunden möglichst geschickt darstellen, damit der verkaufte Kredit auch genehmigt wird. Die doppelte Repräsentationsfunktion erweist sich in solchen Fällen des Coping als doppeltes Verkaufen: Zunächst an die Kunden und dann an die Kontrollinstanzen der Organisation.

Defensives Verhalten zielt dagegen auf den Schutz der Person des Verkäufers ab, wobei dieses Verhalten potentiell mit den Unternehmenszielen in Konflikt treten kann. Ein typisches defensives Verhalten liegt vor, wenn Mängel im Service gegenüber Kunden mit Vorschriften, schlampiger Arbeit der „backoffice" Abteilungen oder anderen Problemen der Organisation erklärt werden (vgl. dazu auch Voß, 1987). Die damit erzeugte „Verbrüderung" mit den Kunden richtet sich gegen die Organisation und dient allein der „Wahrung des Gesichts" des Verkäufers vor den Kunden, was letztlich dem Image der Organisation abträglich sein kann.

Defensive Repräsentation der Umwelt nach innen kann in verschiedensten Formen auftreten, beispielsweise wenn ein Verkäufer seine schlechten Umsätze (fälschlicherweise) mit der Kritik seiner Kunden an den angebotenen Produkten rechtfertigt. Häufig wird solch defensives Verhalten durch Techniken der Verkäuferführung wie das „Management by Objectives" (Neuberger, 1995) geradezu erzwungen. Die regelmäßige Steigerung der umsatzdefinierten Zielvorgaben führt dann zu einem als „Mauern" bekannten Verhalten, in dem Verkäufer ihre bessere Marktkenntnis gegenüber dem Vorgesetzten dazu nutzen zu belegen, dass die Zielvorgabe „unmöglich zu erreichen" ist.

Distanz, Loyalität und Kontrolle. Aus einem scheinbar trivialen Merkmal der Tätigkeit an den Grenzen der Organisation - ein Gutteil der Arbeit wird im Kontakt mit Menschen verrichtet, die nicht der Organisation angehören - ergeben sich erhebliche Folgen für die Beziehung zur Organisation. Zum einen entwickeln die mit solchen Positionen betrauten Personen eine andere, meist kritischere Wahrnehmung ihrer Tätigkeit als Kollegen derselben Organisation, die von der Grenze der Organisation weiter entfernt sind (Dean & Brass, 1985). Zum anderen sehen sich die Inhaber von Grenzrollen Ansprüchen und Erwartungen ausgesetzt, die nicht unbedingt denen ihrer Organisation entsprechen müssen. Aus der Sicht der Organisation entsteht damit die Frage nach der Loyalität der Inhaber von Grenzrollen. Je nachdem, wie stark die Tätigkeit von der Organisation kontrolliert wird, lösen Verkäufer den Konflikt entweder im Sinne der Kunden oder der Organisation. Zum Beispiel richten sich Verkäufer in Reisebüros im Zweifelsfalle eher nach den Wünschen der Kunden, sogar wenn diese den Richtlinien der direkten Vorgesetzten widersprechen (Nerdinger, 1994). Die Verkäufer begründen dies mit der Bedeutung, die ein zufriedener Kunde längerfristig für das Geschäft hat und weil ihre Tätigkeit von ihren Vorgesetzten nur schwer zu kontrollieren ist.

Eine immanente Reaktion verkaufsorientierter Organisationen auf die relative Unabhängigkeit der Verkäufer und die Frage ihrer Loyalität ist der Versuch, die Kontrolle über sie zu erhöhen (wobei die Tendenz zur Kontrolle mit der Größe der Orga-

nisation zunimmt). Mit Blick auf Verkäufer werden im wesentlichen zwei Kontrollformen diskutiert (Challagalla & Shervani, 1996; Jaworski, Stathokopoulos &
Krishnan, 1993; Oliver & Anderson, 1994):

- *Direkte* oder *Verhaltenskontrolle*: Vorgesetzte versuchen durch Beobachtung des
  Verhaltens direkt zu kontrollieren, ob sich ihre Verkäufer im Sinne der Organisation verhalten.
- *Ergebniskontrolle*: Ist die Aufgabe unklar bzw. wird sie unter nicht beobachtbaren
  Bedingungen durchgeführt, dann empfiehlt sich diese Kontrollform, sofern das
  anvisierte Ergebnis leicht messbar ist - das typische Beispiel dafür bieten Verkäufer im Außendienst.

Damit ist eine, von der Praxis aus gesehen *die* zentrale Führungsaufgabe im Verkauf
benannt, die auch einige empirische Forschung ausgelöst hat.

3.4.1.2 Kontrolle von Verkäufern

Kontrolle von Verkäufern durch ihre Vorgesetzten umfasst das Setzen von Zielen, das
Überwachen und Bewerten der Zielfortschritte, Rückmeldungen über die Zielfortschritte und Verstärkungen der Verkäufer auf der Basis ihrer Leistungen (Oliver &
Anderson, 1994). Von diesem komplexen System wurde vor allem die Frage untersucht, ob sich die Wirkungen der Kontrolle der Ergebnisse bzw. des Verhaltens, das
zum Ergebnis führen soll, unterscheiden. Bei dieser, eher allgemein gehaltenen Fragestellung finden sich widerspüchliche Befunde: Nach Jaworski et al. (1993) steigert
Ergebniskontrolle die Leistung von Verkäufern, mit der Zufriedenheit hängt Ergebniskontrolle in dieser Studie nicht zusammen; in der Studie von Oliver und Anderson
(1994) senkt dagegen Ergebniskontrolle die Leistung und die Zufriedenheit der von
ihnen untersuchten Verkäufer steigt unter dieser Bedingung. Eine mögliche Ursache
für diese widersprüchlichen Ergebnisse könnte die relativ globale Fassung des Konzepts „Kontrolle" in den verschiedenen Untersuchungen sein. Challagalla und Shervani (1996) haben daher zwei Erweiterungen vorgenommen. Kontrolle im Sinne des
erwähnten Systemgedankens umfasst sowohl eine Informationsfunktion, die in der
Zielsetzung, der Überwachung und in der Rückmeldung deutlich wird, als auch eine
Verstärkungsfunktion, wenn der Vorgesetzte auf Zielerreichung bzw. -verfehlung mit
Belohnung bzw. Bestrafung reagiert.

Darüber hinaus ist das Konzept „Verhaltenskontrolle" sehr weit gefasst. Dazu
zählen Versuche des Verkaufsleiters, die täglichen Aktionen der Verkäufer wie zum
Beispiel die Termindichte zu kontrollieren, aber auch die Kontrolle komplexerer Verhaltensweisen wie etwa die Weiterbildung und die Entwicklung der Verkaufsfähigkeiten. Entsprechend differenzieren Challagalla und Shervani (1996) das Konzept der
Verhaltenskontrolle in die Aktivitäts- und die Fähigkeitskontrolle. Aktivitätskontrolle
umfasst die Spezifizierung der alltäglichen Aktivitäten des Verkäufers, die Überwachung dieser Aktivitäten und die informative Rückmeldung über bzw. Belohnung
oder Bestrafung der täglichen Aktivitäten. Fähigkeitskontrolle betont dagegen die
Entwicklung individueller Fähigkeiten und Fertigkeiten des Verkaufens -. Fähigkei-

ten zur Präsentation von Produkten, Verhandlungsgeschick, interpersonelle Kommunikation, Verkaufsplanung etc.. Bei dieser Kontrollform setzt der Vorgesetzte dem Verkäufer Ziele in Bezug auf den Grad an Fähigkeiten und Fertigkeiten, den dieser besitzen soll, überwacht die Entwicklung dieser Fähigkeiten, gibt Hilfestellung bei konkreten Problemen, meldet die erreichten Fähigkeitsniveaus an die Verkäufer zurück und belohnt bzw. bestraft sie auf der Basis der jeweils erreichten Niveaus.

Aktivitäts- und Fähigkeitskontrolle sollten demnach unterschiedliche Wirkungen auf Leistung und Zufriedenheit von Verkäufern haben. Da Fähigkeitskontrolle die Verbesserung der verkäuferischen Kompetenz betont, sollte sie dazu betragen, das Bedürfnis nach Beherrschung der Umwelt zu befriedigen und die intrinsische Motivation erhöhen, da mit erhöhter verkäuferischer Kompetenz die Verkaufstätigkeit als solche befriedigender erlebt wird. Aktivitätskontrolle dagegen erfordert die regelmäßige Überwachung der alltäglichen Aktivitäten und kann daher als Beschränkung der individuellen Gestaltungsmöglichkeit erlebt werden, die gerade bei dem häufig unter Verkäufern anzutreffenden, ausgeprägten Wunsch nach Autonomie (Nerdinger et al., 1990) zu Unzufriedenheit führen sollte. Bei informativen Formen der Rückmeldung über Leistungen ist in Anlehnung an die Theorie der Zielsetzung (Locke & Latham, 1990) eine leistungssteigernde Wirkung ebenso zu erwarten wie bei Belohnungen in Anschluss an Zielerfüllungen. Belohnungen sollten zudem zumindest kurzfristig auch die Zufriedenheit von Verkäufern steigern. Bei Bestrafungen ist dagegen aufgrund lerntheoretischer Erkenntnisse eher mit negativen Auswirkungen auf Leistung und Zufriedenheit zu rechnen.

Challagalla und Shervani (1996) haben diese Hypothesen an Verkäufern aus fünf verschiedenen industriellen Branchen überprüft. Die signifikanten Ergebnisse zeigt Abbildung 26:

		Kontrolle	
	Ergebnis	**Verhalten**	
		Aktivität	**Fähigkeit**
Information			Zufriedenheit: +
Belohnung	Leistung: –		Zufriedenheit.: +
Bestrafung	Zufriedenheit: –		Leistung: – Zufriedenheit: –

Abb. 26: Zusammenhänge zwischen Kontrollformen und Leistung bzw. Zufriedenheit von Verkäufern im Investitionsgüterbereich (nach Challagalla & Shervani, 1996)

Die Zusammenhänge fallen durchweg eher niedrig aus, was auf einen erstaunlich geringen Einfluss des Kontrollverhaltens der Vorgesetzten auf Leistung und Zufriedenheit von Verkäufern verweist. Die Richtung dieses Einflusses ist aber psychologisch aufschlussreich, wobei interessanterweise die in der Praxis allenthalben favorisierte Ergebniskontrolle besonders wenig bewirkt. Das bestätigt andere Befunde, wonach die Fixierung auf Ergebniskontrolle die Effektivität der Verkaufsführung untergraben kann (Oliver & Anderson, 1994). Werden allein die Verkaufsergebnisse kontrolliert, so können Verkäufer ihre Leistung fast zwangsläufig nur in Verbindung mit negativem Feedback und persönlicher Inkompetenz wahrnehmen. Da es bei diesem System den Verkäufern kaum möglich ist, aus niedrigen Leistungsergebnissen positive Informationen zu gewinnen, produziert diese Ergebniskontrolle letztlich geringere Leistungen und weniger Zufriedenheit!

Überraschenderweise zeigt die Verbindung von Ergebniskontrolle mit Belohnungen signifikant-negative Wirkung. Vermutlich erleben Verkäufer Belohnungen für Ergebnisse als zufällig, wenn sie glauben, das Erreichen oder Verfehlen von Zielen nicht selbst kontrollieren zu können. Da sich das Gehalt der von Challagalla und Shervani (1996) untersuchten Industrie-Verkäufer aus einem Festbetrag und aus Leistungsprämien zusammensetzte, die im Schnitt nur rund 20% des Einkommens ausmachten, könnte gerade in diesem Fall die Vergabe von Prämien als „Vorgesetzten-Willkür" erlebt werden. Wenn sich diese Deutung bestätigen lässt, sollte Ergebniskontrolle nur eingesetzt werden, wenn bei Verkäufern die Verknüpfung von individueller Anstrengung und Leistung gesichert ist.

Aktivitätskontrolle, die Überwachung der täglichen Aktivitäten von Verkäufern hat dagegen in dieser Untersuchung keinerlei Einfluss auf Leistung und Zufriedenheit. Die Kontrolle der Einhaltung lediglich formaler Aktivitäten wie zum Beispiel vorgegebener Terminfestlegungen führt nicht automatisch und in allen Fällen zu Verkaufserfolgen, wie Führungskräfte im Verkauf häufig glauben. Alledings könnten auch Unterschiede im Aufgabenbereich dafür verantwortlich sein, zumindest findet sich in einer Studie an Pharma-Außendienstmitarbeitern ein positiver Zusammenhang zwischen enger Überwachung der Aktivitäten und der Leistung (Dubinsky, Yammarino & Jolson, 1994). Den größten Einfluss hat dagegen die - eher selten praktizierte - Fähigkeitskontrolle. Wenn Verkaufsmanager die Verbesserung der Fähigkeiten und Fertigkeiten als wichtiges Ziel betonen und ihre Verkäufer über solche Verbesserungen informieren und sie belohnen, erhöhen sie die intrinsische Motivation und die Arbeitszufriedenheit ihrer Verkäufer. Problematisch ist dagegen die Bestrafung, wenn erwünschte Fähigkeiten nicht entwickelt werden - dadurch wird sowohl die Leistung als auch die Zufriedenheit reduziert. Da Fähigkeitskontrolle in erhöhtem Maße als subjektive Beurteilung des Vorgesetzten gedeutet wird, erleben Verkäufer vermutlich Bestrafungen besonders leicht als Ungerechtigkeit und reagieren darauf mit Rückzugsverhalten.

In einer weiteren Untersuchung an Verkäufern von zwei großen Industrieunternehmen haben Kohli et al. (1998) die Auswirkungen dieser Kontrollstile auf die Leistungs- und Lernziel-Orientierung untersucht (Button et al., 1996; s.u. 3.3.3.4). Sowohl die Kontrolle der Ergebnisse als auch der Fähigkeiten korrelieren demnach positiv mit einer Lern- und einer Leistungsziel-Orientierung, die Kontrolle der täglichen Routineaktivitäten dagegen korreliert positiv mit einer Leistung- und negativ mit einer Lernziel-Orientierung. Dieser negative Zusammenhang war bei erfahrenen Ver-

käufern besonders stark ausgeprägt - demnach kann zu enge Kontrolle das Interesse
an der Aufgabe untergraben und führt längerfristig zur Gefahr, dass sich die Verkäufer nicht mehr weiter entwickeln.

Diese Befunde wurden allerdings im Investitionsgüterbereich gefunden, in dem die
Verkaufsaufgabe sehr viel höhere Komplexität erreicht als zum Beispiel im Konsumgüterbereich und daher differenzierte Fähigkeiten und Fertigkeiten sowie ein ausgeprägtes Interesse an der Verkaufsaufgabe erfolgsentscheidend sind - eine einfache
Übertragung auf andere Verkaufsgebiete dürfte deshalb nicht möglich sein. Aber
auch unabhängig von den direkten Wirkungen auf Leistung und Zufriedenheit ist eine
stärkere Orientierung des Führungsverhaltens an einer Entwicklung der Fähigkeiten
von Verkäufern wünschenswert, da sich damit langfristige Effekte verbinden können:
Eine Verbesserung des Images des Verkäuferberufs, das wiederum zu positiven Auswirkungen der verstärkten Selbstselektion führt, wenn nicht nur Leute auf der Suche
nach „der schnellen Mark" vom Verkauf angelockt werden. Und schließlich können
Verkäufer mit gut ausgebildeten Fähigkeiten ihre eigenen beruflichen Chancen verbessern.

3.4.2 Arbeitsbedingungen von Verkäufern

Die Arbeit an der Grenze der Organisation hat auch gravierende Auswirkungen auf
die Arbeitsbedingungen von Verkäufern, besonders im Außendienst. Aufgrund der
sehr unterschiedlichen Situationen in den verschiedenen Bereichen des persönlichen
Verkaufs fällt in dieser Frage eine Systematisierung besonders schwer. In Anlehnung
an Erkenntnisse der Arbeitspsychologie hat vor allem das Modell der „job characteristics" von Hackman und Oldham (1980; vgl. auch Nerdinger, 1995; Ulich, 1998) im
Verkauf größere Beachtung gefunden.

3.4.2.1 Das Modell der „job characteristics"

Ausgangspunkt der Modellentwicklung von Hackman und Oldham (1980) war die
Frage, welche Aspekte der Arbeit zu intrinsischer Motivation führen und welche psychologischen Prozesse zwischen der konkreten Form der Arbeit und den individuellen
Reaktionen vermitteln. Unter intrinsischer Motivation verstehen die Autoren allgemein den Antrieb, der aus der erlebten Qualität der Arbeit entspringt. Ihre Überlegungen haben Hackman und Oldham im sogenannten „job characteristics model" verdichtet (vgl. Abbildung 27).

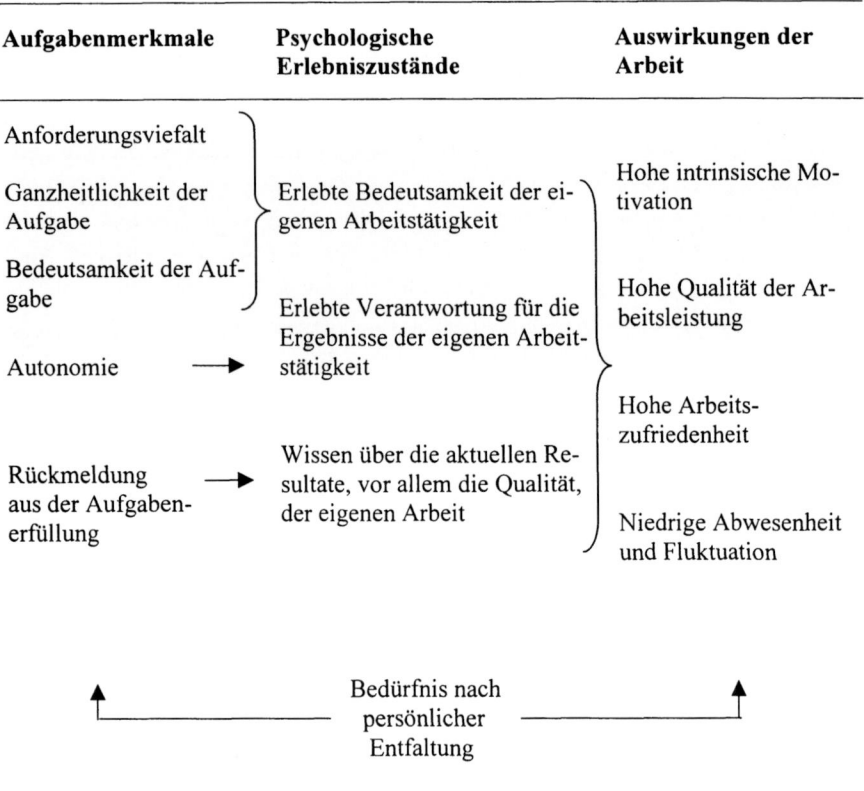

Aufgabenmerkmale	Psychologische Erlebniszustände	Auswirkungen der Arbeit

Abb. 27: Das „job characteristics model" von Hackman und Oldham (in Anlehnung an Ulich, 1998)

Nach Hackman und Oldham ist das Entstehen intrinsischer Motivation an die Ausführung der Arbeitsaufgabe bzw. an die Arbeitstätigkeit gebunden. Arbeit muss nach ihrer Meinung drei psychologische Grundbedingungen erfüllen:
- Die Arbeit muss als bedeutsam erlebt werden;
- Für die Ergebnisse der eigenen Arbeit muss sich der Arbeitende verantwortlich fühlen und
- Über die aktuellen Resultate der eigenen Arbeit, besonders über die Qualität der Ergebnisse, muss er Bescheid wissen.

Die psychologischen Erlebniszustände lassen sich nach Hackman und Oldham auf fünf Merkmale der Tätigkeit zurückführen:
1. *Anforderungsvielfalt* der Arbeitsaufgabe: Die Aufgabe sollte nicht nur eine einzelne bzw. wenige Fähigkeiten des Arbeitenden beanspruchen, sondern möglichst viele motorische, intellektuelle *und* soziale Fähigkeiten;

2. *Ganzheitlichkeit* der Aufgabe („task identity") - gemeint ist der Grad, in dem ein zusammenhängendes Produkt der Aufgabe fertiggestellt wird im Gegensatz zu reduzierten Teilaufgaben, wie sie beispielsweise in der Fließbandfertigung dominieren;

3. *Bedeutsamkeit* der Aufgabe für das Leben und die Arbeit anderer: Der arbeitende Mensch soll die Zusammenhänge seiner eigenen Arbeit mit der seiner Kollegen oder anderer Abteilungen erkennen und so den Sinn und die Bedeutung seines isolierten Beitrages zum Ziel des Unternehmens erkennen;

4. *Autonomie* im Sinne von Kontroll- und Entscheidungsspielraum, d.h. die Arbeitenden können selbst die Mittel und Teilziele ihrer Arbeit wählen und gewinnen damit Kontrolle über die Arbeitssituation;

5. *Rückmeldung* aus der Tätigkeit, d.h. solche Rückmeldungen, die unmittelbar in der Aufgabe angelegt sind.

Die Tätigkeitsdimensionen sollen schließlich - vermittelt über die drei Erlebniszustände - neben intrinsischer Arbeitsmotivation eine hohe Qualität der Arbeitsleistung, hohe Arbeitszufriedenheit und niedrige Abwesenheit und Fluktuation bewirken.

Die Wirkungen der Aufgabe werden nach Hackman und Oldham durch ein Merkmal der Person moderiert, das Bedürfnis nach persönlicher Entfaltung. Dieses Bedürfnis greift an zwei Stellen des Modells ein: Interindividuelle Unterschiede im Wunsch nach Entfaltung sollen zum einen beeinflussen, ob die Aufgabenmerkmale tatsächlich zu den drei Erlebniszuständen führen, zum anderen sollen sie den Zusammenhang zwischen den Erlebniszuständen und den Auswirkungen moderieren. Bei hohem Bedürfnis nach persönlicher Entfaltung ist demnach ein enger Zusammenhang zwischen den Aufgabenmerkmalen und deren Erleben sowie zwischen dem Erleben und den Auswirkungen zu erwarten. Bei niedrigem Entfaltungsbedürfnis sollte dagegen kein solcher Zusammenhang bestehen - letztlich entsteht nach Hackman und Oldham nur dann intrinsische Motivation aus bestimmten Aufgaben, wenn deren Anforderungen in den Personen das entsprechende Bedürfnis anregen. Damit tragen die Autoren der gut belegten Tatsache Rechnung, dass eben nicht alle Menschen auf eine bestimmte Arbeitsstruktur gleich reagieren (vgl. Nerdinger, 1995).

3.4.2.2 „Job characteristics" des Verkaufs

Tyagi (1985) hat an 111 Versicherungsverkäufern die Fragestellung untersucht, ob die Variablen des „job characteristics model" die intrinsische Motivation zum Verkauf und die Leistung - erhoben über Selbsteinstufungen - erklären können. Alle Variablen mit Ausnahme der Ganzheitlichkeit der Aufgabe haben signifikant zur Erklärung der intrinsischen Motivation, aber nicht der extrinsischen Motivation beigetragen (letztere wird durch die erlebte Person des Vorgesetzten bzw. das Führungsverhalten - Vertrauen in bzw. Unterstützung durch den Vorgesetzten, sein Einfluss in der Hierarchie und die Beteiligung der Mitarbeiter an Entscheidungen - erklärt). Intrinsische Motivation wiederum erklärt zusammen mit extrinsischer Motivation knapp 50% der Varianz in der Leistung, wobei die intrinsische Motivation mehr zur Erklärung beiträgt als die extrinsische. Darüber hinaus wirken Anforderungsvielfalt, erlebte Bedeutsamkeit, Autonomie und Rückmeldung auch direkt auf die Leistung. Die Ergebnisse dieser Untersuchung sind allerdings mit Vorsicht zu bewerten, da die „job characteristics" nicht unabhängig erhoben, sondern von den Verkäufern selbst eingestuft wurden (ähnliche Schwierigkeiten treten bei einer Untersuchung von Einzelhandelsverkäufern auf, die zu vergleichbaren Ergebnissen kommt; Dubinsky & Skinner, 1984). Damit bleibt unklar, ob sich in den Aussagen der Verkäufer tatsächlich Unterschiede in der Gestaltung der Arbeitsbedingungen widerspiegeln, möglicherweise sind die Befunde auch auf Merkmale der Verkäufer zurückzuführen. Diese Vermutung wird verstärkt durch ein Kennzeichen der Stichprobe: Alle untersuchten Verkäufer waren in einem Unternehmen beschäftigt und daher war die Varianz in den Aufgaben vermutlich nicht sehr groß.

Beim aktuellen Stand der Forschung können lediglich Zusammenhänge von Aufgabenmerkmalen mit der Arbeitszufriedenheit als gesichert gelten - in der Meta-Analyse von Brown und Peterson (1993) finden sich signifikante positive Zusammenhänge zwischen Rückmeldung, Aufgabenvielfalt bzw. Autonomie und der Arbeitszufriedenheit; in einer Studie an Industrie-Verkäufern aus verschiedenen Ländern - USA, Australien und Indien - hat sich Autonomie unabhängig von der Herkunft als wichtigster Prädiktor der Arbeitszufriedenheit erwiesen (DeCarlo & Agarwal, 1998). Für die moderierende Wirkung des Bedürfnisses nach Selbstentfaltung bzw. nach Autonomie konnten dagegen bislang in der Verkäuferforschung keine Belege gefunden werden (vgl. Strain, 1999).

Die eher geringe Erklärungskraft der Aufgabenmerkmale in den vorliegenden Untersuchungen kann auch auf zu einfache Annahmen über die Zusammenhänge zwischen den Merkmalen der Aufgabe und dem Verhalten von Verkäufern beruhen. Darauf deuten die Befunde von Singh (1998) hin. Nach seiner Vermutung haben Merkmale der Arbeitsbedingungen nicht nur direkte Einflüsse auf die Leistung und Zufriedenheit von Verkäufern, sondern auch umgekehrt u-förmige. Zum einen kann ein Plateau-Effekt vermutet werden, d.h. ab einem bestimmten Grad an Autonomie, Vielfalt, Rückmeldung etc. haben Arbeitsbedingungen keinen Einfluss mehr auf die Leistung oder die Zufriedenheit. Zum anderen könnten auch Effekte der Überstimulierung auftreten, zum Beispiel kann zuviel Autonomie, Aufgabenvielfalt oder Rückmeldung gerade im Verkaufsbereich hinderlich für die Leistung werden: Zuviel Autonomie kann von Verkäufern als Mangel an Führung erlebt werden, zu große Vielfalt der Aufgaben als mangelnde Ausrichtung der Unternehmensziele und zuviel Rückmeldung zu Informationsüberlastung führen. Darüber hinaus sollen nach einer Hypothese von Singh (1998) die Arbeitsbedingungen als Moderatoren des Zusammenhangs zwischen Rollenstressoren und der Leistung bzw. der Zufriedenheit von Verkäufern wirken. Erwartet wurde, dass mittlere Ausprägungen in den Merkmalen der Arbeit die negativen Effekte von Rollenstressoren abschwächen, sehr hohe Ausprägungen dagegen diese Effekte sogar verstärken.

Zur Überprüfung dieser Hypothesen hat Singh (1998) gezielt 285 Verkäufer aus unterschiedlichen Branchen und Unternehmen von verschiedener Größe rekrutiert. Dabei konnten direkte und unkonventionelle Effekt nachgewiesen werden. Aufgabenvielfalt erhöht die Bindung an das Unternehmen – je vielfältiger die Aufgaben, desto höher die erlebte Bedeutung der eigenen Aufgabe. Dadurch entfaltet sich eine motivationale Wirkung im Sinne der Bindung. Rückmeldung dagegen hat positive Wirkungen auf die Arbeitszufriedenheit von Verkäufer. Schließlich wirkt Partizipation - als ein Beitrag zum Autonomieerleben - positiv auf Zufriedenheit und Bindungserleben. Diese Befunde stehen in Einklang mit der Theorie von Hackman und Oldham (1980). Während die vermuteten umgekehrt u-fömigen Beziehungen nicht nachzuweisen waren, fanden sich bedeutsame Moderatoreffekte: Aufgabenvielfalt moderiert die Beziehung zwischen Rollenkonflikten und Leistung (vgl. Abb. 28):

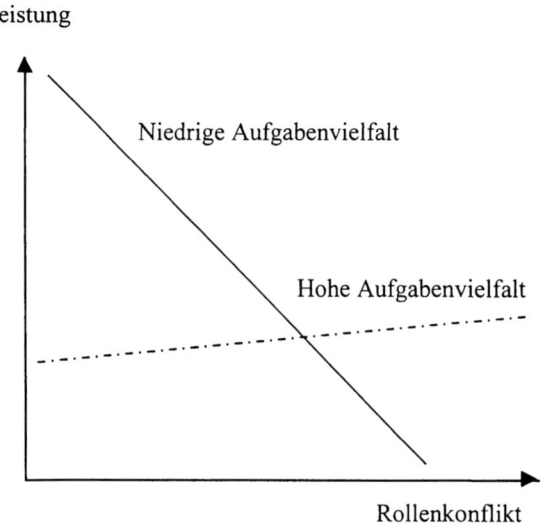

Abb. 28: Die moderierende Wirkung von Aufgabenvielfalt (nach Singh, 1998, S. 79)

Aufgabenvielfalt puffert demnach die negativen Effekte erlebter Rollenkonflikte: Bei vielfältigeren Aufgaben kommen Verkäufer offensichtlich mit den Rollenkonflikten besser zu Rande, vermutlich können sie sich unter diesen Bedingungen, wenn Rollenkonflikt auftreten, Aufgaben zuwenden und damit die Wirkung der Konflikte durch positive Erfahrungen kompensieren. Dieselbe moderierende Wirkung hat die Aufgabenvielfalt auf die Beziehung zwischen Rollenambiguität und der Absicht zu kündigen: Bei geringer Aufgabenvielfalt ist diese Absicht hoch, wenn auch die Rollenambiguität hoch ist - wenn bei eintönigen Aufgaben auch noch die Erwartungen der Vorgesetzten eindeutig sind, dann bleibt den Verkäufern keinerlei Handlungsspielraum und sie wünschen sich, die „langweilige" Aufgabe zu beenden.

Umgekehrt verläuft dagegen die moderierende Wirkung von Autonomie auf die Beziehung zwischen Leistung und Rollenambiguität, die Abbildung 29 veranschaulicht:

Leistung

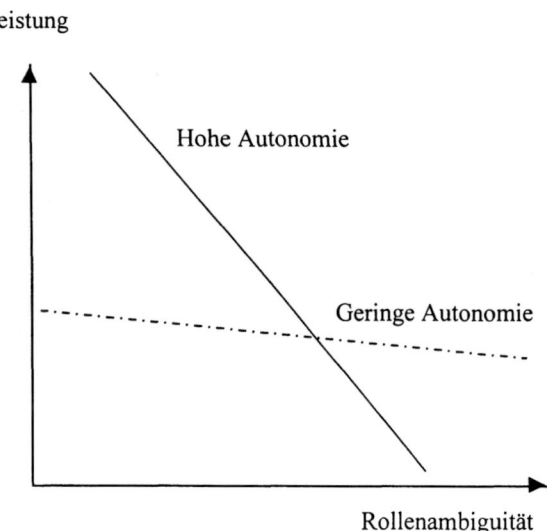

Abb. 29: Die moderierende Wirkung von Autonomie (nach Singh, 1998, S. 79)

Erleben Verkäufer hohe Rollenambiguität, so wirkt ein hohes Maß an Autonomie verstärkend und in der Folge nimmt die Leistung ab. Anders formuliert: Nur wenn die Erwartungen an den Verkäufer eindeutig kommuniziert werden, führt ein hohes Maß an Autonomie auch zu hoher Leistung. Das bedeutet, bei relativ geringer Autonomie kann Rollenambiguität die intrinsische Motivation steigern, da der Verkäufer zusätzliche Anstrengungen unternimmt und sich auf den Kern der Aufgabe konzentriert. Das dürfte allerdings nur der Fall sein, wenn der Verkäufer auch über Möglichkeiten des Coping verfügt, sonst wären negative Folgen der Rollenambiguität wie Burnout zu erwarten (Singh et al., 1994). Zusätzliche Autonomie dagegen erhöht die Unsicherheit und den Zwang zu eigenverantwortlichen Entscheidungen, die in dieser Situation als stressend erlebt werden und die Leistung senken.

Zwar bedürfen diese Ergebnisse noch weiterer empirischer Bestätigung und theoretischer Fundierung, die Studie von Singh (1998) weist aber den Weg für künftige Forschung auf dem Feld der Arbeitsbedingungen von Verkäufern: Die Suche nach einfachen korrelativen Beziehungen steht in Gefahr, wichtige Wechselwirkungen und komplexe Zusammenhänge zwischen den Determinanten des Verkäuferverhaltens zu verdecken. Erst die - in dieser Untersuchung exemplarisch durchgeführte - differenzierte Untersuchung des Zusammenspiels verschiedener Determinanten erlaubt auch praktisch bedeutsame Aussagen.

3.4.3 Die wahrgenommene Organisation des Verkaufs

Bei der Untersuchung der Wirkungen einer Organisation auf das Erleben und Verhalten ihrer Mitarbeiter konzentriert sich die Psychologie gewöhnlich nicht auf die

Organisation als objektives Gebilde, sondern auf die von den Mitarbeitern *wahrge-nommene* Organisation. Solche Wahrnehmungen werden mit verschiedenen Begriffen belegt und als Organisationskultur, organisationale Praktiken oder – relativ umfas-send – als Organisationsklima bezeichnet.

3.4.3.1 Das Konzept „Organisationsklima"

Unter Organisationsklima wird die „relativ überdauernde Qualität der inneren Um-welt der Organisation verstanden, die
- durch ihre Mitglieder erlebt wird,
- ihr Verhalten beeinflusst und
- durch die Werte einer Menge von Merkmalen der Organisation beschrieben wer-den kann" (von Rosenstiel, 2000, S. 341).

Wie das Organisationsklima zu interpretieren ist, darüber bestehen noch einige theo-retische Unklarheiten. Nach James und James (1989) stellen Wahrnehmungen des Klimas einer Organisation kognitive Bewertungen ihrer Merkmale im Hinblick auf die Bedeutung für den einzelnen Mitarbeiter dar. Bewertung bedeutet dabei, dass Werte Standards zur Erfassung des Wohlergehens des Mitarbeiters sind und in der Bewertung erfasst wird, in welchem Ausmaße diese Standards in Merkmalen der Umwelt repräsentiert sind. Weiter vermuten die Autoren, alle relevanten Bewertun-gen würden zusammen einen höherrangigen Faktor bilden, in dem sich verdichtet, in welchem Ausmaße die Umwelt als förderlich oder hinderlich für das eigene Wohlbe-finden erlebt wird.

Andere Autoren (z.B. Schneider, 1990) sehen dagegen das Organisationsklima als Bewertungen der Attribute der Umwelt auf der Basis sozialer Konstruktionen, d.h. die Kategorien, anhand derer die Umweltattribute bewertet werden, entstammen be-stimmten Bezugspunkten der Umwelt - der Sicherheit, der Innovation, dem Kun-denservice etc. Entsprechend ergeben sich verschiedene Klimata. Burke, Borucki und Hurley (1992) haben versucht, diese Ansätze zu integrieren und auf die Situation von Verkäufern (im Einzelhandel) anzuwenden. Nach Meinung der Autoren sind Verkäu-fer aufgrund ihrer Grenzrolle sensibel für die Forderungen der Kunden und die Unter-stützung, die sie von der Organisation zur Erfüllung dieser Forderungen erhalten. Wenn Verkäufer nun im Sinne von James und James (1989) ihre Umwelt in Bezug auf ihr eigenes Wohlergehen bewerten, sollten sie aufgrund ihrer Grenzposition das Organisationklima sowohl hinsichtlich ihres eigenen als auch des Wohlergehens der Kunden einschätzen. In den Einstufungen des Organisationsklimas durch Verkäufer sollten sich daher zwei höherrangige Faktoren finden, in denen das eigene bzw. das Wohlergehen der Kunden erfasst wird.

Anhand der Klima-Daten von rund 19.000 Verkäufern einer Einzelhandelskette konnten die Autoren diese Vermutung bestätigen: In den Daten können zwei allge-meine Faktoren des Organisationsklimas nachgewiesen werden Im ersten spiegelt sich das Interesse der Organisation an den Verkäufern wieder. Dieser umfaßt die Teil-Faktoren

- Unterstützung durch das Management (das Ausmaß, in dem der direkte Vorgesetzte die Verkäufer in ihrer Arbeit unterstützt und sie als Person respektiert),
- Verknüpfung hervorragender Service-Leistungen mit nicht-finanziellen Belohnungen,
- Unterstützung effektiver Arbeit durch Training und Information sowie
- Zielklarheit (Vorgesetzte setzen eindeutige Leistungsstandards).

Der zweite höherrangige Faktor bildet das Interesse der Organisation an den Kunden ab und umfasst die

- Serviceorientierung der Organisation (Betonung der Bedeutung eines hervorragenden Service durch das Unternehmen)
- Personalbezogene Hindernisse (Probleme bei der Umsetzung eines guten Service werden auf die Personalpolitik des Unternehmens zurückgeführt)
- Warenbezogene Hindernisse (Probleme bei der Umsetzung eines guten Service werden auf die ungenügende Versorgung mit Waren durch das Unternehmen zurückgeführt).

Die konkreten Faktoren des Organisationsklimas, die sich in dieser Untersuchung bilden, sind natürlich auf das dabei verwendete Messinstrument zurückzuführen. Zum einen zeigt sie aber exemplarisch, auf welche Attribute hin Verkäufer im Einzelhandel ihre Organisation bewerten, zum anderen, dass Verkäufer auch am Wohlergehen ihrer Kunden orientiert sind.

3.4.3.2 Die Wirkung ausgewählter Faktoren des Organisationsklimas

Der Einfluss des Organisationsklimas auf Erleben und Verhalten von Verkäufern wird bislang nicht systematisch untersucht, vielmehr finden sich vereinzelte Studien, die ausgewählte Wirkungen spezifischer Faktoren auf die Verkäufer thematisieren. Wie bereits gezeigt (s.u. 3.3.3.3) hat ein Klima der Konkurrenzorientierung in Abhängigkeit vom Persönlichkeitsmerkmal „Konkurrenzorientierung" Auswirkungen auf die Höhe der selbstgesetzten Ziele und die Leistung (Brown et al., 1998). Michaels, Cron, Dubinsky und Joachimsthaler (1988) haben den Einfluss der wahrgenommenen Formalisierung der Organisation auf Rollenkonflikt und Rollenambiguität sowie die Bindung an die Organisation an Verkäufern von Baumaterialien untersucht. Unter Formalisierung verstehen die Autoren das Ausmaß, in dem die Arbeitsaktivitäten formal über bürokratische Regeln und Prozeduren definiert sind. Im Verkauf werden zunehmend solche Formalisierungen angestrebt - über computerisierte Kundeninformationssysteme, vorgefertigte Verkaufspräsentationen, Software zur Finanzberatung usw. Solche Regelungen sollten die Rollenerwartungen klären und daher Rollenambiguität verringern. Auf das Erleben von Rollenkonflikten wurde dagegen eine verstärkende Wirkung erwartet, da es die Möglichkeit verringert, flexibel auf Kundenwünsche zu reagieren. Schließlich sollte Formalisierung die Bindung der Verkäufer an die Organisation erhöhen, da Formalisierung die Werte und Ziele der Organisation transparenter macht und daher der einzelne Verkäufer eine rationale Entscheidung für die Organisation treffen kann.

Diese Erwartungen wurden nur zum Teil bestätigt: Höhere Formalisierung korrelierte in dieser Studie negativ mit Rollenkonflikt und Rollenambiguität - möglicherweise führt die mit Formalisierung verbundene Klarheit über die Erwartungen der
Organisation auch zu einer stärkeren Bindung der Verkäufer an diese Erwartungen
und daher können dem widersprechenden Erwartungen der Kunden gar keinen Konflikt mehr auslösen. Weiter zeigte sich kein direkter Effekt der Formalisierung auf die
Bindung sondern lediglich ein über Rollenkonflikt und -ambiguität vermittelter. Zwar
ist die Generalisierbarkeit dieser Ergebnisse gering - es handelt sich um eine Querschnittstudie, wobei alle Variablen bei den Verkäufern *einer* Organisation erhoben
wurden -, sie verdienen aber weitere Forschung, da sie unter anderem dem gängigen
Stereotyp widersprechen, wonach Verkäufer unabhängige „Naturen" sind, die ihre
Freiheit über alles schätzen. Möglicherweise wird gerade im Verkauf - vermutlich
aufgrund der Dominanz hochgradig unsicherer und komplexer sozialer Situationen -
klare und eindeutige Orientierung von seiten der Organisation geschätzt.

Ein weiterer wichtiger Aspekt des Organisationsklimas, von dem ein direkter Einfluss auf Erleben und Verhalten von Verkäufern zu erwarten ist, bildet die grundsätzliche Ausrichtung der Organisation im Sinne der Marktorientierung. Siguaw, Brown
und Widing (1994) verstehen unter Marktorientierung der Firma die Ausrichtung auf
die Bedürfnisse der Kunden und die Wettbewerbssituation. Eine marktorientierte Organisation bietet ihren Verkäufern Trainings, Ressourcen und Belohnungssysteme,
um kundenorientiertes Verhalten zu unterstützen und zu motivieren. Das Gegenteil
bildet eine verkaufsorientierte Organisation, in der vor allem der Umsatz der Verkäufer ohne Berücksichtigung der Kundeninteressen belohnt wird. Von einer marktori-
entierten Organisation erwarten die Autoren daher einen positiven Einfluss auf die
Kundenorientierung der Verkäufer, die wiederum den erlebten Rollenstress verringern und Arbeitszufriedenheit wie Bindung an die Organisation erhöhen sollte. Siguaw et al. (1994) konnten diese Hypothesen an Verkäufern aus über 200 Unternehmen bestätigen: Wenn Verkäufer ihr Unternehmen als marktorientiert wahrnehmen,
geben sie für sich höhere Kundenorientierung, geringeren erlebten Rollenstress (Rollenkonflikt und -ambiguität) sowie höhere Arbeitszufriedenheit und Bindung an die
Organisation an. Auch bei dieser Studie ist natürlich wieder auf methodische Grenzen
zu verweisen, die Befunde widersprechen allerdings weit verbreiteten Einschätzungen
von Verkäufern und verdienen daher besondere Beachtung: Entgegen dem Stereotyp
vom eindimensionalen Verkäufer, der nur an finanziellen Belohnungen interessiert
ist, fühlen sich Verkäufer besonders in ihrer Arbeit und in ihrem Unternehmen wohl,
wenn sie kundenorientiert arbeiten können und den Eindruck haben, sie werden aufgrund der Marktorientierung von ihrem Unternehmen unterstützt. Wenn manche Verkaufsleiter das Gegenteil behaupten und auf dem Verkäuferstereotyp beharren, könnte
das durchaus eine Schutzbehauptung sein, weil in ihren Unternehmen eben der Kunde
weniger als der Umsatz zählt (Nerdinger et al., 1990).

In der Bewertung der Ausrichtung der Organisation schwingt demnach häufig
auch eine ethische Komponente mit. Einige Autoren unterstellen sogar ein „ethisches
Klima" in Organisationen, das als „die vorherrschenden Wahrnehmungen typischer
organisationaler Praktiken und Prozeduren, die ethischen Inhalt haben", definiert wird

(Schwepker, Ferrell & Ingram, 1997, S. 100). Ethische Konflikte sind zu erwarten, wenn die ethischen Vorstellungen der Verkäufer den ethischen Werten des Top Managements oder der direkten Vorgesetzten widersprechen (in einer Untersuchung an amerikanischen Marketingmanagern billigten diese sich höhere ethische Standards zu als ihren Kollegen und dem Top Management; Ferrell & Weaver, 1978, zit. in Schwepker et al., 1997). Eine Studie an Verkaufsmanagern und Verkäufern aus dem industriellen Sektor bestätigt diese Zusammenhänge (vgl. Abb. 30).

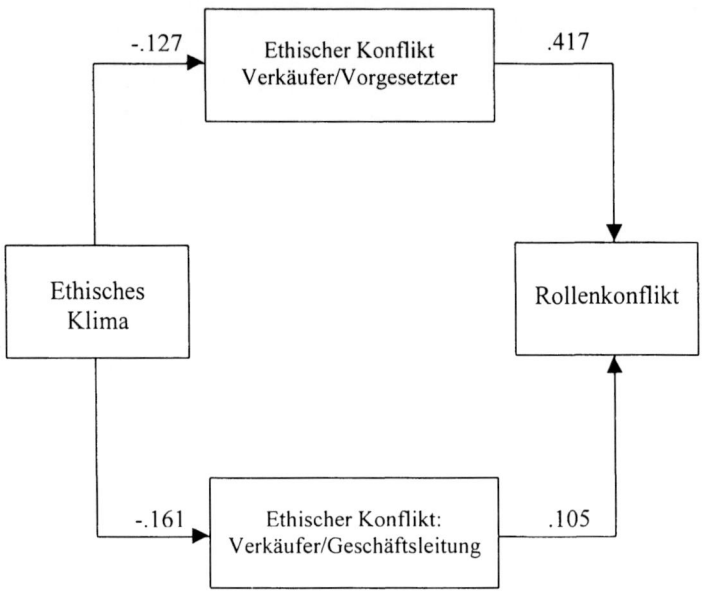

Abb. 30: Der Zusammenhang zwischen ethischem Klima, ethischem Konflikt und erlebtem Rollenkonflikt von Industrie-Verkäufern (nach Schwepker et al., 1997, S. 105)

Das ethische Klima hat einen (schwachen) Einfluss auf die erlebten ethischen Konflikte mit dem direkten Vorgesetzten bzw. der Geschäftsleitung, Rollenkonflikte werden wiederum besonders stark durch den ethischen Konflikt mit dem direkten Vorgesetzten beeinflusst: Die Werte der Organisation werden demnach in erster Linie durch das Verhalten des direkten Vorgesetzten wahrgenommen. Gerade die im Verkauf häufig vernachlässigte Dimension ethischer Fragen wird von Verkäufern sehr wohl wahrgenommen und vermutlich hat sie auch Auswirkungen auf ihr Verhalten. Diese Frage bedarf zwar noch weiterer Forschung, in einer Studie wurden aber immerhin Zusammenhänge zwischen ethischen Konflikten von Verkäufern und der Kündigungsabsicht gefunden (Schwepker, 1999).

Hinweise auf die Verhaltensrelevanz des Organisationsklimas finden sich auch in der Untersuchung von Brown und Leigh (1996). In Anschluss an James und James (1989) sollten Mitarbeiter das Klima der Organisation in Bezug auf ihr Wohlergehen bewerten. Ein solches Erleben umfasst zwei Aspekte (Kahn, 1990):

- Das Gefühl psychologischer Sicherheit - der Mitarbeiter kann sich authentisch verhalten, ohne negative Konsequenzen für sein Selbstbild, seinen Status oder seine Karriere befürchten zu müssen - und

- das Gefühl der psychologischen Sinnhaftigkeit, das entsteht, wenn ein Mitarbeiter seine Umwelt als herausfordernd, wertvoll und belohnend erlebt.

Ein über diese beiden höherrangigen Faktoren operationalisiertes psychologisches Klima wirkt nicht direkt auf die Leistung, sondern vermittelt über das Job Involvement der Verkäufer, das wiederum deren Anstrengung bestimmt. Die Anstrengung bestimmt dagegen direkt die Leistung der Verkäufer (Brown & Leigh, 1996).

Schließlich haben Borucki und Burke (1999) die Auswirkungen des Organisationsklimas auf das Verhalten von Verkäufern und dessen Wirkungen auf den geschäftlichen Erfolg von Einzelhandelsgeschäften auf aggregiertem Niveau untersucht. Sie haben dafür dasselbe Datenmaterial, mit dem Burke et al. (1992) die beiden übergreifenden Faktoren des Organisationsklimas - Interesse der Organisation an den Verkäufern bzw. an den Kunden - nachgewiesen haben (s.u. 3.4.3.1), verwendet. Die Ergebnisse zeigt Abbildung 31:

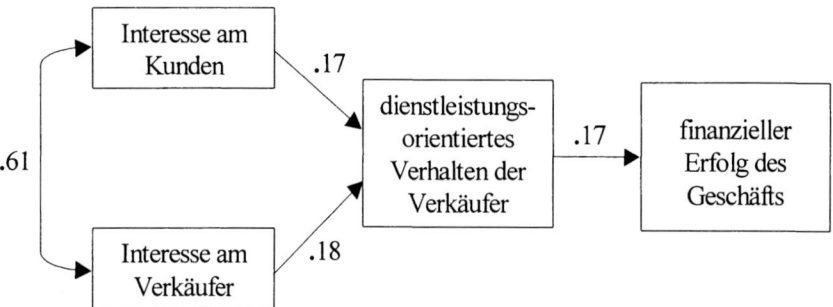

Abb. 31: Der Zusammenhang zwischen Organisationsklima, dienstleistungsorientiertem Verhalten von Verkäufern und dem finanziellen Erfolg von Einzelhandelsgeschäften (nach Borucki & Burke, 1999, S. 956)

In der Untersuchung wurde die Wahrnehmung des Organisationsklimas der Verkäufer von 463 Einzelhandelsgeschäften aggregiert, d.h. es liegt eine Auswertung für die verschiedenen Geschäfte vor. Das dienstleistungsorientierte Verhalten der Verkäufer wurde durch Selbsteinschätzungen und durch Befragung von Kunden der Geschäfte, der finanzielle Erfolg über das Betriebsergebnis der Geschäfte im Jahr der Befragung erhoben. Wie Abbildung zeigt, haben beide Faktoren des Organisationsklimas Einfluss auf das dienstleistungsorientierte Verhalten der Verkäufer, das wiederum Einfluss auf den finanziellen Erfolg der Geschäfte hat (alle Pfade sind hoch-signifikant). Da das Organisationsklima durch die Unternehmenspolitik beeinflusst wird, kann demnach ein dienstleistungsorientiertes Management, das sich sowohl um den Kunden als auch um die Verkäufer bemüht, das Verhalten der Verkäufer in Richtung Dienstleistungsorientierung beeinflussen - und das kann sich auch finanziell auszahlen!

Zusammenfassend lässt sich sagen: Die meisten Studien zu den Auswirkungen ausgewählter Dimensionen des Organisationsklimas konzentrieren sich auf die Folgen für erlebten Rollenstress - da Rollenstress direkt auf die Grenzposition von Verkäufern zurückzuführen ist, wird naheliegenderweise vermutet, dass Variablen der Organisation darauf Einfluss haben. Wie auch Meta-Analysen belegen (z.B. Brown & Peterson, 1993) ist dieser Einfluss aber insgesamt gesehen eher gering. Das mag an den verwendeten, eher abstrakten Operationalisierungen des Orgnisationsklimas liegen. Erste Untersuchungen, in denen die Wahrnehmung konkreter organisationaler Praktiken erhoben wurde, zeigen demgegenüber etwas engere Zusammenhänge zu Rollenstress (vgl. Singh, Verbeke & Rhodes, 1996). Darüber hinaus sind die Folgen für das Verhalten von Verkäufern bislang noch sehr wenig erforscht und die vermuteten kausalen Wirkungen des Klimas auf das Verhalten müssen erst noch in Längsschnittstudien überprüft werden: Nach einigen Untersuchungsergebnissen bestimmt zum Beispiel nicht ein als negativ erlebtes Organisationsklima den Entschluss zur Kündigung, sondern umgekehrt führt dieser Entschluss zum Erleben eines negativeren Klimas (vgl. Tyagi & Wotruba, 1993).

3.4.4 Fazit und Folgerungen

Die Wirkungen der Umwelt auf das Verhalten von Verkäufern wurden bislang von der Forschung sträflich vernachlässigt. Das mag auch mit der grundsätzlichen Ausrichtung der Verkäuferforschung zusammenhängen, die letztlich immer darauf abzielt, den Erfolg im Sinne von Umsätzen zu erklären. Da rein statistisch-quantitativ die Beiträge der verschiedenen Umweltvariablen zur Erklärung der Leistung recht gering ausfallen, finden sie auch wenig Interesse. Ein solches, vordergründig an den einseitigen Interessen der Praxis ausgerichtetes Vorgehen reduziert aber die Verkäuferforschung auf ein mechanistisches Verständnis der Prozesse im Verkauf und verhindert damit weiterreichende Erkenntnisse. Nach den Ergebnissen der wenigen vorliegenden Untersuchungen kann die Erforschung verschiedener Umweltvariablen das Verständnis der Bedingungen des Verkaufs erhöhen und damit zur Grundlage einer wissenschaftliche Psychologie des persönlichen Verkaufs beitragen.

Die Forschungen könnten aber auch der Praxis wertvolle Hinweise vermitteln. Zu diesem Zweck müssten sie aber auf verschiedene Bereiche des persönlichen Verkaufs ausgedehnt werden. So scheint im Investitionsgüterbereich die gängige Praxis der Ergebniskontrolle, aber auch die seltener geübte Form der Aktivitätskontrolle keinerlei Auswirkungen auf die Leistung zu haben. Dagegen wirkt sich die Kontrolle der Entwicklung von Verkaufsfähigkeiten zumindest in diesem Bereich des Verkaufs relativ stark auf die Leistung aus, obwohl sie in der Praxis am seltensten zu finden ist. Im Sinne der bereits diskutierten, für die Qualifizierung sowie die intrinsische Motivation der Verkäufer und die längerfristige Kundenbindung wichtigen Entwicklung einer Lernziel-Orientierung sollte sich das Führungsverhalten verstärkt auf die Entwicklung von Verkaufsfähigkeiten richten.

Die Untersuchungen geben weitere Hinweise darauf, dass sich intrinsische Motivation durch die Gestaltung der Arbeitsbedingungen, zum Beispiel durch die Gewährung relativ großer Autonomie, steigern lässt. In diesem Fall müssen Vorgesetzte aber die Erwartungen an den Verkäufer eindeutig kommunizieren, ansonsten könnte die Autonomie die Unsicherheit und den Zwang zu eigenverantwortlichen Entscheidungen erhöhen und damit zusätzlichen Stress auslösen. Führung von Verkäufern ist daher eine sehr anspruchsvolle Aufgabe und die Entwicklung entsprechend ausgebildeter Führungskräfte verdient künftig sehr viel größere Aufmerksamkeit in den Unternehmen. Darauf deuten auch die Befunde zum Organisationsklima hin, auf das Vorgesetzte maßgeblichen Einfluss haben. Besonders die damit verbundenen ethischen Aspekte, die im Verkauf gewöhnlich tabuisiert sind, bilden eine Herausforderung an die Führung. Auch in dieser Frage wird wieder deutlich - das zumindest für den Außendienst gängige Stereotyp des Verkäufers, der nur an seinem Einkommen interessiert und dafür bereit ist, (fast) alles zu tun, wird der Komplexität der realen Verhältnisse nicht annähernd gerecht.

4. Interaktion und Kommunikation zwischen Verkäufer und Käufer

Der Verlauf der Interaktion zwischen Verkäufer und Käufer entscheidet letztlich über Erfolg und Misserfolg im persönlichen Verkauf (Kroeber-Riel & Weinberg, 1996). Trotz dieser allseits eingestandenen Bedeutung der Interaktion findet sich erstaunlich wenig empirische Forschung zu diesem Problemfeld - noch düsterer sieht es für Verkaufsverhandlungen zwischen einem Verkäufer und mehreren Kunden und den dabei auftretenden gruppendynamischen Prozessen aus (Becker, 1999), die im folgenden ausgeklammert werden. Im Zentrum der Interaktion steht das Verkaufsgespräch, d.h. die Kommunikation zwischen Verkäufer und Käufer. Das legt einen Unterschied zwischen den Begriffen „Interaktion" und „Kommunikation" nahe, der zunächst etwas genauer beleuchtet wird (4.1). Im Anschluss werden die wichtigsten Theorien der Interaktion, mit denen sich die wechselseitige Einwirkung der beiden Akteure erklären lässt, dargestellt. Außerdem wird die zentrale Frage der Interaktion, die Einwirkung im Sinne der Beeinflussung diskutiert (4.2). Die Kommunikation mit dem Fokus auf das Verkaufsgespräch findet allgemein das größte Interesse, was sich nicht zuletzt im exzessiv betriebenen Training der damit verbundenen kommunikativen Fähigkeiten von Verkäufern äußert (4.3). Abschließend wird die Frage diskutiert, unter welchen Bedingungen zwischen Verkäufer und Käufer eine Beziehung entsteht (4.4).

4.1 Begriffsabgrenzung: Soziale Interaktion und Kommunikation

Watzlawick, Beavin und Jackson (1969) haben in ihrer „Wissenschaftlichkeit beanspruchenden Anekdotensammlung" (Käsermann, 1995, S. 5) über die menschliche Kommunikation einige „Axiome" formuliert, die angeblich für die Kommunikation grundlegend seien (und nicht zuletzt Verkaufstrainings mit minimalem Anspruch an theoretischer Fundierung wesentlich geprägt haben). Eines davon lautet: „Man kann nicht nicht-kommunizieren!" (ebda., S. 69). Nach der zugrunde liegenden These hat jedes Verhalten Mitteilungs-Charakter, da es aber kein Nicht-Verhalten gibt, ist alles Verhalten auch Kommunikation. Jede Kommunikation übt immer auch einen Einfluss auf andere aus, daher behaupten die Autoren, es gäbe keinen Unterschied zwischen Interaktion und Kommunikation - in dieser Pauschalität trifft das nicht zu (Burgoon, 1994).

Soziale *Interaktion* bezeichnet die Einwirkung verschiedener Personen aufeinander, wobei der Einwirkung nicht notwendig eine Absicht, ein Plan oder auch nur das Wissen der Personen über die wechselseitige Einwirkung zu unterstellen ist (Engels & Timaeus, 1983; Weick, 1985; vgl. zum folgenden Blickle, 2000). Eine Form der Einwirkung ist das als „social facilitation" bekannte Phänomen, wonach die Anwesenheit anderer bei der Verrichtung einfacher, gut gelernter Tätigkeiten zu höherer Leistung führt im Vergleich zur Einzelarbeit (Fischer & Wiswede, 1997; Zajonc, 1965): Allein die physische Präsenz anderer Menschen bewirkt eine physiologische Aktivierung, d.h. es findet eine Einwirkung völlig unabhängig vom Mitteilungs-

Charakter ihres Verhaltens statt. So wird beispielsweise der Vortrag des „billigen Jakob" allein durch die Anwesenheit von Publikum befeuert - je mehr Menschen zuhören, desto größer ist gewöhnlich seine Leistung.

Außerdem zählt zur Interaktion auch die bewusste Reaktion auf die Einwirkung durch andere. Das kann so ablaufen: Ein Verkäufer in einem Einzelhandelsgeschäft wird auf einen Kunden aufmerksam, was diesem auffällt, worauf der Verkäufer wiederum bemerkt, dass der Kunde bemerkt hat, dass er vom Verkäufer beobachtet wurde. Diese Interaktion kann völlig spontan und unbeabsichtigt ablaufen, ob sie fortgesetzt wird, hängt von den Beteiligten ab. Der Verkäufer lächelt den Kunden an oder nickt ihm zu - will der Kunde nicht in ein Verkaufsgespräch verwickelt werden, wird er den Blickkontakt vermeiden und weitergehen. Solche Abläufe folgen gewöhnlich einem kognitiven Skript (Abelson, 1981; s.u. 2.3.4.2), einer Gedächtnisstruktur, die soziale Abläufe speichert. So wissen wir intuitiv: Jemand, der den Blickkontakt meidet, möchte ein Gespräch umgehen. Zum Beruf des Verkäufers gehört es aber, gelegentlich gegen die damit verbundenen Erwartungen zu verstoßen, was wiederum in Skripts, in denen Begegnungen mit Verkäufern gespeichert sind, genau den Erwartungen entspricht - und damit negative Einstellungen gegenüber Verkäufern bestätigt. Obwohl also Interaktionen oft einem bestimmten Muster, das in Skripts festgelegt ist, folgen, haben die Beteiligten Möglichkeiten zu eigensinnigen Handlungen, um das Verhalten und die Reaktionen anderer zu beeinflussen (Theis, 1993).

Kommunikation wird als Übermittlung oder Austausch von Informationen definiert (Graumann, 1972; Krauss & Fussell, 1996). Da jede Mitteilung Einfluss auf den Rezipienten ausübt, stellt jede Kommunikation eine Interaktion dar, aber nicht jede Interaktion ist auch eine Kommunikation, d.h. Kommunikation bildet eine Teilmenge der Interaktion. Um sinnvoll von „Kommunikation" sprechen zu können, müssen einige Voraussetzungen erfüllt sein, so liegt dem Austausch von Mitteilungen gewöhnlich eine Absicht zugrunde: Eine Mitteilung setzt ein Ziel voraus, das in einem Medium - brieflich, fernmündlich oder von Angesicht zu Angesicht - zu verwirklichen versucht wird, wobei sich die Kommunikationsteilnehmer wechselseitig an einem oder mehreren Themen orientieren. Damit es dabei zur Verständigung kommt, müssen beide Akteure über einen gemeinsam geteilten Vorrat an Zeichen und Regeln verfügen. Zwei Arten von Regeln lassen sich unterscheiden (Searle, 1969): Bedeutungsregeln legen fest, „was als was" gilt, zum Beispiel kann ein leichtes Kopfnicken als Gruß gelten; Angemessenheitsregeln befassen sich dagegen mit Kommunikationsge- und verboten, so soll ein Verkäufer seinen Kunden nicht kritisieren, der Kunde dagegen darf umgekehrt den Verkäufer sehr wohl kritisieren (Blickle, 2000). Solche Regeln legen allerdings den Kommunikationsverlauf nicht fest, sie geben lediglich Orientierung (irgendwann kann es auch einem Verkäufer zu viel werden und er sagt dann vielleicht Sachen zu seinem Kunden, die er eigentlich nicht sagen darf). Entsprechend schließt zwischenmenschliche Kommunikation auch Missverständnisse ein, die sich durch (Meta-)Kommunikation ausräumen lassen, die aber manchmal auch von einem Akteur - wobei in der Regel der Verkäufer im Verdacht steht - gezielt angestrebt oder vorgetäuscht werden.

Häufig hat Kommunikation neben dem Akteur, an den sie sich direkt richtet, noch andere Rezipienten, die als Zuhörer, Zuschauer oder Leser daran teilhaben. Wenn der Außendienstmitarbeiter mit dem Kunden in dessen Heim spricht, kann die Frau des Kunden im gleichen Raum sein und dem Gespräch zuhören. Richtet sich der Verkäufer an einer strategisch wichtigen Stelle des Gesprächs an sie, gehört sie mit zum Kommunikationsgeschehen. Solange sie aber - um das altertümlich Rollenklischee von der Beschäftigung mit einer Handarbeit zu vermeiden - in der Zeitung liest, nimmt sie nicht an der Kommunikation teil (auch wenn sie jedes Wort versteht), sondern steht in Interaktion zu den Kommunikatoren - sie beeinflusst allein durch ihre Anwesenheit das Verhalten ihres Mannes und des Verkäufers.

Zwischen der Interaktion und der Kommunikation sind viele Merkmale der sogenannten Körpersprache oder nonverbalen Kommunikation (Burgoon, 1994; DePaulo & Friedman, 1998; Scherer & Wallbott, 1990) einzuordnen. Ein Verkäufer kann einen Tonfall der Erregung oder eine gespannte Körperhaltung bewusst produzieren, zum Beispiel, um die Dramatik seiner Produktpräsentation zu erhöhen. In diesem Fall stellt sein nonverbales Verhalten ein Ausdrucksmittel der Kommunikation dar, das unter Umständen auch als solches vom Käufer interpretiert wird - möglicherweise aber wirkt das Verhalten auf den Käufer ein, ohne von diesem bemerkt zu werden: Im ersten Fall würde es sich um eine Form der Kommunikation, im zweiten um eine einseitige Interaktion handeln. Dasselbe Verhalten kann aber beispielsweise auch die Nachwirkung der Auseinandersetzung mit dem Polizisten sein, der dem Verkäufer kurz vor dem Verkaufsgespräch einen Strafzettel für falsches Parken verpasst hat. In diesem Fall ist sein nonverbales Verhalten kein bewusst eingesetztes Ausdrucksmittel und zählt daher nicht zur Kommunikation, sondern bildet eine Form der Interaktion, eine einseitige Einwirkung auf den Käufer. Versteht aber der Käufer das Verhalten des Verkäufers als bewusst eingesetztes Mittel zur Steigerung der Verkaufsergebnisse, kann er es auch als schlechte Schauspielerei betrachten und diese Deutung wird ihn in seinen Vorurteilen gegenüber Verkäufern bestätigen.

Die Begriffe „Interaktion" und „Kommunikation" lassen sich also sehr wohl unterscheiden, wenn auch die Grenzen häufig nicht ganz genau festzulegen sind. Unter Interaktion wird hier der Prozess der wechselseitigen Einwirkung zweier oder mehrerer Personen verstanden, die folgenden Ausführungen konzentrieren sich daher auf den allgemeinen Aspekt der Einwirkung. Die spezielle Form der Einwirkung durch Kommunikation, d.h. durch die Übermittlung von Botschaften wird anschließend diskutiert.

4.2 Soziale Interaktion im persönlichen Verkauf

Das Feld der sozialen Interaktion sollte eigentlich im Zentrum sozialpsychologischer Forschung stehen, betrachtet man sich allerdings die Forschungslage, dann dokumentiert sich darin nach wie vor das Diktum von der „Scheu des Psychologen vor der Interaktion" (Graumann, 1978). Vor allem die theoretische Grundlegung dieser zentralen Einheit menschlichen Zusammenlebens ist aus psychologischer Sicht nach wie vor unbefriedigend. Die folgenden Ausführungen müssen sich daher auf einige ältere

theoretische Grundlagen stützen, die immer noch den „state of the art" der Verkäuferforschung bilden. Anschließend wird das wesentliche Merkmal der Interaktion, die
soziale Einflussnahme, beleuchtet.

4.2.1 Theoretische Grundlagen der sozialen Interaktion

4.2.1.1 Formen der Interaktion

Jones und Gerard (1967) haben eine Typologie der Interaktion entwickelt, die nach
dem Grad der wechselseitigen Abhängigkeit der Interaktionspartner und der daraus
folgenden unterschiedlich intensiven Einwirkung vier Formen der Interaktion unterscheidet (vgl. Abb. 32).

Jones und Gerard (1967) gehen von einem etwas engeren Interaktionsverständnis
aus als hier vorgeschlagen, denn sie unterstellen den Akteuren Handlungsabsichten:
A und B produzieren Reaktionen, die Teil einer zielgerichtet verlaufenden Reaktions-
kette sind (vgl. zum folgenden auch Engels & Timaeus, 1983; Müller, 1983). Im
Rahmen einer *Pseudointeraktion* verfolgen beide Interaktionspartner ihr eigenes Ziel,
die Interaktion läuft wie ein Ritual ab - die Akteure müssen sich lediglich Stichworte
oder Verhaltenssignale geben (V_{p1} ... V_{pn}), um routinisierte Einzelaktivitäten abzu-
wickeln. Diese Form der Interaktion kennzeichnet eine Vielzahl alltäglicher Verkaufssituationen, zum Beispiel am Fahrkartenschalter oder im Fast-Food-Restaurant.
In manchen Fällen kann sich aber auch in Pseudointeraktionen ein hohes Maß an
Vertrautheit entwickeln, so dass ein Verkäufer einen Kunden nach einer gewissen
Zeit wortlos bedienen kann (Goffman, 1974). In einer *asymmetrischen Interaktion*
wirkt eine Person A durch ihr planmäßiges Vorgehen stark auf das Verhalten der anderen Person B ein, die lediglich reagiert und selbst kaum Einfluss auf A hat (V_{r1} ...
V_{rm}). Solche Interaktionen kennzeichnen Situationen, in denen eine Person befugt ist,
Anweisungen zu geben (z.B. beim Militär oder in Unternehmen der Wirtschaft), sie
finden sich aber auch dort, wo die Menschen im Alltagsleben einer Aufforderung im
Sinne eines „Geben Sie mir bitte ..." unmittelbar nachkommen. Dazu zählt nicht zuletzt der Verkauf im Einzelhandel (Fleischer, Bäcker etc.).

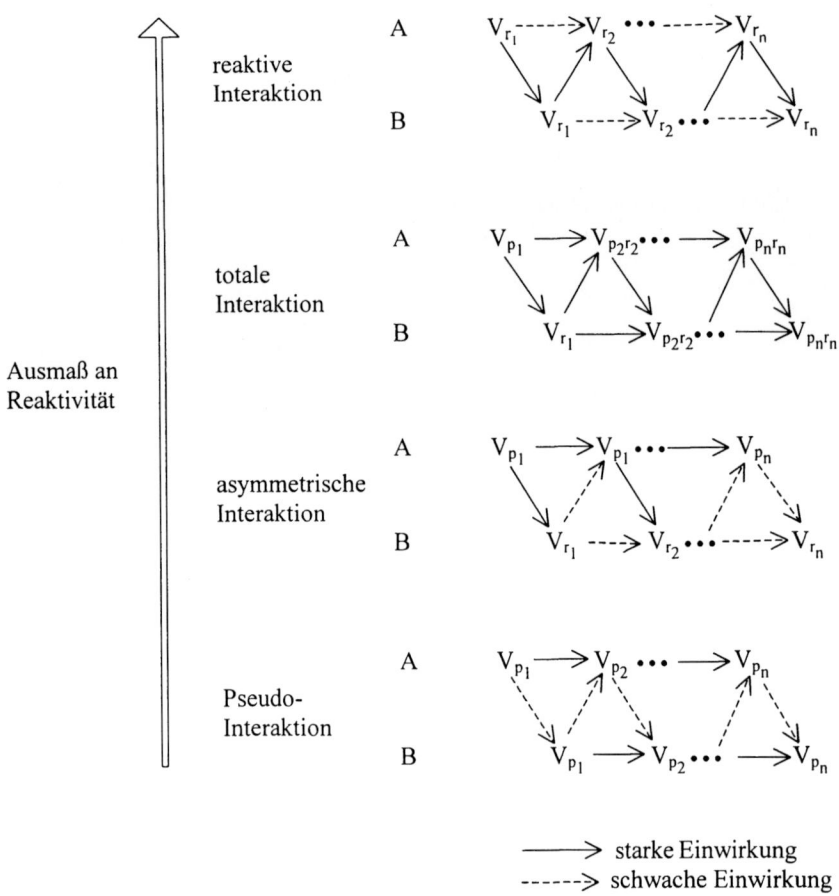

Abb. 32: Formen der Interaktion (in Anlehnung an Müller, 1983, S. 658)

Die *totale Interaktion* stellt eine Mischung aus planvollen und reaktiven Verhaltens-weisen dar und kann daher auf beiden Seiten zu einer Revision der ursprünglichen Handlungspläne oder einer Korrektur der einzelnen Handlungen führen. Zwar möch-ten beide Partner bestimmte Ziele verwirklichen, ihre Reaktionen sind aber auf den jeweils anderen abgestimmt (V_{p1r1} ... V_{pnrn}). Im Alltag zählen sachliche Gespräche oder gemeinsame Problemlösungen zu dieser Form, im Verkauf sind vor allem Ver-handlungssituationen durch totale Interaktion gekennzeichnet. Schließlich erscheint bei der *reaktiven Interaktion* das Verhalten beider Partner weitgehend spontan - sie verfolgen keine besonderen Ziele und orientieren ihre Aktivitäten weitgehend an den vorausgegangenen Reaktionen der anderen Person. Solch ein Verhalten findet sich im typischen „small talk" - wobei Verkäufer im Außendienst häufig auch diese Form der Interaktion für ihre Ziele instrumentalisieren -, oder aber in stark emotional geprägten Situationen, in denen „ein Wort das andere gibt". Echte reaktive Interaktionen bilden daher im persönlichen Verkauf eher die Ausnahme.

Die von Jones und Gerard (1967) beschriebenen Formen der Interaktion haben idealtypischen Charakter, sie können aber dazu dienen, die Vielfalt der Verkaufssituationen anhand der dabei (vorwiegend) ablaufenden Interaktionsform zu klassifizieren und über vergleichende Analysen psychologisch relevante Ähnlichkeiten und Unterschiede zu ermittel, allerdings wurde letzteres empirisch noch nicht unternommen.

4.2.1.2 Interaktion als sozialer Austausch

Im Kern der Interaktion steht die wechselseitige Einwirkung, welche Funktion diese Einwirkung für die beteiligten Personen hat, wird mit dieser Definition noch nicht deutlich. Nach einer grundlegenden Annahme der Sozialpsychologie sind Menschen aufeinander angewiesen, um bestimmte Bedürfnisse zu befriedigen und sie stimmen ihr Verhalten darauf ab, um die Bedürfnisbefriedigung zu erreichen (Graumann, 1972; Mikula, 1985). Die Möglichkeiten, einer anderen Person Befriedigung zu verschaffen oder zu verweigern und dadurch selbst in den Genuss belohnender Aktivitäten des anderen zu kommen, führt demnach zur wechselseitigen Einwirkung. Menschen verfügen sowohl im ökonomischen als auch im sozialen Bereich über etwas, das andere brauchen - Interaktion ist unter diesem Blickwinkel ein Prozess des Austausches, in dem Aktivitäten einer Person durch eine andere erwidert (belohnt oder bestraft) werden. Dabei ist es prinzipiell gleichgültig, ob Güter oder der Ausdruck von Gefühlen, Einstellungen und Meinungen ausgetauscht werden. Demnach kann die Interaktion zwischen Verkäufer und Kunde über die rein ökonomische Transaktion - Produke/Dienstleistungen werden gegen Geld getauscht -, die den Kern der Beziehung bildet, als sozialer Austausch von Belohnungen und Bestrafungen angesehen werden.

Damit ist aber noch nicht geklärt, welche Interaktionen stattfinden und für welche Handlungen sich die beteiligten Personen entscheiden. Nach der Theorie von Thibaut und Kelley (1959; vgl. Mikula, 1985; Müller, 1983) hängt das von der Bewertung der antizipierten Konsequenzen einer Interaktion ab. Das Ergebnis einer Interaktion wird im Rahmen dieser Theorie als Differenz der erzielten Belohnungen und der dafür aufgewendeten Kosten bestimmt. Belohnend wirken alle Befriedigungen, die eine Person als Folge der Beteiligung an einer Interaktion erhält, Kosten sind alle negativen Konsequenzen, die mit der Produktion von Handlungen im Rahmen der Interaktion einhergehen. Aus Sicht der Kunden kann die Belohnung für die Interaktion mit einem Verkäufer im Gefühl gesteigerten Selbstwertes bestehen - wenn der Verkäufer wiederholt den guten Geschmack oder die fundierten Ansichten des Kunden lobt -, die Kosten bestehen u.a. im Zeitaufwand und der erhöhten Aufmerksamkeit, um nicht vom Verkäufer übervorteilt zu werden.

Zur Bewertung der Ergebnisse werden nach Thibaut und Kelley (1959) zwei Vergleichsmaßstäbe oder Standards herangezogen, die sie als Vergleichsniveau (VN) und als Vergleichsniveau für Alternativen (VN_{alt}) bezeichnen. Anhand des VN bewertet eine Person die Attraktivität einer Interaktion - liegt das tatsächliche oder bloß antizipierte Ergebnis über VN, wird die Interaktion als befriedigend und attraktiv erlebt, entsprechend wird die Interaktion als unbefriedigend und unattraktiv bewertet, wenn das Ergebnis unter VN liegt. VN kann dabei als eine Art gewichteter Mittelwert aus allen selbsterfahrenen, bei anderen beobachteten oder lediglich vom „Hören-Sagen" bekannten Interaktionen eines bestimmten Typs, zum Beispiel der Interaktion mit Versicherungsvertretern, verstanden werden. VN_{alt}, der Vergleichsmaßstab für Alternativen dient als Grundlage für die Entscheidung, ob eine Person eine Beziehung fortsetzen will oder nicht. Die Höhe dieses Maßstabes ergibt sich aus der Qualität des durchschnittlichen Ergebnisses der besten verfügbaren Alternative zur Beteiligung an der aktuellen Beziehung. Fällt das (durchschnittliche) Ergebnis in der aktuellen bzw. der antizipierten Beziehung schlechter aus als jenes in der besten Alternative, wird die Person nicht länger in der aktuellen Beziehung verbleiben bzw. keine Beziehung mit der konkreten Person eingehen. Man könnte VN_{alt} daher auch als das schlechteste Ergebnis, das eine Person unter den verfügbaren Alternativen zu akzeptieren bereit ist, bezeichnen. Im gewählten Beispiel bedeutet das, die Beziehung zum Vertreter der Versicherung X wird verglichen mit den Angeboten anderer Versicherungen und wenn eine andere Versicherung deutlich mehr bietet, wird die bestehende Beziehung wahrscheinlich verlassen.

Die Grundannahmen der Theorie sind ökonomisch-rational ausgelegt und entsprechen daher der Realität nicht völlig - dem Verlassen einer solchen Beziehung stehen durchaus auch nicht-kalkulierte Faktoren entgegen, darunter ganz einfach die Trägheit der Menschen. Daher soll nach der Theorie von Thibaut und Kelley (1959) ein kurzfristiges Unterschreiten von VN_{alt} durch ein Interaktionsergebnis solange toleriert werden, wie das durchschnittliche Ergebnis über dem Niveau liegt.

Durch die Einführung der beiden Vergleichsniveaus lässt sich erklären, warum aktuell günstige Ergebnisse einer Interaktion nicht automatisch die Stabilität einer sozialen Beziehung sichern und ungünstige Ergebnisse nicht sofort zur Kündigung der Beziehung führen müssen. Abbildung 33 zeigt dies für einen Interaktionsgewinn (IG), den eine Person optimaler Weise zu einem bestimmten Zeitpunkt erwarten kann.

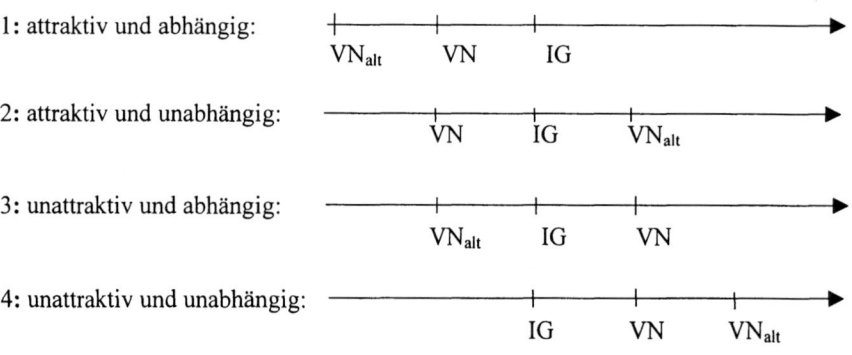

Abb. 33: Austauschattraktivität und –abhängigkeit (nach Müller, 1983, S. 670)

Wie in Abbildung 33 verdeutlicht, kann ein objektiv gleicher Interaktionsgewinn IG je nach Lage von VN und VN$_{alt}$ zu einer ganz unterschiedlichen Ausstauschsituation führen, die Thibaut und Kelley (1959) in Bezug auf die Attraktivität und die Abhängigkeit von einer Beziehung diskutieren. Mit Blick auf die Vergangenheit sind die beiden ersten Konstellationen gewinnbringend und zufriedenstellend, denn der Interaktionsgewinn liegt jeweils über dem Vergleichsniveau, d.h. dem, was man sich von einer solchen Beziehung erwartet. Die beiden Formen unterscheiden sich aber in ihrer Stabilität, da im ersten Fall eine gewisse Abhängigkeit vom Interaktonspartner besteht - es ist keine Alternative in Sicht, die einen größeren Gewinn verspricht! Angenommen, man fühlt sich von den Verkäufern im einzigen Supermarkt in der Umgebung sehr gut bedient, dann gibt es keinen Grund, zu einem anderen Geschäft zu fahren. Möglicherweise steigen im Laufe der Zeit die individuellen Ansprüche (VN), aber die Beziehung wird aufgrund mangelnder Alternativen nicht abgebrochen. Wenn jetzt ein neuer Supermarkt in der Gegend eröffnet, dessen Verkäufer sich überdurchschnittlich zuvorkommend verhalten (Fall 2), wird die Beziehung instabil: Zwar sind die Kunden immer noch mit dem ersten Geschäft zufrieden, die Verkäufer des neuen Ladens versprechen aber zusätzliche emotionale Gewinne. Deshalb wird VN steigen und eine Konstellation wie im vierten Fall entstehen - weiter zu ihrem alten Supermarkt zu gehen erscheint den Kunden nach Überschreiten von IG als unattraktiv, und da sie nunmehr unabhängig von diesem Laden sind, werden dort wohl Umsatzrückgänge zu verbuchen sein.

Der dritte Fall veranschaulicht Verhältnisse, in denen ein Anbieter eine Monopolstellung hat - obwohl die Kunden mit dem Anbieter unzufrieden sind, bleiben sie weiter bei ihm, da die Alternativen noch schlechter erscheinen. Eine solche Situation entsteht nicht nur in planwirtschaftlichen Systemen, sie kann auch das Ergebnis eines durchgängig schlechten Images einer ganzen Branche sein. So haben bekanntlich Versicherungsvertreter ein verheerendes Ansehen in der Bevölkerung, wobei scheinbar keine Differenzierung nach den Vertretern verschiedener Unternehmen vorgenommen wird (möglicherweise, weil die meisten Versicherungen mehr oder weniger dieselbe Strategie im Außendienst verfolgen). Dadurch kann sich bei Kunden eine fatalistische Haltung entwickeln, die dem dritten Fall entspricht. Zum Beispiel ist ein Kunde mit seinem Versicherungsvertreter unzufrieden, weil er den Verdacht nicht los wird, der Vertreter übervorteile ihn. Da aber der Beispielskunde alle Versicherungen als austauschbar erlebt, schätzt er den Aufwand eines Wechsels subjektiv als nicht lohnend ein - und resigniert. Insofern ist die Theorie von Thibaut und Kelley (1959) in der Lage zu erklären, warum die Versicherungswirtschaft offensichtlich seit langem mit dem schlechten Ruf ihrer Vertreter glänzend leben kann!

Die Theorie des sozialen Austausches bildet einen geeigneten Rahmen zur Erklärung grundlegender Fragen der Interaktion, die auch für die zwischen Verkäufer und Käufer ablaufenden Prozesse relevant sind. Allerdings ist die Theorie in ihren Aussagen sehr abstrakt und kann daher wenig über die konkrete Gestaltung solcher Interaktionen aussagen (zu weiteren Kritikpunkten vgl. Mikula, 1985). Das mag ein Grund sein, warum sich praktisch keine empirischen Untersuchungen der Theorie auf dem Feld des persönlichen Verkaufs finden. In der Praxis ist aber gerade die Frage der

Gestaltung der Interaktion von zentraler Bedeutung. Sehr viel größere Beachtung hat deshalb die sogenannte Transaktionsanalyse (Berne, 1967) gefunden, die genau auf diese Frage abzielt.

4.2.1.3 Deskription der sozialen Interaktion: Die Transaktionsanalyse

Die Transaktionsanalyse von Berne (1967) ist eigentlich keine Theorie der Interaktion - sie hat geringen Erklärungswert, erlaubt keine Prognosen und lässt sich auch nicht empirisch überprüfen -, aufgrund ihrer einfachen Struktur und den plausiblen Aussagen hat sie aber besonders in Verkäufertrainings weite Verbreitung gefunden. Die Grundzüge dieses Ansatzes seien daher knapp dargestellt (vgl. zum folgenden Flammer, 1997; Peter, 1991; Rüttinger, 1999; zur Anwendung auf Probleme des persönlichen Verkaufs vgl. Hansen & Schulze, 1990).

Die Transaktionsanalyse ist ein eklektischer Ansatz, der aus verschiedenen Theorien – unter anderem der Psychoanalyse -, Elemente auswählt und zu einem System verbindet, das es ermöglicht, Interaktionen zwischen zwei Personen zu analysieren. Das Ziel ist zum einen, Interaktionsprozesse besser zu verstehen, zum anderen werden aber auch normative Empfehlungen für die Haltung gegenüber dem Interaktionspartner gegeben. Dazu wechselt der Ansatz je nach Problematik zwischen fünf verschiedenen Ebenen:

1. Die *Strukturanalyse* beschäftigt sich mit dem Persönlichkeitsaufbau, der Struktur der Persönlichkeit. In Abwandlung psychoanalytischer Terminologie werden drei Ich-Zustände unterschieden: Das Eltern-Ich, das Erwachsenen-Ich und das Kind-Ich. Das Eltern-Ich gibt sich fürsorglich, wohlwollend, pflegend oder kritisch, verbietend, wertend. Das Erwachsenen-Ich äußert sich abwägend, autonom, vernünftig. Das Kind-Ich kann frei, spontan, spielend oder abhängig, folgsam, rebellisch auftreten. Aus jedem dieser Zustände ergibt sich ein bestimmtes Verhalten: Wer aus dem Eltern-Ich reagiert, verhält sich gegenüber einem anderen so, wie es Eltern gegenüber Kindern machen. Aus dem Erwachsenen-Ich handelt man, wenn die Reaktionen begründet und überlegt sind. Verhalten aus dem Kind-Ich reagiert gegenüber anderen so, wie das Kinder gegenüber Erwachsenen machen.

2. Die *Transaktionsanalyse* im engeren Sinne befasst sich mit den Wechselwirkungen zwischen den Ich-Zuständen interagierender Personen (wobei sich das Interesse aus didaktischen Gründen auf Kommunikationen - bestehend aus Anrede und Antwort - konzentriert). Solche Transaktionen können problemlos und angemessen sein oder ungünstig (gekreuzt) verlaufen und zu Konflikten führen. Ziel der Transaktionsanalyse ist es, solche Konflikte verständlich zu machen, damit sie künftig vermieden werden.

3. Die *Haltungsanalyse* beschreibt die Grundhaltung eines Menschen sich und anderen geggenüber, mit den Unterlegenheits-, Überlegenheits- und Verliererhaltungen und den damit verbundenen Verstimmungen und Gefühlen wie Depressivität, Ärger, Verzweiflung etc. Auch hier wird normativ ein Entwicklungsziel vorgegeben, eine optimistische Grundhaltung des „Ich bin OK - Du bist OK", die auf den Ent-

stehungsort, die USA und die dort erwünschte und verbreitete Lebenseinstellung verweist.

4. Die *Spielanalyse* untersucht die Transaktionsmuster, die sich in Beziehungen immer wieder nachweisen lassen und die zu schlechter Stimmung oder Ärger der Partner führen, die sogenannten psychologischen Spiele. In Spielen werden die Erfahrungen der Kindheit wiederholt, sie werden eingesetzt, um Nähe und Verantwortung zu vermeiden oder um sich und andere zu manipulieren. Durch Aufdekken können Spiele entschärft und durch andere, offenere Beziehungsformen ersetzt werden - hier offenbart sich der psychoanalytisch-aufklärerische Charakter des Ansatzes.

5. Die *Skriptanalyse* wird oft zur Unterstützung der Spielanalyse eingesetzt. Skripte sind in der Transaktionsanalyse gewissermaßen unbewusste Drehbücher des Lebens, die den Menschen sagen, was sie sollen, dürfen oder nicht dürfen. Sie werden als Verhaltens-, Erlebnis- und Denkmuster verstanden, die in früher Kindheit erworben wurden und die späteren Spiele bewirken. Auch hier soll die Aufdekkung zu neuen Entscheidungen führen, wodurch sich destruktive und störende Anteile der Skripte überwinden lassen.

Ein wesentliches Merkmal des Ansatzes von Berne (1967) ist die geschickte didaktische Aufbereitung der Aussagen, die den direkten Einsatz in Verhaltenstrainings gerade zu nahelegt. Das sei an der Darstellung der Ich-Zustände und der Transaktionen verdeutlicht. Die Ich-Zustände sind in Abbildung 34 dargestellt.

Das Eltern-Ich wird demnach unterteilt in kritische und unterstützende Anteile. Das kritische Eltern-Ich wertet negativ bzw. wertet andere ab, denkt in „Schwarz-Weiß"-Kategorien wie richtig-falsch oder gut-schlecht, verallgemeinert, befiehlt, schulmeistert, moralisiert und bestraft. Das unterstützende Eltern-Ich dagegen zeigt Verständnis, hat Geduld, wertet positiv, hilft, tröstet, beruhigt und ermutigt. Die wesentlichen Verhaltensmerkmale, die aus dem Erwachsenen-Ich gesteuert werden, sind die Sammlung und Weitergabe von Informationen, das Abschätzen von Wahrscheinlichkeiten und das Treffen von Entscheidungen. Das Kind-Ich wird schließlich in drei Anteile zerlegt. Das natürliche Kind-Ich äußert alle Gefühle und Impulse frei, unkontrolliert und unzensiert. Hier ist auch der Sitz der Vitalität, der Freude am Leben. Wer sich im Zustand des angepassten Kind-Ichs befindet, der versucht, sich möglichst unauffällig zu benehmen und macht alles, was man von ihm erwartet. Das ist der Zustand im Menschen, der leidet, duldet, verzichtet und der passiv bleibt. Der „kleine Professor" ist eine etwa unglückliche Übersetzung aus dem Englischen - der Zustand lässt sich im Deutschen mit Begriffen wie „Schlauberger" oder „Pfiffikus" umschreiben. Hier ist das Einfühlungsvermögen, die Intuition und das schlagartige Begreifen zu Hause. Im Unterschied zum Erwachsenen, der analysiert und abwägt, erkennt der „kleine Professor" etwas intuitiv richtig. Sehr schön lässt sich dieser Zustand bei kleinen Kindern beobachten, die sich als Meister der Manipulation und der Kreativität erweisen, wenn sie etwas wollen.

Abb. 34: Ich-Zustände nach der Transaktionsanalyse (nach Rüttinger, 1999, S. 24)

Anhand dieses Modells lassen sich nun die Transaktionen veranschaulichen. Eine Transaktion wird definiert als der verbale und nonverbale Austausch zwischen zwei Personen, der, bestehend aus einem Reiz (z.B. einer Frage) und einer Reaktion (z.B. einer Antwort), zwischen bestimmten Ich-Zuständen stattfindet (Berne, 1967; Flammer, 1997; Peter, 1991). Prinzipiell können drei Grundformen der Transaktion unterschieden werden:

- parallele Transaktionen
- Überkreuz-Transaktionen
- verdeckte Transaktionen

Eine *parallele Transaktion* entsteht, wenn der Empfänger aus dem Ich-Zustand reagiert, in dem er angesprochen wurde und damit beim Sender auch wieder den Ich-Zustand anspricht, aus dem heraus er ursprünglich angesprochen wurde. Abbildung 35 verdeutlicht dies anhand einer Transaktion aus dem kritischen Eltern-Ich.

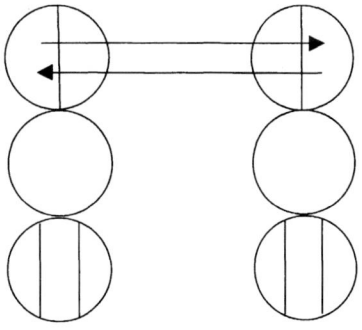

1: „Die Leute haben heute viel zu
   hohe Ansprüche!"

2: „Das kann man wohl sagen."

Abb. 35: Parallele Transaktion auf der Ebene des kritischen Eltern-Ichs (nach Rüttinger, 1999, S. 43)

Parallele Transaktionen entsprechen den gegenseitigen positiven und negativen Erwartungen, die Interaktion ist ohne Überraschungen und vorhersehbar. Zu einer *Überkreuz-Transaktion* kommt es dagegen, wenn auf einen Reiz eine unerwartete Reaktion erfolgt. Ein anderer als der angesprochene Ich-Zustand wird aktiv und die Transaktionslinien kreuzen sich (vgl. Abb. 36):

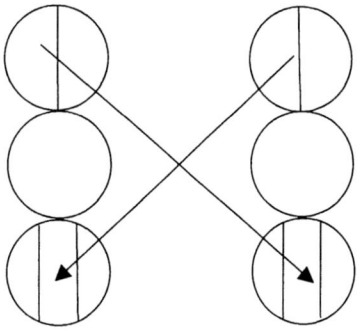

1: „Können Sie nicht endlich mal
   einen Termin einhalten?"

2: „Über Termineinhaltung brauchen
   ausgerechnet Sie mir nichts zu erzählen!"

Abb. 36: Überkreuz-Transaktion, die zur Aufschaukelung neigt (nach Rüttinger, 1999, S. 44)

Im Beispiel der Abbildung 36 führt eine Aussage aus dem kritischen Eltern-Ich, die auf das angepasste Kind-Ich zielt, zu einer vergleichbar gerichteten Antwort. Eine solche Transaktion, die auch als „Tumult" bezeichnet wird, neigt zur Aufschaukelung und stellt die Grundform des Streits dar. Überkreuz-Transaktionen müssen aber nicht negativ verlaufen, vielmehr kann dadurch auch ein Konflikt entschärft werden: Wenn der angesprochene im Beispiel aus dem Erwachsenen-Ich antwortet und dabei das Erwachsenen-Ich des Interaktionspartners anspricht, dann besteht die Möglichkeit, die Interaktion zu beruhigen (z.B. „Welchen Termin meinen Sie?").

Verdeckte Transaktionen sind schwer zu durchschauen, da etwas anderes gesagt als gemeint ist: Aus der scheinbar sachlichen Ebene des Erwachsenen-Ich wird gesprochen und gleichzeitig eine verdeckte Mitteilung aus einem anderen Ich-Zustand gesendet. Das veranschaulicht Abbildung 37:

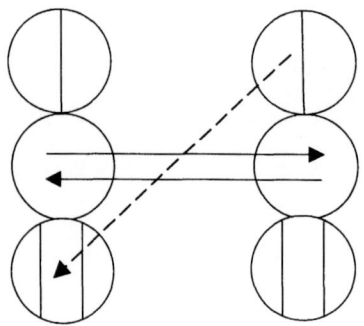

1: „Leider habe ich mich verspätet - ich stand im Stau."
2: „Ja, ja, da hilft auch Ihr schönes, teures Auto nichts."
Verdeckte Transaktion (gestrichelter Pfeil):
„Statt mit Ihrem Auto anzugeben, sollten Sie lieber auf Pünktlichkeit achten."

Abb. 37: Beispiel für eine verdeckte Transaktion (nach Rüttinger, 1999, S. 46)

Ironische Anspielungen, versteckte Drohungen, vage Unterstellungen und unterschwellige Angriffe sind Beispiele für versteckte Transaktionen. Wenn Interaktionen durch solche Formen geprägt sind, nimmt die Gefahr von Missverständnissen zu. Letztlich zielt also die Transaktionsanalyse darauf, den Wert von parallelen Transaktionen aus dem Erwachsenen-Ich zu verdeutlichen und Möglichkeiten zu schulen, wie sich diese Form in verschiedenen Interaktionen herstellen lässt.

Der Ansatz der Transaktionsanalyse ist durchaus geeignet, das Verständnis für Prozesse der Interaktion, speziell in kommunikativer Form, zu verbessern. Die normative Zielsetzung ist trotz der etwas „naiv-optimistisch" anmutenden Ideologie von humanistischen Idealen geprägt - in der Hand seriöser Ausbilder kann damit auch manipulativen Tendenzen im Verkauf entgegen gewirkt werden. Auch wenn die empirisch-wissenschaftliche Basis des Ansatzes äußerst „dünn" ist, müssen darauf aufbauende Trainings nicht wirkungslos sein. Allein das dadurch vermittelte Gefühl, Interaktionen besser zu verstehen - was nicht bedeutet, sie werden „wirklich" besser verstanden -, kann einem Verkäufer in der Interaktion mit Kunden zu größerer Sicherheit verhelfen. In dieser Hinsicht ist gerade das „einfache Strickmuster" des Ansatzes von Vorteil. Die dadurch gewonnene Sicherheit und das Gefühl, die Interaktion besser kontrollieren zu können, wirkt auf den Interaktionspartner und kann die Interaktion positiv beeinflussen.

4.2.2 Sozialer Einfluss im persönlichen Verkauf

Unter dem Konzept „sozialer Einfluss" wird in der Sozialpsychologie erforscht, wie Menschen im Alltagsleben auf andere Menschen einwirken mit dem Ziel, ihre Pläne und Absichten zu verwirklichen. Mit Einschränkung auf die Beeinflussung durch Kommunikation wird dasselbe Phänomen auch als „Überzeugen" oder „Persuasion" bezeichnet (Becker, 1999; Chaiken, Wood & Eagly, 1996; Cialdini, 1996). Letztlich interessiert in der Verkäuferforschung hier die Frage, wie der Verkäufer den Kunden in seinem Sinne beeinflussen kann, eine Fragestellung, die direkt zum Problem der Manipulation führt. Anschließend wird kurz die theoretische Grundlage von Beeinflussungsversuchen beleuchtet und exemplarisch einige sozialpsychologischen Prinzipien der Beeinflussung dargestellt. Die Erforschung der Methoden der Beeinflussung scheint allerdings weit hinter der Realität zurückzubleiben, was am Beispiel der im Schuhverkauf eingesetzten Verkaufstechniken belegt wird. Abschließend folgt noch ein Blick auf die Rolle der Kunden im Beeinflussungsprozess, die gewöhnlich kaum thematisiert wird.

4.2.2.1 Sozialer Einfluss und das Problem der Manipulation

Sozialer Einfluss bezeichnet den Kernbereich dessen, was gewöhnlich mit „Psychologie" und „Verkauf" verbunden und häufig unter dem Euphemismus „Verkaufstechnik" abgehandelt wird. Unter diesem Blickwinkel interessiert in der Regel lediglich die Frage, wie Verkäufer ihr Ziel erreichen und auf welche psychologischen Mechanismen der Einflussnahme sie sich stützen können. Eine solche „beschränkte" Sicht wirft natürlich einige Fragen auf. Zunächst wird dadurch Interaktion verengt auf das einseitige Einwirken des Verkäufers auf den Käufer, wie umgekehrt der Käufer den Verkäufer beeinflusst und - unter normativer Perspektive - wie er sich gegen die Einflussnahme des Verkäufers wehren kann, wird gewöhnlich nicht thematisiert. Damit entsteht aber ein zweites Problem, die Frage der Manipulation. Sprachanalytisch betrachtet sind vier Merkmale für den Begriff „Manipulation" konstitutiv (von Rosenstiel & Neumann, 1991, S. 34f.):

1. Der Beeinflussende übt den Einfluss bewusst und um des eigenen Vorteils willen aus.
2. Der Beeinflussende übt diesen Einfluss ohne Rücksicht auf den Vorteil des Beeinflussten aus.
3. Der Beeinflussende wählt bewusst Techniken, die vom Beeinflussten nicht oder nur teilweise durchschaut werden können.
4. Der Beeinflusste behält das Gefühl, über sein Urteil oder seine Handlung frei entschieden zu haben (obwohl er tatsächlich beeinflusst wurde; ebda., S. 34f.).

Eine Vielzahl von Beeinflussungstechniken werden im Alltagsleben ganz automatisch eingesetzt und erfüllen daher kaum den im Begriff „Manipulation" angelegten Aspekt der bewussten Verschleierung. Wenden dagegen Verkäufer erlernte Verkaufstechniken an, ist der erste Punkt automatisch erfüllt. Die Punkte drei und vier setzen die Verfügbarkeit tatsächlich wirksamer und kaum durchschaubarer Techniken voraus (was – wie im folgenden gezeigt wird – durchaus der Fall ist). Kritisch erscheint der zweite Punkt: Sicherlich ist auch dieser Punkt in vielen Fällen zu bejahen und ein solches Verhalten wird wohl auch in allen Unternehmen, die keinen Wert auf die Identifikation ihrer Verkäufer mit den Produkten legen, sogar forciert. Sind dagegen Verkäufer stolz auf und überzeugt vom Wert der von ihnen angebotenen Produkte, ist dieser Punkt eher zu verneinen.

Der Einsatz von Verkaufstechniken in manipulativer Absicht durch einzelne Verkäufer kann also nicht mit letzter Sicherheit ausgeschlossen werden, entscheidend sind zwei Aspekte: Die Haltung der Unternehmen gegenüber diesem Problem und die Wahrnehmung der Kunden. Cialdini (1996; 1999) hat auf die Kosten für die Organisation verwiesen, die mit dem Einsatz effektiver Einflustechniken in manipulativer Absicht verbunden sind. Zunächst kann dadurch kurzfristig der Ertrag gesteigert werden, allerdings besteht die Gefahr langfristiger Reputationsverluste mit entsprechenden geschäftlichen Auswirkungen. Zudem entwickeln sich Probleme in der Zusammenarbeit mit den Verkäufern – Mitarbeiter, die in moralische Konflikte zum Geschäftsgebaren der Organisation geraten, erleben mehr Stress und sind weniger zufrieden mit der Arbeit. Die Folge können höherer Absentismus und Fluktuation sein mit der Konsequenz hoher Kosten. Außerdem ist damit die Gefahr einer zunehmenden Selektion hin zu einem Stamm unehrlicher Verkäufer verbunden. Diese stimmen zwar mit der Organisation in ihren manipulaitven Absichten überein, allerdings kann sich diese Unehrlichkeit auch gegen die Organisation wenden. In der Folge muss diese wiederum raffiniertere Controlling- und Sicherheits-Systeme zur Überwachung der Verkäufer entwickeln (was mit höheren Kosten verbunden ist). Dadurch kann das Vertrauen zwischen den Mitarbeitern und das organizational citizenship behavior beschädigt werden, zusätzlich steigt mit der Überwachung und Kontrolle auch die Tendenz, solche Kontrolle „auszutricksen" (Neuberger, 1998), was letztlich alles zu höheren Kosten führt.

Manipulation ist also in jedem Fall ein zweischneidiges Schwert – je mehr in der Wirtschaft auf den kurzfristigen Erfolg gesetzt wird, desto größer ist die Gefahr, dass im Verkauf Einflustechniken in unredlicher Absicht eingesetzt werden. Nach den Befunden von Spiro und Perreault (1979) werden manipulative Techniken vor allem in solchen Verkaufssituationen eingesetzt, bei denen

- der Käufer wenig Interesse am Produkt zeigt,
- die Produkt als austauschbar erlebt werden
- starke Konkurrenz zwischen Anbietern besteht bzw.
- wenn die Beziehung zwischen Verkäufer und Käufer sehr schwierig ist.

Allerdings wurden in dieser Untersuchung alle Impression-Management-Techniken (Goffman, 1959; Nerdinger, 1994), d.h. alle Versuche, einen guten Eindruck zu machen, bereits als manipulativ eingestuft. Ob aber eine Technik als Manipulation einzustufen ist, hängt von der Haltung derjenigen, die sozialen Einfluss ausüben, ab. Davon zu unterscheiden ist die Wahrnehmung der Kunden: Für das *Ergebnis* der Interaktion ist entscheidend, ob der Kunde dem Verkäufer eine manipulative Absicht unterstellt. Hier kann sich für den Verkäufer eine paradoxe Situation entwickeln. Im Dienste des Verkaufserfolgs muss er sich gewöhnlich als sympathische Person darstellen, die das Interesse des Kunden verfolgt. Da aber Verkäufer in Verkaufsinteraktionen immer etwas zu gewinnen haben, besteht auf Kundenseite die Tendenz, ihnen prinzipiell eigensüchtige Motive zu unterstellen. Die Voraussetzung des Erfolgs kann also den Erfolg verhindern (Brown, 1990)!

4.2.2.2 Prinzipien der Beeinflussung

Die folgende Darstellung beschränkt sich auf einige sozialpsychologisch gesicherte Erkenntnisse über Mechanismen des sozialen Einflusses und ihre Anwendung im persönlichen Verkauf (vgl. Becker, 1998; 1999; Chaiken et al., 1996; Cialdini, 1996; Felser, 1997; Kirchler, 1999). Sie erhebt keinen Anspruch auf Vollständigkeit und vernachlässigt das reichhaltige Angebot an Verkaufstechniken, das die Praktikerliteratur kennzeichnet.

Reziprozität

Die Regel der Reziprozität besagt, wir sollen darum bemüht sein, anderen zurückzugeben, was wir von ihnen bekommen haben (Gouldner, 1984; Cialdini, 1996). Die meisten Menschen haben diese Regel nahezu vollständig internalisiert. Sie versuchen automatisch, sich für Gefälligkeiten, Geschenke, Einladungen etc. zu revanchieren. Vermutlich gehört ein sich daraus entwickelndes System der gegenseitigen Verpflichtungen zu den typischen Merkmalen menschlicher Kultur, bislang wurde das Reziprozitätsprinzip in allen bekannten Kulturen nachgewiesen. Die Internalisierung der Regel ist ein wichtiger Aspekt der Sozialisation und führt zu einer allgemeinen Abneigung gegen diejenigen, die nehmen, ohne zu geben. Deshalb sind die meisten Menschen bemüht, nicht als geizig, undankbar oder selbstsüchtig zu erscheinen.

Die Wirkung der Regel lässt sich an einem bekannten sozialpsychologischen Experiment von Regan (1971; vgl. Cialdini, 1996; Felser, 1997) verdeutlichen. Jeweils zwei Versuchspersonen sollten die Qualität von Bildern beurteilen, wobei eine der beiden Personen ein vom Versuchsleiter instruierter Mitspieler war. In einer Pause geht diese Person aus dem Raum und bringt für sich und die andere Person ein Getränk mit, das sie dieser Person anbietet (unter der Kontrollbedingung kommt die Person nach kurzer Zeit mit leeren Händen zurück). Am Ende des Versuchs bittet der Mitspieler die Versuchsperson, etwas für ihn zu tun („Ich verkaufe Lose, mit denen man ein Auto gewinnen kann. Eines kostet 25 Cent, wenn ich mehr verkaufe als die anderen, bekomme ich 50 Dollar Prämie"). Unter der Versuchsbedingung wurden doppelt soviel Lose verkauft, obwohl es sich bei der Übergabe des Getränks um einen ungebetenen Gefallen gehandelt hat.

Weiter wurde auch erhoben, wie sympathisch der Mitspieler den Versuchspersonen war. Die Sympathie korreliert mit der Anzahl der verkauften Lose in der Kontrollgruppe, nicht jedoch unter der Bedingung der Reziprozität. Schließlich hat sich die Investition des Mitspielers auch ökonomisch gelohnt (er hat rund 500% Gewinn gemacht). Da es nicht nur eine Pflicht zur Gegenseitigkeit, sondern auch ein Pflicht zur Annahme gibt, kann in diesem Fall das Gefühl der Verpflichtung so gut ausgenutzt werden: Bei dem Geschenk hat es sich um eine angemessene Aufmerksamkeit gehandelt, die abzulehnen als unhöflich erscheint.

Anwendungen: Im Verkauf wird die Regel der Reziprozität vielfältig eingesetzt - natürlich im Dienste des Verkäufers. Hier ist zunächst die Technik der Gratisprobe zu nennen, mit der sich zwei Zwecke erfüllen lassen. Zum einen informiert die Probe über das Produkt und kann es so bekannt machen. Zum anderen wirkt sie aber auch wie ein Geschenk und löst damit das Gefühl der Verpflichtung aus, das vor allem in der Situation eines direkten persönlichen Kontakts die Kaufwahrscheinlichkeit erhöht. Auf denselben Mechanismus setzt der Direktvertrieb „Amway", der Produkte von Tür zu Tür verkauft. Die Verkäufer bieten eine Kollektion der Produkte - Putzmittel, Shampoos, Insektenmittel etc. - kostenlos an zur Probe mit der Bitte, sie zu testen. Nach einem bis drei Tagen werden die Produkte wieder abgeholt und können, da in der Regel nur wenig verbraucht wurde, an der nächsten Tür abgegeben werden. Durch diese Technik hat das Unternehmen seine Gewinne erheblich steigern, da die Produkte völlig überteuert sind und daher die kostenlos verbrauchten Mengen nicht ins Gewicht fallen (Cialdini, 1996). Aufgrund der Regel der Reziprozität fühlen sich die meisten Tester verpflichtet, bei der Abholung der Gratisproben ein Sortiment der Firma zu kaufen.

Eine besonders wichtige Anwendung der Regel im Verkauf bildet die sogenannte „door in the face" Technik (Cialdini, 1996; Engels & Timaeus, 1983; Felser, 1997). Demnach wird eine Forderung mit größerer Wahrscheinlichkeit erfüllt, wenn vorher eine viel größere Forderung abgelehnt wurde. Wenn also in einer Verhandlungssituation zuerst eine sehr große Forderung aufgestellt und diese abgelehnt wird, lässt sich im nächsten Zug eine moderatere Forderung mit sehr viel größeren Erfolgsaussichten stellen - die Wirkung ist größer, als wäre die moderate Forderung sofort gestellt worden. Die Abschwächung der ersten Position wirkt als Entgegenkommen und verpflichtet den Gegenüber, nun seinerseits ein Entgegenkommen zu zeigen. Der Reziprozitätsmechanismus wird bei der „door in the face" Technik zusätzlich überlagert durch die Wirkung des Kontrastes: Die zweite Forderung erscheint im Vergleich zur ersten sehr viel kleiner, wäre sie ohne den ersten Ankerreiz dargeboten worden, dann hätte sie größer gewirkt. Das Zusammenspiel von Reziprozität und Kontrast wird bei einem beliebten Vorgehen deutlich, das als „das ist noch nicht alles" Technik bezeichnet wird. Ein Verkäufer macht ein Angebot und verbessert es sofort, in dem er noch eine Dreingabe macht oder einen Preisnachlass anfügt. Am Ende der Aufzählung entsteht der Eindruck eines Entgegenkommens, das - verglichen mit der Ausgangsposition - ein gutes Geschäft signalisiert (diese Technik scheint aber nur in solchen Fällen zu wirken, in denen das Angebot relativ wenig Interesse findet und daher eher gedankenlos über den Kauf entschieden wird; Pollock, Smith, Knowles & Bruce, 1998).

Konsistenz und Bindung

Nach der Grundannahme der sozialpsychologischen Konsistenztheorien sind Menschen bestrebt, die einzelnen Elemente ihres kognitiven Systems widerspruchsfrei (konsistent) zu organisieren (Stahlberg & Frey, 1987). Menschen denken über Gegenstände der sozialen Umwelt sowie über Personen und deren Verhalten nach, ordnen ihre Erkenntnisse, setzen sie in Beziehung zueinander und bewerten sie. Ziel der Ordnungsprozesse ist es, sinnvolle, vernünftige und vor allem widerspruchsfreie Bewertungen dieser Eindrücke und Erfahrungen herzustellen. Wird ein Widerspruch zwischen den kognitiven Elementen wahrgenommen, entsteht eine psychische Spannung und eine Motivation, Konsistenz zwischen den Elementen wieder herzustellen. Für die Verkäuferforschung besonders wichtig ist folgende Konsequenz: Wenn Menschen eine Entscheidung treffen oder eine Position vertreten, entstehen intrapsychische und interpersonelle Kräfte, die darauf drängen, sich konsistent mit dieser Festlegung zu verhalten.

In der Person (intrapsychisch) wirken identitätsprägende Kräfte - um sich als kohärentes „Ich" zu erleben, müssen Menschen ihr Verhalten als konsistent interpretieren, sonst würden sie sich von rätselhaften Mächten kontrolliert erleben. In sozialer Hinsicht, d.h. interpersonal besteht ein starker Druck auf vertrauenswürdiges und verlässliches, also konsistentes Verhalten: Wer sich launenhaft und unberechenbar verhält, wird durch Isolation bestraft. Menschen, die sich auf etwas festgelegt haben, fühlen sich aber auch daran gebunden. Bindung oder – wie der aus dem englischen übernommene Fachausdruck lautet - Commitment und das Motiv zu konsistentem Verhalten bilden also zwei Seiten einer Medaille – fühlen sich Menschen an etwas gebunden, sorgt das Konsistenzmotiv für die Ausführung. Da das Konsistenzmotiv quasi automatisch wirkt, kommt es für einen „Beeinflusser" vor allem darauf an, eine Bindung herbeizuführen, das Konsistenzmotiv sorgt automatisch für die problemlose Zielerreichung. Verschiedene Mechanismen können Bindung auslösen:

* *Aufschreiben:* An alles, was von eigener Hand geschrieben wurde, fühlen sich Menschen besonders gebunden. Was freiwillig selbst geschrieben wurde, lässt sich später nur schwer ableugnen und übt damit besonderen Zwang aus, sich konform zum Geschriebenen zu verhalten. Das ist der Grund, warum manche Haustürverkäufer den Kunden die Bestellung selbst ausfüllen lassen - die Bindung an die Bestellung erhöht sich und die Wahrscheinlichkeit der Stornierung sinkt (einem ähnlichen Zweck dienen vermeintlich unsinnige Preisausschreiben, in denen die Aufgabe lediglich darin besteht, einen Werbeslogan abzuschreiben oder - noch wirksamer - sich einen auszudenken; dadurch entsteht Bindung an ein Produkt; Felser, 1997).
* *Öffentlichkeit:* Schriftliches ist auch deshalb so wirksam, weil es leicht öffentlich und bekannt wird. Öffentlichkeit erhöht die Bindung an einen Entschluss u.a. wegen des drohenden Gesichtsverlustes. Daher wird zum Beispiel Rauchern, die ihrem „Laster entraten" wollen, angeraten, ihren Vorsatz möglichst vielen Bekannten mitzuteilen.
* *Kosten und Mühen:* Zusätzliche Anstrengungen, Hindernisse die zu überwinden sind, jeder Aufwand, den man auf sich nimmt, um etwas zu erreichen, erhöht die Bindung. Was leicht zu haben ist, führt dagegen kaum zu Bindung.

Anwendungen: Die Wirkungen von Bindung und des Bedürfnisses nach Konsistenz werden im Verkauf vielfältig ausgenutzt. So wird im Verkaufsgespräch versucht, den Kunden dazu zu bringen, etwas positives über das Produkt auszusagen. Dadurch entsteht Bindung an die eigene Aussage, die es später schwerer macht, das Produkt nicht zu kaufen. Von besonderer Bedeutung ist die sogenannte „foot in the door" Technik

(Engels & Timaeus, 1983), die im Gegensatz zur „door in the face" Technik mit einer kleinen Forderung ansetzt. Wer diese Forderung erfüllt, wird mit größerer Wahrscheinlichkeit auch einer größeren Forderung zustimmen. Darauf setzt auch die Strategie eines großen Strukturvertriebs im Sektor der Finanzdienstleistungen. Dieser Vertrieb hat sich auf Akademiker spezialisiert mit dem Ziel, sie möglichst lebenslang in allen finanziellen Fragen zu begleiten. Bereits an der Universität werden Studenten mit verschiedensten kostenlosen Angeboten geködert - angeboten werden Trainings für Einstellungs-Assessment-Center, kostenlose Bewerbermappen usw. (damit wird der Reziprozitäts-Mechanismus ausgelöst). Nach dem Berufseinstieg werden die ersten kleineren Beträge angelegt und so die Bindung an den Verkäufer erhöht. Damit ist der Boden bereitet für die später zu erwartenden lukrativen Geschäfte.

Die „foot in the door" Technik ist so wirksam, da bereits das kleinste Entgegenkommen eine Art des Engagements darstellt. In der Folge kann später immer wieder Druck aufgebaut werden, in Einklang mit der ersten Tat zu handeln. Eine Variante dieser Technik, das sogenannte „low-balling", wird scheinbar - genaue Belege sind natürlich nur schwer zu erbringen (experimentell ist der Effekt allerdings gesichert; Cialdini, Cacioppo, Bassett & Miller, 1978) - im Autoverkauf gelegentlich eingesetzt (zumindest in den USA; Cialdini, 1996). Dabei wird ein Auto zu einem sehr günstigen Preis angeboten, um Käufer anzulocken. Während der Verhandlungen erzeugt der Verkäufer durch verschiedene „Tricks" Bindung - durch Probefahrten und Überlassung des Wagens für einen Tag, wofür ein Dokument zu unterzeichnen ist usw. Hat sich der Kunde zum Kauf entschlossen, passiert „leider" etwas Unvorhergesehenes: Ein Fehler in der Kalkulation wird entdeckt, die „Schiebetür" wurde nicht berechnet oder der Vorgesetzte „genehmigt den Kauf nicht zu diesem günstigen Preis". Dadurch verliert das Auto den ursprünglichen Preisvorteil gegenüber anderen Anbietern, da sich der Kunde aber bereits für das Auto entschieden hat, ist nun ein Rückzug sehr unwahrscheinlich geworden.

Knappheit

Allgemein formuliert besagt das Prinzip der Knappheit, Menschen erscheinen bestimmte „Angebote" um so wertvoller, je weniger erreichbar sie sind (Cialdini, 1996). Zur Erklärung dieses Effekts kommen zwei Ursachen in Frage. Zum einen liegt ihm ein kognitiver Mechanismus verkürzter Schlussfolgerung zugrunde, im Sinne eines „was teuer ist, ist auch gut" sind gewöhnlich Dinge, die schwer zu haben sind, besser als solche, die man leicht bekommen kann. Der Vorteil solcher verkürzter Schlussfolgerungen liegt in ihrer Ökonomie, bei geringem Aufwand ermöglichen sie relativ gute Entscheidungen. Zum anderen bedeutet Knappheit aber auch einen Verlust an Freiheit, und der führt wiederum zu Reaktanz - die Motivation, die bedrohte Freiheit wiederherzustellen (Brehm, 1966; Brehm & Brehm, 1981; s.u.). Da Reaktanzeffekt gewöhnlich nicht bewusst sind - Menschen wissen in diesem Fall nur, dass sie etwas unbedingt wollen, nicht, warum sie es wollen - werden dem gewünschten Gegenstand positive Eigenschaften zugeschrieben, um sich das eigene Verlangen danach zu erklären.

Das Prinzip der Knappheit hat unter bestimmten Bedingungen besonders starke Wirkungen. So wirkt der Wechsel von Überfluss zu Knappheit stärker als eine konstant gleichmäßige Knappheit. Im ersten Fall erscheint der Wechsel wie ein Verlust, der das Verlorene besonders attraktiv macht, wogegen konstante Knappheit zur Gewöhnung führt. Dabei wirkt der Wechsel besonders intensiv, wenn die neue Knappheit nachfragebedingt ist, d.h. wenn der Eindruck entsteht, man müsse mit anderen Menschen um die knappen Güter konkurrieren.

Anwendungen: Die Wirkung nachfragebedingter Knappheit wird bei Schlussverkäufen deutlich, wo sich nicht selten Menschen um einzelne Stücke zu balgen beginnen. Im Verkauf, beispielsweise von Immobilien, wird gern künstlich nachfragebedingte Knappheit erzeugt, wenn der Verkäufer andeutet, ein anderer Kunde stehe schon kurz vor dem Abschluss (und man sich deshalb schnell entscheiden soll). Das Knappheitsprinzip wird im Verkauf häufig eingesetzt, wobei sich zwei Strategien unterscheiden lassen (Cialdini, 1996): Die Taktik der kleinen Mengen und die Fristentaktik. Bei der *Taktik der kleinen Mengen* wird dem Kunden gesagt, ein Produkt sei nur in begrenzter Anzahl vorhanden und werde vermutlich nicht mehr lange vorrätig sein („Das ist das letzte unverkaufte Eckgrundstück in der ganzen Siedlung"). Bei der *Fristentechnik* wird dem Kunden eine Frist gesetzt, nach deren Ablauf das Angebot für ihn nicht mehr gilt. Dadurch erzeugt der Verkäufer ein Interesse, das zunächst nicht bestanden hat. So behaupten manche Haustürverkäufer, sie könnten nur einmal - und zwar jetzt - kommen und verringern damit die Frist auf Null.

Sympathie

Eine der stärksten Bedingungen für sozialen Einfluss bildet die Sympathie dessen, der Einfluss ausüben will. Das gilt auch für den Verkauf - ein Verkäufer, der als sympathisch erlebt wird, hat eindeutig bessere Chancen (Felser, 1997; Müller, 1983). Damit erhebt sich natürlich die Frage, was Menschen sympathisch macht. Die sozialpsychologische Forschung hat eine Vielzahl von Faktoren ermittelt, die zur Sympathie beitragen. Für den Verkauf sind folgende fünf besonders wichtig (Caballero & Solomon, 1984; Felser, 1997):

• *Physische Attraktivität*: Gut aussehenden Menschen werden auch positive Eigenschaften zugeschrieben, die gar nicht beobachtet wurden. Sie werden unter anderem als sensibler, freundlicher, entgegenkommender, interessanter, stärker, ausgeglichener, bescheidener und geselliger wahrgenommen und ihnen wird allgemein ein besserer Charakter zugeschrieben. Das hat weitreichende Konsequenzen: Physisch attraktivere Personen haben größere Chancen, Wahlen zu gewinnen, ihnen wird eher geholfen, sie bekommen schneller eine Arbeitsstelle und auch vor Gericht sind ihre Chancen besser (zusammenfassend: Cialdini, 1996). Daher wird auch im Verkauf so großer Wert auf das Äußere gelegt, zum Beispiel wird in Boutiquen das Personal in erster Linie nach der Erscheinung ausgewählt. In Strukturvertrieben der Finanzdienstleistungsbranche fallen die Verkäufer nicht zuletzt durch das häufig übertrieben mondäne Outfit und teure Parfüms auf: Damit soll nicht nur die Attraktivität gesteigert, sondern auch ein nicht vorhandener Status vorgetäuscht werden, außerdem unterstützt die Selbstinszenierung ein Selbstbewusstsein, das häufig fachlich nicht begründet ist (Weghorn & Lachner, 1996). Attraktives Aussehen erhöht die Glaubwürdigkeit und damit die Möglichkeit, andere zu beeinflussen. Glaubwürdigkeit wird aber auch durch andere physische Merkmale vermittelt - so erzielen sowohl weibliche als auch männliche Verkäufer mit kindlichen Gesichtern („baby face") bessere Ergebnisse, vermutlich, weil sie Vertrauen auslösen (Olson & Zanna, 1993). Die Attraktivitätseffekte verschwinden allerdings, wenn die Kunden den Verkäufer als Experten einschätzen.

- *Ähnlichkeit:* Nach einem der am besten gesicherten Befunde der Verkäuferforschung führt Ähnlichkeit zwischen Verkäufer und Käufer zu besseren Verkaufsergebnissen (Evans, 1963; Lombard, 1955; zusammenfassend: Engels & Timaeus, 1983). Ähnlichkeit bezieht sich auf verschiedene Dimensionen, zum Beispiel die Kleidung - wer einem Landwirt eine Versicherung verkaufen will, sollte nicht im Armani-Anzug erscheinen -, Alter, Religion, politische Einstellungen usw. Daher werden Verkäufer gelehrt, im Laufe der Interaktion auf besondere Merkmale wie Herkunft oder Hobbies der Kunden zu achten und im Gespräch darauf Bezug zu nehmen (z.B. indem man andeutet, man kenne jemand aus der Gegend - der natürlich äußerst sympathisch ist).

- *Komplimente:* Offensichtlich haben Menschen ein großes Bedürfnis, positives über sich zu hören. Menschen, die Komplimente machen, werden sogar dann als sympathischer eingeschätzt, wenn man um die Hintergedanken weiß bzw. die Komplimente nicht ganz zutreffend sind (Cialdini, 1996). Allerdings werden Komplimente auch als sicheres Anzeichen dafür, dass jemand etwas will, gewertet. Nach vorläufigen experimentellen Befunden ist es für den Verkaufserfolg günstig, wenn sich Kunden überlegen und sachkundig fühlen (Schorsack, 1998) - um diesen Eindruck zu erzeugen, müssen Komplimente in der Verkaufssituation relativ subtil eingesetzt werden. Entscheidend für ihre Wirkung ist der Eindruck des Kunden, der Verkäufer bringe ihm positive Gefühle entgegen; unter diesem Eindruck werden Verkaufsbotschaften besser verarbeitet und die Kunden lassen sich leichter überzeugen (Sharma, 1999).

- *Kontakt und Kooperation:* Bereits das sogenannte „Homan'sche Gesetz" postuliert: Sympathie steigt mit der Ähnlichkeit (von Rosenstiel, 2000). Dahinter steht folgender Zusammenhang: Mit der Zahl der Kontakte steigt die Wahrscheinlichkeit der Interaktion und damit wiederum die Wahrscheinlichkeit der Belohnung durch die andere Person. Daher begünstigt allein die Erwartung, auch in Zukunft mit einem Menschen wieder zusammen zu kommen, Interesse und Sympathie begünstigen. Sympathie wird besonders gesteigert, wenn sich der Eindruck einer kooperativen Einstellung einstellt. Nach diesem Prinzip funktioniert die berühmte Verhörmethode „good cop - bad cop", bei der ein Polizist den Rüpel spielt und sein Partner den wohlwollend Kooperativen - dem gewöhnlich gestanden wird. Verkäufer versuchen gelegentlich den Eindruck zu erwecken, sie seien ganz auf der Seite des Kunden und würden seine Ziele verfolgen, zum Beispiel versichern viele Autoverkäufer, sie wollen für diesen bestimmten Kunden einen besonders guten Preis machen. Dazu müssen sie sich aber mit ihrem Chef anlegen. Nach einiger Zeit kommen sie erschöpft aber glücklich zurück mit der frohen Botschaft, es sei ihnen gelungen, einen guten Preis auszuhandeln - der Preis, der von vornherein feststand (Cialdini, 1996).

• *Assoziationen mit positiven Dingen:* Wer mit positiven Dingen assoziiert wird, hat größere Chancen, beliebt zu werden. So wirkt der Kartenverkäufer im Kino sympathischer als die Politesse, die Strafzettel verteilt (Felser, 1997). Daraus ergeben sich für Verkäufer strategische Vor- oder Nachteile - auch ein Grund für das schlechte Image der Versicherungsverkäufer, deren Produkte mit negativen Erlebnissen verbunden sind (s.u. 1.2).

Warum Sympathie solch positive Wirkungen auf die Beeinflussbarkeit hat, ist momentan noch nicht restlos geklärt. Ein wesentlicher, vermittelnder Mechanismus könnte in dem Vertrauen bestehen, das wir Menschen entgegen bringen, die uns sympathisch sind. In einer Untersuchung an Industrie-Verkäufern hatten die eingeschätzte Ähnlichkeit, die Kontaktfrequenz und allgemein die Sympathie, die ein Einkäufer für einen Verkäufer hegt, signifikant positive Effekte auf das Vertrauen in diesen Verkäufer. Wer seinem Verkäufer vertraut, der erwartet auch zukünftig mit ihm geschäftlich zu interagieren (Doney & Cannon, 1997).

Anwendungen: Eine Reihe von Anwendungen wurde bereits genannt, daher soll hier auf eine komplexere Vertriebsstrategie verwiesen werden, bei der über die Sympathie hinaus noch weitere Einflusstechniken zum Tragen kommen - die sogenannten „home parties" (Gainer & Fischer, 1991; Prus & Frisby, 1989). Berühmt geworden durch Plastik-Haushaltsartikel werden in den USA auf diesem Wege mittlerweile Kinderspielzeug, Werkzeug, Kosmetika und „kinky sex aids" (Gainer & Fisher, 1991, S. 597) an die Frau gebracht - tatsächlich besuchen ausschließlich Frauen diese „Parties". Am Beispiel der „Tupperparty" kann der Ablauf folgendermaßen rekonstruiert werden. Gewöhnlich lädt eine Frau, die Hostess genannt wird, ihre Freundinnen zu einer Party ein, bei der auch eine freie Mitarbeiterin der Firma - als Demonstratorin bezeichnet - zugegen ist. Das Wohnzimmer der Hostess wird zum Verkaufsraum umfunktioniert, die Gäste bekommen Erfrischungen gereicht und werden durch Spiele unterhalten. Dabei können Preise gewonnen werden, wer nichts gewinnt, kann sich aus einem Grabbelsack bedienen (Reziprozität!). Die Teilnehmerinnen werden angehalten, den anderen die Vorzüge der Artikel zu schildern, die sie bereits besitzen (das erhöht die Bindung an die Entscheidung). Die Hostess erhält eine Belohnung in Abhängigkeit vom Verkaufserfolg und für die Anzahl der Gäste, die sich bereit erklären, selbst so eine Party auszurichten. Die Demonstratorin erhält eine Provision vom erzielten Umsatz.

Auf teilnehmender Beobachtung beruhende Studien zeichnen ein einhelliges Bild solcher Veranstaltungen: Praktisch jede Frau, die zu einer Party eingeladen wird, kauft auch etwas. Aufgrund der dominanten „Norm des Kaufens" nur Frauen nur dann eine Einladung an, wenn sie auch bereit sind, etwas zu kaufen (Prus & Frisby, 1989). Dabei brauchen viele Frauen die gekauften Waren eigentlich gar nicht: Sie kaufen letztlich nur aus dem Gefühl der Verpflichtung gegenüber der Gastgeberin.

Die Höhe der Käufe korreliert nach den Beobachtungen der Autorinnen mit der Enge der Beziehung zur Gastgeberin, je enger diese ist – und das heißt auch, je sympathischer eine andere Frau ist -, desto mehr wird ausgegeben.

Verkaufstheoretisch ergibt sich damit folgendes Bild: Die Verkäuferin (die Demonstratorin) kann sich völlig ihrer Aufgabe hingeben: Der Unterhaltung der Gäste und der Demonstration der Nützlichkeit ihrer Produkte. Ihre Beziehung zu den Kunden ist durch keinerlei Misstrauen gestört, da sie auf den Kaufzwang vertrauen kann, der über die soziale Beziehung der Hostess zu ihren Freundinnen und Bekannten entsteht. Hier müssen also nicht wie bei gewöhnlichen Verkaufsgesprächen durch gezielte Einflussversuche die Normen alltäglichen Umgangs im Dienste des Verkaufs manipuliert werden, vielmehr werden bereits bestehende Gefühle der Sympathie ausgenützt. Das „Anzapfen" der Beziehungen zwischen den Kundinnen wird zur Verkaufsstrategie.

4.2.2.3 Methoden des sozialen Einflusses am Beispiel „Schuhverkauf"

Die sozialpsychologische Forschung hat eine Reihe von Einflussfaktoren ermittelt, die sich auch im Verkauf buchstäblich gewinnbringend einsetzen lassen. Im Sinne von Verkaufstechniken werden in der praxisorientierten Literatur darüber hinaus eine Vielzahl von „Tips und Tricks" des sozialen Einflusses angeboten, von denen nur wenige auf den wissenschaftlich gesicherten Mechanismen beruhen. Solche Empfehlungen werden fast immer unabhängig von der Verkaufsaufgabe, dem Produkt/der Dienstleistung und der Zielgruppe gegeben - vielmehr scheint es eine Verkaufstechnik auszuzeichnen, dass sie immer passt und immer zum Erfolg führt (Brons-Albert, 1995; Pothmann, 1997). Diskursanalytische Untersuchung von Verkaufsgesprächen belegen dagegen in der Realität die Anwendung sehr viel differenzierterer Verkaufstechniken, als in der Verkäuferliteratur empfohlen bzw. von der wissenschaftlichen Forschung nahegelegt wird, und diese werden von den Verkäufern in den verschiedenen Verkaufssituationen erstaunlich flexibel eingesetzt. Eine linguistische Untersuchung von Verkaufsgesprächen in zwei verschiedenen Schuhläden, die Pothmann (1997) durchgeführt hat, kann dies verdeutlichen. Der Autor hat in den Schuhläden Verkaufsgespräche aufgezeichnet und die verwendeten Verkaufstechniken analysiert. Die folgende Liste ist natürlich nur für die untersuchten Verkaufsgespräche erschöpfend, d.h. noch nicht einmal die im Schuheinzelhandel verwendeten Techniken sind damit vollständig abgebildet.

Pothmann (1997, S. 123ff.) unterscheidet grob in verkaufsbezogene Techniken, die der Aufgabenbearbeitung dienen bzw. die Kaufentscheidung herbeiführen, und in beziehungskonstituierende Techniken, die auf den Aufbau bzw. die Verbesserung einer Beziehung zum Kunden zielen. Die eingesetzten Techniken gliedert er wiederum nach einem allgemeinen Phasenschema, in dem Verkaufsgespräche nach Anliegenformulierung, Auswahl (von Schuhmodellen), Kaufentscheidung und Kaufrealisation unterschieden wird. Die Befunde sind im Kasten 2 zusammengefasst:

Kasten 2: Techniken des Schuhverkaufs

1.   Anliegenformulierung
1.1   Verkaufsorientierte Techniken
1.1.1   Signalisationstechnik: Dem Kunden die Bereitschaft zum Verkauf signalisieren
1.1.2   Unterstellungstechnik: Dem Kunden eine fehlende Bereitschaft zum Verkaufsgespräch unterstellen („Sie wollen sich nur umsehen?")
1.2   Beziehungsorientierte Techniken
1.2.1   Signalisation von Zwanglosigkeit
1.2.2   Kooperative Äußerungsfortsetzung: Ablehnendem Verhalten des Kunden zustimmend begegnen.

2.   Auswahl
2.1   Verkaufsorientierte Techniken
2.1.1   Aktivierung: Implizite oder explizite Aufforderung zur Bearbeitung unterschiedlicher Aufgaben (Formulierung des Anliegens, zur Probe, zum Anfassen und Ertasten des Materials usw.)
2.1.2   Präsentationstechnik, z.B. um Modelle in die Diskussion zu bringen; wird unterschiedlich realisiert, u.a. durch
        - Aufmerksamkeitsaufforderung („Sehen Sie mal ..."),
        - Modellbewertung mit anschließender Präsentation
        - Produktvorteilsnennung
2.1.3   Argumentationstechnik, wird ebenfalls unterschiedlich realisiert, z.B. durch Argumentation
        - mit Metaphern
        - mit Kundenkriterien
        - Aufzählen von Produktvorteilen
        - Aufzeigen von Kombinationsmöglichkeiten
2.1.4   Trendtechnik - signalisiert dem Kunden, dass er mit einem Modell im Trend liegt
2.1.5   Nutzenumsetzungstechnik versucht, einen speziellen Nutzen für den Kunden herauszustellen („Mit diesen Schuhen können Sie auch ...")
2.1.6   Produktion von Sensation: Der Verkäufer versucht unterschiedliche Aspekte hervorzuheben, z.B.
        - Einmaligkeit des Produkts
        - Einmaligkeit des Preises bzw. der Reduzierung
        - Einmaligkeit der derzeitigen Situation
2.1.7   Kontrastierung - zwei oder mehr Modelle werden mit dem Ziel verglichen, die Auswahl einzuschränken, z.B.
        - durch Argumente
        - durch die Aufforderung, beide Modelle gleichzeitig zu probieren
        - durch Abqualifizierung des getragenen gegenüber dem neuen Modell
2.1.8   Fokussierung durch positive Eingrenzung der Auswahl oder negative Ausgrenzung
2.1.9   Focusverschiebung: Wenn ein Modell in der Auswahl steht, aber in der notwendigen Größe nicht vorhanden ist, wird das Interesse auf ein anderes Modell gelenkt
2.1.10 Empfehlung, z.B. durch
        - Identifizierung, d.h. Bekräftigung, ein Modell sei das richtige

- Tendenzempfehlung („dann besser nicht")
- Lösungsempfehlung bei Problemen
- persönliche Empfehlungen („find´ ich gut")

2.1.11 Techniken der Beweisführung durch
- den Bericht der Erfahrungen anderer Kunden
- den Bericht eigener Erfahrungen
- Anprobe seitens der Kunden
- Ertasten lassen

2.1.12 Einwandbehandlung durch
- Wiederholung des Einwandes mit anschließender Relativierung
- „Ja-aber"-Technik (zuerst zustimmen, dann relativieren)

2.1.13 Antizipation, z.B. indem potentielle Einwände vorweg genommen werden

2.2 Beziehungsorientierte Techniken

2.2.1 Demonstration von Professionalität
- signalisiert das Wissen, was für den Kunden richtig ist
- Hinweis auf noch zu berücksichtigende Gesichtspunkte
- Produktkenntnisse beweisen
- Vorwegnehmen von Fußproblemen des Kunden
- Lösungsvorschläge machen
- die richtige Schuhgröße schätzen
- zeigen, dass man weiß, wann die Schuhe passen

2.2.2 Kooperationsbeweis durch
- kooperative Äußerungsfortsetzungen
- Bekundung der Übereinstimmung mit den Bewertungen des Kunden
- Bekundung der Anteilnahme
- Angebot, im Lager nachzusehen

2.2.3 Krisenvermeidung, nicht im Sinne vorweggenommener Kaufeinwände, sondern durch die Antizipation potentieller Gesprächskrisen (z.B. wenn durch längere Abwesenheit des Verkäufers ein Konflikt mit dem Kunden droht)

2.2.4 Demonstration der Angebotsvielfalt

3. Kaufentscheidung
3.1 Verkaufsorientierte Techniken
3.1.1 Vergewisserungstechnik, z.B. durch Nachfragen, für welches Modell sich der Kunde entschieden hat
3.1.2 Panikproduktion, z.B. in dem für den Kunden mögliche unangenehme Folgen durch Erlebnisschilderungen anderer Kunden aufgezeigt werden
3.1.3 Techniken zur Entscheidungsbestätigung
- Vorteilsnennung
- Modellbewertung
3.2 Beziehungsorientierte Techniken
3.2.1 Nebensequenzinitiierung, z.B. über den Urlaub reden oder kleine Scherze machen
3.2.2 Bearbeitung kundeninitiierter Nebensequenzen, die sich häufig um Fußprobleme drehen
3.2.3 Interessiertes Weiterfragen

4. Kaufrealisation
4.1 Verkaufsorientierte Techniken
4.1.1 Abwehr von Preisverhandlungen, z.B. indem man sich auf keine Diskussion einlässt

4.2	Beziehungsorientierte Techniken
4.2.1	Vermehrte Namensnennung
4.2.2	Demonstration einer gemeinsamen Vergangenheit, z.B. durch Erinnerung an den ersten Schuh, der an den Kunden verkauft wurde
4.2.3	Demonstration von Serviceleistungen, z.B. Imprägnieren der Schuhe.

In der Praxis des Verkaufs werden eine Vielzahl, zum Teil sehr subtiler Verkaufstechniken eingesetzt, von denen die wenigsten in der wissenschaftlichen Forschung, der gängigen Praxisliteratur oder den üblichen Trainings vermittelt werden (Brons-Albert, 1995). Die meisten Techniken sind situationsspezifisch, d.h. auf die Bedingungen des Schuhverkaufs und die Person des Kunden zugeschnitten. Diese Spezifität des Verkaufens wird außer Acht gelassen, wenn angeblich allgemeingültige Erfolgsrezepte angeboten werden. Die eingesetzten Techniken variieren auch in Abhängigkeit von der Zielgruppen - die beiden untersuchten Schuhläden unterschieden sich deutlich in der Alterstruktur der Kunden, entsprechend wurden in dem Laden mit der älteren Kundschaft vor allem beziehungsorientierte Techniken eingesetzt. Und schließlich ist nichts über den Erfolg der Techniken ausgesagt, vermutlich unterscheiden sich Verkäufer in ihrem Vorgehen und daher sind bestimmte Techniken nur bei bestimmten Kunden im Verkauf bestimmter Produkte erfolgversprechend! Zusammenfassend ist daher zu sagen: Die Kunden sind in der Realität der Verkaufsinteraktion sehr viel differenzierteren und subtileren Einflussversuchen ausgesetzt, als bislang erforscht wurde. Genauso vernachlässigt wurden aber auch die Reaktionen der Kunden auf Beeinflussungsversuche.

4.2.2.4 Reaktionen der Beeinflussten

Vor allem die Praktikerliteratur, die sich an Verkäufer wendet, aber auch wissenschaftliche Untersuchungen zum Thema „sozialer Einfluss" erwecken häufig den Eindruck, als ob es sich hier um einen völlig determinierten Prozess handelt: Der Verkäufer muss nur die empfohlenen Einflusstaktiken anwenden, dann reagieren die Kunden automatenhaft in seinem Sinne. Das widerspricht nun jeder Alltagserfahrung, aber auch dem wissenschaftlichen Erkenntnisstand – nach über hundert Jahren der Forschung ist bislang kein einziger psychologischer Mechanismus bekannt, der nach diesem Schema funktioniert. Hier wird offensichtlich Wunschdenken produziert bzw. das geschrieben, was die Leser gerne hören. Da ein enormes Interesse an so funktionierenden Methoden besteht, ist die Frage, wie denn eigentlich die „Objekte" des Einflusses – im vorliegenden Fall die Kunden der Verkäufer – auf die Beeinflussungsversuche reagieren, noch relativ wenig unerforscht. Lediglich ein motivationaler Mechanismus, der als Reaktion auf die wahrgenommene Einengung der persönlichen Freiheit auftritt, die sogenannte Reaktanz (Brehm, 1966; Brehm & Brehm, 1981; Dickenberger, Gniech & Grabitz, 1993), zählt mittlerweile zum gesicherten Wissen über die Reaktionen auf Einflussversuche. Darüber hinaus wird in letzter Zeit auch das Wissen über die gängigen Methoden der Beeinflussung thematisiert.

Die Theorie der Reaktanz

Wenn Verkäufer wortreich versuchen, einem Kunden sein Produkt „schmackhaft" zu machen, steigt die Gefahr, dass der Kunde „widerborstig" wird und entweder das Verkaufsgespräch abbricht oder sich auf eine Alternative versteift, von der ihn der Verkäufer offensichtlich abbringen will (vgl. Bänsch, 1996). Dieses Verhalten des Kunden kann durch die Theorie der Reaktanz erklärt werden, die sich durch folgende Annahmen zusammenfassen lässt (Dickenberger et al., 1993, S. 244ff.):

1. Individuen haben die Freiheit bestimmte Verhaltensweisen auszuführen oder nicht.
2. Nimmt ein Individuum wahr, dass ihre Verhaltens- oder Meinungsfreiheit eingeschränkt wird, entsteht Reaktanz. Reaktanz ist ein motivationaler Spannungszustand, der darauf gerichtet ist, die bedrohte Freiheit wieder herzustellen.
3. Die Stärke der Reaktanz wird durch drei Faktoren bestimmt:
   a) Der Umfang des (subjektiven) Freiheitsverlustes: Er wird bestimmt über die absolute Größe, zum Beispiel die Anzahl der bedrohten Alternativen, und die relative Verringerung des Freiheitsspielraums.
   b) Die Stärke der Einengung: Je größer die Bedrohung einer Freiheit ist, desto mehr Reaktanz wird mobilisiert.
   c) Die Wichtigkeit der eingeengten Freiheit: Die Wichtigkeit besteht aus den Komponenten „Wichtigkeit einer Freiheit zu ..." und Wichtigkeit einer Freiheit von ...", d.h. sie setzt sich zusammen aus dem Wert, den eine Handlungsalternative dafür hat, ein bestimmtes Bedürfnis zu befriedigen und der Stärke des Bedürfnisses.
4. Reaktanz wird reduziert durch ein Verhalten, das eine Situation ändert oder aber durch eine kognitive Umstrukturierung: Von besonderer Bedeutung für den persönlichen Verkauf ist die Bumerang-Reaktion, d.h. der Beeinflusste versteift sich auf die Alternative, die bedroht wird.

Zu 1. Die Freiheit, ein bestimmtes Verhalten auszuführen, bezieht sich auf die Möglichkeit, selbst entscheiden zu können, ob die gegenwärtige Situation geändert oder - auch gegen den Wunsch anderer - beibehalten wird. Diese Aktionsfreiheit wird in der Marktwirtschaft durch Maximen wie „der Kunde ist König" und das Gefühl der Macht, das finanzieller Besitz auslöst, verstärkt.

Zu 2. Die zweite Annahme setzt voraus, dass ein Beeinflussungsversuch bewusst wahrgenommen wird: Der Kunde muss den Eindruck haben, ein Verkäufer versucht ihm ein bestimmtes Produkt „anzudrehen" oder ein anderes „madig zu machen", ihn gegen seine Meinung zu einem Standpunkt zu bekehren. Reaktanz wird vor allem dann auftreten, wenn die Freiheitseinengung als illegitim erachtet wird und der Kunde sich ausgeliefert fühlt (Dickenberger et al., 1993). Beides sind wichtige Bedingungen des persönlichen Verkaufs: Aus der Position des „der Kunde ist König" erscheint jeder Versuch der Einengung „königlicher Freiheit" als besonders verwerflich, zudem liegt ein Hauptvorbehalt gegenüber dem persönlichen Verkauf von Kundenseite in der Angst vor Kontrollverlust, d.h. Verkaufsgespräche werden gemieden aus der Furcht, nicht mehr selbstständig entscheiden zu können (Bateson, 1985).

Zu 3. Die Stärke der Reaktanz hängt von verschiedenen Faktoren ab, wobei in Bezug auf das Konsumentenverhalten das Involvement besonders wichtig ist: Wenn die Produkte als austauschbar erlebt werden bzw. der Käufer wenig interessiert ist (geringes Ich-Involvement), wird auch ein deutlicher Einflussversuch des Verkäufers kaum zu nennenswerter Reaktanz führen.

Zu 4. Die empirische Forschung hat verschiedene Reaktanzeffekte nachgewiesen, darunter auch die Aggression gegenüber denjenigen, die eine Freiheit beschneiden wollen - Formen verbaler Aggression von seiten der Kunden dürften nicht wenigen Verkäufern bekannt sein, entscheidend ist, ob sie als Reaktion auf Beeinflussungsversuche oder aber mit dem schlechten Image des Verkaufs (oder gar Merkmalen des Kunden) erklärt werden. Im ersten Fall können sie als Hinweisreiz für eine falsche Verkaufstechnik dienen, ansonsten verstärken sie ein beeinflussendes Verhalten sogar noch. Entscheidend ist aber der Bumerang-Effekt, der sich darin äußert, dass ein empfohlenes Produkt nicht gekauft bzw. ein abgewertetes gekauft wird - der Verkäufer erreicht auf dadurch das Gegenteil von seiner Absicht.

Verkäufer können auf verschiedene Weise mit dem Problem der Reaktanz umgehen, sie können Reaktanz auslösen, um ein Produkt aufzuwerten oder aber versuchen, die Beeinflussungsabsicht nicht durchschaubar zu machen. Reaktanz kann für die eigenen Ziele benutzt werden, indem beispielsweise zunächst ein hochpreisiges Produkt gezeigt wird und dann die Freiheit zum Kauf dieses Produkts eingeschränkt wird (durch den beiläufigen Hinweis, „das wird wohl etwas zu teuer für Sie sein" kann ein Bumerang-Effekt ausgelöst werden, der den Kunden auf genau dieses Produkt festlegt). Die Beeinflussungsabsicht kann durch Ablenkung oder den Aufbau eines Kompetenz verschleiert werden (Trommsdorff, 1998). Ablenkung von der sprachlichen Beeinflussung kann zum Beispiel durch Demonstration des Produkts erfolgen - dabei richtet sich die Aufmerksamkeit auf das sinnlich Wahrnehmbare, die sprachlichen Informationen werden dann auf peripherem Weg verarbeitet (Petty & Caccioppo, 1981) und führen daher kaum zu Gegenargumenten. Wenn es dem Verkäufer gelingt, als kompetenter Experte akzeptiert zu werden, dann wird ihm der Kunde weniger leicht eine Beeinflussungsabsicht zuschreiben (da ein Experte nicht manipulieren muss). Das verweist auf die Frage des Wissens um Beeinflussungsversuche.

Das Modell des Beeinflussungswissens

Die Menschen waren immer schon Beeinflussungsversuchen ausgesetzt, in den letzten Jahrzehnten haben solche Versuche nicht zuletzt durch die überbordende Bedeutung des Marketing geradezu unvorstellbare Ausmaße angenommen (Kroeber-Riel, 1990). Die Konsumenten sind mittlerweile nahezu unablässig der Beeinflussung in Form von Werbung, aber auch des persönlichen Verkaufs ausgesetzt. Sofern Menschen zumindest partiell lernfähige Wesen sind, sollten sie im Laufe ihrer Sozialisation ein stetig wachsendes Wissen um solche Beeinflussungsversuche entwickeln – vermutlich lernen sie, welche Themen davon betroffen sind und welche Taktiken die Beeinflussungsagenten - speziell Verkäufer - einsetzen. Ein solches Wissen erlaubt es, Beeinflussungsversuche zu erkennen und darauf so zu reagieren, dass die eigenen

Ziele besser erreicht werden. Ein solches Wissen entwickelt sich durch die Vielzahl von direkten Kontakten mit Verkäufern bzw. allgemein mit Erfahrungen über Beeinflussungen, sie werden aber auch durch Weitergabe der Erfahrungen unterstützt. Besonders interessant sind die Möglichkeiten des Internet, in dem sich mittlerweile mehrere homepages von Personen finden, die von Versicherungen und speziell von Strukturvertrieben geschädigt wurden – dort werden sowohl die „Tricks" der Verkäufer entlarvt als auch Empfehlungen zu Gegenmaßnahmen gegeben.

Wie dieses Alltagswissen um Beeinflussung aufgebaut ist und wie es auf das Verhalten der Käufer wirkt, ist bislang empirisch unerforscht. Einen ersten Schritt in diese Richtung haben Friedstad & Wright (1994; 1999) gemacht und ein Modell des Beeinflussungswissens entwickelt, das Abbildung 38 zeigt.

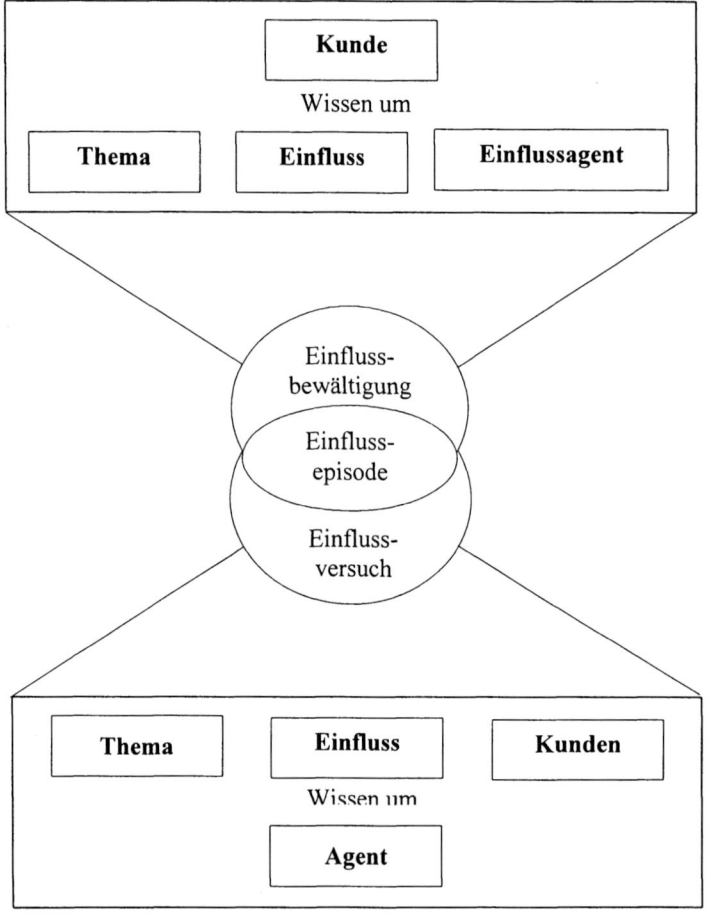

Abb. 38: Das Modell des Beeinflussungswissens (nach Friedstad & Wright, 1994, S. 2)

Das Modell wird hier auf die Beziehung zwischen Verkäufer und Käufer beschränkt, obwohl es für alle denkbaren Beeinflussungsversuche konzipiert ist (als Einflussagent kann daher auch die Werbung bzw. ihre „Macher" angesehen werden; Nerdinger, 1990). Als *Einflussversuch* wird die Wahrnehmung des strategischen Verhalten des Verkäufers durch einen Kunden verstanden. Dazu zählt die Art, wie er Informationen präsentiert mit dem Ziel, die Meinungen, Einstellungen, Entscheidungen oder Handlungen des Kunden zu beeinflussen, aber auch die Schlussfolgerungen darüber, wie und warum er dies gemacht hat. Als *Einflussepisode* wird dagegen das direkt beobachtbare Verhalten des Agenten bezeichnet. Kunden sind aktive Subjekte, die ihre eigenen Ziele verfolgen und über verschiedene Taktiken der Reaktion auf die jeweiligen Einflussversuche verfügen – das wollen die Autoren mit dem Begriff *Einflussbewältigung* verdeutlichen. Damit ist nicht gemeint, sie würden immer versuchen, Einflussversuche abzuwehren, sondern lediglich ihr Bestreben, Kontrolle über die Ergebnisse der Interaktion zu bewahren und ihre eigenen Zielen zu erreichen.

Das Modell des Beeinflussungswissens konzentriert sich darauf, wie die Interaktion von drei verschiedenen Wissensstrukturen die Ergebnisse von Beeinflussungsversuchen bestimmen. Diese Wissensstrukturen umfassen

1. das Beeinflussungswissen im Sinne des Alltagswissens, das sich Kunden darüber erworben haben, wie Beeinflussungsversuche ablaufen - es handelt sich dabei um das Äquivalent der dargestellten Einflussprinzipien;
2. das Wissen über den Agenten, das aus den Überzeugungen über die Eigenschaften, Kompetenzen und Ziele der beeinflussenden Person (des Verkäufers) besteht;
3. das Wissen über das Thema, das sich auf das zu verkaufende Produkt, eine Dienstleistung oder auch eine bestimmte Politik beziehen kann.

Dieses Wissen ist nach Meinung der Autoren kausal organisiert, d.h. es umfasst ein zeitlich geordnetes Netzwerk untereinander verknüpfter Ursache-Wirkungs-Beziehungen. Die Wirkung eines solchen Netzes lässt sich mit der eines Schemas vergleichen (Wyer, 1980; Kluwe, 1992; s.u. 4.3.2) - kommt ein Konsument in Kontakt mit einem Verkäufer, kann ein bestimmtes Verhalten des Verkäufers, das der Kunde als Beeinflussungsversuch einschätzt, das Schema des Beeinflussungswissens aufrufen. Alle nachfolgenden Informationen werden dann durch das Schema selektiert, innerhalb des Schemas verarbeitet und die Reaktionen auf die Beeinflussungsversuche durch das Schema nahezu automatisch ausgelöst (zu dabei auftretenden Assimilations- bzw. Kontrasteffekten vgl. Stafford, Leigh & Martin, 1995). Angenommen ein Kunde weiß nicht, dass Verkäufer versuchen, sich als dem Kunden ähnlich zu präsentieren, um ihn effektiver beeinflussen zu können. Weist der Verkäufer nun beiläufig darauf hin, er sei in derselben Gegend geboren, wie der Kunde, wird dieser den Verkäufer automatisch sympathischer finden und sich den Verkaufsargumenten öffnen (Cialdini, 1996; Felser, 1997). Wenn nach Meinung eines Kunden solche Signale der Ähnlichkeit von Verkäufern bewusst eingesetzt werden, um Kunden zu beeinflussen, können sich Kunden - sofern sie so einen Versuch wahrnehmen - von der Interaktion leichter distanzieren und den Verkäufer „in einem anderen Licht sehen".

Das sei am Beispiel verdeutlicht: Auf der Homepage eines „Strukturvertriebs-

Geschädigten" finden sich unter anderem folgende Hinweise auf „Verkäufer-Tricks" und Ratschläge für eine angemessene Reaktion:

> „Einen fortgeschrittenen Trick habe ich vor einiger Zeit von zwei DLF-Verkäufern erlebt. Der eine hatte sich als Geschäftsführer der Vertriebsfirma vorgestellt, der zweite war so´ne Art Lehrbub.
> Auf meine ständigen Einwände knallte der erste schließlich das gepflegte Aktenköfferchen auf den Tisch, klappte es auf und zog 2 Klarsichthüllen raus: einen DLF-Antrag und ein Kreditformular einer Sparkasse. Damit wedelte er mir vor der Nase rum und erzählte uns empört, dass er heute noch zur Sparkasse müsse, weil er einen weiteren DLF-Fonds auf Kredit zeichnen wolle. Und ob ich wohl glauben würde, dass er den selbst zeichnen würde, wenn das nicht was ganz tolles wäre ...
> Ein guter Vertreter ist dem Kunden rhetorisch haushoch überlegen. Dagegen hilft nur, nichts ohne Bedenkzeit und Beratung mit kundigen Freunden, einer Verbraucherzentrale, Ihrem Steuerberater oder Anwalt zu unterschreiben" (http://people.frankfurt.netsurf.de/wky/geld/psycho.htm).

Empirisch wäre genauer zu untersuchen, ob bzw. unter welchen Bedingungen solche Erzählungen und Empfehlungen in das Beeinflussungswissen integriert und handlungswirksam werden – bei der zunehmenden Begeisterung für das Internet könnte sich auf diesem informellen Weg eine effektivere Form der Aufklärung entwickeln, als es die gängigen Methoden des Verbraucherschutzes ermöglichen.

Das Modell des Beeinflussungswissens ist ein erster Versuch, das bislang völlig vernachlässigte Feld der Reaktionen der „Einfluss-Objekte" auf Verkaufstechniken etc. zu systematisieren und theoretische Erklärungen für den Umgang mit solchen Einflussversuchen zu entwickeln. Das Modell wurde aber bislang empirisch nicht überprüft. In einem ersten Schritt wäre zunächst die empirische Struktur dieses Wissensbereichs genauer zu erforschen, um daraus Zusammenhänge mit den konkreten Reaktionen in Verkaufsinteraktionen abzuleiten. Ein solches Forschungsprogramm erscheint dringend notwendig, um zu einer realistischen Einschätzung der Bedeutung von Beeinflussungsversuchen im Verkauf zu kommen.

4.2.2.5 Fazit und Folgerungen

Die Frage der Beeinflussung im persönlichen Verkauf ist besonders heikel, steht sie doch im Geruch der Manipulation. Auf der einen Seite wird von der Psychologie erwartet, Erkenntnisse zur Durchsetzung des Verkäuferwillens anzubieten. Das wird letztlich an dem Bild des professionellen Verkäufers, das auch heute noch in der Praxis verbreitet ist, deutlich: Wer „Eskimos Kühlschränke verkaufen kann" gilt dabei als der größte - ein solcher Verkäufer ist also in der Lage, dem Kunden Dinge zu verkaufen, die er nicht braucht. Auch ein Blick in die Stellenangebote für Verkäufer verdeutlicht diese Einstellung - allenthalben wird der professionelle Verkäufer gefordert, der sich durch die Fähigkeit, alles verkaufen zu können, definiert. Im Umkehrschluss bedeutet das, er identifiziert sich nicht mit dem Produkt/der Dienstleistung oder dem vertretenen Unternehmen, sondern nur mit dem über die Zahl der Abschlüsse definierten Erfolg. Diesem Bild entsprechend wird im Bereich der Praktikerliteratur ausschließlich mit Rezepten für den „todsicheren Verkaufserfolg" und den schnellen Reichtum geworben. Damit wird das Image des beschränkten Verkäufers ausgerechnet von denen zementiert, die sich angeblich für den Verkauf engagieren.

Auf Kundenseite führt das zu tiefem Misstrauen gegenüber Verkäufern, das durch denselben Glauben an die Wirkmächtigkeit der eingesetzten Beeinflussungstechniken geschürt wird. Dieser Glaube verbindet Verkäufer und Kunden. Die Beeinflussung ist im persönlichen Verkauf aber keineswegs auf psychologische Forschung oder die Weisheiten „erfolgreicher Verkäufer" angewiesen. Vielmehr wird dabei das vielfältige und differenzierte Arsenal der Überzeugung eingesetzt, das Alltagsinteraktionen kennzeichnet. Dabei - so ist zu vermuten - ist auch der Kunde keineswegs das hilflose Opfer, das nicht zuletzt unter Perspektive des Verbraucherschutzes gezeichnet wird. Vielmehr verfügen wohl die meisten Marktteilnehmer über einen soliden Grundstock an Beeinflussungswissen, der sie zu durchaus kompetenten Teilnehmern an Verkaufsinteraktionen macht. Dies empirisch nachzuweisen, sollte künftig verstärkt die Forschung des Verkaufs leiten. Das Ziel solcher Forschung muss aber die Aufhebung des momentan bestehenden Kreislaufes sein, der sich folgendermaßen darstellt: Propagierung von Verkaufstechniken, Anwendung im Verkauf, Kunden lernen die Technik zu durchschauen, die Technik wird scheinbar wirkungslos, Propagierung der nächsten Technik ... Vielmehr könnte ein Bild der auch im Beeinflussungswissen vergleichbaren Interaktionspartner auf das zurück führen, worum es eigentlich geht - Angebot und Nachfrage in persönlicher Interaktion abzustimmen.

4.2.3 Empirische Studien zur Verkaufsinteraktion

Obwohl allenthalben die Meinung vertreten wird, der Verlauf der Interaktion sei für den Erfolg im Verkauf entscheidend (vgl. Kroeber-Riel & Weinberg, 1996), finden sich kaum „echte" Interaktionsstudien in diesem Feld. Anstelle einer Untersuchung der Interaktion, d.h. der wechselseitigen Einwirkung von Verkäufer und Käufer, werden gewöhnlich entweder Merkmale beider Akteure zueinander in Beziehung gesetzt oder aber es werden lediglich Einflussstrategien bzw. Verhaltensweisen des Verkäufers erhoben und die Auswirkungen auf Verkaufsergebnisse überprüft. Kern (1990) hat diese sogenannten „Matching Studien" zusammengefasst. Die meisten der analysierten Studien kommt nicht über den Befund hinaus, wonach die wahrgenommene Ähnlichkeit der Akteure Einfluss auf das Ergebnis der Interaktion hat. Hervorzuheben ist allerdings die Pionierstudie von Schoch (1969), die einen positiven Einfluss kongruenten Rollenverhaltens der Akteure auf den Verlauf der Interaktion belegt hat, d.h. entsprechen sich die Erwartungen, die an den Interaktionspartner gerichtet werden, ist ein Verkaufserfolg wahrscheinlicher.

Matching Studien sind statisch angelegt, Interaktion ist aber ein Prozess und muss daher im Zeitverlauf untersucht werden. Dabei stellen sich aber erhebliche methodische Probleme, die im folgenden kurz betrachtet werden (zu den im folgenden ausgesparten, speziellen statistischen Problemen der Anlage und Auswertung von Interaktionsuntersuchungen vgl. Cronin, 1994). Im Anschluss wird das Vorgehen am Beispiel einer grundlegenden Studie der Verkaufsinteraktion dargestellt.

4.2.3.1 Methoden zur Erfassung sozialer Interaktionen

Zur Erforschung des Interaktionsprozesses bedarf es Methoden der Datenerhebung, die es ermöglichen, die Einwirkungen der Akteure im Zeitablauf zu erfassen. Da prinzipiell unendlich viele Möglichkeiten der Einflussnahme auf andere bestehen, müssen Methoden der Kodierung beobachtbarer Einwirkungen entwickelt werden (vgl. zum Überblick: Winkler, 1981). Die frühesten Versuche der Erfassung von Interaktionen haben sich lediglich auf zwei Zustände beschränkt: Aktivität = Sprechen und Nicht-Aktivität = Nicht-Sprechen (Lück, 1987, S. 135f.). Aufeinanderfolgende Äußerungen zweier oder mehrerer Personen lassen sich dann zu Episoden zusammenfassen und mit Hilfe eines sogenannten „Interaktionschronographen" aufzeichnen. Damit können vier Zustände unterschieden werden (A spricht, B schweigt; B spricht, A schweigt; A und B sprechen gleichzeitig; A und B schweigen gleichzeitig). Zwischen diesen vier Zuständen sind wiederum zwölf Übergänge zu den nächsten Zuständen zu unterscheiden. Weiter gibt auch die Länge von Pausen, die Häufigkeit gleichzeitigen Sprechens etc. vielfältige Hinweise auf die Interaktion. Obwohl sich dieses System lediglich auf zwei formale Verhaltensaspekte beschränkt und inhaltliche Aspekte völlig außer Acht lässt, führt es bereits zu sehr komplexen Ergebnissen. Chapple und Donald (1947) haben mit dem Interaktionschronographen die Interaktion zwischen Verkäufern und Käufern untersucht und enge Zusammenhänge zwischen der Aktivität des Verkäufers und dem Verkaufserfolg gefunden.

Um die Inhalte der Interaktion zu erfassen, sind Experten-Ratings notwendig, die wiederum vorgegebene Kategorienschemata erfordern. Das bekannteste Schema ist die sogenannte „Interaktions-Prozess-Analyse" (IPA) von Bales (1950). Entwickelt wurde dieses System für Gruppen von zwei bis zehn Personen, die gewöhnlich im Labor interagieren und dabei durch Einwegspiegel beobachtet werden. Die Beobachter registrieren Interaktionseinheiten, wobei eben noch wahrnehmbare Aktionen und Reaktionen - auch nicht-verbaler Art - nach dem Schema von Abbildung 39 aufgezeichnet werden.

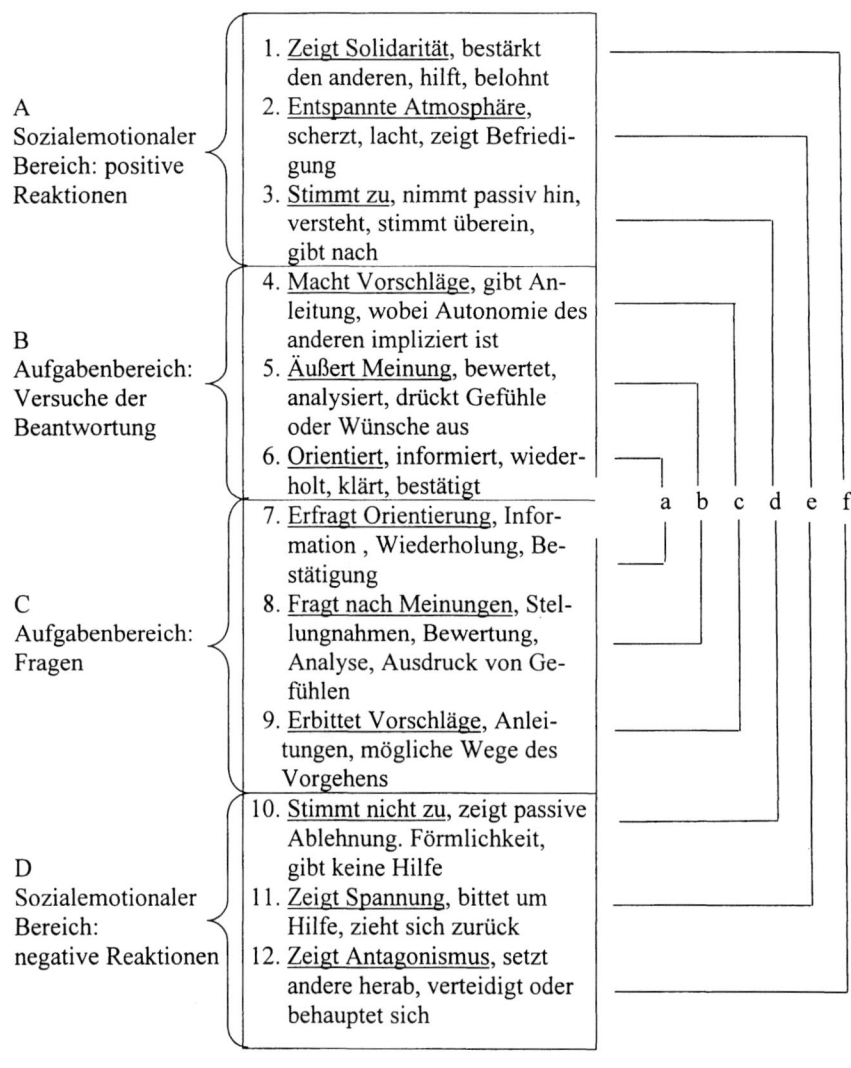

a - Probleme der Orientierung   d - Probleme der Entscheidung
b - Probleme der Bewertung   e - Probleme der Spannungsbewältigung
c - Probleme der Kontrolle   f - Probleme der Integration

Abb. 39: Das IPA-Kategoriensystem von Bales (in Anlehnung an Lück, 1987, S. 139)

IPA erfasst zwölf Kategorien, wobei je sechs positive bzw. negative Richtung haben. Jede Richtung enthält die Problembereiche „Orientierung, Bewertung, Kontrolle, Entscheidung, Spannungsbewältigung und Integration". Die drei ersten Problembereiche zählen zum Aufgabenbereich, die zweiten drei zum sozial-emotionalen Bereich. Trotz der einfachen und logisch bestechenden Struktur erfordert die sichere Beherrschung der Kategorien ein intensives, mehrere Monate dauerndes Training, damit reliable Ergebnisse erzielt werden. Und auch dann beschränken sich die Ergebnisse auf das wahrnehmbare Verhalten der Akteure, ihre Intentionen und Ziele lassen sich so nicht erschließen (zur Weiterentwicklung der IPA zum noch aufwendigeren SYMLOG-Verfahren vgl. Bales & Cohen, 1982).

4.2.3.2 Interaktions-Prozess-Analyse von Verkaufsgesprächen

Als exemplarisch für die Anwendung des IPA-Verfahrens auf den Verkauf kann die Studie von Willett und Pennington (1966/1976) gelten. Die Autoren haben 210 Verkaufsinteraktionen zwischen 14 Verkäufern und je 15 Kunden in elf Einzelhandelsgeschäften für Haushaltsgeräte beobachtet. Zusätzlich wurde registriert, ob die Kunden im Verlauf einer Woche ein Haushaltsgerät gekauft haben bzw. dies beabsichtigten. Die Verkäufer waren mit drahtlosen Mikrofonen ausgestattet und zusätzlich wurden die Interaktionen beobachtet (aufgezeichnet wurden physische Aktionen, Gesten, Gesichtsausdruck etc.). Von den 132 Interaktionen, die zu einem Verkaufsabschluss führten, wurden mehr als 26000 Interaktionshandlungen aufgezeichnet. Diese verteilen sich folgendermaßen auf die IPA-Kategorien (Tab. 6):

Kategorien des Interaktions- prozesses		Handlungen pro Trans- aktion ($\varnothing$)	Prozen- tuale Ver- teilung
Sozial-emotiona- ler Bereich: positive Reak- tionen	1. Zeigt Solidarität	0,08	0,04
	2. Zeigt Entkrampfung einer gespannten Haltung	5,64	2,84
	3. Stimmt zu	7,60	3,83
Handlungsbe- reich: versuchte Antworten	4. Macht Vorschläge	4,07	2,05
	5. Äußert Meinung	74,56	37,61
	6. Gibt Richtlinien	76,74	38,71
Handlungsbereich: Fragen	7. Fragt nach Richtlinien	22,84	11,52
	8. Fragt nach Meinungen	6,15	3,10
Sozial-emotiona- ler Bereich: negative Reaktionen	9. Fragt nach Vorschlägen ...	0,24	0,12
	10. Stimmt nicht zu	0,31	0,16
	11. Zeigt Spannungszustände ..	0,01	0,01
	12. Äußert Widerspruch	0,02	0,01
Alle Transaktionen [*]		198,26	100,00

[*] Die Verteilung umfaßt 26 170 „Handlungen" in 132 Berichten über Verkaufsgespräche.

Tab. 6: Zusammensetzung der sozialen Interaktionen zwischen Kunden und Verkäufern (nach Willett & Pennington, 1976, S. 312)

„Gibt Richtlinien" (Kategorie 6) wurde am häufigsten aufgezeichnet, gefolgt von „äußert Meinung". Mit diesen Kategorien wird das Problem im Verkauf eingekreist. Da diese Kategorien rund 75% aller Handlungen erfassen, scheint der größte Aufwand im Verkaufsgespräch darauf gerichtet, eine effektive Kommunikation aufzubauen. Die Tabelle 7 zeigt die durchschnittlichen Handlungen des Kunden in Beziehung zu denen des Verkäufers:

Interaktionsprozesskategorien	Mittel der Beziehungen von Kunden- zu Verkäuferhandlungen (Zahl der Beziehungen für jede Kategorie: 132)
Gesamte Interaktionshandlungen	0,56
Handlungsbereich:	
Antwortversuche	0,36
(Kategorien 4 - 6)	
Fragen	3,86
(Kategorien 7 - 9)	
Sozial-emotionaler Bereich:	
Positive Reaktionen	1,41
(Kategorien 1 - 3)	
Negative Reaktionen	0,12
(Kategorien) 10 - 12)	

Tab. 7: Relative Interaktionsbeiträge von Kunden und Verkäufern (nach Willett & Pennington, 1976, S. 315)

Die Kunden führen im Schnitt nur halb so viele Handlungen aus wie der Verkäufer. Innerhalb der Kategorien gibt es jedoch große Unterschiede: Während Antwortversuche in erster Linie vom Verkäufer kommen, fragen die Kunden nahezu viermal so oft wie die Verkäufer - obwohl der Verkäufer nur durch Fragen etwas über die Bedürfnisse des Kunden erfahren kann (zur Rolle von Fragen im Verkauf vgl. Franke, 1984). Kunden waren häufiger für positive Reaktionen verantwortlich (Kategorien 1-3), wogegen Verkäufer fast ausschließlich für Meinungsverschiedenheiten, Spannungszustände und Antagonismen verantwortlich waren. In abgeschlossenen Interaktionen fanden sich mehr Antwortversuche in Form von Vorschlägen und mehr Bitten um Meinungsäußerungen im Vergleich zu Interaktionen, die keinen Verkaufsabschluss hatten. Schließlich haben die Verkäufer in erfolgreichen Interaktionen häufiger um Informationen, Meinungsäußerungen und Vorschläge gebeten. Insgesamt zeichnen sich erfolgreiche Interaktionen also durch eine größere Zahl von Lösungsversuchen und mehr Bewertungen aus. (zu vergleichbaren Ergebnissen kommen Taylor und Woodside, 1978, die mit IPA Interaktionen zwischen Versicherungsverkäufern und ihren Kunden untersucht haben).

4.2.3.4 Fazit und Folgerungen

Die Studie von Willett und Pennington (1966/1976) verdeutlicht, wie aufwendig und kompliziert es ist, halbwegs gesicherte Erkenntnisse über den Prozess der Interaktion zwischen Verkäufer und Käufer zu gewinnen (daher wurden die Daten dieser Untersuchung auch mehrmals reanalysiert; vgl. zum Überblick Williams, Spiro & Fine, 1990). Es wundert deshalb nicht, dass diese Methode eher selten eingesetzt wird. Die meisten Untersuchungen der Interaktion arbeiten dagegen mit ad hoc erstellten Kategorien und beobachten das Verhalten von Verkäufer und Käufer getrennt nach einzelnen Prozessabschnitten - Anliegenformulierung, Auswahl, Kaufentscheidung etc. (vgl. Pothmann, 1997). In neueren Untersuchungen steht dagegen der Verhandlungsstil der Interaktionspartner im Mittelpunkt des Interesses - ein kooperativer, problemlösungsorientierter Verhandlungsstil ist im allgemeinen für beide Parteien erfolgversprechender (vgl. zusammenfassend Kern, 1990).

In seinem Sammelreferat zum Forschungsstand der Anbieter-Nachfrager-Interaktionen aus dem Jahre 1983 ist Müller zu dem Ergebnis gekommen, dass folgende Bedingungen für den Verkaufserfolg aus Sicht von Verkäufern günstig sind:

a) „interpersonale Ähnlichkeit,

b) fachkompetente Exposition,

c) Sachlichkeit der Verkaufsbotschaft,

d) wenig Aufforderungsdruck,

e) kommunikative Hinstimmung,

f) angemessenes Verkaufsverhalten" (ebda., S. 702).

Zwei Punkte sind hierbei bemerkenswert: Zum einen wird im Rahmen der Verkäuferforschung gewöhnlich nicht zwischen Interaktion und Kommunikation differenziert. Zum anderen verweist ein Vergleich zum Forschungsüberblick bei Kern (1990) sowie zur neueren Literatur auf die Stagnation der Forschung über Verkäufer-Käufer-Interaktionen (und zwar auf relativ niedrigem Erkenntnisnieveau, wenn man sich die von Müller ermittelten Faktoren genauer betrachtet). Das mag unter anderem an der Komplexität des Forschungsgegenstandes sowie der schier unüberwindlichen Schwierigkeiten bei der empirischen Erfassung von Interaktion im Feld geschuldet sein. Auf jeden Fall finden sich in den letzten Jahren kaum noch so aufwendige Interaktionsstudien des Verkaufs, wie sie Willett und Pennington (1966/1976) durchgeführt haben. Statt dessen wird der spezielle Bereich der Interaktion - die Kommunikation - etwas intensiver untersucht.

4.3 Kommunikation im persönlichen Verkauf

Im Zentrum des persönlichen Verkaufs steht das Verkaufsgespräch, d.h. die Untersuchung der Kommunikation - als spezielle Form der Interaktion - bildet den Kern der Verkäuferforschung - sollte man meinen. Während sich in der Praktikerliteratur nahezu alles um das Verkaufsgespräch dreht, steht die wissenschaftliche Erforschung der Kommunikation im Verkauf vor erheblichen Problemen, wie im folgenden zu zeigen ist. Zunächst werden die kommunikationstheoretischen Grundlagen betrachtet, anschließend wird der Stand der Forschung zum Verkaufsgespräch skizziert. Unter Kommunikation wird hier der Ausschnitt der sozialen Interaktion verstanden, der sich auf die Übermittlung bzw. den Austausch von Informationen beschränkt (Delhees, 1994; Graumann, 1972; Krauss & Chiu, 1998; Krauss & Fussell, 1996). Da die folgenden Ausführungen auf den persönlichen Verkauf zielen, beschränken sich die Grundlagen auf den Fall der unvermittelten, „face-to-face" erfolgenden persönlichen Kommunikation. Diese Situation lässt sich zunächst anhand des bekannten Modells der Signalübertragung erläutern (4.3.1). Die psychologischen Grenzen dieses Modells führen zu einigen weiterreichenden Überlegungen: Der Frage, welche Bedeutungen Rezipienten einer Nachricht entnehmen können (4.3.2) bzw. wie durch Sprache auf andere Menschen eingewirkt wird (4.3.3). Im Anschluss wird die sogenannte nonverbale Kommunikation dargestellt, die zwar kein eigenständiges Kommunikationsmodell bildet, aber relativ unabhängig von solchen Modellen erforscht wird (4.3.4). Zum Abschluss folgen noch einige Anmerkungen zur zeitlichen Struktur des Verkaufsgesprächs, die gewöhnlich über normative Phasenmodelle abgebildet wird (4.3.5).

4.3.1 Das Signalübertragungsmodell

Nach dem technischen Signalübertragungsmodell (Shannon & Weaver, 1949; Graumann, 1972) wird von einer Nachrichtenquelle, dem Sender, eine Botschaft enkodiert (verschlüsselt) und über einen Kommunikationskanal, zum Beispiel dem akustischen oder visuellen Kanal einem Empfänger übermittelt. Dieser dekodiert (entschlüsselt) die Nachricht und kann selbst wieder an den Sender, der nun Empfänger wird, eine Rückmeldung senden, indem er eine Nachricht beantwortet oder selbst Informationen sendet. Die Übertragung der Nachricht kann durch Störquellen beeinträchtigt werden und führt dann zu Verständnisproblemen. Das Modell zeigt Abbildung 40 im Überblick:

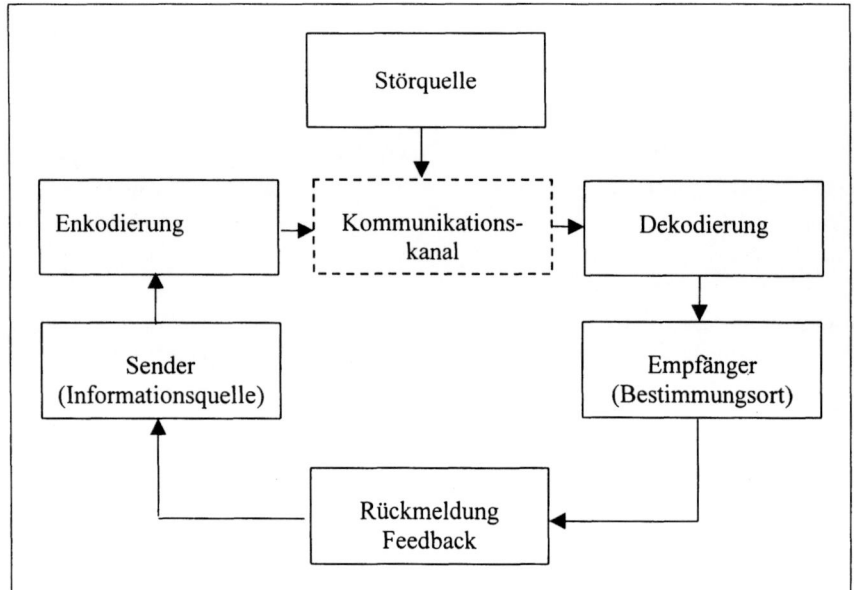

Abb. 40 : Das Signalübertragungsmodell (nach Thomas, 1991, S. 60)

Nach diesem Modell reduziert sich das Verkaufsgespräch auf den Austausch von Informationen, die objektiv messbar sind. Kommunikationsprobleme zwischen Verkäufer und Käufer werden letztlich auf Probleme bei der En- bzw. Dekodierung der Information oder auf die Übertragungswege zurückgeführt. Wenn im Verkaufstraining Methoden vermittelt werden, wie Verkäufer durch Einsatz von Bildern oder andere visuellen Unterstützungen ihre Verkaufsbotschaft eingängiger und überzeugender gestalten können, liegt dem das Kommunikationsverständnis des Signalübertragungsmodells zugrunde. Aber auch alle Versuche, den Verkauf durch Computerunterstützung effizienter zu gestalten, lassen sich darauf zurückführen (Weis, 1995).

Das Signalübertragungsmodell der Kommunikation geht davon aus, dass eine Kommunikationseinheit genau *eine* Bedeutung hat und entsprechend genau *eine* Reaktion hervorruft (Graumann, 1972). Das entspricht der Logik der technischen Signalübertragung: Beinhaltet ein Kommunikationsvorgang unterschiedliche Steuerungssignale, kann der Empfänger nicht reagieren, da unvereinbare Reaktionen hervorgerufen werden. Bei der menschlichen Kommunikation kann der Empfänger dagegen einer Mitteilung unterschiedliche Botschaften entnehmen (Frey, 1999) und umgekehrt kann ein Sender eine Mitteilung senden, die genau das Gegenteil vom Gemeinten aussagt (was gewöhnlich durch die Modulation der Stimme oder entsprechende Mimik angedeutet wird). Offensichtlich unterscheiden sich technische Prozesse der En- und Dekodierung fundamental von den Prozessen der menschlichen Informationsverarbeitung. Dem versucht das Filtermodell der Kommunikation (Blickle, 2000; Theis, 1993) gerecht zu werden.

4.3.2 Das Filtermodell der Kommunikation

Nach dem Filtermodell der Kommunikation ist die menschliche Informationsverarbeitung schemagelenkt, wobei Schemata wie Filter wirken. Soziale Information ist in Wissensstrukturen organisiert, die als Konfiguration von Personen, Objekten und Ereignissen kognitiv repräsentiert ist (Kluwe, 1992; Wyer, 1980; s.u. 2.3). Solche Wissensstrukturen werden als Schemata bezeichnet. Sie dienen der Enkodierung und Organisation von Informationen, neue Informationen werden mit Hilfe bereits abgespeicherter Schemata interpretiert. Ein aktiviertes Schema bewirkt eine selektive Abspeicherung der neuen Informationen, indem nur Merkmale enkodiert werden, die Konzepte des Schemas exemplarisch betreffen. Die Wirkung solcher Schemata lässt sich an dem bekannten Gesellschaftsspiel der „stillen Post" darstellen (Sader, 1991; von Rosenstiel, 2000): Eine Person betrachtet zum Beispiel eine Fotografie und flüstert einer zweiten ins Ohr, was sie gesehen hat. Diese erzählt das, was sie verstanden hat, einer dritten Person usw. Etwa ab der sechsten oder siebten Weitergabe hat die übermittelte Information nur noch entfernte Ähnlichkeit mit der Fotografie. Entsprechend den jeweils aufgerufenen Schemata wird die Information verändert, wobei drei Prozesse besonders wichtig sind: Schemairrelevante Information wird ausgelassen, schemarelevante Information wird hervorgehoben und Informationen, die gar nicht übermittelt wurden, aus dem Schema erschlossen (Blickle, 2000).

Das Filtermodell der Kommunikation postuliert: Je ähnlicher die Schemata zweier Personen sind, desto ähnlicher nehmen sie Ereignisse wahr, desto ähnlicher sind ihre Schlussfolgerungen und desto effizienter ist ihre Kommunikation. Im Gegensatz zum Signalübertragungsmodell geht dieser Ansatz also von einem subjektiven Informationsbegriff aus, der Empfänger (bzw. seine kognitive Struktur) entscheidet über den Informationsgehalt einer Nachricht. Entsprechend muss die Bedeutung, die ein Sender mit einer Nachricht verbindet, nicht mit der dekodierten Nachricht übereinstimmen. Folglich kann auch nicht die Kommunikation als solche etwas bewirken, sondern nur in Verbindung mit den jeweiligen Schemata der Empfänger von Nachrichten (das ist ein wesentlicher Grund für die äußerst begrenzte Tauglichkeit der in Praktikerliteratur gelieferten Tips, was ein Verkäufer in welcher Situation sagen soll). Schließlich gehen demnach die Empfänger über die reine Mitteilung hinaus und versuchen zu erschließen, was der Sender denn „eigentlich" meint - jede Mitteilung enthält „zwischen den Zeilen" noch weitere Bedeutungen (Blickle, 2000).

Welche Bedeutungen sich einer Nachricht entnehmen lassen, veranschaulicht das Modell der Ebenen der Kommunikation. Die grundlegenden Erkenntnisse diese Modells gehen auf die bahnbrechenden sprachpsychologischen Arbeiten von Karl Bühler (1934) zurück, die von Watzlawick et al. (1969) ergänzt bzw. neu interpretiert und schließlich von Schulz von Thun (1981) popularisiert wurden (in dieser Fassung bildet das Modell die Grundlage unzähliger Kommunikationstrainings, auch im Verkauf). Abbildung 41 zeigt dieses Modell:

Abb. 41: Die vier Seiten einer Nachricht

Der *Sachinhalt* einer Nachricht entspricht dem lexikalischen Gehalt und deckt sich weitgehend mit dem Kommunikationsinhalt im Sinne des Signalübertragungsmodells. In jeder Nachricht sind aber auch Informationen über die Person des Senders enthalten, die als *Selbstoffenbarung* bezeichnet werden. Dabei kann es sich um eine gewollte Selbstdarstellung handeln - ein Verkäufer, der sein Produkt mit vielen Fremdwörtern erklärt, mag damit seine Kompetenz signalisieren, es kann sich aber auch um eine ungewollte Selbstenthüllung handeln (wenn der Verkäufer bei der Formulierung solcher Wörter ins Stocken gerät, kann sich daran seine Unsicherheit zeigen). Nachrichten transportieren aber auch häufig *Appelle*, mit Hilfe derer versucht wird, auf den Empfänger Einfluss zu nehmen und ihn zu veranlassen, etwas zu tun oder zu unterlassen, zu denken oder zu fühlen. Gerade im Verkauf schwingt in praktisch allen Mitteilungen ein Appellcharakter mit - zumindest wird vom Empfänger ein Kaufappell mitgehört! Diese drei Ebenen einer Nachricht, die auf Bühler (1934) zurückgehen, lassen sich gewöhnlich klar unterscheiden.

Der vierte Aspekt, die *Beziehung*, geht auf Watzlawick et al. (1969) zurück und ist etwas unscharf gefasst. Die Autoren unterscheiden lediglich zwischen einem Inhalts- und einem Beziehungsaspekt der Kommunikation, wobei Beziehung auch Aspekte der Selbstoffenbarung und des Appells umfasst - Hinweise, wie eine Kommunikation zu verstehen ist, die als „Metakommunikation" bezeichnet werden, fallen ebenfalls darunter. Schulz von Thun (1981) versteht unter Beziehung den Aspekt von Nachrichten, der etwas darüber aussagt, was ein Sender vom Empfänger hält, wie er zu ihm steht, aber auch, was er von der Beziehung zum Empfänger hält. Das wird gewöhnlich am Tonfall und anderen nicht-sprachlichen Signalen erkennbar. Quittiert ein Verkäufer die Frage eines Kunden mit einem Lob, das leicht ironisch klingt bzw. vom Empfänger so gehört wird, dann sagt er damit etwas über den Kunden und seine Intelligenz aus und gleichzeitig auch etwas über die Beziehung zwischen Verkäufer und Kunde (denn Lob steht eigentlich nur dem Statushöheren zu).

Die empirische Untersuchung der Frage, unter welchen Umständen eine bestimmte Interpretation einer Nachricht gewählt wird, wirft natürlich einige Probleme auf. Entsprechend ist diese Frage auch kaum für den persönlichen Verkauf untersucht worden. Eine Ausnahme bildet die Studie von Sigl, Spieß, von Rosenstiel und Nerdinger (1993), in der 1336 Handelsvertreter und 134 Kunden aus den unterschiedlichsten Branchen, die mit Handelsvertretern zusammenarbeiten, zu ihrer Beziehung befragt wurden. In explorativer Absicht wurde im Fragebogen ein Szenario aufgenommen, das eine Preisverhandlung zwischen einem Handelsvertreter und einem Kunden beschreibt. Der Handelsvertreter sagt darin „Für Sie mache ich einen besonders günstigen Preis", der Kunde antwortet darauf „Mit diesem Preis kann ich immer noch nicht leben." Nach jeder Äußerung sollten sowohl die Handelsvertreter als auch die Kunden angeben, was der jeweilige Sprecher gemeint hat. Dazu standen jeweils vier Antwortmöglichkeiten zur Verfügung, mit denen die vier Seiten einer Nachricht erfasst wurden (z.B. nach der Aussage des Handelsvertreters: „Der Preis ist wirklich günstig", „Ich bin großzügig", „Schließe doch endlich zu meinen Konditionen ab!" und „Wegen unserer guten Beziehung komme ich Dir entgegen"). Die Ergebnisse zeigt Tabelle 8.

Äußerung des	Handelsvertreter interpretieren				Kunden interpretieren			
	Si	So	Ap	Be	Si	So	Ap	Be
Handels-vertreters	24,3	2,4	12,9	50,4	26,4	1,3	49,6	22,7
Kunden	13,5	8,3	51,1	27,1	42,9	3,8	41,4	12,0

Si = Sachinformation
So = Selbstoffenbarung
Ap = Appell
Be = Beziehung

Tab. 8: Deutungen von Äußerungen aus Sicht von Handelsvertretern und Kunden (Angaben in Prozent; nach Sigl et al., 1993, S. 68)

Die Selbstoffenbarungsinterpretation (So) wird von beiden Seiten übereinstimmend wenig gewählt – offensichtlich stimmen Handelsvertreter und Kunden darin überein, dass Gefühle in der Kommunikation nichts zu suchen haben. Auch in der Interpretation der Kundenäußerung findet sich relativ große Übereinstimmung – jeweils die Mehrheit deutet sie als Appell (51,1% bzw. 41,4%). In den Deutungen der Aussage des Handelsvertreters finden sich aber gravierende Unterschiede. Auf der Ebene des Sachinhalts (Si) werden die Äußerungen der Kunden von den Handelsvertretern nur selten (13,5%) gedeutet, aus Sicht der Kunden dagegen dominiert diese Interpretation (42,9%). Handelsvertreter deuten die Äußerung ihres (fiktiven) Kollegen kaum als Appell (Ap: 12,9%), die Kunden dagegen in hohem Maße (49,6%). Die Handelsvertreter verstehen die Äußerung überwiegend als Beziehungsangebot (Be: 50,4%), eine Meinung, die von Kunden kaum geteilt wird (22,7%).

Die Untersuchung deutet auf eine systematische Verzerrung zwischen intendierter und rezipierter Botschaften von Handelsvertretern hin: Was Handelsvertreter als Beziehungsangebot verstehen, deuten Kunden als Einflussversuch – darin äußern sich die unterschiedlichen Interessen der Kommunikationspartner. Diese Aussage erfordert aber noch weitere Bestätigung durch die Analyse konkreter Verkaufsgespräche, wobei die spezifischen Bedingungen zu bedenken sind - Handelsvertreter sind rechtlich selbständig und ihre Kunden gewöhnlich professionelle Einkäufer der Unternehmen (Meffert, Kimmeskamp & Becker, 1983). Die Übertragung auf alle anderen Situationen des persönlichen Verkaufs ist daher nur bedingt möglich.

Für die praktische Ausbildung von Verkäufern bietet das Filtermodell der Kommunikation bzw. das Modell der Ebenen einer Nachricht den Vorteil der anschaulichen und einfachen Vermittlung der Bedeutungsvielfalt der Kommunikation. Dadurch können Verkäufer - wie alle Interessierten - für typische Verständigungsprobleme sensibilisiert und mit Möglichkeiten des adäquaten Umgangs mit solchen Problemen vertraut gemacht werden. Wissenschaftlich gesehen liegen die Grenzen des Modells in der vollständigen Lokalisierung der Bedeutung der Kommunikation beim Rezipienten. Damit bleibt unklar, wie der Sender die Bedeutungsvielfalt seiner Aussagen in seinem Sinne gezielt steuern kann - und das ist ein zentrales Anliegen im Verkauf. Die dafür notwendigen Einsichten liefern verschiedene Erkenntnisse, die sich zusammenfassend als „interaktionales Kommunikationsmodell" bezeichnen lassen (Blickle, 2000).

4.3.3 Das interaktionale Kommunikationsmodell

Im Gegensatz zu den bislang dargestellten Modellen handelt es sich hier nicht um einen kohärenten Ansatz zur Erklärung der bzw. einzelner Aspekte der Kommunikation, sondern um verschiedene theoretische Einsichten, die alle um die Wirkung der Kommunikation kreisen. Dazu zählen die Sprechakttheorie (Austin, 1962; Searle, 1969; zur psychologischen Interpretation vgl. Blickle, 2000; Krauss & Chiu, 1998; Krauss & Fussell, 1996), die Erwartungen, die Kommunikationsteilnehmer aneinander richten (Flammer, 1997; Krauss & Fussell, 1996) und die suggestiven Wirkungen der Sprache (Delhees, 1994; Kellermann, 1997; Kroeber-Riel & Meyer-Hentschel, 1982).

4.3.3.1 Sprechhandlungen

Sprechen ist eine Form des Handelns: Durch Sprechen kann - wie durch Handeln - etwas bewirkt werden (Austin, 1962; Blickle, 2000; Delhees, 1994; Searle, 1969). Mit einer einzigen Äußerung kann ein Mensch jemanden mit Schimpfworten beleidigen oder mit suggestiven Worten täuschen. Sprechen ist nicht nur Aktion und Reaktion, sondern verfolgt immer auch eine Absicht, die sich auf andere Menschen bezieht. Sprechhandlungen sind überwiegend strategische oder steuernde Handlungen mit dem Ziel, die Meinungen und das Verhalten anderer zu beeinflussen. In der Sprechakttheorie werden drei verschiedene sprachliche Akte unterschieden (Austin, 1962; Krauss & Fussell; 1996): Lokutionäre Akte (die Äußerung eines Satzes mit einer spezifischen, konventionellen Bedeutung), illokutionäre Akte (Akte des Forderns, Versprechens etc., die sich bestimmter Aussagen bedienen) und perlokutionäre Akte (der Versuch, beim Empfänger eine ganz bestimmte sprachliche oder Verhaltensreaktion auszulösen). Am Beispiel: Mit der Äußerung „geben Sie mir bitte das Formular" produziert der Sprecher einen bestimmten Satz (lokutionärer Akt), stellt eine Forderung auf (illokutionärer Akt) und versucht den Empfänger zur Übergabe des Formulars zu bewegen (perlokutionärer Akt). Die Grundbausteine sprachlichen Handelns bilden die illokutionären Sprechakte, von denen sich sechs Klassen unterscheiden lassen (Bach & Harnish, 1979, vgl. auch Blickle, 2000):

- *Assertiva:* Mit diesen Sprechakten bringt ein Sprecher eine Meinung oder eine Überzeugung zu Ausdruck und will erreichen, dass seine Meinung auch akzeptiert wird. Sagt ein Finanzdienstleister im Verkaufsgespräch, alle Anzeichen würde auf eine Zinserhöhung hindeuten (und deshalb soll der Kunde noch schnell einen Bausparvertrag bei ihm abschließen), soll der Kunde ihm das glauben.
- *Expressiva:* Mit solchen Sprechhandlungen bringt der Sprecher bestimmte Gefühlen gegenüber dem anderen zum Ausdruck. Beispiele im Verkaufsgespräch sind ein freundlicher Gruß, eine Gratulation zur klugen Entscheidung etc.
- *Direktiva:* Damit soll der Adressat veranlasst werden, etwas bestimmtes zu tun. Ein Verkäufer kann den Kunden nach seinen Hobbies fragen oder ihn bitten, ihm bestimmte Unterlagen zu zeigen - in jedem Fall erwartet der Verkäufer vom Kunden adäquate Handlungen.
- *Kommisiva:* Mit Kommisiva verpflichtet sich der Sprecher selbst zu künftigen Handlungen. Garantiert der Verkäufer dem Kunden Kulanz oder versichert er ihm das gebrauchte Auto sei „tadellos in Schuss", dann verwendet er Kommisiva.
- *Verdiktiva:* Damit wird innerhalb eines institutionellen Bereichs die Realität definiert, zum Beispiel wenn der Verkaufsleiter den Verkäufer abmahnt mit der Begründung, er habe sich unkollegial verhalten - wobei der Verkaufsleiter definiert, was unkollegial ist (im Verkaufsgespräch sind Verdiktiva zumindest von Seiten des Verkäufers eher selten).
- *Effektiva:* Solche Sprechakte ändern in einem bestimmten institutionellen Rahmen die Realität, zum Beispiel in Unternehmen durch Einstellungen, Beförderungen und Entlassungen.

Damit diese illokutionären Sprechakte gelingen, müssen sich der Sprecher und der Adressat an den gleichen sozialen Regeln orientieren, die auch in der konkreten Situation vorliegen müssen. Versucht der Verkäufer beispielsweise dem Kunden zu befehlen, den Kaufvertrag zu unterschreiben, wird er wohl das genaue Gegenteil erreichen, da er Reaktanz auslöst (Brehm, 1966; Brehm & Brehm, 1981). Illokutionäre Sprechakte stellen die Grundbausteine von Sprechhandlungen dar, da sie als Mittel für andere soziale Handlungen dienen können. Der Verkäufer kann versuchen, die Sympathie des Kunden zu erreichen, in dem er sich für dessen Hobbies interessiert (Expressiva) - und damit den Kaufabschluss vorbereiten. Ob dies gelingt, hängt jedoch nicht von sozialen Regeln ab, sondern von empirischen Faktoren, zum Beispiel, ob sich der Kunde das angebotene Produkt leisten kann.

4.3.3.2 Erwartungs-Erwartungen: Das Kooperationsprinzip

Wer einen anderen Menschen täuschen will, erwartet, dass der andere erwartet, dass er die Wahrheit sagt - das ist die grundlegende Bedingung für die Möglichkeit der Täuschung. Ein solcher Zusammenhang wird als „Erwartungs-Erwartung" bezeichnet. Kommunikation ist ein kooperatives Unternehmen, das nur gelingen kann, wenn die jeweiligen Äußerungen für den Empfänger sinnvoll sind. Aus dieser Überlegung hat Grice (1975; vgl. auch Blickle, 2000; Flammer, 1997; Frey, 1999; Krauss & Fussell, 1996) eine „Meta-Regel" der Kommunikation entwickelt, die er als Kooperationsprinzip bezeichnet. Diese Meta-Regel umfasst vier Maximen der Konversation, die zum Teil in einzelne Kategorien untergliedert sind (vgl. Tab. 9).

Das Kooperations Prinzip:
Mache Deine Gesprächsbeiträge jeweils so, wie es vom akzeptierten Zweck oder der akzeptierten Richtung des Gesprächs, an dem Du teilnimmst, gerade verlangt wird.

Maxime der Konversation:
1. Quantität
   - Mache Deinen Beitrag so informativ wie für die gegebenen Gesprächszwecke nötig
   - Mache Deinen Beitrag nicht informativer als nötig.
2. Qualität: Versuche Deinen Beitrag so zu machen, dass er wahr ist.
   - Sage nichts, was Du für falsch hältst.
   - Sage nichts, wofür Dir angemessene Gründe fehlen.
3. Relation
   - Sei relevant.
4. Modalität: Sei klar.
   - Vermeide Dunkelheit des Ausdrucks.
   - Vermeide Mehrdeutigkeit.
   - Sei kurz (vermeide unnötige Weitschweifigkeit).
   - Der Reihe nach!

Tab. 9: Das Kooperationsprinzip und die Maxime der Konversation von Grice (nach Krauss & Fussell, 1996, S. 665)

Ganz offensichtlich wird in alltäglichen Konversationen häufig gegen eine oder mehrere dieser Maxime verstoßen. So kann jemand ironisch sagen „Ich mag Verkäufer" und genau das Gegenteil meinen und verstößt damit gegen die Maxime der Qualität. Übertriebene Höflichkeit verstößt gegen die Maxime der Quantität, und nicht selten stehen Antworten in keinerlei direkter Beziehung zu einer Frage. Gerade an solchen Verstößen wird aber das Festhalten der Menschen am Kooperationsprinzip deutlich - sie versuchen, die Äußerungen sinnvoll zu interpretieren. Das ermöglicht *sprachliche Indirektheit* - der Kommunikator verstößt bewusst gegen eine oder mehrere Maxime und legt damit dem Empfänger nahe, selbstständig die eigentliche Bedeutung des Sprechaktes herauszufinden. Im Verkaufsgespräch kann der Verkäufer beiläufig erwähnen, der Abschluss des Vertrages werde dem Finanzamt viel Freude bereiten - der entsprechend interessierte Kunden wird vermutlich verstehen, dass sich ihm mit dem Angebot Möglichkeiten zur Steuerhinterziehung eröffnen. Sprachliche Indirektheit bedeutet, der Sprecher meint mehr oder anderes, als er äußert. Im Gegensatz zur bewussten Täuschung wird dabei das Kooperationsprinzip ganz offensichtlich verletzt und gerade deshalb werden solche Äußerungen richtig verstanden. In Verkaufsverhandlungen hat die sprachliche Indirektheit große Bedeutung, da tastende und indirekte Angebote häufiger zu Annäherungen in Verhandlungen führen als direkt formulierte Positionen, die zur Aufschaukelung von Konflikten neigen (Putnam & Jones, 1982; vgl. Blickle, 2000).

Durch die offensichtliche Verletzung des Kooperationsprinzips können Forderungen indirekt formuliert werden, so entstehen für beide Kommunikationspartner größere Handlungsspielräume. Die verdeckte Verletzung ermöglicht es dagegen, den Kommunikationspartner zu täuschen - eine Absicht, die vor allem Verkäufern im Außendienst häufiger unterstellt wird. Verdeckte Verletzung des Kooperationsprinzips ermöglicht aber auch *kalkulierte Vieldeutigkeit,* mit der unmittelbar gegen die Maxime „Vermeide Mehrdeutigkeit" verstoßen wird. Möchte ein Verkäufer den Kunden nicht direkt täuschen, kann er beispielsweise die Leistungsfähigkeit eines angepriesenen Produkts allgemein positiv darstellen, ohne Konkretes zu sagen. Bei nachträglichen Reklamationen kann der Verkäufer immer noch erklären, er habe die monierten Leistungen nie ausdrücklich versprochen. Außerdem ermöglicht ihm diese Strategie, nachträglich Aussagen zu revidieren, ohne für andere als inkonsistent und daher unglaubwürdig zu erscheinen. Weil der Verkäufer erwartet, dass der Kunde erwartet, der Verkäufer werde eindeutig kommunizieren, kann er seinen eigenen Handlungsspielraum im Verkaufsgespräch erhöhen. Das Kooperationsprinzip zeigt also auf, wie ein Kommunikator die Rezeption durch den Empfänger gezielt in seinem Sinne steuern kann – letztlich steht dabei immer der Verkäufer in Verdacht, da er ein profundes Interesse am Verkaufsabschluss hat und für diese Aufgabe gezielt ausgewählt und geschult wird. Das gilt besonders für den Einsatz suggestiver Sprachwirkungen.

4.3.3.3 Suggestive Wirkungen der Sprache

Über die illokutionären Sprechakte und die wechselseitigen Erwartungen hinaus entfaltet auch allein der Sprachgebrauch beeinflussende Wirkungen, eine Tatsache, die in der Verkaufsliteratur vielfältig ausgeschlachtet wird. Das Arsenal der beeinflussenden oder suggestiven Kommunikation (Delhees, 1994; Kellermann, 1997; Kroeber-Riel & Meyer-Hentschel, 1982) sei an einigen ausgewählten Effekten verdeutlicht.

- *Überzeugende Wortkombinationen:* Durch die gezielte Gestaltung des Inhalts einer Aussage mit einer bestimmten Form entfaltet Sprache ein Optimum an Überzeugungskraft. In einer Studie von Kanouse und Abelson (1967; zit. nach Delhees, 1994, S. 210ff.) erwiesen sich bestimmte Kombinationen von Substantiven mit Verben als besonders überzeugend. Substantive können konkret oder abstrakt sein.

Konkrete Substantive bezeichnen leicht identifizierbare Gegenstände oder Personen, Tisch, Stadt, Auto etc., abstrakte Substantive dagegen lassen sich nur ungenau definieren und bezeichnen etwas Nichtgegenständliches in dinghafter Weise wie Liebe, Hass, Krankheit. Verben können positives oder negatives bezeichnen und manifest oder subjektiv sein. Positive Verben stellen etwas Konstruktives dar, kaufen, bauen, produzieren etc., negative Verben beschreiben destruktive Handlungen - zerstören, schlagen oder brechen. Positive und negative Verben können wiederum manifest oder subjektiv sein: Manifeste Verben drücken ein bestimmbares Geschehen aus, das zeitlich relativ begrenzt ist, berichten, reisen, heilen etc., subjektive Verben drücken schwer bestimmbare Orientierungen auf ein Objekt oder auf Personen aus wie lieben, hassen oder bewundern. Aus den möglichen Kombinationen von Substantiven und Verben haben sich in der Untersuchung von Kanouse und Abelson (1967) folgende als besonders überzeugungsmächtig erwiesen:

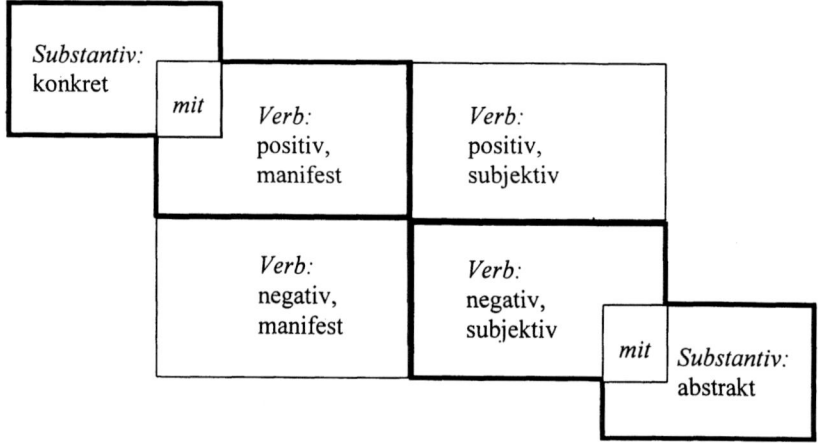

Abb. 42: Kombinationen von Substantiven und Verben mit der größten Überzeugungswirkung (nach Delhees, 1994, S. 211)

Substantive erhalten durch ihre Beziehung zu anderen Wörtern, besonders zu Verben, eine besondere Bedeutung. Für den Verkauf hat vor allem die Verbindung von positiven, manifesten Verben mit konkreten Substantiven große Bedeutung: „Produkt X macht viel Freude", die zweite Kombinationsmöglichkeit ist aufgrund der negativen Verben problematischer und wird deshalb besser zur Abwertung von Konkurrenzprodukten eingesetzt werden (z.B. „Produkt Y schadet ihrer Sicherheit").

- *Automatische Assoziationen:* Durch das Erlernen einer Sprache erwerben Menschen feste Sprachgewohnheiten, Sprache wird automatisch und ohne nachzudenken verwendet. Dazu gehören auch spontane Assoziationen, d.h. bestimmte Reizwörter lösen automatisch bei den meisten Menschen, die eine Sprache teilen, dieselben Assoziationen aus, zum Beispiel Mann - Frau, Tisch - Stuhl, schwarz - weiß etc. Durch die Verwendung eingeschliffener Sprachformeln können daher

beim Empfänger automatisch bestimmte Sachvorstellungen oder Gefühlsempfin-
dungen ausgelöst werden. Erwähnt ein Verkäufer beiläufig, das Produkt sei in
Deutschland produziert worden, löst das automatisch sachliche Vorstellungen aus,
die mit Qualität, Zuverlässigkeit und Hochwertigkeit verbunden sind (auf diesem
Wege kann auch ein Priming-Effekt erzielt werden, d.h. alle nachfolgenden Informationen werden im Lichte des dadurch aufgerufenen Schemas verarbeitet; Felser,
1997; zur Anwendung im Verkauf: Stafford et al., 1995). Durch emotionale
Sprachformeln ausgelöste Assoziationen vermitteln dem Empfänger erregende
Eindrücke, die als angenehm (oder unangenehm) empfunden werden wie lebens-
werte Zukunft, jugendlich, erfolgreich oder Reichtum. Auf diesem Wege kann ein
Verkäufer im Kunden Stimmungen und sachliche Vorstellungen auslösen, mit denen die Wirkung der Verkaufsargumente indirekt gesteigert wird.

- *Bewertungsautomatik:* Viele Wörter enthalten Bewertungen, die so allgegenwärtig
  sind, dass sie in den meisten Fällen gar nicht mehr bewusst werden – beispielsweise beurteilen die meisten Menschen ein Pflanze, die als Unkraut bezeichnet wird,
  als „unnötig" oder gar „schädlich" (Kroeber-Riel & Meyer-Hentschel, 1982). Solche Wertungen werden gewöhnlich nicht reflektiert und wirken daher automatisch,
  der Mechanismus wird deshalb als Bewertungsautomatik bezeichnet. Der Satz
  „Kaffee X ist vollaromatisch" stellt eine Behauptung dar, die objektiv nicht nach-
  prüfbar ist - letztlich entscheidet der Geschmack des Kunden darüber. Durch die
  Form des „Ist-Satzes" wirkt die Behauptung aber wie eine sachliche Feststellung
  und der Begriff „vollaromatisch" impliziert die Bewertung eines „guten, ge-
  schmackvollen ..." Kaffees. Die Bewertungsautomatik kann durch Verwendung
  von Eigenschaftswörtern besonders effektvoll eingesetzt werden, da solche Wörter
  häufig eine sachliche mit einer wertenden Bedeutung verknüpfen: Ein „herzhafter
  Käse" kann objektiv über den Fettgehalt und den Anteil an Würzstoffen bestimmt
  werden und löst gleichzeitig eine positive Wertung aus. Aber auch durch die Verwendung von Substantiven können bestimmte Sachverhalte in einer für den Kommunikator erwünschten Weise eingefärbt werden, wofür die Sprache der Politiker
  vielfältige Beispiele liefert („Ökosteuer").

- *Zweiseitige Kommunikation:* Wer sich noch keine Meinung über einen Gegenstand
  gebildet hat, wird eine beworbene Position eher übernehmen, wenn sie sowohl positive als auch negative Argumente erhält – man spricht dann von zweiseitiger Argumentation (Felser, 1997; von Rosenstiel & Neumann, 1991). Bei der Anwendung zweiseitiger Kommunikation werden im persönlichen Verkauf gewöhnlich
  zuerst (scheinbare) Nachteile eines angebotenen Produkts genannt, die von den
  nachfolgend aufgezählten Vorteilen aber weit übertroffen werden. Da Menschen
  im Sinne der Kooperationsregel von Grice (1975) annehmen, angeführte Nachteile
  seien relevant und vor allem die einzigen negativen Aspekte, erscheint auch ein
  genannter Nachteil noch als verkappter Vorteil! Diese Form der Kommunikation
  wirkt bei intelligenteren Kunden besser.

Suggestive Kommunikation wird von „Sozialtechnikern" aufgrund ihrer kaum durch-
schaubaren Wirkung besonders geschätzt (Kroeber-Riel & Meyer-Hentschel, 1982;
Kroeber-Riel & Weinberg, 1996). Praktisch liegen aber keine Untersuchungen vor,

die den Anteil an der erklärten Varianz von Kaufentscheidungen durch suggestive Kommunikation überzeugend belegen. Sprache wirkt suggestiv, ob sich der Einsatz im persönlichen Verkauf „lohnt", ist dagegen beim aktuellen Stand der Forschung weitgehend unklar.

4.3.3.4 Kommunikationsstile

Die empirische Erforschung der Komponenten des interaktionalen Kommunikationsmodells gestaltet sich äußerst schwierig, da sie letztlich eine Mikro-Analyse der Kommunikation erfordert – zum Beispiel, indem die Wirkung einzelner, isolierter Sprechakte auf den Rezipienten untersucht wird (eine exemplarisches Herangehen an diese Problematik liefert die Studie von Pace, 1962). Eine solche Mikroanalyse hat aber für die Verkäuferforschung wenig Bedeutung, da diese auf die Erklärung der Ergebnisse von Verkaufsgesprächen zielt. Daher werden in der empirischen Verkäuferforschung nicht einzelne Sprechakte oder die suggestive Wirkung bestimmter Wortkombinationen untersucht, sondern die Wirkung einzelner Verkaufsbotschaften oder -strategien - haben Farley und Swinth (1967) produktbezogene mit personbezogenen Verkaufspräsentationen verglichen, konnten aber keine Unterschiede nachweisen. Mehr verspricht dagegen die Erfassung des kommunikativen Verhaltens von Verkäufern und Käufern mit generalisierenden und typisierenden Konzepten wie dem Gesprächs- (Schwarz, 1990) oder Kommunikationsstil (Williams & Spiro, 1985). Ein Kommunikationsstil umfasst die wesentlichen Elemente der Kommunikation, den Inhalt, die verbale (und nonverbale) Form, in der Inhalte ausgedrückt werden und die Kommunikationsregeln, die eine spezifische Form mit dem Inhalt verbinden (Grammatik, soziale oder kulturelle Konventionen, Erwartungs-Erwartungen). Das Konzept „Kommunikationsstil" beschreibt also das spezielle Muster, das die Kommunikation einer Person kennzeichnet.

Sheth (1976; zit. nach Williams & Spiro, 1985) hat ein Modell der Verkäufer-Käufer-Interaktion entwickelt, das den Verkaufserfolg als Funktion der Kommunikationsstile konzipiert. In diesem Modell werden drei Kommunikationsstile unterschieden: Aufgaben-, Selbst- und Interaktionsorientierung. Der aufgabenorientierte Kommunikationsstil ist auf das Ziel des Verkaufens ausgerichtet. Verkäufer bzw. Kunden, die diesen Stil praktizieren, sind auf Effizienz bedacht und minimieren Aufwand, Zeit und Kosten. Interaktionsorientierung ist vor allem an persönlichen und sozialen Aspekten interessiert und nimmt sogar eine Vernachlässigung des Ziels der Interaktion in Kauf. Selbstorientierte Verkäufer bzw. Kunden sind sehr ich-bezogen, sie zeigen wenig empathische Einfühlung in den Interaktionspartner und interessieren sich nur für ihren eigenen Erfolg.

Williams und Spiro (1985) haben diese drei Stile in einem Fragebogen operationalisiert und damit 251 Verkäufer-Kunde-Interaktionen überprüft. 64 Verkäufer einer Kette von Sportgeschäften haben den Kommunikationsstil von bis zu vier Kunden jeweils nach einem Verkaufsgespräch eingestuft, die 251 Kunden wiederum den Kommunikationsstil des Verkäufers, mit dem sie vorher Kontakt hatten. Der objektiv erfasste Erfolg der Verkaufsgespräche konnte am besten anhand der Wahrnehmung des Kommunikationsstils durch den Kunden erklärt werden. Das bedeutet, erfolgreiche Verkäufer wenden adaptives Verkaufen (Weitz et al., 1986) an – sie erkennen den Kommunikationsstil des Kunden und passen sich daran an. Relativ unabhängig vom Kommunikationsstil der Kunden ist in erster Linie ein aufgabenbezogener Stil des Verkäufers günstig für den Verkaufserfolg, aber auch der interaktionsbezogene Stil zeigt enge Zusammenhänge. Lediglich die Selbstorientierung des Verkäufers ist hinderlich für den Erfolg. Insgesamt fällt allerdings die erklärte Varianz im Verkaufserfolg relativ gering aus, was möglicherweise auf die Wahl der Kommunikationsstile bzw. ihre Operationalisierung in dieser Studie zurückzuführen ist.

Einen etwas anderen Zugang bietet die – in den USA häufiger eingesetzte – SOCO-Skala (Saxe & Weitz, 1982). Mit dieser Skala werden zwei Verkaufsstile erfasst, die Verkaufsorientierung (Selling Orientation) und die Kundenorientierung (Customer Orientation). Diese Verkaufsstile werden zwar als allgemeine Verhaltensorientierungen definiert, die zu ihrer Messung entwickelten Items thematisieren aber in erster Linie das kommunikative Verhalten von Verkäufern, zum Beispiel:

Kundenorientierung:
- Beantwortete meine Fragen so ehrlich wie möglich,
- Gab mir alle Informationen, die ich haben wollte,
- Versuchte, meine Bedürfnisse herauszufinden etc.

Verkaufsorientierung:
- Verwendete mehr Zeit darauf, mich zu überreden als meine Bedürfnisse zu erfahren,
- Sprach zuerst und hörte erst später auf meine Bedürfnisse,
- Stimmte mir nur zu, um mir zu schmeicheln etc.

Kundenorientierung beschreibt ein Verhalten, das auf langfristige Kundenzufriedenheit zielt und jede Unzufriedenheit des Kunden zu vermeiden sucht; mit Verkaufsorientierung wird dagegen ein Verhalten erfasst, das allein auf den Verkaufsabschluss zielt. Die Bedeutung dieser unterschiedlichen Orientierungen ist mittlerweile zumindest auf der Ebene von Einstellungen gut dokumentiert. In einer Untersuchung von Tadepalli (1991) wurde der von professionellen Einkäufern erlebte Rollenstress wesentlich von der Verkaufsorientierung und den Einflusstaktiken der Verkäufer, mit denen sie regelmäßig Kontakt haben, beeinflusst. Goff, Boles, Bellenger und Stojack (1997) konnten die Zufriedenheit von Kunden, die sich vor kurzem ein neues Auto gekauft hatten, mit dem Produkt, dem Hersteller und den Verkäufern durch die Kundenorientierung der Verkäufer erklären.

Ein ganz besonderes Merkmal des Kommunikationsstils, das viel zu wenig beachtet wird, ist das Zuhören. Zuhören ist wohl die am meisten praktizierte und am wenigsten verstandene Komponente des Kommunikationsprozesses (Comer & Drollinger, 1999; Ramsey & Sohi, 1997). Im persönlichen Verkauf bildet das richtige Zuhören die Basis für die Diagnose der Kaufmotive und sollte daher den Kern des Kommunikationsstils von Verkäufern bilden. In der populären Literatur wird immer wieder behauptet, die mangelnde Fähigkeit zum Zuhören sei einer der Hauptgründe für das Scheitern von Verkäufern (was wiederum merkwürdig mit dem in der Praxis präferierten Typus des dominanten, extravertierten Verkäufers kontrastiert).

Effektives Zuhören bedeutet mehr als bloßes Hören von Äußerungen, es erfordert, die Bedeutung des Gesagten richtig zu verstehen. Zu diesem Zweck muss dem Sprecher die ganze Aufmerksamkeit gewidmet und sowohl sprachlich als auch nonverbal das Interesse an dem Gesagten ausgedrückt werden. Eine solche Haltung wird auch als „aktives Zuhören" bezeichnet (Schulz von Thun, 1981), d.h. Zuhören ist ein aktiver Prozess, der sowohl Kognition als auch Verhalten umfasst. Drei Komponenten sind dafür entscheidend (Ramsey & Sohi, 1997):

- *Wahrnehmen:* Der Prozess beginnt bei der Wahrnehmung verbaler und nonverbaler Reize, die erhöhte Aufmerksamkeit erfordert. Kunden nehmen selbst wiederum wahr, ob ein Verkäufer ihnen zuhört, wobei vor allem nonverbale Reize wichtig sind (hält der Verkäufer Augenkontakt, zeigt er in Mimik und Gestik Interesse am Gesagten, geht er in den Antworten auf das Gesagte ein etc.).
- *Bewerten:* Damit werden die kognitiven Prozesse bezeichnet, aufgrund derer ein Zuhörer (Verkäufer) dem Gesagten Bedeutung zuordnet und seine Wichtigkeit einstuft. Aus Sicht des Sprechers (Kunden) gibt es verschiedene Hinweisreize für die aktive Bewertung des Gesagten durch den Verkäufer: Wenn sie nicht unterbrochen werden, wenn der Verkäufer nicht das Thema wechselt, wenn er paraphrasierend nachfragt etc.
- *Antworten:* Durch Antworten wird die Kommunikation aufrechterhalten mit dem Ziel der Information, der Kontrolle oder auch geteilter Gefühle. Effektives Antworten zeigt sich an der zeitlichen und inhaltliche Angemessenheit, an dem informatorischen Gehalt der Antwort und an der Form (ganze Sätze, nicht lediglich ja/nein Antworten).

Nach Ramsey und Sohi (1997) konstituieren diese drei Komponenten die Variable „Zuhören", die wiederum das Vertrauen in den Verkäufer, die Zufriedenheit mit ihm und die Erwartung künftiger Interaktionen mit dem Verkäufer beeinflussen sollte. Vertrauen ist eine wesentliche Grundlage jeder Beziehung. Durch aktives Zuhören können Verkäufer Informationen über den Kunden sammeln und seine Bedürfnisse besser verstehen. Wenn diese adäquat erfüllt werden, zeigt sich der Verkäufer als verlässlich, was zu Vertrauen führt. Außerdem wird allein durch Zuhören schon das Bedürfnis nach Anerkennung erfüllt und der Kunde erhält das Gefühl, als Autorität respektiert zu sein und die Kontrolle über die Entscheidung zu behalten. Daher sollte Zuhören auch einen direkten Einfluss auf die Zufriedenheit des Kunden mit dem Verkäufer haben. Schließlich sollte Zuhören einen direkten und indirekten Effekt – vermittelt durch Vertrauen und Zufriedenheit – auf die Erwartung künftiger Interaktionen haben, denn darin äußert sich eine positive Sicht der Beziehung zu dem Verkäufer.

Die Autoren haben diese Zusammenhänge an einer Stichprobe von Kunden überprüft, die sich in den letzten sechs Monaten vor der Befragung ein neues Auto gekauft hatten und auf postalischem Wege die entsprechenden Fragen über ihren Verkäufer beantworteten. Die Ergebnisse zeigt Abbildung 43:

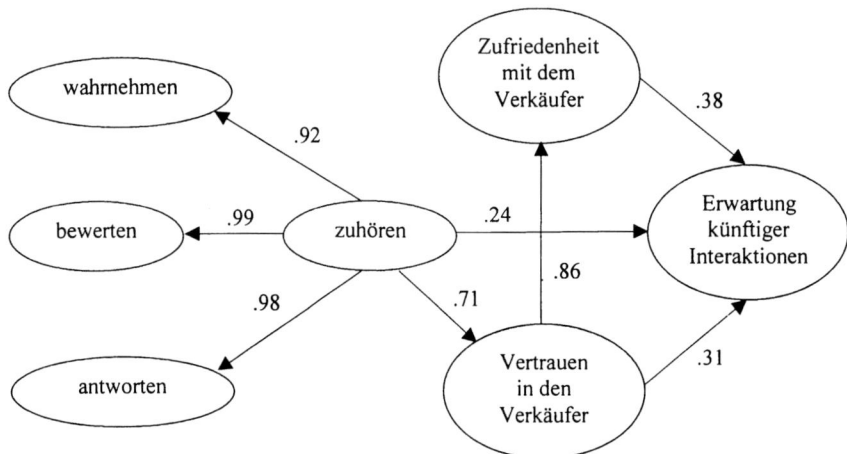

Abb. 43: Elemente und Folgen des Zuhörens aus der Sicht der Kunden von Autoverkäufern (nach Ramsey & Sohi, 1997, S. 128)

Alle erwarteten Zusammenhänge ließen sich bestätigen, mit Ausnahme des Einflusses des Zuhörens auf die Zufriedenheit mit dem Verkäufer (der entsprechende Pfad fehlt daher in Abb. 43). Zwar handelt es sich hier um eine Querschnittstudie, in der sowohl die unabhängige als auch die abhängigen Variablen bei denselben Personen erhoben wurden, sie geben aber deutliche Hinweise auf die Bedeutung gelungenen Zuhörens für die Entwicklung vertrauensvoller, langfristiger Beziehungen zwischen Kunden und Verkäufern.

Schließlich findet sich in der Verkäuferforschung auch eine Richtung in der versucht wird, das kommunikative Verhalten auf spezifische kommunikative Fähigkeiten zurückzuführen. Dabei lassen sich zwei Ansätze unterscheiden: Zum einen wird aus linguistischer Perspektive darunter die Fähigkeit zur Dekodierung von Botschaften und der adäquaten Verwendung von Hinweisreizen verstanden. Cronin (1994) hat nach diesem Ansatz die kommunikative Kompetenz von Verkäufern untersucht, aber keinen Zusammenhang zum Verkaufserfolg gefunden. Zum anderen soll kommunikative Effektivität von verschiedenen Persönlichkeitseigenschaften abhängen, die wichtig sind für den Empfang, das Verständnis und die Reaktion auf Informationen in dyadischen Kommunikationen. Angenommen wird ein zweistufiger Prozess der Kommunikation: Im ersten Schritt sollte der Kommunikator (Verkäufer) möglichst keine Angst vor der Kommunikation empfinden, im zweiten Schritt entscheidet die kommunikative Kompetenz über die Effektivität der Kommunikation. Boorom, Goolsby und Ramsey (1998) haben diese Annahme an 239 Versicherungsverkäufern aus fünf Unternehmen überprüft. Kommunikationsangst hatte in dieser Untersuchung negative Auswirkungen auf die kommunikative Kompetenz, die wiederum positiv auf adaptives Verkaufen und auf den Verkaufserfolg wirken (der u.a. über die erzielten Provisionen erfasst wurde). Obwohl diese Befunde plausibel sind, krankt die ganze Forschungsrichtung an dem unklaren Konzept der kommunikativen Kompetenz, für das bis heute keine allgemein akzeptierten Definitionen bzw. Operationalisierungen vorliegen.

4.3.3.5 Fazit und Folgerungen

Trotz der eher dürftigen Forschungslage ist kaum an der Schlüsselrolle der Kommunikation für das Verständnis des persönlichen Verkaufs zu zweifeln. Vor allem die Steuerung des Gesprächs durch eine angemessene Fragetechnik sowie das aktive Zuhören sind wesentliche kommunikative Elemente, die jeder Verkäufer beherrschen sollte (Bänsch, 1996; Franke, 1984; Weis, 1994). Entsprechend werden diese Fähigkeiten in Verkäufertrainings exzessiv geübt. Wenn auch der relative Beitrag solcher Trainings zum Verkaufserfolg im Vergleich zur Auswahl geeigneter Persönlichkeiten vor allem im Außendienst als eher gering anzusehen ist (s.u. 2.3.1.4), so haben solche Trainings durchaus ihren Sinn - sie vermitteln gewissermaßen das „Werkzeug" des Verkäufers. Dabei sollte allerdings weniger das beliebte Antwortspiel auf die Frage „Was soll ich sagen, wenn ..." geübt, als vielmehr die kommunikativen Fähigkeiten der Verkäufer verbessert werden. Verkäufer, die auf bestimmte Situationen mit einstudierten Floskeln reagieren, tragen nur zum schlechten Image des Berufs bei. Stattdessen sollte im Gespräch die Bedürfnisse der Kunden richtig erkannt und sitationsadäquat auf sie reagiert werden (Boorom et al., 1998; Williams & Spiro, 1985).

4.3.4 Nonverbale Kommunikation

Der Begriff „nonverbale Kommunikation" (Burgoon, 1994; DePaulo & Friedman, 1998; Flammer, 1997; Frey, 1999; Weinberg, 1986) bezeichnet kein eigenes Kommunikationsmodell, sondern die Verwendung bestimmter Kommunikationskanäle. Da die Erforschung der nonverbalen Kommunikation ein eigenständiges Untersuchungsfeld bildet und aufgrund der Komplexität der nonverbalen Kommunikationskanäle werden die damit verbundenen Fragen hier in einem eigenen Kapitel dargestellt. Die im folgenden behandelten Themen lassen sich aber jeweils den verschiedenen Modellen der Kommunikation zuordnen, wobei allerdings nonverbale Botschaften im Rahmen des Signalübertragungsmodells kaum sinnvoll interpretierbar sind. Gerade dies wird aber in vielen Verkaufstrainings unterstellt – deutet ein Trainer zum Beispiel verschränkte Arme als Signal für eine ablehnende Haltung, unterstellt er die bewusste und eindeutige En- und Dekodierung einer Mitteilung (vgl. Brons-Albert, 1995a). Nach dem Filtermodell werden nonverbale Signale über den Eindruck und die Interpretation durch den Rezeptor gedeutet, im Rahmen des interaktionalen Modells erscheint nonverbale Kommunikation als Mittel der sozialen Kontrolle: Während allgemein angenommen wird, nonverbale Kommunikation diene dem spontanen Ausdruck von Gefühlen, finden sich viele Hinweise auf ein gezieltes Management des Ausdrucks, um soziale Kontrolle im Sinne des Einflusses auf den Gesprächspartner auszuüben (vgl. Edinger & Patterson, 1983).

Nonverbale Signale können – wie bereits gezeigt (s.u. 4.1) – zwischen den Konzepten „Interaktion" und „Kommunikation" verortet werden. In Anlehnung an Anderson (1980; zit. nach Burgoon, 1994, S. 230) sind verschiedene Typen nonverbaler Kommunikation zu unterscheiden:

1. *Intuitive Kommunikation*, die zufällige Wahrnehmung spontan ausgelöster Signale (dazu zählen überwiegend nonverbale Signale),
2. *Zufällige Kommunikation*, absichtlich ausgesendete Signale, die unbewusst empfangen werden,
3. *Informative Kommunikation*, symptomatisches Verhalten, das nicht als Botschaft intendiert ist, aber vom Empfänger so interpretiert wird,
4. *Interpretative Kommunikation*, spontane, analoge, nicht-symbolische Botschaften, die bewusst gesendet und empfangen werden.

Im hier gewählten Begriffsverständnis zählt lediglich der vierte Fall zur Kommunikation, die übrigen Fälle wären im weiteren Sinne als Interaktion zu bezeichnen. Die Unterscheidung in Kommunikation und Interaktion ist aber bei nonverbalen Signalen besonders schwer durchzuhalten, da sowohl unbewusst empfangene Botschaften als auch die Absichten, die mit nonverbalen Signalen verbunden werden, empirisch schwer belegbar sind. Die folgenden Ausführungen beschränken sich daher auf die nonverbalen Kommunikationskanäle und ihre Bedeutung für den persönlichen Verkauf. Nach einem kurzen Blick auf die wichtige Frage, ob sich Lügen nonverbal verraten, wird schließlich der Stand der empirischen Erforschung nonverbaler Kommunikation im Verkauf gesichtet.

4.3.4.1 Nonverbale Kommunikationskanäle

Welche nonverbalen Kommunikationskanäle sinnvoll zu unterscheiden sind und wie sie sich systematisieren lassen, diese Fragen finden – wie so vieles in den Sozialwissenschaften – die verschiedensten Antworten (vgl. Burgoon, 1994; Flammer, 1997; Frey, 1999; Weinberg, 1986;). Die folgenden Ausführungen orientieren sich an der Einteilung von Weinberg (1986), die zwar unvollständig ist und verglichen mit anderen Ansätzen kaum eine Systematik erkennen lässt, aber die für den persönlichen Verkauf wichtigsten nonverbalen Signale umfasst.

Mimik: Die Vielzahl der im Gesicht lokalisierten Muskeln ermöglicht ein ungemein differenziertes Ausdrucksverhalten - so hat Ekman (1988) allein 19 verschiedene Formen des Lächelns beschrieben! Die Mimik ist zweifellos das wichtigste nonverbale Medium - zumindest insofern, als sich die Aufmerksamkeit in der Interaktion in erster Linie auf die Mimik des Partners richtet (vgl. zusammenfassend Manstead, Fischer & Jacobs, 1999). Im (Verkaufs-)Gespräch dienen die mimisch ausgedrückten Emotionen der Akzentuierung des Gesprächsablaufs sowie zur Vermittlung spezifischer Bedeutungen des Gesagten - auf welcher der Ebenen einer Nachricht, die im Filtermodell der Kommunikation veranschaulicht sind, die Nachricht zu verstehen ist, wird nonverbal und speziell durch die Mimik verdeutlicht. Mimische Signale können aber auch im Sinne der Sprechakttheorie belohnend, bestrafend, zustimmend oder missbilligend sein (Weinberg, 1986): Zum Beispiel bestätigt ein bewundernder Gesichtsausdruck des Verkäufers dem Käufer die Intelligenz seiner Antwort, ein Stirnrunzeln deutet seine Missbilligung an.

Bleibt die Frage, warum nonverbales Verhalten und besonders die Mimik solche Wirkungen auf das Gespräch und die Interaktion ausüben können. Eine Antwort darauf versucht die *Theorie der emotionalen Ansteckung* (Hatfield, Cacioppo & Rapson, 1994; zur Anwendung auf Verkaufsinteraktionen vgl. Verbeke, 1997). Diese Theorie postuliert die Zusammenhänge zwischen nonverbalem Verhalten und erlebten Emotionen in drei Thesen:

1. In Interaktionen versuchen Menschen automatisch und kontinuierlich ihren Gesichtsausdruck mit dem Gesichtsausdruck ihrer Gesprächspartner zu synchronisieren. Eine gelungene Synchronisierung der Bewegungen ist ein entscheidendes Indiz für den Erfolg einer Interaktion, wobei sich die Tendenz zur Synchronisierung auch in anderen nonverbalen Kanälen wie den Körperbewegungen und der Stimmlage – findet (Hatfield et al., 1994). Für die Übertragung von Emotionen kommt aber der Mimik entscheidende Bedeutung zu.

2. Die subjektive emotionale Erfahrung wird in jedem Moment der Interaktion durch die neuronale Rückmeldung der Mimik gesteuert. Dieser Zusammenhang, der auch neuropsychologisch bestätigt ist, wird als die „facial feedback"-Hypothese bezeichnet (vgl. Scherer, 1996): Die Stellung sämtlicher Gesichtsmuskeln wird laufend neuronal verarbeitet, wodurch die zugehörigen Gefühle ausgelöst und erlebt werden.

3. Als Konsequenz der beiden Thesen können die Interaktionsteilnehmer permanent - zumindest in abgeschwächter Form - die Emotionen des jeweils anderen nachempfinden (solange tatsächlich die Gesichtsausdrücke synchronisiert werden).

Weiter unterscheiden sich nach der Theorie der emotionalen Ansteckung die Menschen in der Fähigkeit, Emotionen auszudrücken und in der Sensibilität für die Emotionen anderer. Transmitter, d.h. expressive Personen, die besonders gut Emotionen übertragen können, sind „charismatisch, unterhaltend ... haben oft als Verkäufer gearbeitet oder Verkauf gelehrt ... sie haben hohe Werte in Dominanz, sozialer Zuwendung und Selbstdarstellung" (Hatfield et al., 1994, S. 138). Aufgrund ihrer Expressivität bringen Transmitter andere dazu, sich zu öffnen und damit werden ihre Gesprächspartner der Absicht des Gesprächs zugänglicher. Bei ansteckungs-bereiten Menschen richtet sich die Aufmerksamkeit auf andere Personen, daher lassen sie sich leichter von den Emotionen anderer affizieren. In der Folge stellen sie auch leichter Rapport mit anderen Menschen her. Das führt zur Entspannung und der Bereitschaft, Informationen preiszugeben. Allerdings können ansteckungs-bereite Menschen aufgrund ihrer Eigenschaften auch leichter von den negativen Emotionen anderer angesteckt werden - gerade depressiv gestimmte Menschen sind häufig ganz erpicht darauf, bei ansteckungs-bereiten Menschen ihre Sorgen abzuladen. Im Sinne des Verkaufserfolgs erscheint aber ein hohe Ausprägung in beiden Merkmalen optimal für Verkäufer (Verbeke, 1997).

Paraverbale Signale: Zu den paraverbalen oder paralinguistischen Signalen zählen alle vokalen Reize, die zwar sprechend ausgedrückt, aber nicht in Worte gefasst werden. Paraverbale Signale erfüllen verschiedene Funktionen, wobei der damit verbundene Ausdruck von Emotionen von besonderer Bedeutung ist (Scherer & Wallbott, 1990; Scherer, 1996). Beurteiler können bei der Untersuchung des stimmlichen Emotionsausdrucks von Schauspielern in ungefähr 50% der Fälle die richtige Emotion erkennen, das ist deutlich mehr, als aufgrund des Zufalls zu erwarten wäre (je nach Untersuchungsmaterial beläuft sich die Zufallsrate auf 10 oder 20%; vgl. Pittam & Scherer, 1993). Stimmlich ausgedrückte Emotionen scheinen zumindest teilweise biologisch bedingt, darauf deuten die wenigen Untersuchungen hin, die eine Identifikation unabhängig von Sprache und Kultur belegen. So lassen sich für einige Emotionen ganz bestimmte akustische Profile nachweisen:

- *Freude:* Erhöhung der Stimmhöhe, des Stimmumfangs und der Intensität,
- *Ärger/Wut:* Erhöhte Stimmhöhe und Intensität, Anstieg der Energie in den Stimmfrequenzen,
- *Trauer/Niedergeschlagenheit:* Senkung der Stimmhöhe und Intensität, Verringerung der Sprechgeschwindigkeit
- *Angst/Furcht:* Stark erhöhte Stimmlage und Stimmumfang, Erhöhung der Energie in den hohen Stimmfrequenzen (vgl. Pittam & Scherer, 1993).

Über den Ausdruck von Emotionen hinaus wurde auch untersucht, ob von der Stimme auf die Persönlichkeit geschlossen wird. Nach den Befunden von Scherer (1982) signalisiert eine dunkle Stimme Liebenswürdigkeit, dünne, scharfe und/oder hohe Stimmen korrelieren dagegen negativ mit diesem Merkmal. Von einer resonanten, rauhen und warmen Stimme wird auf Gewissenhaftigkeit geschlossen, Durchsetzungsvermögen korreliert mit scharfen und dunklen Stimmen. Aber auch aus das Sprechtempo führt zu Schlüssen auf die Persönlichkeit – gewöhnlich steigt die zugeschriebene Kompetenz mit dem Tempo (innerhalb bestimmter Grenzen), allerdings wird ein „schneller Sprecher" als weniger freundlich, höflich und liebenswert erlebt (vgl. auch Weinberg, 1986).

Auch Sprechtempo und Stimmvolumen aktivieren den Gesprächspartner. Eine monotone, ausdruckslose Stimme wirkt einschläfernd, dagegen aktiviert lebendiges, prononciertes Sprechen. Schließlich können Gespräche besonders durch die Stimmhöhe akzentuiert werden - zur Betonung einer Feststellung, zur Verdeutlichung einer Frage etc. Diesen paraverbalen Merkmalen kommt im Verkauf einige Bedeutung zu, vor allem bei der Kontaktaufnahme und dabei besonders beim Versuch einer telefonischen Terminvereinbarung. Diese Situation haben Peterson, Cannito und Brown (1995) untersucht und festgestellt, dass sich erfolgreiche Verkäufer von ihren weniger erfolgreichen Kollegen durch verschiedene paraverbale Merkmale unterscheiden: Sie sprechen etwas schneller, wobei sie nicht die Worte schneller aussprechen, sondern Pausen verdichten und die Wörter stärker phonetisch zusammen ziehen. Außerdem variieren sie die Stimmlage stärker und beenden Sätze häufiger durch ein Absenken der Stimme (wodurch der Eindruck einer Frage vermieden wird, auch wenn der Satz wie eine Frage formuliert wurde).

Blicke: Blicke sind ein wichtiges Instrument zur Steuerung von Interaktionen, besondere Bedeutung hat dabei der Blickkontakt, d.h. das gegenseitige Anblicken zweier Personen (vgl. zum folgenden Weinberg, 1986, S. 96ff.). Die Dauer des Blickkontakts variiert in Abhängigkeit von verschiedenen Faktoren, so blicken Frauen den Gesprächspartner häufiger an als Männer und extravertierte Menschen halten häufiger und länger Blickkontakt. Soziale Merkmale beeinflussen ebenfalls den Blickkontakt – statushöheren Personen wird eher in die Augen geschaut als stutusniederen.

Blickkontakt dient der Rückmeldung im Gespräch und hat wesentliche Steuerungsfunktionen in sozialen Interaktionen. In einem Experiment zur Sichtbehinderung fühlten sich Sprecher besonders unwohl und unsicher, wenn ihr Gesprächspartner eine nicht einsehbare Sonnebrille trägt. Tragen sie selbst eine solche Sonnebrille, fühlen sie sich dagegen sicherer und versprechen sich seltener. Wenn beide Gesprächspartner Sonnenbrillen tragen, steigt die Zahl und die Dauer der Pausen drastisch an - ein weiteres Zeichen von Unsicherheit (vgl. zusammenfassend Argyle, 1979).

In den verschiedenen Phasen von Gesprächen folgen Blicke ganz bestimmten Regeln (Weinberg, 1986):

- Durch Blickkontakt wird Interesse und Bereitschaft zu einem Gespräch signalisiert;
- Beim „Aufeinander-Zugehen" wird zuerst der Blick abgewendet, bei der Begrüßung suchen die Gesprächspartner den Blickkontakt;
- Mit Blicken wird das Gespräch begleitet und kommentiert, die wichtigste Funktion liegt im Signal der Aufmerksamkeit. Zuhörer schauen den Sprecher häufiger an als Sprecher, Sprecher blicken vor allem auf den Zuhörer, um die Wirkung des Gesagten zu überprüfen. Auch die Gesprächspausen werden durch Blicke gesteuert – sie nehmen ab, wenn die Fixierung zunimmt! Am Ende einer Rede erfolgen abschließende Blicke, die zur Antwort auffordern.
- Je schwieriger, intimer und emotionsbeladener das Gespräch abläuft, desto weniger Blickkontakt wird aufgenommen

Schließlich dienen Blicke auch der Regulierung des emotionalen Gesprächsklimas: Gezielte Blicke können die Erregung des Gesprächspartners erhöhen, kontinuierliches Blicken kann dagegen die Aggression hemmen. Aus fehlenden Blicken wird auf mangelndes Interesse geschlossen, umgekehrt werden Sprecher, die ihren Gesprächspartner ansehen, als glaubwürdiger und vertrauenswürdiger erlebt.

Für Verkaufsgespräche lassen sich aus diesen Erkenntnissen einige Empfehlungen ableiten (Weinberg, 1986, S. 98f.):

- „Steigere die Blickkontaktfrequenz, um die Aktivierung beim Kunden zu erhöhen und damit eine bessere Informationsverarbeitung zu erreichen.
- Vermehre die Blickkontakte, um so die entgegengebrachte Sympathie, das Vertrauen und die Glaubwürdigkeit der übermittelten Botschaft zu steigern.
- Halte kontinuierlichen Blickkontakt in kritischen Situationen (z.B. bei Reklamationen), um aggressionshemmend zu wirken.
- Beweise beim Anblicken des Interaktionspartners das Interesse an seinen Argumenten.
- Beachte die visuellen Signale für die Übernahme der Sprecher- bzw. Empfängerrolle, um so eine angenehme und störungsfreie Kommunikation zu ermöglichen".

Diese Empfehlungen sind alle richtig und angemessen, zu ihrer Umsetzung muss aber ein Verkäufer sein Verhalten kennen und in der Lage sein, es entsprechend den Empfehlungen zu verändern. Das lässt sich aber nur durch sehr intensive, videogestützte Trainings erreichen.

Gestik: Sprechen wird häufig von Gesten begleitet - in südeuropäischen Ländern besonders intensiv. Inhaltlich sind sie zwar wenig aussagekräftig (Flammer, 1997), vor allem die Gestik der Hände kann aber die Konversation vielfältig unterstützen (vgl. Weinberg, 1986):

- „Interpunktion und Verdeutlichung der Redestruktur;
- Betonung und Veranschaulichung der Rede;
- Umrahmung der Rede durch nonverbale Zusatzinformationen;
- Rückkoppelung vom und zum Zuhörer;
- Signalisierung von Aufmerksamkeit, Zustimmung etc." (ebda., S. 101).

Gesten, die sprachliche Aussagen interpretieren, werden als *Illustratoren* bezeichnet: So kann ein Verkäufer durch die ehrfurchtsvolle Berührung des angepriesenen Produkts seine Kostbarkeit unterstreichen. *Regulatoren* dienen dazu, den Gesprächsfluss zu steuern. Mit ihrer Hilfe kann der Verkäufer im Gespräch die Initiative behalten, zum Beispiel kann er durch eine abwehrende Geste der Hände einen Einwand unterbinden. Weiter werden damit Beginn und Ende einzelner Gesprächsphasen eingeleitet.

Eine zentrale, stark ritualisierte Geste ist das Händegeben, das Beginn und Ende eines Gespächs begleitet, einen Abschluss besiegelt etc. Mit einem Handschlag wird ein Vertrauensverhältnis zum Kommunikationspartner signalisiert, daher ist auch ein verweigerter Handschlag eine Form der Beleidigung, die als Ablehnung oder gar Gegnerschaft interpretiert wird (in Verkaufstrainings wird gelegentlich auch das „richtige Händegeben" geübt, da ein zu harter ebenso wie ein zu lascher Händedruck unangenehm ist - was immer das je individuell heißen mag).

Körperhaltung: Die Körperhaltung im engeren Sinne umfasst die Grundpositionen - sitzen, stehen, liegen. „Face to face" mit einem Interaktionspartner kann sich darin der Status ausdrücken: Alle Zeichen des „sich klein machens" wie verbeugen, auf die Knie fallen etc. sind gewöhnlich ein Zeichen von Höflichkeit oder gar Demut. Mit Körperorientierung wird die gegenüber einem Interaktionspartner eingenommene Position bezeichnet, Körperbewegung bezeichnet die raumzeitlichen Veränderungen des ganzen Körpers (Weinberg, 1986). Mit Körperbewegungen und -haltungen lassen sich verschiedene Emotionen ausdrücken - zumindest sind Versuchspersonen in der Lage, von Schauspielern in ihrer Körperhaltung dargestellte Emotionen signifikant voneinander zu unterscheiden (wobei wiederum Schauspieler über unterschiedliche habituelle Bewegungsmuster verfügen; vgl. Wallbott, 1998).

Da eine Synchronisierung der Körperhaltung ein Anzeichen gelingender Interaktion ist, wird Verkäufern empfohlen, die Körperhaltung des Gesprächspartners zu imitieren (Kellermann, 1997). Das setzt natürlich ein geschultes Beobachtungsvermögen voraus, aber auch subtile, schauspielerische Fähigkeiten, die vor allem in Trainings auf der Basis der sogenannten „neurolinguistischen Programmierung" (NLP; Bandler & Grinder, 1975; Weis, 1995, S. 187ff.) vermittelt werden. Ob die von den Vertretern dieses Ansatzes vollmundig verkündeten Verkaufserfolge (Bandler & Donner, 1995) in einem realistischen Verhältnis zu dem dabei betriebenen Aufwand stehen, wurde allerdings bislang noch nicht seriös untersucht.

Wichtig für das Gelingen der Interaktion ist auch das räumliche Verhalten, vor allem das Vermeiden von Verletzungen des persönlichen oder intimen Raums (Hall, 1959; vgl. dazu Lück, 1987; zur Anwendung auf den persönlichen Verkauf vgl. McElroy, Morrow & Eroglu, 1990). Jeder Mensch ist von einer unsichtbaren, blasenförmigen „Intimsphäre" umgeben, deren Ausdehnung interkulturell variiert. Die „Blase" scheint asymmetrisch verteilt, für das Territorium hinter oder neben uns beanspruchen wir weniger Raum als vor dem Angesicht. Kommt ein fremder Mensch zu nahe und dringt in diesen Raum ein, so wird das als aufdringlich, unangenehm, ärgerlich oder als „Verletzung der Intimsphäre" erlebt. Gewöhnlich regulieren Menschen ganz automatisch ihr räumliches Verhalten, trotzdem scheint der Hinweis auf die Beachtung des intimen Raums zu den Standards in Verkaufstrainings zu zählen (Brons-Albert, 1995a).

Artefakte: Auch mit Gegenständen kann nonverbal kommuniziert werden - was im Verkauf wohl gängiges Wissen ist (man denke nur an die grotesk anmutende Anhäufung von Statussymbolen bei Verkäufern einiger Strukturvertriebe; Dahm, 1996; Weghorn & Lachner, 1996). Nach Kroeber-Riel und Weinberg (1996) lassen sich folgende materiellen Hilfsmittel der Kommunikation unterscheiden:

- Zur äußeren Erscheinung des Verkäufers beitragende Gegenstände wie Kleidung, Schmuck und andere Accessoires;
- Persönliche Gebrauchsgegenstände wie Auto und „Diplomatenköfferchen";
- Alles, was zum Teil der Interaktion mit dem Kunden wird wie zum Beispiel Mahlzeiten und Geschenke;
- Die Gestaltung der kommunikativen Umwelt des Verkäufers, sofern Kunden im eigenen Territorium - vor allem dem Büro - empfangen werden (vgl. auch McElroy et al., 1990).

Einen zentralen Aspekt der nonverbalen Kommunikation durch Artefakte bildet die Kleidung, auf die im Verkauf großer Wert gelegt wird: Im Einzelhandel finden sich immer wieder uniformähnliche Bekleidungsvorschriften, im Außendienst wird gewöhnlich auch von Firmenseite ein adäquates Erscheinungsbild gefordert. Kleidung vermittelt verschiedene Informationen über seinen Träger (vgl. Argyle, 1979; Nerdinger & von Rosenstiel, 1998):

- *Persönliche Identität:* Kleidung ist Ausdruck der individuellen Identität, sie sagt etwas darüber aus, wie sich ein Mensch selbst sieht und wie er gesehen werden möchte.
- *Soziale Identität:* Durch Kleidung wird auch die Zugehörigkeit zu einer sozialen Gruppe - und damit zugleich die Abgrenzung von anderen Gruppen signalisiert.
- *Alter und Geschlecht:* Die gesellschaftlichen Normen für altersbedingte Bekleidung von Männern und Frauen können nur in begrenzter Bandbreite überschritten werden.
- *Status:* In der Kleidung drückt sich die gesellschaftliche Position aus, häufig wird dies noch durch Schmuckstücke (z.B. Goldketten!) verstärkt. Verkäufern wird gern empfohlen, sich so zu kleiden, dass ihr Status nicht zu niedrig eingeschätzt

wird (z.B. Kroeber-Riel & Weinberg, 1996). Das dürfte auch dem Bedürfnis vieler Verkäufer entgegen kommen, da das Leiden an der gesellschaftlichen Gering-schätzung ihres Berufs ein weit verbreitetes Phänomen ist (Nerdinger et al., 1990). Damit besteht aber die Gefahr, „overdressed" zu wirken und gerade deshalb zum Gespött zu werden.

Auch durch persönliche Gebrauchsgegenstände wie Auto, Armbanduhr, Köfferchen etc. dienen der Vermittlung von Status, im Verkauf scheinen sie häufig als Symbole des Erfolgs zu gelten. In kommunikativer Hinsicht ist natürlich wieder die Abstim-mung auf die jeweilige Zielgruppe der Verkäufer entscheidend. Mit Mahlzeiten und Geschenken sollen Kunden beeindruckt werden, sie können auch den Reziprozitäts-mechanismus auslösen. Deshalb müssen sie im Verkauf wohldosiert eingesetzt wer-den, um nicht Misstrauen auszulösen. Schließlich ist das Umfeld (das Büro), in dem Verkaufsgespräche geführt werden, interaktionsförderlich zu gestalten. Dazu zählen alle Artefakte, die Atmosphäre verschaffen - Blumen, Bilder, Kalender, komfortable Sitzgelegenheiten etc., aber auch die Farbgestaltung des Raumes (vgl. Nerdinger, 1994, S. 224ff.).

Intuitiv kommt all diesen Merkmalen einige Bedeutung für den Verlauf von Ver-kaufsinteraktionen zu, empirisch untersucht wurden sie bislang noch nicht (vgl. auch McElroy et al., 1990). Dafür hat eine andere Frage in der sozialpsychologischen For-schung besonderes Interesse geweckt: Können Lügner anhand nonverbaler Signale erkannt werden?

4.3.4.2 Verraten sich Lügner durch nonverbales Verhalten?

Nonverbale Informationen sollen zuverlässiger sein als verbale, da sie schwerer kon-trollierbar sind. Diese Annahme hat zu einer Vielzahl von Untersuchungen der Frage, ob sich Täuschungen nonverbal verraten, geführt. Täuschung wird dabei definiert als der bewusste Versuch, in einem anderen Menschen einen Glauben oder ein Verständ-nis eines Sachverhalts hervorzurufen, den der Kommunikator als unwahr betrachtet (DePaulo & DePaulo, 1989). Diese Definition bindet Täuschung an die Absicht des Kommunikators, d.h. eine Kommunikation wird als täuschend eingestuft, wenn ein Kommunikator versucht, einen falschen Eindruck hervorzurufen, unabhängig davon, ob ihm dies gelingt. Zur Untersuchung der Frage, ob sich solche Täuschungsversuche aufgrund des nonverbalen Verhaltens erkennen lassen, werden gewöhnlich instruierte Personen bei der Kommunikation richtiger und falscher Aussagen gefilmt. Diese Fil-me werden anschließend einer Gruppe von Versuchspersonen gezeigt, die angeben müssen, welche Aussagen richtig sind und welche falsch. Wie mehrere Metaanalysen vorliegender Befunde zeigen, können Beobachter überzufällig Lügen entdecken. Überzufällig meint: Wenn durch bloßes Raten 50% richtige Antworten zu erwarten sind, beträgt die Trefferquote zwischen 55% und 60% (vgl. DePaulo, 1992; DePaulo & Freedman, 1998; Flammer, 1997; Köhnken, 1986). Das ist ein relativ geringer, aber konstant nachgewiesener Beleg für die Fähigkeit, aufgrund nonverbaler Hin-weisreize Täuschungen durchschauen zu können. Interessanterweise findet sich auch regelmäßig ein Effekt des „im Zweifel für den Angeklagten": Wenn Kommunikatoren in 50% der gefilmten Fälle die Wahrheit sagen, werden immer mehr als 50% als wahr eingestuft!

Die Forschung hat eine Vielzahl nonverbaler Verhaltensweisen identifiziert, anhand derer sich Lügen von der Wahrheit unterscheiden lassen (vgl. zusammenfassend: DePaulo, 1992, S. 232f.). Da Lügen mit größerer Erregung verbunden sind, wird beim Lügen häufiger mit den Augenlidern gezuckt, die Pupillen sind stärker erweitert und es treten mehr „Selbst-Manipulationen" auf (z.B. Nasereiben, ans Ohr fassen etc.). Beim Sprechen finden sich mehr Verzögerungen und es treten mehr Versprecher auf, außerdem ist der Tonfall höher. Lügen ist also kognitiv anspruchsvoller als die Wahrheit zu sagen. Daher planen Menschen, die beabsichtigen zu lügen, ihre Kommunikation länger als diejenigen, die „nur" die Wahrheit sagen wollen. Auf die Bedeutung der Erregung weist auch der Befund, wonach Menschen, die besonders motiviert zum Lügen sind, sich besonders leicht durch nonverbale Hinweisreize verraten - motivierte Lügner sind emotionale Lügner, und deshalb müssen sie das schwere Problem lösen, die nonverbalen Hinweise auf ihre Emotionen zu kontrollieren.

Lügner fühlen sich aber auch häufiger schuldig oder ängstlich, daher sprechen sie zögerlicher und weniger fließend und machen mehr distanzierende Äußerungen. Manchmal klingt ihre Stimmlage negativ (bzw. wird so erlebt), der Blickkontakt wird beim Lügen häufiger vermieden. Da sich Lügner ungern an ihre Äußerungen binden wollen, sagen sie gewöhnlich weniger zum Thema und was sie sagen, ist übermäßig verallgemeinert. Mit Blick auf die nonverbale Kommunikation besonders aufschlussreich sind die häufig zu beobachtenden Diskrepanzen zwischen den Kommunikationskanälen – beispielsweise kann die Stimme zittern, während mit der Mimik Selbstvertrauen dargestellt wird. Alle verbalen und nonverbalen Kommunikationskanäle simultan zu kontrollieren fällt äußerst schwer, außerdem unterliegen bestimmte Muskelgruppen – zum Beispiel die um die Augen gelagerten, die am Ausdruck freundlicher Gefühle beteiligt sind - nicht der willentlichen Kontrolle. Im Konfliktfall enthüllen die nonverbalen Verhaltensweisen die wahren Einstellungen des Lügners und die verbalen Verhaltensweisen deuten mehr auf die Affekte hin, die man zu verbergen versucht. Schließlich unterscheiden sich die nonverbalen Kanäle in ihrem Informationsgehalt beim Erkennen von Lügen: Die meisten Hinweise lassen sich den paraverbalen Reizen, besonders dem Tonfall, sowie körpersprachlichen Reizen entnehmen, die Mimik dagegen lässt sich am besten kontrollieren und liefert daher kaum verwertbare Informationen.

Da die wenigsten Untersuchungen, auf denen diese Ergebnisse beruhen, im beruflichen Feld unternommen wurden, ist natürlich zu fragen, ob sich die Ergebnisse auch auf den Verkauf übertragen lassen. DePaulo und DePaulo (1989) haben das an erfahrenen Autoverkäufern und Kunden, die ebenfalls Erfahrungen mit Kaufverhandlungen hatten, untersucht: Weder bei den Verkäufern, noch bei den Käufern konnten Beobachter Hinweise auf Lügen entdecken! Dabei waren die Beobachter - wie bei einer Verkaufssituation zu erwarten - offensichtlich misstrauisch, denn es zeigte sich kein „im Zweifel für den Angeklagten"-Effekt. Der Grund für dieses Ergebnis ist sehr einfach - die Beobachter konnten bei den Verkäufern und den Käufern keine nonverbalen Hinweisreize auf Lügen entdecken, da keine auftraten. Diese Untersuchung kann als Beleg für eine stärkere Kontrolle des nonverbalen Verhaltens durch erfahrene Verkäufer und Käufer gewertet werden. Dafür lassen sich verschiedene Erklärungen anführen, die Autoren nennen vier (DePaulo & DePaulo, 1989, S. 1571ff.):

1. *Erfahrung oder Übung im Lügen:* Da Verkaufsverhandlungen gewöhnlich im Wechselspiel des übertreibenden Anbietens bzw. untertreibenden Abwertens stattfinden, könnte es sich um einen Übungseffekt handeln.

2. *Mangel an Schuldgefühl beim Lügen:* Wenn es jemand nicht für falsch erachtet, in einer Verkaufssituation zu täuschen, wird er weniger erregt sein und entsprechend auch keine nonverbalen Hinweise auf Erregung liefern. Möglicherweise werden auch weniger explizit falsche Äußerungen im Verkaufsgespräch gemacht als vielmehr implizite oder indirekte „Falschaussagen" (DePaulo, 1988).

3. *Das Vertrauen, effektiv lügen zu können:* Als Folge sollte die Nervosität und die Angst, ertappt zu werden, geringer sein (die Befragung der untersuchten Verkäufer und Käufer ergab Hinweise auf ein solches Selbstvertrauen).

4. *Eine natürliche Fähigkeit zum Lügen:* Manche Menschen scheinen über eine grundlegende Fähigkeit zu verfügen, in verschiedensten Situationen erfolgreich zu lügen.

Welche dieser Deutungen - möglicherweise in Kombination - zutreffen, wurde bislang noch nicht erforscht. In der Untersuchung von DePaulo und DePaulo (1989) fand sich aber bei der Analyse der Verkaufsstrategien noch ein weiterer Hinweis: Die Verkäufer haben diejenigen Autos, die sie selbst für schlecht einschätzten, mit zweiseitiger Argumentation angeboten, d.h. sie haben Vor- und Nachteile genannt. Da zweiseitige Kommunikation glaubwürdiger erscheint (Felser, 1997; von Rosenstiel & Neumann, 1991), wurde möglicherweise das Misstrauen der Beobachter verringert. In jedem Fall scheint die Entdeckung von Täuschungen im Verkaufsgespräch über die Beobachtung nonverbaler Hinweisreize eher unwahrscheinlich.

4.3.4.3 Empirische Studien zum nonverbalen Verhalten im Verkauf

Zwar wird schon seit langem die Bedeutung nonverbaler Kommunikation für den persönlichen Verkauf - und allgemein für das Marketing (vgl. Bonoma & Felder, 1977; Engels & Timaeus, 1983) - betont, wissenschaftliche Untersuchungen, die sich genau dieser Frage widmen, lassen sich aber an einer Hand abzählen. Das mag auch an der enormen Komplexität liegen, die eine adäquate Untersuchung dieser Frage annimmt, wenn sie wissenschaftlichen Ansprüchen genügen soll. Das sei am Beispiel der wohl elaboriertesten Methode zur Erforschung nonverbalen Verhaltens, dem Berner Systems zur Erfassung der Körpersprache (Frey, Hirsbrunner, Pool & Daw, 1981; Frey, 1999) verdeutlicht.

Mit dem Berner System können die nonverbalen und einige Aspekte verbaler Verhaltensweisen zweier Personen im Zeitablauf zuverlässig erhoben werden (vgl. zum folgenden auch Klammer, 1989, S. 158ff.). Sprachliche Äußerungen werden nach einem phonetischen und einem zeitlichen Bestandteil kodiert. Das nonverbale Verhalten wird durch räumliche und zeitliche Elemente erfasst, wodurch sich komplexe Verhaltensabläufe als Abfolge statischer Positionen rekonstruieren lassen. Zu diesem Zweck müssen Interaktionen auf Video aufgenommen und im Ablauf von einer halben Sekunde die Positionen beider Kommunikationspartner kodiert werden. Bei der räumlichen Kodierung werden Kopf, Rumpf, Schultern, Oberarme, Hände, Oberschenkel und Füße getrennt erfasst. Jeder dieser Körperteile kann in verschiedenen Dimensionen bewegt werden, innerhalb jeder Dimension sind unterschiedliche Positionen möglich. Definiert werden diese Positionen als Abweichungen von einer geradeaus orientierten, aufrechten Körperhaltung (vgl. Tab. 10):

Körperteil	Anzahl kodierter Dimensionen	Dimension	Skalenniveau/ Anzahl Positionen	*Erfassbare* *Bewegungsvariation*
Kopf	3	Sagittal	Ordinal / 5	Heben/Senken des Kopfes
		Rotational	Ordinal / 5	Links-/Rechtsdrehung des Kopfes
		Lateral	Ordinal / 5	Links-/Rechtsdrehung des Kopfes
Rumpf	3	Sagittal	Ordinal / 5	Vorbeugen/Zurücklehnen des Rumpfes
		Rotational	Ordinal / 5	Links-/Rechtsdrehung des Rumpfes
		Lateral	Ordinal / 5	Links-/Rechtskippung des Rumpfes
Schultern	2	Vertikal	Ordinal / 3	Heben/Senken der Schulter
		Tiefe	Ordinal / 3	Vor-/Zurückschieben der Schulter
Oberarme	3	Vertikal	Ordinal / 9	Heben/Senken des Oberarms
		Tiefe	Ordinal / 9	Vorwärts-/Rückwärtsbewegung des Oberarms
		Berührung	Nominal / 7	Oberarmkontakt mit Tisch-/Stuhl-/ Körperregionen

Tab. 10: Notationssystem von Körperpositionen im Berner System (Auszug, nach Klammer, 1989, S. 160)

Am Beispiel der Kodierung der Kopfhaltung: Die Kopfhaltung umfasst die Dimensionen sagittal (Heben/Senken des Kopfes), rotational (Links-/Rechtsdrehung des Kopfes) und lateral (Links-/Rechtskippung des Kopfes). In jeder Dimension sind fünf verschiedene Abweichungsstufen zu unterscheiden, zum Beispiel von „stark rechts gekippt" bis „stark links gekippt". Dadurch können insgesamt 5x5x5 = 125 verschiedene Positionen der Kopfhaltung kodiert werden (für die Hände sind über 169 Millionen Positionen kodierbar). Das System erreicht damit eine extreme Differenzierung, kann aber aufgrund seiner Komplexität nur noch auf Interaktionen, die auf Video aufgezeichnet wurden, angewendet werden. Sein methodischer Vorteil besteht in der strikten Trennung der reinen Beschreibung nonverbaler Verhaltensabläufe in der Zeit und der Bewertung der dabei auftretenden Zusammenhänge.

Das Berner System ist zwar methodisch vorbildlich, der damit verbundene Aufwand erscheint allerdings für das Studium realer Verkäufer-Käufer-Interaktionen kaum geeignet. Die meisten Forscher greifen daher auf einfachere Methoden zur Erfassung des nonverbalen Verhaltens im Verkauf zurück. Dabei werden entweder stark vereinfachte Kodierungsschemata verwendet, oder aber - kaum noch als echte Untersuchungen des fraglichen Gegenstands zu bezeichnen - über Fragebögen Persönlichkeitsmerkmale erhoben, die mit nonverbalem Verhalten in Beziehung stehen. Den ersten Weg hat Klammer (1989) gewählt. Sie ließ das verbale und nonverbale Verhalten von zwei Möbelverkäufern in 45 Verkaufsgesprächen von zwei Beobachtern beim Sprechen und Zuhören aufzeichnen. Ein Verkäufer war sehr erfolgreich, er führte 81% aller Verkaufsgespräche zum Kaufabschluss führte, der andere weniger - er erzielte nur in 50% der Fälle einen Kaufabschluss. Außerdem wurden Beurteilungen des Verkäuferverhaltens durch die Kunden erhoben.

Der erste Beobachter nahm an der Verkaufsinteraktion teil (er wurde als Auszubildender vorgestellt). Er konzentrierte seine Aufmerksamkeit auf folgende Elemente der Kommunikation (Klammer, 1989, S. 222f.):

- Wie oft lächelt der Verkäufer?
- Wie oft presst er die Lippen zusammen?
- Wie oft hebt er die Augenbrauen bzw. zieht sie zusammen?
- Wie oft nimmt er Blickkontakt mit dem Kunden auf?

Der zweite Beobachter notierte das Verhalten aus einer Entfernung von fünf bis sechs Metern, wobei er sich auf die Einhaltung der Distanz sowie die Körperhaltung, Körperkontakt, Anzahl der Kopfbewegungen in der lateralen, horizontalen und vertikalen Dimenstion konzentrierte (in Anlehnung an das Berner System). Gesten wurden hinsichtlich offener und geschlossener Bewegungen registriert. Aus der Vielzahl von Ergebnissen zeigt Abbildung 44 die wichtigsten Befunde zum nonverbalen Verhalten:

Nonverbales Verhaltenselement	Mittelwerte Verkäufer A	Verkäufer B
lächeln	3,73	3,90
Augenbrauen heben	1,37	2,00
Blickkontakt aufheben	9, 97	7,10
Kopf lateral	1,23	0,25**
Kopf vertikal	3,47	1,15
Kopf horizontal	0,20	0,20
Distanz 50 bis 150 cm	0,50	0,05*
Distanz mehr als 150 cm	0,27	0,00
Augenbrauen zusammenziehen	0,00	0,20
Lippen zusammenpressen	0,13	0,50
vorbeugende Körperhaltung	0,27	0,05**
geschlossene Gestik	0,63	0,00
gehobene Schultern	0,03	0,00

*p = 0,05
**p = 0,01

Abb. 44: Nonverbales Verhalten eines erfolgreichen (A) und eines weniger erfolgreichen Verkäufers (B; Mittelwerte der aufgetretenen Verhaltenseinheiten pro Kundenkontakt; nach Klammer, 1989, S. 240)

Der erfolgreichere Verkäufer zeigte in dieser Studie ein aktiveres nonverbales Verhalten, außerdem setzte er mehr verbale Verstärker in Form von „ja, ja" oder „ganz richtig". Da ein aktives nonverbales Verhalten ein wesentliches Merkmal expressiver Menschen ist, bestätigen die Befunde von Klammer (1989) durch reine Deskription des nonverbalen Verhaltens die mit ganz anderen Methoden gefundenen Auswirkungen des Persönlichkeitsmerkmals „Expressivität" auf das Verhalten eines Interaktionspartners (vgl. Buck, 1989; Snodgrass et al., 1998; Verbeke, 1994; s.u. 2.3.1.3).

Einen vergleichbaren Ansatz wählten Hester, Koger und McCauley (1985), die sich aber auf die Folgen des Verhaltens der Kunden für den Verkäufer konzentrierten. Die Autoren ließen in ihrer Beobachtungsstudie die Umgänglichkeit sowohl der Kunden als auch der Verkäufer auf fünf Skalen einstufen:
• Begrüßung,
• Konversation,
• Abschied,
• Lächeln und Gesichtsausdruck sowie
• allgemeiner Tonfall der Stimme
Kodiert wurde jeweils auf einem Kontinuum von konventionell bis freundlich. Das nonverbal gezeigte, sozial-emotionale Verhalten von Kunden stellte den besten Prädiktor der Umgänglichkeit von Verkäufern dar. Weder der „aggressive", den Kunden

dominierende Verkäufer noeh der submissive, dem Kunden schmeichelnde war erfolgreich, sondern derjenige, der sich an die Umgänglichkeit der Kunden anpasst und ihm dasselbe Verhalten zeigt. Die Bedeutung des adaptiven Verkaufens (Weitz et al., 1986; Sujan et al., 1994) für den Verkaufserfolg findet damit auch auf der Ebene des nonverbalen Verhaltens Bestätigung!

Im Gegensatz zu den Studien von Klammer bzw. Hester und seinen Mitarbeitern hat Verbeke (1997) Aspekte der Hypothese der emotionalen Ansteckung (Hatfield et al., 1994), genauer: die Auswirkungen der Expressivität - der Fähigkeit, andere mit den eigenen Emotionen anzustecken - und der Empathie im Sinne der Ansteckungsbereitschaft auf Verkäufer untersucht. Beide Merkmale können als persönlichkeitspsychologische Grundlagen der nonverbalen Kommunikation betrachtet werden. Während Transmitter, d.h. expressive Menschen durch ihr aktives nonverbales Verhalten Gefühle zum Ausdruck bringen, beherrschen empathische Menschen vor allem die Fähigkeit des aktiven Zuhörens, die sich unter anderem in einer zugewandten Körperhaltung und verbaler Verstärkung zur Aufrechterhaltung der Gesprächsbereitschaft des Interaktionspartners äußert (Schulz von Thun, 1981; Ramsey & Sohi, 1997). Da beide Merkmale theoretisch weitgehend unabhängig voneinander sind, können sie nach hoher bzw. niedriger Ausprägung unterteilt werden, wodurch sich eine Vierfelder-Tafel mit bestimmten Persönlichkeitstypen ergibt (vgl. Abb. 45).

Empathie	**Expressivität**	
	hoch	niedrig
hoch	Charismatiker	Empathetiker
niedrig	Expansive	„Leere"

Abb. 45: Verkäufertypologie auf der Basis der nonverbal vermittelten Fähigkeiten zur emotionalen Ansteckung (nach Verbeke, 1997, S. 622)

Charismatiker können demnach andere Menschen mit ihren Emotionen anstecken und sie lassen sich von den Gefühlen anderer anstecken. Aufgrund dieser nonverbal vermittelten Fähigkeiten sollten sie die Kommunikation mit den Kunden besser steuern und daher auch bessere Verkaufserfolge erzielen. Da sie sich aber auch durch negative Gefühle der Kunden anstecken lassen, ist bei ihnen ein höherer Grad an Burnout, d.h. mehr emotionale Erschöpfung und - als Zeichen der Abwehr dieses Zustands - mehr Depersonalisierung der Kunden zu erwarten, als bei Verkäufern, die weniger empathisch sind (Expansive bzw. „Leere"). Von Empathetikern ist die zweithöchste Leistung zu erwarten, da sie auf die Gefühle ihrer Kunden eingehen, sie sollten aber die höchsten Werte im Burnout haben. Expansive entsprechen am ehesten dem allgemeinen Bild des Verkäufers, der durch aktives nonverbales Verhalten im Sinne der

Selbstdarstellung (DePaulo, 1992) andere beeindruckt, sich aber nicht von deren Gefühlen anstecken lässt. Entsprechend sollten Expansive eher hohe Leistung bei geringem Burnout zeigen. „Leere" dagegen sollten in beiden abhängigen Variablen niedrigere Ausprägungen aufweisen.

Diese Hypothesen hat Verbeke (1997) an 324 niederländischen Industrie-Verkäufern untersucht. Im subjektiv erfassten Verkaufsvolumen erreichen Charismatiker und Empathetiker die höchsten Werte (Expansive die niedrigsten), allerdings finden sich keine signifikanten Unterschiede zwischen diesen beiden Typen. Charismatiker und Empathetiker haben auch die besten Werte im Aufbau von Beziehungen zu den Kunden, sie waren den „Leeren" in dieser Fähigkeit aber nicht signifikant überlegen. Auch die Hypothesen zum Burnout ließen sich teilweise bestätigen: Die höchsten Werte in Depersonalisierung haben Expansive, gefolgt von Charismatikern und Empathetikern - in diesem Fall muss Depersonalisierung nicht notwendig eine Burnout-Abwehr darstellen, möglicherweise äußert sich darin auch nur die „Verachtung des Selbstdarstellers für sein Publikum". Wie erwartet haben dagegen Empathetiker und Charismatiker die höchsten Werte in der emotionalen Erschöpfung, allerdings unterscheiden sie sich nicht signifikant untereinander.

Zwar ist die Anlage der Studie von Verbeke (1997) als Fragebogenuntersuchung von Verkäufern noch nicht sehr aussagekräftig, sie führt aber zu interessanten Hypothesen über die Folgen der Persönlichkeitsmerkmale, die als Ursache bestimmter nonverbaler Verhaltensweisen anzunehmen sind. Demnach könnten mit solchen Mustern nonverbalen Verhaltens nicht nur Verkaufserfolge, sondern auch Kosten in Form von Burnout-Symptomen verbunden sein. Zum besseren Verständnis der kommunikativen Bedeutung der Typologie muss aber die Interaktion berücksichtigt werden, d.h. auch die Kunden sind nach diesem Schema einzuteilen und die Folgen verschiedener Kombinationen von Verkäufer- und Kundentypen auf das Verkaufsergebnis zu untersuchen.

4.3.4.4 Fazit und Folgerungen

Nonverbale Kommunikation hat sich zu einem „Lieblingsthema" in Verkaufstrainings entwickelt, was sowohl anbieter- als auch nachfrageseitig begründet ist. Sicherlich die meisten Nachfrager, d.h. Verkäufer bzw. Vorgesetzte erwarten sich davon zum einen ein Herrschaftswissen das es ihnen ermöglicht, Kunden zu durchschauen und diese Erkenntnisse für die eigenen Ziele zu instrumentalisieren. Zum anderen soll das eigene nonverbale Verhalten nichtdurchschaubare Wirkungen auf die Kunden ausüben. Für die Anbieter, d.h. die Verkaufstrainer bietet die Analyse von Rollenspielen - speziell auf Video aufgezeichnete - immer wieder die Gelegenheit, solch ein Herrschaftswissen zu demonstrieren (ohne dafür Begründungen abgeben zu müssen). Dabei ist gerade das nonverbale Verhalten in Rollenspielen, die vor der Video-Kamera bzw. vor den Augen der anderen Teilnehmern stattfinden, in höchstem Maße anfällig für falsche Deutungen: Beispielsweise werden versteckte Hände von Trainern gern als „Unsicherheit" interpretiert, verschränkte Arme als „Ablehnung" oder „Nicht-

Offen-Sein", ein auf die Hand gestützter Kopf als „Desinteresse" usw. (Brons-Albert, 1995; 1995a). In solchen Fällen werden dem Verhalten zeichenhafte Bedeutungen - im Sinne populärwissenschaftlicher, man könnte auch sagen: „molchologischer" Bedeutungsregeln der Kommunikation - zugeschrieben, tatsächlich handelt es sich aber lediglich um einseitige Interaktionen, denen in den seltensten Fällen eine genaue Bedeutung zukommt. Darüber hinaus ist der Erkenntniswert für die Teilnehmer eher gering: Das Unwohlsein in der künstlichen Situation des Rollenspiels führt zu verschiedenen Verhaltensweisen, die lediglich etwas über die spezielle Situation aussagen (darüber hinaus erlauben sie natürlich keinen Rückschluss auf die Persönlichkeit des Rollenspielers). Nicht selten erweisen sich solche Rückmeldungen sogar als kontraproduktiv, wenn damit die Natürlichkeit des individuellen Ausdrucks in Frage gestellt und Verkäufer verunsichert werden.

Nonverbale Botschaften werden niemals nur in einer Modalität gesendet und empfangen, Kommunikation wird vielmehr immer von Blicken, Gesten, Lauten, Körperhaltungen usw. begleitet. Daher sind Widersprüche zwischen den Botschaften, die auf verschiedenen Kommunikationskanälen gesendet werden, ein relativ sicherer Hinweis darauf, dass der Sender etwas verbergen möchte (wobei meistens die Mimik, die sich besser bewusst kontrollieren lässt, in Widerspruch zur Körpersprache steht; DePaulo, 1992). Das nonverbale Verhalten wird also in seiner Gesamtheit, gewissermaßen als „Gestalt" (Metzger, 1963) wahrgenommen und interpretiert. In den wenigen Untersuchungen im Verkaufsbereich sind es nicht einzelne Gesten, Körperhaltungen, Gesichtsausdrücke etc. die sich günstig auf den Verkaufserfolg auswirken, sondern die Expressivität eines Verkäufers sowie seine Fähigkeit, sich durch das nonverbale Verhalten des Kunden emotional anstecken zu lassen. Da es sich dabei um relativ schwer beeinflussbare Persönlichkeitsmerkmale handelt, deuten auch diese Befunde auf den eher geringen Wert ausgedehnter Trainings im Vergleich zur Auswahl geeigneter Persönlichkeiten hin.

4.3.5 Die zeitliche Struktur des Verkaufsgesprächs: Normative Phasenmodelle

Das Verkaufsgespräch ist ein Prozess, in dessen Verlauf - beginnend mit der Begrüßung und endend mit der Verabschiedung - unterschiedliche Aufgaben kommunikativ zu bewältigen sind. In Verkaufstrainings und in der Literatur, die sich an Verkäufer richtet, wird der Verkaufsprozess daher gewöhnlich in einzelne Phasen zerlegt. Das hat vor allem didaktische Gründe, da sich auf diesem Wege die verschiedenen Aufgaben des Verkaufens darstellen sowie einzelne Verkaufstechniken wie beispielsweise die immer wiederkehrenden Ratschläge zur Einwandbehandlung üben lassen (vgl. z.B. Bänsch, 1996). In der Praktikerliteratur werden diese Phasen gern in Form von Akronymen, die sich aus den Anfangsbuchstaben der Phasen zusammen setzen, gefasst. Das hat unter anderem den Vorteil der Einprägsamkeit dieser Phasen. Das wohl bekannteste Akronym ist die AIDA-Formel (vgl. von Rosenstiel & Neumann, 1991; Pothmann, 1997):

- Aufmerksamkeit erreichen
- Interesse aufbauen
- Drang zum Kauf wecken
- Abschluss durchführen

Diese Stufen sollen strikt eingehalten werden, da sie angeblich auf die psychischen Prozesse im Kunden abgestimmt sind. Es handelt sich also um ein normatives Modell, das vorschreibt, wie Verkäufer das Gespräch aufbauen und welche psychischen Prozesse sie auslösen sollen. Für die Auslösung dieser Prozesse werden in der Praktikerliteratur für jede der Phasen eine Vielzahl von „Tips und Tricks" verraten werden. Letztlich handelt es sich dabei um ein Rezept des „Hochdruckverkaufs", da der Bedarf des Kunden nicht erwähnt wird. Vielmehr soll über das Wecken von Aufmerksamkeit und des Interesses ein Kaufwunsch erzeugt werden, unabhängig davon, ob ein Kunde das angebotene Produkt oder die Dienstleistung benötigt (Pothmann, 1997). Möglicherweise wird aber die Phase der Bedarfserhebung nur deshalb nicht erwähnt, weil sonst das hübsche Akronym zerstört würde. Überhaupt scheinen die Phasen des Verkaufs in erster Linie nach dem Wohllaut oder der Sinnhaftigkeit des Akronyms konstruiert. Letzteres wird besonders deutlich an der VERKAUFSPLAN-Formel von Wage (1981): **V**orplanung der Arbeit; **E**rfassung der Grunddaten; **R**eferenzinventur; **K**ontaktaufnahme; **A**ppell an die Motivation; **U**ntersuchung der Bedarfslage; **F**assung; **S**pezifizierung des Angebots; **P**rüfung der Argumente; **L**iquidierung von Einwänden; **A**bschlussvorschlag; **N**achfassarbeit. Sowohl Inhalt als auch Ablauf der damit postulierten Phasen richten sich nicht nach realen Verkaufsgesprächen, sondern nach dem gewählten Merkwort - was als praxisnahe Gedächstnisstütze daherkommt, erweist sich als Verkaufs-"Gag" eines Autors.

Alle in der Literatur kursierenden Phasenmodelle wurden nicht aufgrund der Beobachtung konkreter Verkaufsgespräche gewonnen, sondern sind vielmehr normative Setzungen ihrer jeweiligen Autoren. In der Regel werden sie nicht begründet, vielmehr wird lediglich auf ihre Plausibilität vertraut. Ob die postulierten Phasen obligatorisch sind bzw. unter welchen Bedingungen Phasen ausfallen können, wird genauso wenig erläutert wie die für Verkäufer wichtige Frage, woran sie das Ende der einen und den Beginn der nächsten Phase erkennen können (Brons-Albert, 1995a, S. 44f.). Solche Phasenmodelle sagen daher nicht nur wenig über den realen Ablauf von Verkaufsgesprächen aus, das damit lancierte, schematische Vorgehen beinhaltet vielmehr auch Gefahren für den Verkauf. Verkaufen bedeutet, sich auf den Kunden einstellen und - im Sinne kommunikativer Kompetenz - situationsadäquat auf ihn zu reagieren (Weitz et al., 1986; Wagner et al., 1999). Der mit Phasenmodelle propagierte Schematismus stellt das genaue Gegenteil dieser Anforderung dar. Allerdings ist dies nicht nur als Kritik der gängigen Empfehlungen, die sich an Praktiker des Verkaufs richten, zu verstehen. Letztlich ist diese Entwicklung auch auf den Mangel an wissenschaftlichen Untersuchungen zur Frage der zeitlichen Struktur von Verkaufsgesprächen zurückzuführen.

4.4 Die Beziehung zwischen Verkäufer und Käufer

In den letzten Jahren hat das Konzept des Beziehungsmarketing (Bruhn & Bunge, 1994; Diller & Kusterer, 1988; Hesse, 1997) immer größere Bedeutung erlangt. Im Gegensatz zum klassischen Marketing ist dieser Ansatz nicht auf präferenzinduzierte Transaktionen ausgerichtet, sondern zielt darauf, den Kunden langfristig an das Unternehmen zu binden. Dahinter steht die Erwartung, durch Kundenbindung mehr Sicherheit in der Planung zu gewinnen, mehr Wachstum durch bessere Kundenpenetration bzw. mehr Kundenempfehlungen und mehr Rentabilität durch Kosteneinsparungen und Erlössteigerungen zu erzielen (Diller, 1996; Weinberg, 1999). Als Ursachen für diese Entwicklung werden unter anderem stagnierende und schrumpfende Märkte genannt, die zu einem verstärkten Verdrängungswettbewerb führen, sowie das veränderte Kundenverhalten, das sich aufgrund steigender Individualität in sprunghafteren Einkaufs- und Konsumgewohnheiten bei abnehmender Unternehmens- und Markenloyalität äußert (Hesse, 1997). Zwar zielt das Beziehungsmarketing in erster Linie auf sogenannte „Business to Business" Kontakte, doch werden zunehmend auch die Folgen für den persönlichen Verkauf unter dem Stichwort „Beziehungsverkauf" thematisiert (Anselmi & Zemanek, 1997; Beatty, Mayer, Coleman, Reynolds & Lee, 1996; Neu, 1997; Weitz & Bradford, 1999). Die Probleme dieses Ansatzes beginnen allerdings bereits mit dem Begriff „Beziehung" - welche Bedingungen müssen vorliegen, um von einer Beziehung zwischen einem Verkäufer und einem Käufer sprechen zu können? Welche Typen von Beziehungen lassen sich unterscheiden? Wie entwickeln sich Beziehungen? Diese Fragen fordern zunächst die Klärung einiger grundlegender psychologischer Probleme von Beziehungen.

4.4.1 Psychologische Grundlagen von Beziehungen

4.4.1.1 Merkmale von Beziehungen

Gutek (1995; vgl. auch Gutek, Bhappu, Liao-Troth & Cherry, 1999) hat in Bezug auf Dienstleistungen drei Formen des Kontakts unterschieden, die sich auch auf das Verhältnis zwischen Verkäufer und Kunden im engeren Sinne übertragen lassen: Beziehungen, Begegnungen und Pseudobeziehungen. Wenn Verkäufer und Käufer erwarten, auch in Zukunft geschäftlichen Kontakt zu haben, spricht Gutek (1995) von *Beziehungen*. In diesem Fall soll das ökonomisch definierte Selbstinteresse, das zu rein opportunistischem Verhalten führen kann, durch eine gemeinsam geteilte Interessenbasis überwunden werden. *Begegnungen* bestehen dagegen aus einer isolierten Interaktion zwischen einem bestimmten Verkäufer und einem Käufer, wobei keiner von beiden erwartet, mit dem anderen in der Zukunft wieder zu interagieren. In diesem Fall ist das Verhalten beider Akteure allein vom ökonomischen Selbstinteresse geleitet. Ein *Pseudobeziehung* schließlich besteht, wenn es zu wiederholten Kontakten zwischen einem Kunden und einer Verkaufsorganisation, aber nicht zu denselben Mitarbeitern der Organisation kommt. In diesem Fall werden keine wiederholten Interaktionen mit einer bestimmten Person erwartet, trotzdem besteht eine gewisse Vertrautheit mit dem Unternehmen, die an eine Beziehung gemahnt.

Ein Gutteil dessen, was im Rahmen des Beziehungsmarketing diskutiert wird, hat Pseudobeziehungen im Sinne von Gutek (1995) im Blick. Des weiteren ist vermutlich die Mehrzahl der Verkäufer-Käufer-Kontakte als reine Begegnung zu betrachten - extrem zeigt sich das im Fall des Haustür-Verkaufs, bei dem Kunden von den Verkäufern auch nur opportunistisches Verhalten erwarten. Die folgenden Ausführungen betreffen ausschließlich Beziehungen im Sinne von Gutek (1999), die unter anderem im Verkauf von Industriegütern, aber auch bei bestimmten Finanzprodukten oder im Einzelhandel entstehen können. Zur Bestimmung dessen, was sich in diesem Fall zwischen Verkäufer und Käufer entwickelt, genügt allerdings die bloße Erwartung künftiger Interaktionen noch nicht.

Die Unterscheidung zwischen Interaktion und Beziehung ist offensichtlich willkürlich, da es zum einen keine Beziehung ohne eine - nicht notwendigerweise „face-to-face" ablaufende - Interaktion geben kann, zum anderen unklar ist, durch welche Merkmale sich denn nun eine Interaktion von einer Beziehung unterscheidet. In ihrem Überblicksreferat diskutieren Sheaves und Barnes (1996) verschiedene sozialpsychologische Ansätze, die zwischen fünf und acht zum Teil deutlich unterschiedliche Merkmale von Beziehungen benennen. Keine dieser Merkmalslisten ist theoretisch abgeleitet, weshalb zwar die Argumente plausibel, die Listen jedoch beliebig sind. Folgende Merkmale tauchen in den meisten Konzeptionen von Beziehung auf:

- *Reziprozität:* Die Beziehung zwischen zwei Menschen wird am häufigsten darüber definiert, was sie füreinander machen, welche Resourcen sie verteilen und welcher Austausch stattfindet. Damit eine Beziehung existiert, muss offensichtlich mehr ausgetauscht werden als nur Güter/Dienstleistungen gegen Geld, vielmehr vermitteln Beziehungen reziproke Vorteile für beide Seiten. Wenn mit einem Partner Gedanken und Handlungen diskutiert werden, sucht man sich derer Richtigkeit zu versichern, d.h. eine Beziehung ermöglicht es den Partnern, sich selbst zu bewerten und das Selbstwert-Gefühl zu stützen.

- *Vertrauen:* Dieses Konzept ist auch nicht ganz eindeutig zu definieren, nach Neuberger (1998, S. 114) ist Vertrauen ein riskanter Vorgriff auf die Zukunft, fordert keine Belege und Beweise, bedeutet, sich anderen auszuliefern, bedarf der Signalisierung von Verlässlichkeit, begründet eine stabile Beziehung und reproduziert sie. Vertrauen entwickelt sich in einem Prozess, in dem man wiederholt seine Verlässlichkeit bewiesen hat.

- *Bindung:* Damit wird eine Folge von Vertrauen und ein langfristiger Aspekt von Beziehungen angesprochen - Bindung umfasst den Wunsch, eine Beziehung aufrecht zu halten. Während eine kalkulative Bindung lediglich bedeutet, momentan ist keine bessere Alternative zur bestehenden Verbindung in Sicht, entsteht affektive Bindung aus der Erfahrung der Verlässlichkeit des Partners (Moser, 1996).

Durch diese drei Merkmale erhält die Beziehung zwischen Verkäufer und Käufer eine besondere Qualität, als Voraussetzung für das Vorliegen einer Beziehung scheinen sie sehr weitreichend - unklar wäre in diesem Fall auch, ob alle drei Merkmale gleichzeitig vorliegen müssen, in welchem Ausmaß sie vorliegen müssen und wie das konkret zu bestimmen wäre. Diese Probleme treten vor allem deshalb auf, weil sich verschiedene Arten von Beziehungen unterscheiden lassen.

4.4.1.2 Arten von Beziehungen

Die einfachste Möglichkeit, verschiedene Beziehungen zu unterscheiden, bietet der Inhalt bzw. das verbindende Element der Beziehung - Freundschaft, Ehe, Nachbarschaft oder Beruf bzw. Geschäft. Unter diesem Aspekt wäre das Verhältnis zwischen Verkäufer und Käufer zumindest aus der Sicht des Verkäufers als geschäftliche Beziehung einzustufen, was die Entwicklung einer anderen Form aber nicht ausschließt.

Eine theoretisch begründete Unterscheidung stammt von McCall (1970; zit. nach Sheaves & Barnes, 1996, S. 224f.), der zwischen sozialen und anderen Beziehungen differenziert. Soziale Beziehungen verortet McCall zwischen den Extremen einer persönlichen und einer formalen Beziehung. In einer *persönlichen Beziehung* erleben sich die Beteiligten in ihrer individuellen Besonderheit und interagieren allein aus diesem Grund miteinander. In einer *formalen Beziehung* dagegen nehmen sich die Beteiligten wechselseitig in ihrer bestimmten, jeweils eingenommenen Rolle wahr, wobei die Beziehung zwischen den Rollenträgern, d.h. den Personen, nicht den Rollen, besteht. In einer formalen Beziehung begrenzen die Rollen die Form der Interaktion.

Persönliche und formale Beziehungen schließen sich nicht wechselseitig aus, die Übergänge zwischen beiden Formen sind fließend. So beginnen alle Beziehungen zwischen Verkäufer und Käufer als formale Beziehung, können sich aber zu einer Form mit mehr und mehr persönlichen Anteilen entwickeln. Grundbedingung dafür ist die Häufigkeit der Kontakte - erst wenn im Laufe der Zeit hinter der Rolle des Verkäufers bzw. Käufers der individuelle Mensch sichtbar wird, ist überhaupt die Möglichkeit gegeben, eine persönliche Beziehung aufzubauen. Bleibt natürlich die Frage, ob das überhaupt im Interesse der Beteiligten sein kann. Aus Sicht des Käufers besteht die Angst, etwas von der eigenen Person und seinen Meinungen, Gefühlen, Wünschen etc. preiszugeben. Das hieße, sich dem Verkäufer auszuliefern mit der Gefahr, dass dieser das Wissen um die Person in seinem geschäftlichen Interesse nutzt. Verkäufer wiederum werden sich fragen, was ihnen denn ein persönlicheres Verhältnis zu einem Kunden bringt. Werden sie zum Beispiel nur mit umsatzbezogenen Provisionen entlohnt, bedeutet eine Beziehung zu Kunden längerfristig sogar eine Gefahr für das eigene Einkommen.

Eine andere, für die hier diskutierte Beziehung relevante Differenzierung geht auf Blau (1963) zurück, der den ökonomischem Austausch vom sozialen Austausch unterscheidet. Der *ökonomische Austausch* ist gekennzeichnet durch konkrete Transaktionen „Leistung gegen (geldwerte) Gegenleistungen"; er basiert auf kurzfristig wirksamen, quid pro quo Kalkulationen. Demgegenüber entwickelt sich *sozialer Austausch* in Beziehungen mit wenig spezifizierten zukünftigen Verpflichtungen: Zwar liegt auch dem sozialen Austausch die Erwartung künftiger Gegenleistung für die aktuelle Leistung zugrunde, die Art der Gegenleistung ist aber nicht näher spezifi-

ziert. Für den sozialen Austausch ist das Vertrauen, „die andere Seite" werde die gezeigten Leistungen „irgendwann", „irgendwie" belohnen, entscheidend. Dagegen ist
der ökonomische Austausch kontraktuell geregelt. Im sozialen Austausch sind die
Beteiligten am Wohlergehen des anderen interessiert, die ausgetauschten Vorteile
basieren auf den Bedürfnissen des Anderen. Daher kompromittiert eine Gabe, die
lediglich als „Rückzahlung" für eine vorher erhaltene Gabe erscheint, eine durch sozialen Austausch gekennzeichnete Beziehung. Genauso unangemessen ist es in einer
solchen Beziehung, von einem Interaktionspartner Hilfe mit Verweis auf eine Vorlei-
stung einzufordern.

Obwohl Beziehungen zwischen Verkäufer und Käufer häufiger auf einem Kontinuum zwischen transaktionalem und sozialem Austausch eingeordnet werden (Garbarino & Johnson, 1999), scheint ein rein sozialer Austausch zwischen diesen beiden
Akteuren kaum denkbar, erfordern solche reziproken Beziehungen doch auf beiden
Seiten Gefühle für und Sorge um den jeweils anderen. Während dies beim Verkäufer
- in Abhängigkeit von der Aufgabe und der Einkommensform - unter Verweis auf die
damit entstehende, langfristige Beziehung, die sich irgendwann für ihn auch materiell
auszahlen wird, einigermaßen plausibel sein kann, stellt sich die Frage, warum ein
Kunde so etwas für einen Verkäufer empfinden sollte. Und doch finden sich solche
Fälle: So berichtet zum Beispiel Jungbauer-Gans (1996) in einer qualitativen Studie
von einem gelernten Meister für Transporttechnik, der sich nach der Wende als Versicherungsvertreter selbstständig gemacht und sein Büro in seinem angestammten
sozialen Umfeld - einer Plattenbau-Siedlung, in der er bereits vor der Wende wohnte -
eingerichtet hat. Da er mitten in seinem Lebenskreis auch beruflich tätig ist, steht für
ihn Beratung und das Interesse seiner Kunden an erster Stelle (entsprechend hat er
sich für die Versicherung entschieden, die ihren Außendienst-Mitarbeitern die
schlechtesten Verdienstmöglichkeiten einräumt, aber die besten Produkte und einen
guten Service für die Kunden bietet). Umgekehrt haben sehr viele seiner Kunden das
Gefühl, er braucht ihre Unterstützung und bleiben ihm und damit auch seiner Firma
verbunden, damit er überleben kann (dabei mögen auch Solidaritäts- und Kontrastef-
fekte wirksam sein: Der erste Kontakt mit Verkäufern aus dem Westen war für viele
Bewohner der Neuen Bundesländern eine Erfahrung, die traumatisch nachwirkt; dagegen wird der genannte Vertreter als „einer von uns" erlebt, der sich in seinem Verhalten so wohltuend von den Verkäufern aus dem Westen unterscheidet; vgl. Jungbauer-Gans, 1996).

In diesem Beispiel baut die Beziehung auf vorher bestehenden, nachbarschaftli-
chen Kontakten auf. Damit stellt sich eine weitere Frage: Welcher Entwicklung sind
Beziehungen unterworfen?

4.4.1.3 Entwicklung von Beziehungen

Sinnigerweise wählen manche Forscher die Ehe-Metapher, um eine Beziehung zwischen Verkäufer und Käufer zu kennzeichnen. Entsprechend haben Dwyer, Schurr
und Oh (1987) in Anlehnung an Forschungen zur Beziehung zwischen Eheleuten ein

fünfstufiges Modell der Entwicklung von Beziehungen vorgeschlagen: Aufmerksam werden, Erkundung, Expansion, Bindung und Lösung (eine alternative Konzeption mit vier Stufen hat Czepiel, 1990, vorgelegt). Jede dieser Stufen repräsentiert einen wichtigen Übergang in der Frage, wie sich die beiden Partner wechselseitig wahrnehmen. Dies Modell wurde für „Business to Business"-Beziehungen entwickelt, kann aber mit den entsprechenden Modifikationen auch auf den persönlichen Verkauf übertragen werden.

1. *Aufmerksam werden:* Am Beginn einer Beziehung muss jemand als geeigneter Austauschpartner erkannt werden. Das hängt von der situativen Nähe ab - zu den Menschen, die in der Nähe des neuen Geschäfts wohnen, können die Verkäufer dieses Geschäfts eher eine Austauschbeziehung aufnehmen; zu den Menschen, die im Verkaufsbezirk eines Mitarbeiters im Außendienst wohnen, wird dieser mit größerer Wahrscheinlichkeit Kontakt aufnehmen. Die Werbung, die ein Unternehmen treibt, kann dabei den „Boden bereiten" - wenn durch die Werbung der Name des Unternehmens mit positiven Assoziationen aufgeladen wurde (Kroeber-Riel, 1990; Felser, 1997), hat ein Verkäufer ein besseres „Entrée" beim potenziellen Kunden. Beim ersten Kontakt beginnt bereits die Phase der Erkundung.

2. *Erkundung:* Mit der ersten Interaktion beginnt die Phase der Erkundung, in der zunächst mögliche Verpflichtungen, Vorteile und Hindernisse ausgelotet werden. Versuchsweise kann es auch zu einem ersten Abschluss kommen. Diese Phase kann sehr kurz verlaufen, oder aber ausgedehntes Testen und Bewerten des potenziellen Partners umfassen - letzteres kennzeichnet vor allem die Beziehungen im Industriegüter-Verkauf. In dieser Phase geht es darum, herauszufinden, ob die Ziele der Partner kompatibel sind, sowie die Integrität und das Verhalten des anderen zu testen. Werden diese Fragen von beiden Seiten positiv beschieden, kann sich Vertrauen und gemeinsame Zufriedenheit entwickeln. Das ist die Bedingung für die Expansion der Beziehung.

3. *Expansion:* In dieser Phase kumulieren sich für beide Seiten die Vorteile, die sie aus der Beziehung erhalten. Gleichzeitig steigt die wechselseitige Abhängigkeit, da aufgrund des bislang entwickelten Vertrauens größere Bereitschaft zum Risiko besteht. Die ersten Austauschergebnisse haben bewiesen, dass der Partner bereit ist, seine Verpflichtungen zu erfüllen und die Bedürfnisse des anderen zu befriedigen. Damit steigt die Attraktivität des Partners, aber die Anzahl der Alternativen zu diesem Partner nimmt parallel dazu ab (Thibaut & Kelley, 1959). Mit der wechselseitigen Attraktivität der Partner nehmen Interaktionen, die nicht durch die formale, über die Rollen definierte Beziehung begrenzt sind, zu.

4. *Bindung:* Mit dem Vertrauen und der wechselseitigen Abhängigkeit entwickelt sich eine Phase, in der sich beide Partner aneinander gebunden fühlen. Damit beginnt ein kritisches Stadium: Beide Partner tendieren dazu, in die Beziehung zu investieren, allein, um die Beziehung aufrecht zu erhalten: Soziale Bindungen neigen zur Auflösung, sofern nicht immer wieder aktiv in sie investiert wird. Wenn in der Folge die Transaktionskosten steigen und die Attraktivität der Beziehung damit sinkt, droht das Ende der Beziehung.

5. *Auflösung:* Die Möglichkeit der Auflösung bzw. des Disengagements besteht na-

türlich auch in den anderen Phasen der Beziehung - nicht jede potenzielle Beziehung wird exploriert, manche werden nach den ersten Tests nicht weitergeführt, und in denen, die weitergeführt werden, entwickelt sich nicht notwendig das Gefühl der Bindung. Wurde aber ein solches Gefühl entwickelt, kann eine Auflösung bei den Partnern durchaus als Stress erlebt werden. Bei der Beendigung der Beziehung kommen im wesentlichen direkte oder indirekte Strategien zum Einsatz (Dwyer et al., 1987, S. 20): Entweder wird der Wunsch, die Beziehung zu lösen, explizit kommuniziert, oder es werden indirekte Schritte unternommen - die Kontaktfrequenz verringern, an den Leistungen des Partners „mäkeln" etc.

Dieses, stark an der Austauschtheorie von Thibaut und Kelley (1959; s.u. 4.2.1.2) orientierte Schema, hat idealtypischen Charakter, d.h. reale Beziehungen sollten sich danach beurteilen lassen, ohne dem Schema voll zu entsprechen. Die empirische Erforschung der Beziehungen zwischen Verkäufern und Käufern steht allerdings noch am Anfang.

4.4.2 Empirische Untersuchungen der Beziehung zwischen Verkäufer und Käufer

Bislang wurden in der empirischen Verkäuferforschung lediglich einzelne Aspekte der Beziehung zum Kunden untersucht, wobei keine theoretisch begründete Systematik in den Forschungen zu erkennen ist. Die wenigen vorliegenden Studien thematisieren folgende Fragen: Welche Vorteile erwartet sich ein Kunde von einer Beziehung zum Verkäufer, welche Bedeutung hat Vertrauen für eine Beziehung und wie entwickeln sich solche Beziehungen bzw. wie werden sie wieder aufgelöst?

4.4.2.1 Der subjektive Nutzen einer Beziehung zum Verkäufer

Nach Meinung von Sheth und Parvatiyar (1995) haben Kunden verschiedene Gründe, Beziehungen zu Verkäufern aufzunehmen: Sie können dadurch die Aufgabe des Einkaufs ebenso vereinfachen wie die erforderliche Informationsverarbeitung, funktionierende Beziehungen sollten zudem die wahrgenommenen Kaufrisiken veringern. Außerdem, so vermuten die Autoren, können Kunden dadurch kognitive Konsistenz und psychologisches Wohlbefinden sichern. In empirischen Studien ließ sich diese Komplexität des Nutzens von Beziehungen bislang nicht bestätigen. Die Erwartungen, die Kunden an Verkäufer in Bekleidungsgeschäften richten, haben Pieters, Bottschen und Thelen (1998) an Wiener Studenten untersucht. Sie fanden drei Bereiche, in denen sich die Studenten einen Nutzen von den Verkäufern erwarten: Hilfe bei Entscheidungsunsicherheit, Kontrolle über das Verkaufsgespräch und emotionale Vorteile. Reynolds und Beatty (1999) haben die Frage des Nutzens einer Beziehung mit einem Verkäufer ebenfalls an Kunden von Bekleidungsfachgeschäften untersucht. Aufgrund von qualitativen Vorstudien unterscheiden sie in funktionalen und sozialen Nutzen, den sich Kunden aus einer Beziehung zu einem Verkäufer erwarten können (zum subjektiven Nutzen einer Beziehung zu Dienstleistern im weiteren Sinne vgl.

Gwinner, Gremler & Bitner, 1998). Zum funktionalen Nutzen zählt eine Zeitersparnis, fachlicher Rat in Modefragen und bessere Kaufentscheidungen. Zum sozialen Nutzen zählt die Freude angenehmer Gesellschaft und andere positive Emotionen, die in der Beziehung erlebt werden. Die von Pieters et al. (1998) gefundenen Nutzenerwartungen lassen sich unschwer diesen beiden Klassen zuordnen.

Reynolds und Beatty (1999) haben in ihrer Studie die Auswirkungen dieser beiden Klassen des Nutzens unter anderem auf die Zufriedenheit mit dem Verkäufer, die Zufriedenheit mit dem Unternehmen, die Weiterempfehlung des Verkäufers und des Unternehmens durch den Kunden sowie den Anteil an den Verkäufen untersucht. Zur Erhebung der Kunden wurden Verkäufer bzw. Geschäftsführer aus verschiedenen Bekleidungsgeschäften gebeten, Stammkunden und deren Adressen zu benennen. 330 Kunden haben dann einen postalisch versandten Fragebogen beantwortet, in dem funktionale und soziale Nutzen der Beziehung zu einem Verkäufer sowie die genannten Konsequenzen einer Beziehung operationalisiert waren. Die Hypothesen wurden kausalanalytisch überprüft. Sozialer und funktionaler Nutzen haben signifikanten Einfluss auf die Zufriedenheit mit dem Verkäufer. Die Zufriedenheit mit dem Verkäufer bestimmt wiederum in hohem Maße die Zufriedenheit mit dem Geschäft. Kunden, die zufrieden mit dem Verkäufer sind empfehlen, diesen weiter und die erklärt die Zufriedenheit mit dem Verkäufer erklärt auch einen kleinen Anteil an der Varianz der Bekleidungskäufe, die von den befragten Kunden vorgenommen werden.

Demnach hat der Nutzen, den sich Kunden von einer Beziehung zu einem Verkäufer versprechen - zumindest, wenn diese ein für die Persönlichkeit doch relativ wichtiges Produkt wie Kleidung verkaufen (vgl. dazu Nerdinger & von Rosenstiel, 1998) - auf der Ebene der Einstellungen einige Bedeutung. Interessanterweise bestimmt der Nutzen indirekt, d.h. vermittelt über die Zufriedenheit mit dem Verkäufer, die Zufriedenheit mit dem Geschäft (die Ausstrahlung der Person des Verkäufers auf die Zufriedenheit mit dem Geschäft bestätigt auch ein Untersuchung in deutschen Warenhäusern; vgl. Meffert & Schwetje, 1999). Dagegen sind die Auswirkungen der Loyalität zum Verkäufer eher gering. Das ist zunächst überraschend, da ja unter Loyalität in dieser Studie das Vertrauen in und die Bindung an den Verkäufer verstanden wurde. Allerdings kommt auch in anderen Untersuchungen zumindest dem Vertrauen nicht die überragende Bedeutung zu, wie aufgrund theoretischer Überlegungen zu erwarten wäre.

4.4.2.2 Vertrauen in den Verkäufer

In einer Meta-Analyse von fünfzehn (angloamerikanischen) Studien wurden die Determinanten das Vertrauens von Kunden in Verkäufer und die daraus folgenden Konsequenzen untersucht (Swan, Bowers & Richardson, 1998). Die bislang empirisch überprüften Faktoren, die Vertrauen auslösen und sich auf die Person des Verkäufers beziehen, lassen sich in direkte und indirekte Hinweisreize einteilen. Direkte Hinweisreize beziehen sich auf Verhaltensweisen des Verkäufers, die Vertrauen erzeugen (z.B. seine Kompetenz), indirekte Reize sind Merkmale der Person des Verkäufers, aus denen Kunden auf die Vertrauenswürdigkeit schließen (z.B. Ähnlichkeit zum Kunden). Direkte Hinweisreize korrelieren relativ eng mit Vertrauen, wobei Wohlwollen und Kompetenz die wichtigsten vertrauensbildenden Merkmale des Verkäuferverhaltens darstellen (in einer Untersuchung an deutschen Bankberatern findet sich ebenfalls ein sehr starker Zusammenhang zwischen wahrgenommener Kompetenz und Vertrauen; vgl. Gierl, 1999). Negative Auswirkungen auf Vertrauen haben einige Verkaufstechniken - vor allem Abschlusstechniken (vgl. dazu Bänsch, 1996) - und Versuche, sich beim Kunden einzuschmeicheln bzw. sich selbst in möglichst positivem Licht erscheinen zu lassen (zu weiteren negativen Auswirkungen der Selbstüberhöhung vgl. Colvin et al., 1995; Paulhus, 1998). Indirekte Hinweisreize wie die Ähnlichkeit des Verkäufers mit dem Kunden haben dagegen kaum einen Einfluss auf Vertrauen (auch in der Studie an deutschen Bankberatern hängt die Ähnlichkeit nicht mit dem Vertrauen zusammen; Gierl, 1999).

Die Folgen des Vertrauens in den Verkäufer sind erstaunlich gering: Zwar steigert in den meisten Untersuchungen das Vertrauen die Zufriedenheit mit dem Verkäufer, die Absicht, wieder bei dem Verkäufer einzukaufen bzw. das Einkaufsvolumen wird dadurch aber nur sehr gering beeinflusst. Die Autoren kommen daher zu dem ernüchternden Ergebnis: Vertrauen spielt zwar eine positive, aber bescheidene Rolle in der Beziehung zwischen Verkäufer und Käufer. Dafür könnte aber auch das grundsätzliche Problem eines einheitlich geringen Vertrauens in Verkäufer verantwortlich sein. So findet sich in einer Untersuchung der Beziehungsqualität zwischen Versicherungsverkäufern und ihren Kunden eine extrem niedrige Varianz des Vertrauens in den Verkäufer bei gleichzeitig relativ geringem Mittelwert (Crosby, Evans & Cowles, 1990). Wenn sich die Kunden in ihrem Misstrauen gegenüber Verkäufern weitgehend einig sind, lassen sich aber allein aus statistisch-methodischen Gründen keine bedeutsamen Zusammenhänge zwischen dem Vertrauen in den Verkäufer und den Abschlüssen erwarten. Entsprechend wird die Beziehungsqualität - erfasst über das Vertrauen und die Zufriedenheit der Kunden - durch beziehungsbezogenes Verkaufsverhalten wie die Kundgabe kooperativer Absichten, wechselseitige Offenheit und intensive Nachbetreuung gestärkt, die Übersetzung dieser Qualität in Abschlüsse hängt aber von der wahrgenommenen Kompetenz des Verkäufers ab (Crosby et al., 1990; zum Konzept „Beziehungsqualität" vgl. Hennig-Thurau, 2000).

4.4.2.3 Entwicklung und Beendigung der Beziehung

Zur Frage der Entwicklung bzw. der Auflösung einer Beziehung zwischen Verkäufer und Käufer liegen bislang nur wenige, qualitativ angelegte Studien vor (eine Ausnahme bildet die Sekundäranalyse von Macintosh, Anglin, Szymanski & Gentry, 1992). Angesichts des Neulandes, das mit dieser Fragestellung betreten wird, erscheint das auch als methodisch angemessenes Vorgehen. Beatty et al. (1996) haben untersucht, wie Einzelhandelsverkäufer eine Beziehung zum Kunden herstellen und aufrechterhalten, eine Aufgabe, die sie als „Beziehungsverkauf" bezeichnen. Ihr Forschungsansatz umfasste folgende Stufen:

- Vorgespräche über die Firmenkultur mit Geschäftsführern, Abteilungsleitern und einigen Verkäufern einer Kette von Einzelhandesläden für modische Kleidung;
- Auswahl von elf erfolgreichen Verkäufern - erfasst über ihre objektiven Verkaufserfolge -, die nach Geschlecht, Alter, Abteilung und Lage des Geschäfts gemischt wurden;
- Ausgedehnte Beobachtungen von Interaktionen dieser Verkäufer mit Kunden, jeweils von zwei Forschern durchgeführt und aufgezeichnet;
- Im Anschluss an die Beobachtungen wurden Tiefeninterviews mit den Verkäufern geführt, wobei die Beobachtungen mit den Verkäufern diskutiert und abgeglichen wurden;
- Telefon-Interviews mit 23 Kunden: Acht der Verkäufer gaben die Adressen von drei bis vier Stammkunden heraus, die kurz nach einem Kontakt mit dem Geschäft von den Forschern interviewt wurden;
- Follow-up Interviews mit sieben der Kunden nach zwei Jahren - Fragen, die in der Zwischenzeit bei der Auswertung des umfangreichen Materials aufgetreten waren, wurden noch einmal intensiv mit den Kunden besprochen;
- Interviews mit 25 zufällig ausgewählten Kunden, um herauszufinden, welche Gründe gegen eine Beziehung mit einem Verkäufer sprechen.

Die wesentlichen Ergebnisse aus dieser aufwendigen Studie fasst Abbildung 46 zusammen:

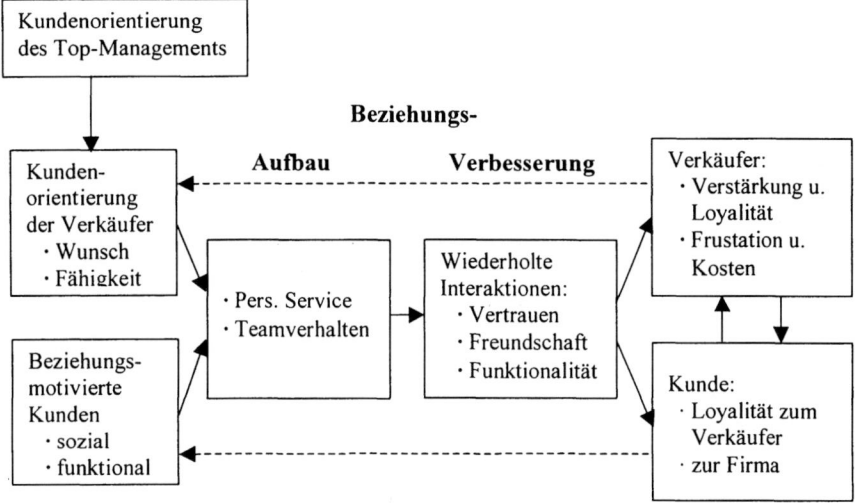

Abb. 46: Beziehungsaufbau und -verbesserung im Einzelhandel (nach Beatty et al., 1996, S. 230)

Demnach sind es drei Faktoren, durch die Beziehungen zum Kunden - zumindest in der Situation des Bekleidungsverkaufs in Einzelhandelsgeschäften - gefördert werden:

1. *Kundenorientierung des Top-Managements:* In diesem Fall ermuntern die Geschäftsführer ihre Verkäufer, jede Anstrengung zu unternehmen, um die Kundenbedürfnisse zu befriedigen und die Verkäufer sind sich der Unterstützung durch die Geschäftsleitung bei dieser Aufgabe sicher.

2. *Kundenorientierung der Verkäufer:* Die Verkäufer betrachten die Beziehung zum Kunden unter langfristiger Perspektive, sie konzentrieen sich darauf, was für den Kunden am besten ist und nicht auf den schnellen Verkaufsbschluss. Auffällig ist eine ausgezeichnete Warenkenntnis, ein Gefühl für modische Trends und die Fähigkeit, Kundenwünsche zu erkennen. Aufgrund ausgeprägter empathischer Fähigkeiten können sie die Kundenprobleme treffend diagnostizieren und sie passen sich an die Kundenwünsche an (ein Zusammenhang zwischen interpersonalen Fähigkeiten von Industrie-Verkäufern und der Kundenzufriedenheit wurde in einer quantitativ angelegten Untersuchung gefunden; vgl. Anselmi & Zemanek, 1997).

3. *Beziehungsmotivierte Kunden:* Die Verkäufer nutzen einige Hinweisreize, anhand derer sie erkennen, ob ein Kunde eine Beziehung aufnehmen will. Sie schauen zunächst auf die Ausgaben eines Kunden und dann, ob ein Kunde großes Interesse an Kleidung und Mode zeigt und wenig Vertrauen in ihre eigenen Fähigkeiten zum Zusammenstellen einer Garderobe haben. Erstkontakte entwickeln sich zu Beziehungen, wenn die Persönlichkeiten von Verkäufer und Käufer zusammen passen, der Kunde eine Beziehung will und der Verkäufer über die entsprechenden empathischen Fähigkeiten verfügt. In der Regel sind die Kunden zunächst nur am funktionalen Nutzen einer Beziehung interessiert, im Laufe der Zeit wird aber der soziale Nutzen wichtiger. Nicht-beziehungsmotivierte Kunden dagegen bekunden ihre Freude am ungestörten, selbständigen Einkaufen, von Verkäufern erwarten sie sich keine Unterstützung und eine Beziehung lehnen sie ab, da sie sich dadurch eingeengt fühlen.

In den frühen Stadien einer Beziehung wirken zwei Faktoren positiv auf den weiteren Aufbau ein: *Vermehrter persönlicher Service.* Erfolgreiche Verkäufer übertrffen die Erwartungen der Kunden an den Service bei weitem. Sie kontaktieren ihre Kunden, wenn neue Ware eingetroffen ist; erinnern diese an wichtige Termine; bringen ihnen Ware nach Hause; bedienen viel beschäftigte Manager auch vor Ladenöffnung; legen Ware, die von Kunden gewünscht wird, zurück usw. Sie zeigen sehr deutlich ihre Bereitschaft, alles für ihre Kunden zu machen (ohne sich deshalb zum „Diener" zu degradieren). Durch Geburtstags- oder Weihnachtskarten schaffen sie die emotionalen Voraussetzungen für eine engere Beziehung. *Teamverhalten.* Gegenüber den Kollegen verhalten sie sich genauso hilfsbereit wie gegenüber Kunden, wobei für sie zum Team alle zählen, die den Verkäufer dabei unterstützen, die Kunden besser zu bedienen. Es ist also ein ausgeprägtes organizational citizenship behavior, das erfolgreiche Verkäufer auszeichnet und dem Aufbau einer Beziehung zum Kunden dient.

Die Beziehung wird durch drei Faktoren kontinuierlich verbessert:

1. *Vertrauen.* Die Kunden nennen regelmäßig das Vertrauen in den Verkäufer als entscheidend. Aus Sicht der Verkäufer ist die wichtigste Methode zum Aufbau von Vertrauen, immer wieder ihre Orientierung am Interesse der Kunden zu beweisen. Respekt vor der Persönlichkeit des Kunden trägt ebenso dazu bei wie der

Beweis der Ehrlichkeit. Die Beobachtungen des Verhaltens zeigen aber auch eine überragende Bedeutung der Fachkenntnisse und der Kompetenz für den Aufbau von Vertrauen. Das Zusammenstellen einer perfekt zum Kunden passenden Garderobe - auch der Teile, die nicht in diesem Laden gekauft wurden - trägt wesentlich dazu bei (der Widerspruch zu den berichteten quantitativen Befunden zur Rolle des Vertrauens - vgl. Swan et al., 1998 - könnte auch methodisch bedingt sein).

2. *Freundschaft.* Gemeint sind damit „Geschäftsfreundschaften", in keinem Fall wurde eine Ausweitung der Beziehung in den privaten Bereich beobachtet. Immerhin bringen manche Kunden den Verkäufern kleine Präsente mit. Zum Aufbau von Freundschaften verwenden die Verkäufer verschiedene Methoden, zum Beispiel sprechen sie die Kunden beim Namen an, erkundigen sich nach dem Befinden der Familie, merken sich ihre Präferenzen usw.

3. *Funktionalität.* Die Bedeutung der Erfüllung funktionaler Aspekte war in diesem Fall sehr hoch. Die meisten Beziehungen funktionieren, weil die Kunden vielbeschäftigte Geschäftsleute sind und ungern zum Einkaufen gehen. Daher suchen sie modischen Rat und angenehmes, unkompliziertes Einkaufen und wissen entsprechend den gebotenen Service zu schätzen.

Die Ergebnisse der Beziehung scheinen sich wechselseitig zu verstärken: Wenn ein Kunde durch die Beziehung in seinen Bedürfnissen befriedigt wird, erfreut das auch den Verkäufer und motiviert ihn weiter für seine Arbeit. Die Kunden zeigen als Folge der Beziehung größere Loyalität gegenüber dem Verkäufer und dem Geschäft - sie waren zum Teil seit langem Stammkunden und gaben an, auch für das Geschäft bei Bekannten und Kollegen zu werben. Allerdings galt ihre Loyalität zunächst dem Verkäufer. Die Verkäufer wiederum erleben als Folge ihrer Beziehungen vor allem eine größere Arbeitszufriedenheit, die nicht zuletzt durch die Verstärkungen der Kunden - das explizite Lob und die Anerkennung ihrer Leistung - zustande kommt. Daneben fanden sich auch einige Hinweise auf Frustrationen, die aber entweder auf die hohen Ansprüche, die von den Verkäufern an sich selbst gerichtet werden, oder der Unmöglichkeit, bestimmte Kundenwünsche zu erfüllen, zurück geführt wurden. Die Kunden dagegen berichteten keine Frustrationen oder Kosten einer Beziehung zum Verkäufer.

Obwohl die Ergebnisse dieser Studie natürlich nicht generalisierbar sind, gibt sie doch einige sehr wichtige Hinweise auf die Entwicklung von Beziehungen zwischen Verkäufern und Käufern. Die Entwicklung von Beziehungen muss vom Unternehmen bedingungslos unterstützt werden, von den Verkäufern fordert sie extrem hohen Einsatz, Zurückstellen der eigenen Person und exzellente Fachkenntnisse. Möglicherweise liegt in dieser Kombination höchster Ansprüche die Ursache für das eher geringe Interesse, das dem Konzept der Beziehung bislang in der Forschung wie in der Praxis entgegen gebracht wurde! Mit den gängigen Verkäufer-Stereotypen hat dieses Verhalten jedenfalls wenig gemein, und die meisten verkaufsorientierten Organisationen präferieren wohl eher den schnell erzielten und objektiv messbaren Umsatz.

Auf die Frage, wie solche Beziehungen aufgelöst werden, sind Beatty et al. (1996) nicht eingegangen. Unter stresstheoretischer Perspektive untersuchten Goodwin et al.

(1997) diese Frage anhand von halbstrukturierten Tiefeninterviews mit 16 Außendienst-Mitarbeitern. In Anlehnung an die „Ehe-Metapher", anhand derer die Bezie-
hungsentwicklung zwischen Verkäufer und Käufer beschrieben wird, sollte nach
Meinung der Autoren eine Trennung auch in dieser Beziehung als ein negatives Le-
bensereignis erlebt werden. Entsprechend müsste sich in der Verarbeitung solcher
Erlebnisse problembezogenes (kognitives) und emotionsbezogenes Coping-Verhalten
unterscheiden lassen. Beide Annahmen konnten die Autoren bestätigen, darüber hinaus ließen sich die befragten Außendienstmitarbeiter nach ihren Reaktionen auf die
Trennung in Internalisierer und Externalisierer einordnen. Internalisierer konzentrieren sich darauf, wie sich der Verlust auf sie persönlich ausgewirkt hat und sprechen
von Verlust und Scheidung. Externalisierer dagegen konzentrieren sich auf Gefühle
der Hilflosigkeit, wenn sie von außen bedroht werden; sie ziehen Analogien zu Raub
und Diebstahl und ähneln in ihren Reaktionen denen von „ausgeraubten Opfern".
Externalisierer scheinen eher zur Kündigung nach einem Verlust zu neigen - zumindest haben fünf von sechs so gekennzeichnete Verkäufer innerhalb von drei Jahren
diesen Schritt vollzogen, obwohl keiner ernsthafte Konflikte mit dem Verkaufsmanagement wegen des Verlustes des Kunden hatte. Die wenigen Internalisierer dagegen,
die ihr Unternehmen danach verlassen hatten, berichteten von mangelndem Interesse
ihrer Vorgesetzten an dem Fall. Scheinbar hat die Frage, wie wichtig im Unternehmen der Aufbau von Beziehungen zwischen Verkäufern und Kunden ist, Einfluss auf
die Bindung des Verkäufers an das Unternehmen.

Die meisten Verkäufer zeigen ein auf die Emotionen bezogenes Coping-Verhalten,
wobei am häufigsten über Ärger und Trauer berichtet wird. Die größten Schwierigkeiten im Umgang mit der Auflösung der Beziehung haben Externalisierer, die mit
Ärger reagieren. Sie fühlen sich beraubt und ungerecht behandelt; außerdem neigen
sie dazu, den Verlust zu verleugnen. Internalisierer dagegen verrichten „Trauerar-
beit", d.h. sie setzen sich mit dem Verlust auseinander und stürzen sich nach Bewältigung des Verlustes mit größerer Energie auf ihre Verkaufsaufgaben. Letztlich führt
für sie ein Verlust mittelfristig sogar zu gesteigerter Leistung. Demnach sollte von
Seiten des Unternehmens auch Verkäufern eine Trauerhaltung in entsprechenden Situationen zugebilligt werden, ansonsten droht die Gefahr einer Ärgerreaktion, die sich
auch geschäftlich negativ auswirkt. Angesichts der Erfolgsfixiertheit sowie der kollektiven Inszenierung und wechselseitigen Verstärkung von „Macho-Haltungen", die
gerade für Verkaufsorganisationen eher typisch sind, erscheinen die Ergebnisse dieser
Studie sehr aufschlussreich.

4.4.3 Fazit und Folgerungen

Mit dem Konzept der Beziehung und vor allem der Ehe-Metapher verbinden sich
Assoziationen, die auf den ersten Blick kaum mit dem Verhältnis zwischen Verkäufer
und Käufer in Einklang zu bringen sind. Trotzdem sind die ersten Untersuchungen,
die in diese Richtung weisen, durchaus erfolgversprechend. Genauer zu klären wäre,
in welchen Branchen bzw. Verkaufstätigkeiten sich überhaupt Beziehungen nachwei-

sen lassen und in welchem Umfang. Eine entscheidende Variable für die Bereitschaft, eine Beziehung zu einem Verkäufer aufzunehmen, könnte das Involvement in das Produkt sein - der Finanzdienstleistungsbereich, der Verkauf von Industiegütern und auch Bereiche des Einzelhandels mit eher intimen, für die Persönlichkeit des Kunden wichtigen Produkten, wären demnach erste Kandidaten (Gordon, McKeage & Fox, 1998). Außerdem verdienen sowohl die geschäftlichen als auch die persönlich-menschlichen Folgen genauere Untersuchung. Schließlich ist bei der momentan im Bereich des Marketing herrschenden „Beziehungseuphorie" auch zu bedenken, bei welchen Kunden es eher angebracht ist, eine Beziehung zu vermeiden. Bumbacher (2000) nennt hier drei Arten von Problemkunden:

- Kunden, die bewusst Anforderungen stellen, die der Firmenpolitik bzw. der Würde der Mitarbeiter (Verkäufer) zuwiderlaufen (in den USA häufen sich die Fälle, in denen weibliche Verkäufer von Kunden – besonders von ertragreichen (!) - sexuell belästigt werden; vgl. Fine, Shepherd & Josephs, 1994; 1999);
- Kunden, die solche Anforderungen unter verminderter Zurechnungsfähigkeit stellen (z.B. im Zustand der Betrunkenheit);
- Kunden, welche die Beziehung zum Unternehmen bzw. zum Verkäufer zu illegalen Handlungen missbrauchen (wollen).

Unternehmen, die auf Beziehungsmarketing setzen, müssen auch Strategien zum Umgang mit solchen Kunden entwickeln.

Von solchen Problemfällen abgesehen überwiegen aber die positiven Perspektiven des Beziehungsverkaufs, aus denen sich ein neues Leitbild für den Beruf des Verkäufers entwickeln könnte. Fundamental für den Beziehungsverkauf ist absolute Ehrlichkeit und überzeugte Kundenorientierung, darüber hinaus erfordert er hohe fachliche und soziale Kompetenz (Anselmi & Zemanek, 1997). Das würde die Unternehmen zwingen, nur solche Menschen für den Beruf des Verkäufers auszuwählen, die diesen hohen Anforderungen gewachsen sind. Außerdem müssten die Verkaufsorganisationen konsequent in Richtung Kundenorientierung umstrukturiert werden vgl. dazu Bruhn, 1999), damit beziehungsorientiertes Verkaufen die notwendige Unterstützung durch das Unternehmen erfährt und nicht bloß eine rhetorische Dreingabe zur dominanten Orientierung an schnellen Umsatzsteigerungen bleibt. Damit könnte eine positive Entwicklung angestoßen werden, in deren Folge das Image des Verkaufsberufs sich bessert, wodurch wiederum mehr dafür geeignete Menschen angezogen werden, die ehrlich und kundenorientiert verkaufen und langfristig den Unternehmenserfolg sichern.

Literaturverzeichnis

Abelson, R. F. (1981). Psychological status of the script concept. *American Psychologist, 36*, 715-729.

Adachi, T. (1998). Job satisfaction of sales people: A covariance structure analysis of the motivational process. *Japanese Journal of Psychology, 69*, 223-228.

Adams, J. S. (1965). Inequity in social exchange. *Advances in Experimental Social Psychology, 2*, 267-299.

Adams, J. S. (1980). Interorganizational processes and organization boundary activities. *Research in Organizational Behavior, 2*, 321-355.

Ajzen, I. & Fishbein, M. (1980). *Understanding attitudes and predicting behavior.* Englewood Cliffs, N.J.: Prentice Hall.

Amelang, M. & Bartussek, D. (1997). *Differentielle Psychologie und Persönlichkeitsforschung.* (4. Aufl.). Stuttgart: Kohlhammer.

Anderson, J. R. (1988). *Kognitive Psychologie. Eine Einführung.* Heidelberg: Spectrum.

Anderson, N. H. (1978). Progress in cognitive algebra. In L. Berkowitz (Hrsg.): *Cognitive theories in social psychology.* (S. 103-126). New York: Academic Press.

Anselmi, K. & Zemanek, J. E. Jr. (1997). Relationship selling: How personal characteristics of salespeople affect buyer satisfaction. *Journal of Social Behavior and Personality, 12*, 539-550.

Argyle, M. (1979). *Körpersprache und Kommunikation.* Paderborn: Junfermann.

Argyle, M. (1983). *The psychology of interpersonal behavior.* (4. Aufl.). Harmondsworth: Penguin.

Argyle, M. & Henderson, M. (1986). *Die Anatomie menschlicher Beziehungen.* Paderborn: Junfermann.

Arnold, M. B. (1960). *Emotion and personality.* New York: Columbia University Press.

Ashforth, B. E. & Humphrey, R. H. (1993). Emotional labor in service roles: The influence of identity. *Academy of Management Review, 18*, 88-115.

Austin, J. L. (1962). *How to do things with words.* Oxford: Clarendon Press.

Babakus, E., Cravens, D. W., Johnston, M. W. & Moncrief, W. (1999). The role of emotional exhaustion in sales force attitude and behavior relationships. *Journal of the Academy of Marketing Science, 27*, 58-70.

Bach, K. & Harnish, R. M. (1979). *Linguistic communication and speech acts.* Cambridge, Mass.: M.I.T.-Press.

Badovick, G. J. (1990). Emotional reactions and salesperson motivation: An attributional approach following inadequate sales performance. *Journal of the Academy of Marketing Science, 18*, 123-130.

Badovick, G. J., Hardaway, F. J. & Kaminsky, P. F. (1992). Attributions and emotions: The effects on salesperson motivation after successful vs. unsuccessful quota performance. *Journal of Personal Selling & Sales Management, 12 (3)*, 1-12.

Bänsch, A. (1996a). *Verkaufspsychologie und Verkaufstechnik.* (6. Aufl.). München: Oldenbourg.

Bänsch, A. (1996b). *Konsumentenverhalten.* (7. Aufl.). München: Oldenbourg.

Bagozzi, R. P. (1980). The nature and cause of self-esteem, performance, and satisfaction in the sales force: An structural equation approach. *Journal of Business Re-*

search, 53, 315-31.

Bagozzi, R. P. (1992). The self-regulation of attitudes, intentions, and behavior. *Social Psychology Quarterly, 55,* 178-204.

Bagozzi, R. P., Baumgartner, H. & Pieters, R. (1998). Goal-directed emotions. *Cognition and Emotion, 12,* 1-26.

Bales, R. F. (1950). *Interaction process analysis: A method for the study of small groups.* Cambridge, Mass.: Addison-Wesley.

Bales, R. F. & Cohen, S. P. (1982). *SYMLOG. Ein System zur mehrstufigen Beobachtung von Gruppen.* Stuttgart: Klett-Cotta.

Bandler, R. & Donner, P. (1995). *Die Schatztruhe. NLP im Verkauf. Das neue Paradigma des Erfolgs.* Paderborn: Junfermann.

Bandler, R. & Grinder, J. (1975). *The structure of magic. Vol. 1.* Palo Alto: Science and Behavior Books. (deutsch: Metasprache und Psychotherapie. Paderborn: Junfermann, 1981).

Bandura, A. (1991). Social cognitive theory of self regulation. *Orgnizational Behavior and Human Decision Processes, 50,* 248-287.

Barling, J., Cheung, D. & Kelloway, E. K. (1996). Time management and achievement striving interact to predict car sales performance. *Journal of Applied Psychology, 81,* 821-826.

Barrick, M. R. & Mount, M. K. (1991). The Big Five personality dimensions and job performance: A meta-analysis. *Personnel Psychology, 44,* 1-26.

Barrick, M. R., Mount, M. K. & Strauss, J. P. (1993). Conscientiousness and performance of sales representatives: Test of the mediating effects of goal setting. *Journal of Applied Psychology, 78,* 715-722.

Bateman, T. S. & Organ, D. W. (1983). Job satisfaction and the good soldier: The relationship between affect and employee „citizenship". *Academy of Management Journal, 26,* 587-595.

Bateson, J. E. G. (1985). Personal control and the service encounter. In J. A. Czepiel, M. R. Solomon & C. F. Surprenant (Hrsg.), *The service encounter.* (S. 67-82). Lexington, Mass.: Heath.

Beatty, Sh. E. & Ferrell, M. E. (1998). Impulse buying: Modeling its precursors. *Journal of Retailing, 74,* 169-191.

Beatty, Sh. E., Mayer, M., Coleman, J. E., Reynolds, K. E. & Lee, J. (1996). Customer-sales associate retail relationships. *Journal of Retailing, 72,* 223-247.

Becker, W. (1998). *Verkaufspsychologie. Theoretische Grundlagen und praktische Anwendungen.* München: Profil.

Becker, W. (1999). *Beeinflussungstechniken in Werbung und Verkauf. Zur Psychologie persuasiver Kommunikation.* München: Profil.

Beckmann, J. (1996). Aktuelle Perspektiven der Motivationsforschung: Motivation und Volition. In E. H. Witte (Hrsg.), *Sozialpsychologie der Motivation und Emotion.* (S. 13-33). Lengerich: Pabst.

Behrens, G. (1991). *Konsumentenverhalten.* (2. Aufl.). Heidelberg: Physica.

Berne, E. (1967). *Spiele der Erwachsenen.* Reinbek b. Hamburg: Rowohlt.

Bisani, F. (1997). *Personalwesen und Personalführung.* (4. Aufl.). Wiesbaden: Gabler.

Bitner, M. J. (1990). Evaluating service encounters. The effects of physical surroundings and employee responses. *Journal of Marketing, 54,* 69-82.

Blau, P. M. (1963). *The dynamics of bureaucracy.* Chicago: University Press.

Bless, H., Bohner, G. & Schwarz, N. (1992). Gut gelaunt und leicht beeinflussbar? Stimmungseinflüsse auf die Verarbeitung persuasiver Kommunikation. *Psychologische Rundschau, 43,* 1-17.

Bless, H. & Fiedler, K. (1999). Förderliche und hinderliche Auswirkungen emotionaler Zustände auf kognitive Leistungen im sozialen Kontext. In M. Jerusalem & R. Pekrun (Hrsg.), *Emotion, Motivation und Leistung.* (S. 9-29). Göttingen: Hogrefe.

Blickle, G. (2000). Organisationale Interaktion und Kommunikation. Rekonstruktion von fünfzig Jahren empirischer Forschung im Lichte grundlegender Paradigmen. In: H. Schuler (Hrsg.), *Gruppe und Organisation. Enzyklopädie der Psychologie.* Göttingen: Hogrefe.

Blickle, G. & Gönner, S. (1999). Studien zur Validierung eines Inventars zur Erfassung intraorganisationaler Einflussstrategien. *Diagnostica, 45,* 35-46.

Boles, J. S., Johnston, M. W. & Hair, J. F. Jr. (1997). Role stress, work-family conflict, and emotional exhaustion: Inter-relationships and effects on some work related consequences. *Journal of Personal Selling & Sales Management, 17 (1),* 17-28.

Bonoma, T. V. & Felder, L. C. (1977). Nonverbal communication in marketing: Toward a communicational analysis. *Journal of Marketing Research, 14,* 169-180.

Boorom, M. L., Goolsby, J. R. & Ramsey, R. P. (1998). Relational communication traits and their effect of adaptiveness and sales performance. *Journal of the Academy of Marketing Science, 26,* 16-30.

Borg, V. & Kristensen, T. S. (1999). Psychosocial work environment and mental health among travelling salespeople. *Work and Stress, 13,* 132-143.

Borkenau, P. & Ostendorf, F. (1993). *NEO-Fünf-Faktoren-Inventar (NEO-FFI).* Göttingen: Hogrefe.

Borman, W. C. (1991). Job behavior, performance, and effectiveness. In M. D. Dunnette & L. M. Hough (Hrsg.), *Handbook of industrial and organizational psychology.* Vol. 2. (S. 271-326). Palo Alto, Cal.: Consulting Psychologists Press.

Borucki, Ch. C. & Burke, M. J. (1999). An examination of service-related antecedents to retail store performance. *Journal of Organizational Behavior, 20,* 943-962.

Bowen, D. E. & Schneider, B. (1988). Services marketing and management: Implications for organizational behavior. *Research in Organizational Behavior, 10,* 43-80.

Brater, M. & Landig, K. (1995). *Der neue Verkäufer. Qualifikationsanforderungen und Qualifizierungsmethoden am Beispiel eines Fachberaters im Handel.* Mering: Hampp.

Brehm, J. W. (1966). *A theory of psychological reactance.* New York: Academic Press.

Brehm, S. S. & Brehm, J. W. (1981). *Psychological reactance. A theory of freedom and control.* New York: Academic.

Brett, J. F., Cron, W. L. & Slocum, J. W. (1995). Economic dependency on work: A moderator of the relationship between organizational commitment and performance. *Academy of Management Journal, 38,* 261-271.

Brons-Albert, R. (1995a). *Verkaufsgespräche und Verkaufstrainings.* Opladen: Westdeutscher Verlag.

Brons-Albert, R. (1995b). *Auswirkungen von Kommunikationstraining auf das Gesprächsverhalten.* Tübingen: Narr.

Brown, St. P. (1990). Use of closed influence tactics by salespeople: Incidence and buyer attributions. *Journal of Personal Selling & Sales Management, 10 (3),* 17-29.

Brown, St. P., Cron, W. L. & Leigh, Th. W. (1993). Do feelings of success mediate sales performance-work attitude relationships? *Journal of the Academy of Marketing Science, 21,* 91-100.

Brown, St. P., Cron, W. L. & Slocum, J. W. Jr. (1997). Effects of goal-directed emotions on salesperson volitions, behavior, and performance: A longitudinal study. *Journal of Marketing, 61,* 39-50.

Brown, St. P., Cron, W. L. & Slocum, J. W. Jr. (1998). Effects of trait cometitiveness and perceived intraorganizational competition on salesperson goal setting and performance. *Journal of Marketing, 62,* 88-98.

Brown, St. P. & Leigh, Th. W. (1996). A new look at psychological climate and its relationship to job involvement, effort, and performance. *Journal of Applied Psychology, 81,* 358-368.

Brown, St. P. & Peterson, R. A. (1993). Antecedents and consequences of salesperson job satisfaction: Meta-analysis and assessment of causal effects. *Journal of Marketing Research, 30,* 63-77.

Brown, St. P. & Peterson, R. A. (1994). The effect of effort on sales performance and job satisfaction. *Journal of Marketing, 58,* 70-80.

Brünner, G. (1994). „Würden Sie von diesem Mann einen Gebrauchtwagen kaufen?" Interaktive Anforderungen und Selbstdarstellung in Verkaufsgesprächen. In G. Brünner & G. Graefen (Hrsg.), *Texte und Diskurse: Methoden und Forschungsergebnisse der Funktionalen Pragmatik.* (S. 328-350). Opladen: Westdeutscher Verlag.

Bruhn, M. (1999). *Kundenorientierung. Bausteine eines exzellenten Unternehmens.* München: Vahlen.

Bruhn, M. & Bunge, B. (1994). Beziehungsmarketing - Neuorientierung für Marketingwissenschaft und -praxis? In M. Bruhn, H. Meffert & F. Wehrle (Hrsg.), *Marktorientierte Unternehmensführung im Umbruch.* (S. 41-84). Stuttgart: Schäffer-Poeschel.

Buck, R. (1989). Emotional communication in personal relationships. A developmental-interactionist view. *Review of Personality and Social Psychology, 10,* 144-163.

Bühler, K. (1934). *Sprachtheorie.* Jena: Fischer.

Bumbacher, U. (2000). Beziehungen zu Problemkunden. Sondierungen zu einem noch wenig erforschten Thema. In M. Bruhn & B. Stauss (Hrsg.), *Dienstleistungsmanagement Jahrbuch 2000.* (S. 423-447). Wiesbaden: Gabler.

Burgoon, J. K. (1994). Nonverbal signals. In M. L. Knapp & G. R. Miller (Hrsg.), *Handbook of interpersonal communication.* (S. 229-285) (2. Aufl.). Thousand Oaks: Sage.

Burgoon, M. (1990). Language and social influence. In H. Giles & W. P. Robinson (Hrsg.), *Handbook of language and and social psychology.* (S. 51-72). Chichester: Wiley.

Burke, M. J., Borucki, Ch. C. & Hurley, A. E. (1992). Reconceptualizing psychological climate in a retail service environment: A multiple stakeholder perspective. *Journal of Applied Psychology, 77,* 717-729.

Busch, P. & Wilson, D. R. (1976). An experimental analysis of a salesman's expert and referent basis of social power in the buyer-seller dyad. *Journal of Marketing Research, 13,* 3-11.

Button, S., Matthieu, J. & Zajac, D. (1996). Goal orientation in organizational behavior research: A conceptual and empirical foundation. *Organizational Behavior and Human Decision Processes, 67,* 26-48.

Caballero, M. & Solomon, P. (1984). Effects of model attractiveness on sales response. *Journal of Advertising, 13 (1),* 17-23.

Caldwell, D. F. & O'Reilly, Ch. A. (1982). Boundary spanning and individual performance: The impact of self-monitoring. *Journal of Applied Psychology, 67,* 124-127.

Campbell, J. P., McCloy, R. A., Oppler, S. H. & Sager, Ch. E. (1993). A theory of performance. In N. Schmitt, W. C. Borman and Ass. (Hrsg.), *Personnel selection in organizations.* (S. 35-69). San Francisco, CA.: Jossey-Bass.

Campbell, J. P. & Pritchard, R. D. (1976). Motivation theory in industrial and organizational psychology. In M. D. Dunnette (Hrsg.), *Handbook of industrial and organizational psychology.* (S. 63-130). Chicago: Rand McNelly.

Chaiken, S., Wood, W. & Eagly, A. H. (1996). Principles of persuasion. In E. T. Higgins & A. W. Kruglanski (Hrsg.), *Social psychology. Handbook of basic principles.* (S. 702-742). New York: Guilford.

Challagalla, G. N. & Shervani, T. A. (1996). Dimensions and types of supervisory control: Effects on salesperson performance and satisfaction. *Journal of Marketing, 60,* 89-105.

Chapple, E. D. & Donald, G. Jr. (1947). An evaluation of department store sales people by the interaction chronograph. *Journal of Marketing, 12,* 173-185.

Chowdhury, J. (1993). The motivational impact of sales quotas on effort. *Journal of Marketing Research, 30,* 28-41.

Chu, W., Gerstner, E. & Hess, J. D. (1995). Costs and benefits of hard-sell. *Journal of Marketing Research, 32,* 97-102.

Churchill, G. A., Ford, N. M., Hartley, St. W. & Walker, O. C. (1985). The determinants of salesperson performance: A meta-analysis. *Journal of Marketing Research, 22,* 103-118.

Churchill, G. A., Ford, N. M. & Walker, O.C. Jr. (1979). Personal characteristics of salespeople and the attractiveness of alternative rewards. *Journal of Business Research, 7,* 418-425.

Cialdini, R. B. (1996a). *Die Psychologie des Überzeugens.* Bern: Huber.

Cialdini, R. B. (1996b). Social influence and the triple tumor structure of organizational dishonesty. In D. M. Messick & A. E. Tenbrunsel (Hrsg.), *Codes of conduct.* (S. 44-58). New York: Russell Sage.

Cialdini, R. B. (1999). Of tricks and tumors: Some little-recognized costs of dishonest use of effective social influence. *Psychology & Marketing, 16,* 91-98.

Cialdini, R. B., Cacioppo, J. T., Bassett, R. & Miller, J. A. (1978). Low-ball procedure for producing compliance: Commitment then cost. *Journal of Personality and Social Psychology, 36,* 463-476.

Colvin, C. R., Funder, D. C. & Block, J. (1995). Overly positive self-evaluations and personality: Negative implications for mental health. *Journal of Personality and Social Psychology, 68,* 1152-1162.

Comer, L. B. & Drollinger, T. (1999). Active empathic listening and selling success: A conceptual framework. *Journal of Personal Selling & Sales Management, 19 (1),* 15-29.

Corr, Ph. J. & Gray, J. A. (1995). Attributional style, socialization and cognitive ability as predictors of sales success: A predictive validity study. *Personality and Individual Differences, 18,* 241-252.

Corr, Ph. J. & Gray, J. A. (1996). Attributional style as a personality factor in insurance sales performance in the UK. *Journal of Occupational and Organizational Psychology, 69,* 83-87.

Cotham, J. C. (1970). Selecting salesmen: Approaches and problems. *Business Topics, 18,* 64-72.

Cron, W. L., Dubinsky, A. J. & Michaels, R. E. (1988). The influence of career stages on components of salesperson motivation. *Journal of Marketing, 52*, 78-92.

Cronin, J. J. (1994). Analysis of the buyer-seller dyad: The social relations model. *Journal of Personnel Selling & Sales Management, 14 (2)*, 69-78.

Crosby, L. A., Evans, K. R. & Cowles, D. (1990). Relationship quality in services selling: An interpersonal influence perspective. *Journal of Marketing, 54*, 68-81.

Czepiel, J. A. (1990). Service encounters and service relationships: Implications for research. *Journal of Business Research, 21*, 289-308.

Dahm, W. (1996). *Beraten und Verkauft. Die Methoden der Strukturvertriebe.* Wiesbaden: Gabler.

Darwin, Ch. (1872/1986). *The expression of the emotions in man and animals.* London: Murray (deutsch: Der Ausdruck der Gemütsbewegungen beim Menschen und den Tieren. Nördlingen: Greno).

Daweson, L. E. Jr., Soper, B. & Pettijohn, Ch. E. (1992). The effects of empathy on saleperson effectiveness. *Psychology & Marketing, 9*, 297-310.

Dean, J. W. & Brass, D. J. (1985). Social interaction and the perception of job characteristics in an organization. *Human Relations, 38*, 571-582.

DeCarlo, Th. E. & Agarwal, S. (1998). Influence of managerial behaviors and job autonomy on job satisfaction of industrial *salespersons. Industrial Marketing Management, 28*, 51-62.

DeCarlo, Th. E., Teas, R. K. & McElroy, J. C. (1997). Salesperson performance attribution processes and the formation of expectancy estimates. *Journal of Personal Selling & Sales Management, 17 (3)*, 1-17.

Delhees, K. H. (1994). *Soziale Kommunikation.* Opladen: Westdeutscher Verlag.

DePaulo, B. M. (1992). Nonverbal behavior and self-presentation. *Psychological Bulletin, 111*, 203-243.

DePaulo, B. M. & Friedman, H. S. (1998). Nonverbal communication. In D. T. Gilbert, S. T. Fiske & G. Lindzey (Hrsg.), *The handbook of social psychology. Vol. II.* (S. 3-40) (4. Aufl.). Boston: McGraw-Hill.

DePaulo, P. J. (1988). Research on deception in marketing communications: Its relevance to the study of nonverbal behavior. *Journal of Nonverbal Behavior, 12*, 253-272.

DePaulo, P. J. & DePaulo, B. M. (1989). Can deception by salespersons and customers be detected through nonverbal behavioral cues? *Journal of Applied Psychology, 19*, 1552-1577.

Dickenberger, D., Gniech, G. & Grabitz, H.-J. (1993). Die Theorie der psychologischen Reaktanz. In D. Frey & M. Irle (Hrsg.): *Theorien der Sozialpsychologie. Bd. 1: Kognitive Theorien.* (S. 243-273) (2. Aufl.). Bern: Huber.

Diller, H. (1996). Kundenbindung als Marketingziel. *Marketing - ZFP, 18*, 81-93.

Diller, H. & Kusterer, M. (1988). Beziehungsmanagement. Theoretische Grundlagen und explorative Befunde. *Marketing - ZFP, 10*, 211-220.

Doney, P. M. & Cannon, J. P. (1997). An examination of the nature of trust in buyer-seller relationships. *Journal of Marketing, 61*, 35-51.

Dubé, L., Chebat, J.-Ch. & Morin, S. (1995). The effects of background music on consumers´ desire to affiliate in buyer-seller interactions. *Psychology & Marketing, 12*, 305-319.

Dubinsky, A. J. & Hartley, St. W. (1986). Antecedents of retail salesperson performance: A path-analytic perspective. *Journal of Business Research, 14*, 253-268.

Dubinsky, A. J., Hartley, St. W. & Yammarino, F. J. (1985). Boundary spanners and self-monitoring: An extended view. *Psychological Reports, 57*, 287-294.

Dubinsky, A. J., Howell, R. D., Ingram, Th. N. & Bellenger, D. N. (1986). Salesforce socialization. *Journal of Marketing, 50*, 192-207.

Dubinsky, A. J. & Skinner, St. J. (1984). Impact of job characteristics on retail salespeople's reactions to their jobs. *Journal of Retailing, 60*, 35-62.

Dubinsky, A. J., Yammarino, F. J. & Jolson, M. A. (1994). Closeness of supervision and salesperson work outcomes: A alternate perspective. *Journal of Business Research, 29*, 225-237.

Dweck, C. S. & Leggett, E. L. (1988). A social-cognitive approach to motivation and personality. *Psychological Review, 95*, 256-273.

Dwyer, F. R., Schurr, P. H. & Oh, S. (1987). Developing buyer-seller relationships. *Journal of Marketing, 51*, 11-27.

Eagly, A. H. & Chaiken, S. (1993). *The psychology of attitudes*. Fort Worth, TX: Harcourt Brace Jovanovich.

Eckes, T. & Six, B. (1994). Fakten und Fiktionen in der Einstellungs- und Verhaltensforschung: Eine Meta-Analyse. *Zeitschrift für Sozialpsychologie, 25*, 253-271.

Edinger, J. A. & Patterson, M. L. (1983). Nonverbal involvement and social control. *Psychological Bulletin, 93*, 30-56.

Eisenführ, F. & Weber, M. (1994). *Rationales Entscheiden*. (2. Aufl.). Berlin: Springer.

Ekman, P. (1988). *Gesichtsausdruck und Gefühl*. Paderborn: Junfermann.

Elliott, E. S. & Dweck, C. S. (1988). Goals: An approach to motivation and achievement. *Journal of Personality and Social Psychology, 54*, 5-12.

Engel, J. F., Blackwell, R. D. & Miniard, P. W. (1995). Consumer behavior. (8. Aufl.). Chicago: Dryden Press.

Engels, A. & Timaeus, E. (1983). „Face to Face"-Interaktionen. In M. Irle (Hrsg.), *Marktpsychologie als Sozialwissenschaft. Enzyklopädie der Psychologie. DIII4*. (S. 344-401). Göttingen: Hogrefe.

Evans, F. B. (1963). Selling as a dyadic relationship – a new approach. *The American Behavior Scientist, 6*, 76-79.

Fazio, R. N. & Zanna, M. P. (1981). Direct experience and attitude-behavior consistency. *Advances in Experimental Social Psychology, 14*, 161-202.

Farley, J. U. & Swinth, R. L. (1967). Effects of choice and sales message on customer-salesman interaction. *Journal of Applied Psychology, 51*, 107-110.

Felser, G. (1997). *Werbe- und Konsumentenpsychologie*. Stuttgart: Schäffer-Poeschel; Heidelberg: Spektrum.

Festinger, L. (1957). *A theory of cognitive dissonance*. Stanford: Stanford University Press.

Fetchenhauer, D. (1999). Zur Psychologie des Versicherungsbetrugs. In L. Fischer, Th. Kutsch & E. Stephan (Hrsg.), *Finanzpsychologie*. (S. 188-213). München: Oldenbourg.

Flammer, A. (1997). *Einführung in die Gesprächspsychologie*. Bern: Huber.

Fiehler, R. (1990). *Kommunikation und Emotion*. Berlin: Walter de Gruyter.

Fiehler, R. (1994). Unternehmensphilosophie und Kommunikationsschulung: Neue Wege und neue Probleme für betriebliche Kommunikationstrainings. In T. Bungarten (Hrsg.), *Kommunikationstrainings und -trainingsprogramme im wirtschaftlichen Umfeld*. (S. 76-106). Tostedt: Attikon.

Fine, L. M., Shepherd, C. D. & Josephs, S. L. (1994). Sexual harassment in the sales force: The customer is NOT always right. *The Journal of Personal Selling & Sales Management, 14 (4)*, 15-30.

Fine, L. M., Shepherd, C. D. & Josephs, S. L. (1999). Insights into sexual harassment of salespeople by customers: The role of gender and customer power. *The Journal of Personal Selling & Sales Management, 19 (2)*, 19-34.

Fischer, G. H. (1981). *Verkaufsprozesse und Interaktion.* Gernsbach: Deutscher Betriebswirteverlag.

Fischer, L. (1989). *Strukturen der Arbeitszufriedenheit.* Göttingen: Hogrefe.

Fischer, L. & Wiswede, G. (1997). *Grundlagen der Sozialpsychologie.* München: Oldenbourg.

Fishbein, M. & Ajzen, I. (1975). *Belief, attitude, intention and behavior.* Reading/Mass.: Addison-Wesley.

Fisher, C. D. & Locke, E. A. (1992). The new look in job satisfaction research and theory. In C. J. Cranny, P. C. Smith & E. F. Stone (Hrsg.), *Job satisfaction.* (S. 171-194). New York: Lexington.

Fiske, S. T. (1982). Schema-triggered affect: Applications to social perception. In: M. S. Clark & S. T. Fiske (Hrsg.): *Affect and cognition.* (S. 55-78). Hillsdale, N.J.: Erlbaum.

Fiske, S. T. & Pavelchak, M. A. (1986). Category-based versus piecemeal-based affective responses. In: R. M. Sorrentino & E. T. Higgins (Hrsg.): *Handbook of motivation and cognition.* (S. 167-203). New York: Guilford.

Ford, N. M., Walker, O. C. Jr. & Churchill, G. A. (1985). Differences in the attractiveness of alternative rewards: Additional evidence. *Journal of Bussiness Research, 13*, 123-138.

Franke, W. (1984). Zur Bedeutung von Fragen im Verkaufs-/Einkaufs-Gespräch. In F. Hundsnurscher & W. Franke (Hrsg.), *Das Verkaufs-/Einkaufs-Gespräch. Eine linguistische Analyse.* (S. 41-48). Stuttgart: Heinz.

Frayne, C. A. & Geringer, J. M. (2000). Self-management training for improving job performance: A field experiment involving sales people. *Journal of Applied Psychology, 85*, 361-372.

Freudenberger, H.J. (1974). Staff burnout. *Journal of Social Issues, 30*, 159-165.

Frey, D. & Gaska, A. (1993). Die Theorie kognitiver Dissonanz. In D. Frey & M. Irle (Hrsg.), *Theorien der Sozialpsychologie. Bd. 1: Kognitive Theorien.* (S. 275-325). (2. Aufl.). Bern: Huber.

Frey, S. (1999). *Die Macht des Bildes. Der Einfluß der nonverbalen Kommunikation auf Kultur und Politik.* Bern: Huber.

Frey, S., Hirsbrunner, H.-P., Pool, J. & Daw, W. (1981). Das Berner System zur Untersuchung nonverbaler Interaktion. I. Die Erhebung der Rohdatenprotokolle. In P. Winkler (Hrsg.), *Methoden der Analyse von Face-to-Face-Situationen.* (S. 203-236). Stuttgart: Metzler.

Friedstad, M. & Wright, P. (1994). The persuasion knowledge model: How people cope with persuasion attempts. *Journal of Consumer Research, 21*, 1-31.

Friedstad, M. & Wright, P. (1999). Everyday persuasion knowledge. *Psychology & Marketing, 16*, 185-194.

Frijda, N. H. (1993). Moods, emotion episodes, and emotions. In M. Lewis & J. M. Haviland (Hrsg.), *Handbook of emotions.* (S. 381-403). New York: Guilford.

Futrell, Ch. M. & Parasuraman, A. (1984). The relationshipp of satisfaction and performance to salesperson turnover. *Journal of Marketing, 48*, 33-40.

Gainer, B. & Fischer, E. (1991). To buy or not to buy? That is not the question: Female ritual in home shopping parties. *Advances in Consumer Research, 18,* 597-602.

Garbarino, E. & Johnson, M. S. (1999). The different roles of satisfaction, trust, and commitment in customer relationships. *Journal of Marketing, 63,* 70-87.

Gebert, D. & Rosenstiel, L. von (1996). *Organisationspsychologie.* (4. Aufl.). Stuttgart: Kohlhammer.

Gengler, Ch. E., Howard, D. J. & Zolner, K. (1995). A personal construct analysis of adaptive selling and sales experience. *Psychology & Marketing, 12,* 287-304.

George, J. M. & Bettenhausen, K. (1990). Understanding prosocial behavior, sales performance, and turnover: A group-level analysis in a service context. *Journal of Applied Psychology, 75,* 698-709.

Gierl, H. (1999). Vertrauen im Bankgeschäft. *Jahrbuch der Absatz- und Verbrauchsforschung, 45,* 195-213.

Goehrmann, K. E. (1984). *Verkaufsmanagement.* Stuttgart: Kohlhammer.

Goff, B. G., Bellenger, D. N. & Stojack, C. (1994). Cues to consumer susceptibility to salesperson influence: Implications for adaptive retail selling. *Journal of Personal Selling & Sales Management, 14 (2),* 25-39.

Goff, B. G., Boles, J. S., Bellenger, D. N. & Stojack, C. (1997). The influence of salesperson selling behaviors on customer satisfaction with products. *Journal of Retailing, 73,* 171-183.

Goffman, E. (1969). *Wir alle spielen Theater. Die Selbstdarstellung im Alltag.* München: Piper.

Goffman, E. (1974). *Das Individuum im öffentlichen Austausch. Mikrostudien öffentlicher Ordnung.* Frankfurt/M.: Suhrkamp.

Gollwitzer, P. M. (1996). Das Rubikonmodell der Handlungsphasen. In J. Kuhl & H. Heckhausen (Hrsg.), *Motivation, Volition und Handlung. Enzyklopädie der Psychologie. CIV4.* (S. 531-582). Göttingen: Hogrefe.

Goodwin, C., Mayo, M. & Hill, R. P. (1997). Salesperson response to loss of a major account: A qualitative analysis. *Journal of Business Research, 40,* 167-180.

Gordon, M. E., McKeage, K. & Fox, M. A. (1998). Relationship marketing effectiveness: The role of involvement. *Psychology & Marketing, 15,* 443-459.

Gosslar, H. & Lindstam, St. (1999). Vorhersagekraft und monetärer Nutzen kombinierter eignungspsychologischer Verfahren. *Personal, 51(2),* 86-91.

Gouldner, A. (1984). *Reziprozität und Autonomie.* Ausgewählte Aufsätze. Frankfurt/M.: Suhrkamp.

Graumann, C. F. (1972). Interaktion und Kommunikation. In C. F. Graumann (Hrsg.), *Sozialpsychologie. Handbuch der Psychologie. Bd. 7.* (S. 1109-1262). Göttingen: Hogrefe.

Graumann, C. F. (1979). Die Scheu der Psychologen vor der Interaktion. *Zeitschrift für Sozialpsychologie, 10,* 284-304.

Greif, S. (1991). Stress in der Arbeit – Einführung und Grundbegriffe. In S. Greif, N. Semmer & E. Bamberg (Hrsg.), *Psychischer Stress am Arbeitsplatz.* (S. 1-28). Göttingen: Hogrefe.

Grice, H. P. (1975). Logic and conversation. In P. Cole & J. L. Morgan (Hrsg.), *Syntax and semantics: Speech acts.* (S. 103-128). New York: Academic Press.

Groeben, N. & Scheele, B. (1977). *Argumente für eine Psychologie des reflexiven Subjekts.* Darmstadt: Steinkopff.

Groß-Engelmann, M. (1999). *Kundenzufriedenheit als psychologisches Konstrukt. Bestandsaufnahme und emotionstheoretische Erweiterung bestehender Erklärungs- und Messmodelle.* Köln: Lohmar.

Gülpen, B. (1996). *Evaluation betrieblicher Verhaltenstrainings unter besonderer*

Berücksichtigung des Nutzens. München: Hampp.

Gusy, B. (1995). *Stressoren in der Arbeit, soziale Unterstützung und Burnout*. München: Profil.

Gutek, B. A. (1995). *The dynamics of service: Reflections on the changing nature of customer/provider interactions*. San Francisco: Jossey-Bass.

Gutek, B. A., Bhappu, A. D., Liao-Troth, M. A. & Cherry, B. (1999). Distinguishing between service relationships and encounters. *Journal of Applied Psychology, 84*, 218-233.

Gwinner, K. P., Gremler, D. D. & Bitner, M. J. (1998). Relational benefits in services industries: The customers´s perspective. *Journal of the Academy of Marketing Science, 26*, 101-114.

Hackman, J. R. & Oldham, G. R. (1980). *Work Redesign*. Reading, Mass.: Addison-Wesley.

Hall, E. T. (1959). *The silent language*. New York: Doubleday.

Hansen, U. & Schulze, H. S. (1990). Transaktionsanalyse und persönlicher Verkauf. *Jahrbuch der Absatz- und Verbrauchsforschung, 36*, 4-26.

Hatfield, E., Cacioppo, J. T. & Rapson, R. L. (1994). *Emotional contagion*. New York: Cambridge University Press.

Hattrup, K., O'Connell, M. S. & Wingate, P. H. (1998). Prediction of multidimensional criteria: Distinguishing task and contextual performance. *Human Performance, 11*, 305-319.

Hellbrück, J. & Fischer, M. (1999). *Umweltpsychologie. Ein Lehrbuch*. Göttingen: Hogrefe.

Heckhausen, H. (1989). *Motivation und Handeln*. (2. Aufl.). Berlin: Springer.

Heider, F. (1958). *The psychology of interpersonal relations*. New York: Wiley.

Hemminger, H.-J. & Keden, J. (1997). *Seele aus zweiter Hand. Psychotechniken und Psychokonzerne*. Stuttgart: Quell.

Hennig-Thurau, Th. (2000). Die Qualität von Geschäftsbeziehungen auf Dienstleistungsmärkten: Konzeptualisierung, empirische Messung, Gestaltungshinweise. In M. Bruhn & B. Stauss (Hrsg.), *Dienstleistungsmanagement Jahrbuch 2000*. (S. 133-158). Wiesbaden: Gabler.

Hennig-Thurau, Th. & Thurau, C. (1999). Sozialkompetenz als vernachlässigter Untersuchungsgegenstand des (Dienstleistungs-)Marketing. Einsatzmöglichkeiten und Konzeptualisierung. *Marketing - ZFP, 21*, 297-311.

Hesse, J. (1997). Vom Beeinflussungsmarketing zum Beziehungsmarketing: Ursachen, Dimensionen, Instrumente. In J. Hesse & P. Kaupp (Hrsg.). *Kundenkommunikation und Kundenbindung*. (S. 13-53). Berlin: Berlin Verlag.

Hester, L., Koger, P. & McCauley, C. (1985). Individual differences in customer sociability. *European Journal of Social Psychology, 15*, 453-456.

Hochschild, A. R. (1983*). The managed heart*. Berkeley, CA: University Press (deutsch: Das verkaufte Herz. Frankfurt/M.: Campus, 1990).

Hogan, J. C., Hogan, R. & Gregory, S. (1992). Validation of a sales representative selection inventory. *Journal of Business and Psychology, 7*, 161-171.

Howard, J. A. & Sheth, J. N. (1969). *A theory of buyer behavior*. New York: Wiley.

Hough, L. M. (1992). The „Big Five" personality variable-construct confusion: Description versus prediction. *Human Performance, 5*, 139-155.

Humphrey, R. H. & Ashforth, B. E. (1994). Cognitive scripts and prototypes in service encounters. *Advances in Services Marketing and Management, 3*, 175-199.

Humphreys, M. A. & Williams, M. R. (1996). Exploring the relative effects of salesperson interpersonal process attributes and technical product attributes on customer satisfaction. *Journal of Personal Selling & Sales Management, 16(3),* 47-57.

Hunter, J. E., Schmidt, F. L. & Judiesch, M. K. (1990). Individual differences of alternative predictors of job performance. *Psychological Bulletin, 96,* 72-98.

Ingram, Th. N. & Bellenger, D. N. (1983). Personal and organizational variables: Their relative effect on reward valences of industrial salespeople. *Journal of Marketing Research, 20,* 198-205.

Ivancevich, J. M. (1976). Effects of goal setting on performance and job satisfaction. *Journal of Applied Psychology, 61,* 605-612.

Jackson, R. W. & Hisrich, R. D. (1996). *Sales and sales management.* New Jersey: Prentice Hall.

Jaederholm, G. A. (1926). *Psychotechnik des Verkaufens.* Leipzig: Gloeckner.

James, L. A. & James, L. R. (1989). Integrating work perceptions: Explorations into the measurement of meaning. *Journal of Applied Psychology, 74,* 739-751.

Jaworski, B. J. & Kohli, A. K. (1991). Supervisory feedback: Alternative types and their impact on salespeople's performance and satisfaction. *Journal of Marketing Research, 28,* 190-201.

Jaworski, B. I., Stathokopoulos, V. & Krishnan, H. Sh. (1993). Control combinations in marketing: Conceptual framework and empirical evidence. *Journal of Marketing, 57,* 57-69.

Johnston, M. W., Parasuraman, A., Futrell, Ch. M. & Sager, J. (1989).Performance and job satisfaction effects on salesperson turnover: A replication and extension. *Journal of Business Research, 16,* 67-83.

Johnston, W. J. & Kim, K. (1994). Performance, attribution, and expectancy linkages in personal selling. *Journal of Marketing, 58,* 68-81.

Jones, E. E. & Gerard, H. B. (1967). *Foundations of social psychology.* New York: Wiley.

Jungbauer-Gans, M. (1996). Der Schritt in die berufliche Selbständigkeit als Entscheidungsprozess: Fallstudien aus der Region Leipzig. In P. Preisendörfer (Hrsg.), *Prozesse der Neugründung von Betrieben in Ostdeutschland.* (S. 89-110). Rostock: Universität.

Jungermann, H., Pfister, H.-R. & Fischer, K. (1998). *Die Psychologie der Entscheidung. Eine Einführung.* Heidelberg: Spektrum.

Käsermann, M.-L. (1995). *Emotion im Gespräch. Auslösung und Wirkung.* Bern: Huber.

Kahn, R. L., Wolfe, P., Quinn, R. P., Snoek, D. & Rosenthal, R. A. (1964). *Organizational Stress. Studies in Role Conflict and Ambiguity.* New York: Wiley.

Kahn, W. A. (1990). Psychological conditions of personal engagement and disengagement at work. *Academy of Management Journal, 33,* 692-724.

Kanouse, D. E. & Abelson, R. P. (1967). Language variables affecting the persuasiveness of simple communications. *Journal of Personality and Social Psychology, 7,* 158-163.

Katz, D. (1964). The motivational basis of organizational behavior. *Behavioral Science, 9,* 131-146.

Katz, D. & Kahn, R. L. (1978). *The social psychology of organizations.* (2. Aufl.).

New York: Wiley.

Keitz, B. von (1986). Psychobiologische Werbewirkungsforschung. *Werbeforschung und Praxis, o.J. (2)*, 41-47.

Kellermann, M. (1997). *Suggestive Kommunikation*. Bern: Huber.

Kemper, T. D. (1978). *A social interactional theory of emotions*. New York: Wiley.

Kern, E. (1990). *Der Interaktionsansatz im Investitionsgütermarketing. Eine konfirmatorische Analyse*. Berlin: Duncker & Humblot.

Kipnis, D., Schmidt, St. M. & Wilkinson, I. (1980). Intraorganizational influence tactics: Explorations in getting one`s way. *Journal of Applied Psychology, 65*, 440-452.

Kipnis, D., Schmidt, St. M. & Braxton-Brown, G. (1990). The hidden costs of persistence. In M. J. Cody & M. L. McLaughlin (Hrsg.), *The psychology of tactical commuication*. (S. 160-172). Clevedon: MiSPoL.

Kirchler, E. M. (1999). *Wirtschaftspsychologie. Grundlagen und Anwendungsfelder der Ökonomischen Psychologie*. (2. Aufl.). Göttingen: Hogrefe.

Klammer, M. (1989). *Nonverbale Kommunikation beim Verkauf*. Heidelberg: Physica.

Klein, D. J. & Verbeke, W. (1999). Autonomic feedback in stressful environments: How do individual differences in autonomic feedback relate to burnout, job performance, and job attitudes in salespeople? *Journal of Applied Psychology, 84*, 911-924.

Klein, H. J. & Kim, J. S. (1998). A field study of the influence of situational constraints, leader-member exchange and goal commitment on performance. *Academy of Management Journal, 41*, 88-95.

Kleinbeck, U. & Schmidt, K.-H. (1996). Die Wirkung von Zielsetzungen auf das Handeln. In J. Kuhl & H. Heckhausen (Hrsg.), *Motivation, Volition und Handlung. Enzyklopädie der Psychologie. CIV4*. (S. 875-908). Göttingen: Hogrefe.

Kleine, J. (2000). *Strategische Erfolgsfaktoren der Strukturvertriebe im Finanzdienstleistungssektor*. Rostock: Unveröffentlichte Dissertation.

Kluger, A. N. & DeNisi, A. (1996). The effects of feedback interventions on performance: A historical review, a meta-analysis and a priliminary feedback intervention theory. *Psychological Bulletin, 119*, 254-284.

Kluwe, R. H. (1992). Gedächtnis und Wissen. In H. Spada (Hrsg.), *Allgemeine Psychologie*. (S. 115-188) (2. Aufl.). Bern: Huber.

Köhnken, G. (1986). Verhaltenskorrelate von Täuschung und Wahrheit. Neue Perspektiven in der Glaubwürdigkeitsdiagnostik. *Psychologische Rundschau, 37*, 177-194.

Kohli, A. K. (1985). Some unexplored supervisory behaviors and their influence on salespeople's role clarity, specific self-esteem, job satisfaction, and motivation. *Journal of Marketing Research, 22*, 251-267.

Kohli, A. K. (1989). Effects of supervisory behavior: The role of individual differences among salespeople. *Journal of Marketing, 53*, 40-50.

Kohli, A. K. & Jaworski, B. J. (1994). The influence of coworker feedback on salespeople. *Journal of Marketing, 58*, 82-94.

Kohli, A. K., Shervani, T. A. & Challagalla, G. N. (1998). Learning and performance orientation of salespeople: The role of supervisors. *Journal of Marketing Research, 35*, 263-274.

Kotler, Ph. (1989). *Marketing-Management: Analyse, Planung und Kontrolle*. (4. Aufl.). Stuttgart: Poeschel.

Kotler, Ph. & Bliemel, W. (1992). *Marketing-Management: Analyse, Planung, Umsetzung und Steuerung*. (7. Aufl.). Stuttgart: Poeschel.

Kraus, St. J. (1995). Attitudes and the prediction of behavior: A meta-analysis of the empirical literature. *Personality and Social Psychology Bulletin, 21*, 58-75.

Krauss, R. M. & Chiu, C.-Y. (1998). Language and social behavior. In D. T. Gilbert, S. T. Fiske & G. Lindzey (Hrsg.), *The handbook of social psychology, Vol. II.* (S. 41-88) (4. Aufl.). Boston: McGraw-Hill.

Krauss, R. M. & Fussell, S. R. (1996). Social psychological models of interpersonal communication. In E. T. Higgins & A. W. Kruglanski (Hrsg.), *Social psychology. Handbook of basic principles.* (S. 655-701). New York: Guilford.

Kroeber-Riel, W. (1990). *Strategie und Technik der Werbung. Verhaltenswissenschaftliche Ansätze.* Stuttgart: Kohlhammer.

Kroeber-Riel, W. (1993). *Bildkommunikation. Imagerystrategien für die Werbung.* München: Vahlen.

Kroeber-Riel, W. & Meyer-Hentschel, G. (1982). *Werbung. Steuerung des Konsumentenverhaltens.* Würzburg: Physica.

Kroeber-Riel, W. & Weinberg, P. (1996). *Konsumentenverhalten.* (6. Aufl.). München: Vahlen.

Kruglanski, A. W. & Thompson, E. P. (1999). Persuasion by a single route: A view from the unimodel. *Psychological Inquiry, 10,* 83-109.

Kumpf, A. (1997). *Ängste im Verkauf. Zur Bedeutung von selbstbezogenen Kognitionen und verkaufsrelevanten Dispositionen bei bereichsspezifischen Ängsten innerhalb eines Verkaufsgespräches.* Frankfurt/M.: Lang.

Kuß, A. (1991). *Käuferverhalten.* Stuttgart: Fischer.

Lambert, D. M., Marmornstein, H. & Sharma, A. (1990). The accuracy of salesperson´s perceptions of their customers: Conceptual examination and an empirical study: *Journal of Personal Selling & Sales Management, 10 (1),* 1-9.

Langer, E. J. (1989). Minding matters: The consequences of mindlessness-mindfulness. *Advances in Experimental Social Psychology, 22.*

Lang-von Wins, Th. & Kaschube, J. (1998). Der Organisationswechsel. In L. von Rosenstiel, F. W. Nerdinger & E. Spieß (Hrsg.), *Von der Hochschule in den Beruf.* (S. 185-200). Göttingen: Hogrefe.

Latham, G. P., Erez, M. & Locke, E. A. (1988). Resolving scientific disputes by the joint design of crucial experiments by the antagonists: Aplication to the Erez-Latham dispute regarding participation in goal setting. *Journal of Applied Psychology, 73,* 753-772.

Lazarus, R. S. (1991). *Emotion and adaptation.* New York: Oxford.

Lazarus, R. S. & Folkman, S. (1987). Transactional theory and research on emotions and coping. *European Journal of Personality, 1,* 141-169.

Leidenfrost, J., Götz, K. & Hellmeister, G. (1999). *Persönlichkeitstrainings im Management. Methoden, subjektive Erfolgskriterien und Wirkungen.* Mering: Hampp.

Leidner, R. (1993). *Fast food, fast talk: Service work and the routinization of everyday life.* Berkeley: University Press.

Leigh, Th. W. & McGraw, P. F. (1989). Mapping the procedural knowledge of industrial sales personnel: A script-theoretic invetigation. *Journal of Marketing, 53,* 16-34.

Leiter, M. P. (1993). Burnout as a developmental process: Consideration of models. In W. B. Schaufeli, C. Maslach & T. Marek (Eds.), *Professional Burnout: Recent Developments in Theory and Research.* (pp. 237-250). New York: Taylor & Francis.

Lee, C. (1988). The effects of goal setting and monetary incentives on self-efficacy and performance. *Journal of Business and Psychology, 2,* 366-372.

Lee, D. H. (1998). The moderating effect of salesperson reward orientation on the relative effectiveness of alternative compensation plans. *Journal of Business Research, 43,* 65-77.

Leong, S. M., Busch, P. S. & John, D. R. (1989). Knowledge bases and salesperson effectiveness: A script-theoretic analysis. *Journal of Marketing Research, 26,* 164-178.

Lilli, W. (1982). *Grundlagen der Stereotypisierung.* Göttingen: Hogrefe.

Lilli, W. (1983). Perzeption, Kognition: Image. In M. Irle (Hrsg.), *Marktpsychologie als Sozialwissenschaft. Enzyklopädie der Psychologie. Bd. DIII4.* (S. 402-471). Göttingen: Hogrefe.

Locke, E. A. & Henne, D. (1986). Work Motivation Theories. In C. L. Cooper & I. T. Robertson (Hrsg.), *International Review of Industrial and Organizational Psychology.* (S. 1-35). Chichester: Wiley.

Locke, E. A. & Latham, G. P. (1990). *A theory of goal setting and task performance.* Englewood Cliffs, N.J.: Prentice-Hall.

Lombard, G. F. (1955). *Behavior in a selling group.* Boston: Irvin.

Lück, H. E. (1987). *Psychologie sozialer Prozesse.* (2. Aufl.). Opladen: Leske + Budrich

Luhmann, N. (1984). *Soziale Systeme.* Frankfurt/M.: Suhrkamp.

Luaomala, H. T. & Laaksonen, M. (2000). Contributions from mood research. *Psychology & Marketing, 17,* 195-233.

Macintosh, G., Anglin, K. A., Szymanski, D. M. & Gentry, J. W. (1992). Relationship development in selling: A cognitive analysis. *Journal of Personal Selling & Sales Management, 12(4),* 23-34.

MacKenzie, S. B., Podsakoff, P. M. & Ahearne, M. (1998). Some possible anticidents and consequences of in-role and extra-role salesperson performance. *Journal of Marketing, 62,* 87-98.

MacKenzie, S. B., Podsakoff, P. M. & Fetter, R. (1991). Organizational citizenship behavior and objective productivity as determinants of managerial evaluations of salespersons` performance. *Organizational Behavior and Human Decision Processes, 50,* 1-28.

MacKenzie, S. B., Podsakoff, P. M. & Fetter, R. (1993). The impact of organizational citizenship behavior on evaluations of salesperson performance. *Journal of Marketing, 57,* 70-80.

MacKenzie, S. B., Podsakoff, P. M. & Paine, J. B. (1999). Do citizenship behaviors matter more for managers than for salespeople? *Journal of the Academy of Marketing Science, 27,* 396-410.

Mandler, J. M. (1979). Categorical schematic organization in memory. In: C. R. Puff (Hrsg.): *Memory, organization and structure.* New York: Academic Press.

Manstead, A. S. R., Fischer, A. H. & Jakobs, E. B. (1999). The social and emotional functions of facial expressions. In P. Philippot, R. S. Feldman & E. J. Coats (Hrsg.), *The social context of nonverbal behavior.* (S. 287-313). New York: Cambridge University Press.

Maslach, C. & Jackson, S. E. (1984). Burnout in organizational settings. *Applied Social Psychology Annual, 5,* 133-153.

Maslow, A. (1954). *Motivation and personality.* New York: Harper and Row.

McBane, D. A. (1995). Empathy and the salesperson: A multidemension perspective. *Psychology & Marketing, 12,* 349-370.

McCall, G. J. (1970). The social organization of relationships. In G. J. McCall, M. M. McCall, N. K. Denzin, G. D., Suttles & S. B. Kurth (Hrsg.), *Social relationships.* (3-34). Chicago: Aldine.

McElroy, J. C., Morrow, P. C. & Eroglu, S. (1990). The atmospherics of personal selling. *Journal of Personal Selling & Sales Management, 10 (3),* 31-41.

McNeilly, K. & Goldsmith, R. E. (1991). The moderating effects of gender and performance on job satisfaction and intentions to leave in the sales force. *Journal of Business Research, 22,* 219-232.

McManus, M. A. & Kelly, M. L. (1999). Personality measures and biodata: Evidence regarding their incremental predictive value in the life insurance industry. *Personnel Psychology, 52,* 137-148.

Meffert, H. (1986). *Marketing: Grundlagen der Absatzpolitik.* (7. Aufl.). Wiesbaden: Gabler.

Meffert, H., Kimmeskamp, G. & Becker, R. (1983). *Die Handelsvertretung im Meinungsbild ihrer Marktpartner. Ansatzpunkte für ein Handelsvertreter-Marketing.* Stuttgart: Kohlhammer.

Meffert, H. & Schwetje, Th. (1999). Bedeutung von Mitarbeiterinteraktion und Mitarbeiterzufriedenheit für die Kundenzufriedenheit im Handel. *Planung & Analyse, 26 (5),* 44-49.

Mehrabian, A. (1987). *Räume des Alltags.* Frankfurt/M.: Campus.

Mennerick, L. A. (1974). Client typologies. A method of coping with conflict in the service worker-client relationship. *Sociology of Work and Occupations, 1,* 396-418.

Mervis, C. B. & Rosch, E. (1981). Categorization of natural objects. *Annual Review of Psychology, 32,* 89-115.

Merzenich-Hieker, C. (1996). *Evaluation von Kommunikations- und Verhaltenstraining in Organisationen.* Aacher: Shaker.

Metts, S. & Bowers, J. W. (1994). Emotion in interpersonal communication. In M. L. Knapp & G. R. Miller (Hrsg.), *Handbook of interpersonal communication.* (S. 508-541) (2. Aufl.). Thousand Oaks: Sage.

Metzger, W. (1963). *Psychologie.* (3. Aufl.). Darmstadt: Steinkopff.

Michaels, R. E., Cron, W. L., Dubinsky, A. J. & Joachimsthaler, E. A. (1988). Influence of formalization on the organizational commitment and work alienation of salespeople and industrial buyers. *Journal of Marketing Research, 25,* 376-383.

Michaels, R. E. & Dixon, A. L. (1994). Sellers and buyers on the boundary: Potential moderators of role stress-job outcome relationships. *Journal of the Academy of Marketing Science, 22,* 62-73.

Mikula, G. (1985). Psychologische Theorien des sozialen Austausches. In D. Frey & M. Irle (Hrsg.), *Theorien der Sozialpsychologie. Bd. 2: Gruppen- und Lerntheorien.* (S. 273-305). Bern: Huber.

Morris, J. A. & Feldman, D. C. (1996). The dimensions, antecedents, and consequences of emotional labor. *Academy of Management Review, 21,* 986-1010.

Moser, K. (1996). *Commitment in Organisationen.* Bern: Huber.

Moser, K., Galais, N. & Kuhn, K. (1999). Selbstdarstellungstendenzen und beruflicher Erfolg selbständiger Handelsvertreter. In L. von Rosenstiel & Th. Lang-von Wins (Hrsg.), *Existenzgründung und Unternehmertum.* (S. 181-195). Stuttgart: Schäffer-Poeschel.

Mount, M. K. & Barrick, M. R. (1995). The Big Five personality dimensions: Implications for research and practice in human resources management: *Research in Personnel and Human Resources Management, 13,* 153-200.

Mowen, J. C., Keith, J. E., Brown, St. W. & Jackson, D. W. (1985). Utilizing effort and task difficulty information in evaluating salespeople. *Journal of Marketing Research, 22,* 185-191.

Müller, G. F. (1983). Anbieter-Nachfrager-Interaktionen. In M. Irle (Hrsg.), *Marktpsychologie als Sozialwissenschaft. Enzyklopädie der Psychologie. DIII4.* (S. 626-735). Göttingen: Hogrefe.

Müller, H. (1998). Gerechtigkeitstheoretische Grundlagen der Kundenzufriedenheit. *Jahrbuch der Absatz- und Verbrauchsforschung, 44,* 239-266.

Müller, S. (1999). Soziale Kompetenz bei Finanzdienstleistern – die Gewinnung von Mitarbeitern mit verkäuferischem Potential. In L. Fischer, Th. Kutsch & E. Stephan (Hrsg.), *Finanzpsychologie.* (S. 407-428). München: Oldenbourg.

Münsterberg, H. (1912). *Psychologie und Wirtschaftsleben.* Leipzig: Barth (Neuauflage 1997, hrsg. von W. Bungard & H. E. Lück, Weinheim: Beltz).

Mughal, Sh., Walsh, J. & Wilding, J. (1996). Stress and work performance: The role of trait anxiety. *Personality and Individual Differences, 20,* 685-691.

Neisser, U. (1979). *Kognitive Psychologie.* Stuttgart: Klett.

Nerdinger, F. W. (1985). *Leistungsmotivation im Außendienst. Ergebnisse einer empirischen Untersuchung an Verkäufern im Außendienst.* München: Müller.

Nerdinger, F. W. (1990). *Lebenswelt „Werbung". Eine sozialpsychologische Studie über Macht und Identität.* Frankfurt/M.: Campus.

Nerdinger, F. W. (1992). Bedingungen und Folgen von Burnout bei Schalterangestellten einer Sparkasse. *Zeitschrift für Arbeitswissenschaft, 46,* 77-84.

Nerdinger, F. W, (1993). Das Mitarbeitergespräch. Eine Alternative zur herkömmlichen Beurteilung. In J. Goller, H. Maack & B. W. Hedrich (Hrsg.), *Verwaltungsmanagement. C 7.5.* (S. 1-12). Stuttgart: Klett.

Nerdinger, F. W. (1994). *Zur Psychologie der Dienstleistung.* Stuttgart: Schäffer-Poeschel.

Nerdinger, F. W. (1995). *Motivation und Handeln in Organisationen.* Stuttgart: Kohlhammer.

Nerdinger, F. W. (1997). Konflikte in Dienstleistungstätigkeiten - das Beispiel der Firmenkundenberater. In V. Heyse (Hrsg.), Kundenbetreuung im Banken- und Finanzwesen. Praxisbeiträge zur Kompetenzentwicklung. (S. 107-121). Münster: Waxmann.

Nerdinger, F. W. (1998). Interaktionsmanagement - verbale und nonverbale Kommunikation als Erfolgsfaktor in Augenblicken der Wahrheit. In A. Meyer (Hrsg.), *Dienstleistungsmarketing.* (S. 1177-1193). Stuttgart: Schäffer-Poeschel.

Nerdinger, F. W. (2000a). Organizational Citizenship Behavior und Extra-Rollenverhalten. In H. Schuler (Hrsg.), *Gruppe und Organisation. Enzyklopädie der Psychologie.* Göttingen: Hogrefe.

Nerdinger, F. W. (2000b). Motivierung. In H. Schuler (Hrsg.), *Personalpsychologie.* (S. 349-371). Göttingen: Hogrefe.

Nerdinger, F. W. & Röper, M. (1999). Emotionale Dissonanz und Burnout. Eine empirische Untersuchung im Pflegebereich eines Universitätskrankenhauses. *Zeitschrift für Arbeitswissenschaft, 53,* 187-193.

Nerdinger, F. W. & Rosenstiel, L. von (1998). Psychologie der Mode. In A. Hermanns, W. Schmitt & K. Wißmeier (Hrsg.), *Mode-Marketing. Grundlagen, Strategien, Instrumente.* (S. 117-140) (2. Aufl.). Frankfurt/M.: Deutscher Fachverlag.

Nerdinger, F. W., Rosenstiel, L. von, Sigl, E. & Spieß, E. (1990). *Handelsvertreter und Verkaufsleiter.* Stuttgart: Poeschel.

Netemeyer, R. G., Boles, J. S., McKee, D. & McMurrian, R. (1997). An investigation into the antecedents of organizational citizenship behaviors in a personal selling context. *Journal of Marketing, 61*, 85-98.

Neu, M. (1997). Kundenbindung und -pflege mit Hilfe des persönlichen Verkaufs. In J. Hesse & P. Kaupp (Hrsg.). *Kundenkommunikation und Kundenbindung.* (S. 55-93). Berlin: Berlin Verlag.

Neuberger, O. (1985). *Arbeit.* Stuttgart: Enke.

Neuberger, O. (1995). *Führen und geführt werden.* (5. Aufl.). Stuttgart: Enke.

Neuberger, O. (1998). „Machtansprüche und aggressive Neigungen sind gefährlich". Macht, Opportunismus und Vertrauen in Organisationen. In L. von Rosenstiel & H. Schuler (Hrsg.), *Person. Arbeit. Gesellschaft.* (S. 97-118). Augsburg: Wißner.

Neuberger, O. & Allerbeck, M. (1978). *Messung und Analyse der Arbeitszufriedenheit.* Bern: Huber.

Neuman, G. A. & Kickul, J. R. (1998). Organizational citizenship behaviors: Achievement orientation and personality. *Journal of Business and Psychology, 13*, 263-279.

Neumann, P. (2000a). *Markt- und Werbepsychologie. Bd. 1: Grundlagen.* Gräfelfing: Wirtschaftspsychologie.

Neumann, P. (2000b). *Markt- und Werbepsychologie. Bd. 2: Praxis.* Gräfelfing: Wirtschaftspsychologie.

Nonis, S. A., Sager, J. K. & Kumar, K. (1996). Salespeople's use of upward influence tactics (UITs) in coping with role stress. *Journal of the Academy of Marketing Science, 24*, 44-56.

Nordhausen, F. & Billerbeck, L. von (1999). *Psycho-Sekten.* Frankfurt/M.: Fischer.

O'Keefe, D. J. (1990). *Persuasion: Theory and research.* Newbury Park, CA: Sage.

Oliver, R. L. (1996). Satisfaction: A behavioral perspective on the consumer. Boston.

Oliver, R. L. & Anderson, E. (1994). An empirical test of the consequences of behavior- and outcome-based sales control systems. *Journal of Marketing, 58*, 53-67.

Olson, J. C. (1978). Inferential belief formation in the cue utilization process. *Advances in Consumer Research, 5*, 706-713.

Olson, J. M. & Zanna, M. P. (1993). Attitudes and attitude change. *Annual Review of Psychology, 44*, 117-154.

Organ, D.W. (1988). *Organizational citizenship behavior.* Lexington, Mass.: Lexington Books.

Organ, D. W. & Paine, J. B. (1999). A new kind of performance for industrial and organizational psychology: Recent contributions to the study of organizational citizenship behaviour. In C. L. Cooper & I. T. Robertson (Eds.), *International Review of Industrial and Organizational Psychology.* (S. 337-368). Chichester, UK: Wiley.

Pace, W. R. (1962). Oral communication and sales effectiveness. *Journal of Applied Psychology, 44*, 487-488.

Paulhus, D. L. (1998). Interpersonal and intrapsychic adaptiveness of trait self-enhancement: A mixed blessing? *Journal of Personality and Social Psychology, 74*, 1197-1208.

Peter, U. (1991). *Psychologie der Marketing-Kommunikation.* Savosa: Auditorium.

Peterson, R. A., Cannito, M. P. & Brown, St. P. (1995). An exploratory investigation of voice characteristics and selling effectiveness. *Journal of Personal Selling & Sales Management, 15(4)*, 1-15.

Petty, R. E. & Caccioppo, J. T. (1981). *Attitudes and persuasion: Classic and contemporary approaches.* Dubuque, IA: C. Brown.

Petty, R. E. & Caccioppo, J. T. (1986). *Communication and persuasion: Central and peripheral routes to attitude change.* Springer: New York.

Pham, M. T. (1998). Representativeness, relevance, and the use of feelings in decision making. *Journal of Consumer Research, 25,* 144-159.

Piaget, J. (1975). *Der Aufbau der Wirklichkeit beim Kinde.* Stuttgart: Klett.

Pieters, R., Bottschen, G. & Thelen, E. (1998). Customer desire expectations about service employees: An analysis of hierarchical relations. *Psychology & Marketing, 15,* 755-773.

Plutchik, R. (1980). A general psychoevolutionary theory of emotion. In R. Plutchik & H. Kellerman (Hrsg.), Emotion - theory, research and experience. Vol. 1: Theories of emotion. (S. 3-33). New York.

Pittam, J. & Scherer, K. R. (1993). Vocal expression and communication of emotion. In M. Lewis & J. M. Haviland (Hrsg.), *Handbook of emotions.* (S. 185-198). New York: Guilford.

Podsakoff, P. M. & MacKenzie, S. B. (1994). Organizational citizenship behaviors and sales unit effectiveness. *Journal of Marketing Research, 31,* 351-363.

Poessiger, M. (1989). Validierung eines Tätigkeitsbewertungssystems für den Einzelhandel. *Psychologie für die Praxis, 7,* 223-241.

Pollock, C. L., Smith, S. D., Knowles, E. S. & Bruce, H. J. (1998). Mindfulness limits compliance with the that's-not-all *technique. Personality and Social Psychology Bulletin, 24,* 1153-1157.

Pothmann, A. (1997). *Diskursanalyse von Verkaufsgesprächen.* Opladen: Westdeutscher Verlag.

Prus, R. & Frisby, W. (1990). Persuasion as practical accomplishment: Tactical manoeverings at home (party plan) shows. *Current Research on Occupations and Professions, 5,* 133-165.

Puffer, S. M. (1987). Prosocial behavior, noncompliant behavior, and work performance among commission salespeople. *Journal of Applied Psychology, 72,* 615-621.

Putnam, L. L. & Jones, T. S. (1982). Reciprocity in negotiations: An analysis of bargaining interactions. *Communication Monographs, 49,* 171-191.

Rafaeli, A. & Sutton, R. I. (1987). Expression of emotion as part of the work role. *Academy of Management Review, 12,* 23-37.

Rafaeli, A. & Sutton, R. I. (1989). The expression of emotion in organizational life. *Research in Organizational Behavior, 2,* 1-42.

Ramsey, R. P. & Sohi, R. S. (1997). Listening to your customers: The impact of perceived salesperson listening behavior on relationship outcomes. *Journal of the Academy of Management Science, 25,* 127-137.

Rastetter, D. (1999). Emotionsarbeit. Stand der Forschung und offene Fragen. *Arbeit, 8,* 374-388.

Regan, R. T. (1971). Effects of a favor and liking on compliance. *Journal of Experimental Social Psychology, 7,* 627-639.

Rheinberg, F. (1997). *Motivation.* Stuttgart: Kohlhammer.

Reynolds, K. E. & Beatty, S. E. (1999). Customer benefits and company consequences of customer-salesperson relationships in retailing. *Journal of Retailing, 75,* 11-32.

Rich, G. A. (1997). The sales manager as a role model: Effects on trust, job satisfaction, and performance of salespeople. *Journal of the Academy of Marketing Science, 25,* 319-328.

Rich, G. A., Bommer, W. H., MacKenzie, S. B., Podsakoff, Ph. M. & Johnson, J. L. (1999). Methods in sales research: Apples and apples or apples and oranges? A meta-analysis of objective and subjective measures of salesperson performance. *The Journal of Personal Selling & Sales Management, 19 (4),* 53-66.

Rich, G. A., Bommer, W. H., MacKenzie, S. B., Podsakoff, Ph. M. & Johnson, J. L. (1999). Apples and apples or apples and oranges? A meta-analysis of objective and subjective measures of salesperson performance. *The Journal of Personal Selling & Sales Management, 19 (4),* 41-52.

Richter, P. & Hacker, W. (1998). *Belastung und Beanspruchung. Stress, Ermüdung und Burnout im Arbeitsleben.* Heidelberg: Asanger.

Roberts, J. A. & Chonko, L. B. (1994). Sex differences in the effect of satisfaction with pay on sales force turnover. *Journal of Social Behavior and Personality, 9,* 507-516.

Rohracher, H. (1988). *Einführung in die Psychologie.* München: Psychologie Verlags Union.

Rook, D. W. (1987). The buying impulse. *Journal of Consumer Research, 14,* 180-199.

Rook, D. W. & Fisher, R. J. (1996). Normative influences on impulsive buying behavior. *Journal of Consumer Research, 22,* 305-313.

Rosch, E. (1975). Cognitive representation of semantic categories. *Journal of Experimental Psychology: General, 104,* 192-233.

Rosenberg, M. J. & Hovland, C. I. (1960). Cognitive, affective, and behavioral components of attitudes. In M. J. Rosenberg, C. I. Hovland, W. J. McGuire, R. P. Abelson & W. J. Brehm (Hrsg.), *Attitude organization and change.* (S. 1-14). New Haven: Yale University Press.

Rosenstiel, L. von (1999). Entwicklung von Werthaltungen und interpersonaler Kompetenz - Beiträge der Sozialpsychologie. In Kh. Sonntag (Hrsg.), *Personalentwicklung in Organisationen.* (S. 83-105) (2. Aufl.). Göttingen: Hogrefe.

Rosenstiel, L. von (2000). *Grundlagen der Organisationspsychologie.* (4. Aufl.). Stuttgart: Schäffer-Poeschel.

Rosenstiel, L. von & Ewald, G. (1979). *Marktpsychologie. Bd. 1: Konsumverhalten und Kaufentscheidung.* Stuttgart: Kohlhammer.

Rosenstiel, L. von & Nerdinger, F. W. (2000). Die Münchner Wertestudien. Überblick und (vorläufiges) Resumee. *Psychologische Rundschau, 51,* 146-157.

Rosenstiel, L. von & Neumann, P. (1991). *Einführung in die Markt- und Werbepsychologie.* Darmstadt: Wissenschaftliche Buchgesellschaft.

Ross, L. (1977). The intuitive psychologist and his shortcomings: Distortions in the attribution process. *Advances in Experimental Social Psychology, 10,* 173-220.

Rüttinger, R. (1999). *Die Transaktionsanalyse.* Heidelberg: Saur.

Sader, M. (1991). *Psychologie der Gruppe.* Weinheim: Juventa

Sager, J. K. (1994). A structural model depicting salespeople's job stress. *Journal of the Academy of Marketing Science, 22,* 74-84.

Salgado, J. F. (1997). The five factor model of personality and job performance in the European Community. *Journal of Applied Psychology, 82,* 30-43.

Sand, G. & Miyazaki, A. D. (2000). The impact of social support on salesperson burnout and burnout components. *Psychology & Marketing, 17,* 13-26.

Saxe, R. & Weitz, B. A. (1982). The SOCO-Scale: A measure of the customer orientation of salespeople. *Journal of Marketing Research, 23,* 346-353.

Schäfer, A. (1992). *Die Interaktion zwischen Pharma-Außendienstmitarbeiter und Apotheker. Eine empirische Untersuchung über interpersonelle Konfliktsituationen im Vertrieb.* München: Unveröffentlichte Diplomarbeit.

Schandry, R. (1996). *Lehrbuch der Psychophysiologie.* (3. Aufl.). München: PVU.

Scheich, G. (1997). *Positives Denken macht krank. Vom Schwindel mit gefährlichen Erfolgsversprechen.* Frankfurt/M.: Eichhorn.

Schenk, H.-O. (1995). *Handelspsychologie.* Göttingen: Vandenhoeck & Ruprecht.

Scherer, K. R. (1982). *Vokale Kommunikation. Nonverbale Aspekte des Sprachverhaltens.* Weinheim: Beltz.

Scherer, K. R. (1996). Emotion. In W. Stroebe, M. Hewstone & G. M. Stephenson (Hrsg.), *Sozialpsychologie.* (S. 293-330) (3. Aufl.). Berlin: Springer.

Scherer, K. R. & Wallbott, H. G. (1990). Ausdruck von Emotionen. In K. R. Scherer (Hrsg.), *Psychologie der Emotion. Enzyklopädie der Psychologie. Bd. CIV3.* (S. 345-422). Göttingen: Hogrefe.

Schneider, B. (1990). The climate for service: Application of the construct. In B. Schneider (Hrsg.), *Organizational climate and culture.* (S. 383-412). San Francisco: Jossey Bass.

Schoch, R. (1969). *Der Verkaufsvorgang als sozialer Interaktionsprozess.* Winterthur: Schellenberg.

Schorsack, A. (1998). *Die soziale Steuerung im Verkaufsgespräch. Experimentelle Untersuchungen.* Münster: Waxmann.

Schuler, H. (1989). Leistungsbeurteilung. In E. Roth (Hrsg,), *Organisationspsychologie. Enzyklopädie der Psychologie D/III/3.* (S. 399-430). Göttingen: Hogrefe.

Schuler, H. (1996). *Psychologische Personalauswahl.* Göttingen: Verlag für Angewandte Psychologie.

Schuler, H. & Barthelme, D. (1996). Soziale Kompetenz als berufliche Anforderung. In B. Seyfried (Hrsg.), *„Stolperstein" Sozialkompetenz: Was macht es so schwierig, sie zu erfassen, zu fördern und zu beurteilen?* (S. 77-116) (2. Aufl.). Berlin: Bertelsmann.

Schuler, H. & Diemand, A. (1991). Anforderungsanalyse für teilstandardisierte Einstellungsgespräche mit Bewerbern als Bankkaufmann/-frau. *Sparkasse, 108,* 90-94.

Schulman, P. (1999). Applying learned optimism to increase sales productivity. *Journal of Personal Selling & Sales Management, 19 (1),* 31-37.

Schulz von Thun, F. (1981). *Miteinander reden: Störungen und Klärungen. Psychologie der zwischenmenschlichen Kommunikation.* Hamburg: Rowohlt.

Schwalbe, H. & Zander, E. (1987). Mitarbeiter im Verkauf. In H. Schwalbe & E. Zander (Hrsg.), *Der Verkaufsberater. Bd. 4.* Freiburg: Haufe.

Schwarz, M. (1990). *Gesprächsstil und Verkaufserfolg.* Frankfurt/M.: Unveröffentlichte Dissertation.

Schwarz, N. (1985). Theorien konzeptgesteuerter Informationsverarbeitung in der Sozialpsychologie. In D. Frey & M. Irle (Hrsg.), *Theorien der Sozialpsychologie. Bd. III: Motivations- und Informationsverarbeitungstheorien.* (S. 269-291). Bern: Huber.

Schwepker, Ch. H. (1999). The relationship between ethical conflict, organizational commitment and turnover intentions. *Journal of Personal Selling & Sales Management, 19 (1),* 43-49.

Searle, J. R. (1969). *Speech acts.* Cambridge: University Press.

Seligman, M. E. P. (1991). *Learned optimism.* New York: Knopf.

Seligman, M. E. P. & Schulman, P. (1986). Explanatory style as a predictor of productivity and quitting among life insurance sales agents. *Journal of Personality and Social Psychology, 50,* 832-838.

Shamir, B. (1980). Between service and servility: Role conflict in subordinate service roles. *Human Relations, 33,* 741-756.

Sheaves, D. E. & Barnes, J. G. (1996). The fundamentals of relationships: An exploration of the concept to guide marketing implementation. *Advances in Services Marketing and Management, 5,* 215-245.

Sharma, A. (1997). Customer satisfaction-based incentive systems: Some managerial and salesperson considerations. *Journal of Personal Selling & Sales Management, 17 (2),* 61-70

Sharma, A. (1999). Does the salesperson like customers? A conceptual and empirical examination of the persuasive effect of perceptions of the salesperson's affect toward customers. *Psychology & Marketing, 16,* 141-162.

Sharma, A. & Levy, M. (1995). Categorization of customers by retail salespeople. *Journal of Retailing, 71,* 71-81.

Sharma, A., Levy, M. & Kumar, A. (2000). Knowledge structure and retail sales performance: An empirical examination. *Journal of Retailing, 76,* 53-70.

Sharma, A. & Sarel, D. (1995). The impact of customer satisfaction based incentive systems on salespeople's customer service response: An empirical study. *Journal of Personal Selling & Sales Management, 15 (2),* 15-29.

Shannon, C. & Weaver, W. (1949). *The mathematical theory of communication.* Urbana, Ill.: University Press.

Sheth, J. M. (1976). Buyer-seller interaction: A conceptual framework: *Proceedings of the Association for Consumer Research,* 382-386.

Sheth, J. N. & Parvatiyar, A. (1995). Relationship marketing in consumer markets: Antecedents and consequences. *Journal of the Academy of Marketing Science, 23,* 255-271.

Sigl, E., Spieß, E., von Rosenstiel, L. & Nerdinger, F. W. (1993). *Handelsvertreter und Kunden.* Köln: CDH-Verlag.

Siguaw, J. A., Brown, G. & Widing, R. E. (1994). The influence of the market orientation of the firm on sales force behavior and attitudes. *Journal of Marketing, 31,* 106-116.

Silberer, G. & Jaekel, M. (1996). *Marketingfaktor „Stimmungen". Grundlagen, Aktionsinstrumente, Fallbeispiele.* Stuttgart: Schäffer-Poeschel.

Singh, J. (1998). Striking a balance in boundary-spanning positions: An investigation of some unconventional influences of role stressors and job characteristics on job outcomes of salespeople. *Journal of Marketing, 62,* 69-86.

Singh, J., Goolsby, J. R. & Rhodes, G. K. (1994). Behavioral and psychological consequences of boundary spanning burnout for customer service representatives. *Journal of Marketing Research, 31,* 558-569.

Singh, J., Verbeke, W. & Rhodes, G. K. (1996). Do organizational practices matter in role stress processes? A study of direct and moderating effects for marketing-oriented boundary spanners. *Journal of Marketing, 60,* 69-86.

Six, B. & Eckes, A. (1991). Der Zusammenhang von Arbeitszufriedenheit und Arbeitsleistung - Resultate einer metaanalytischen Studie. In L. Fischer (Hrsg.), *Arbeitszufriedenheit.* (S. 21-45). Stuttgart: VAP.

Six, B. & Kleinbeck, U. (1989). Arbeitsmotivation und Arbeitszufriedenheit. In E. Roth (Hrsg.), *Organisationspsychologie. Enzyklopädie der Psychologie. Bd. 3.* (S. 348-398). Göttingen: Hogrefe.

Snodgrass, S. E., Ploutz-Snyder, R. & Hecht, M. A. (1998). Interpersonal sensitivity: Expressivity or perceptivity? *Journal of Personality and Social Psychology, 74,*

238-249.

Snyder, M. (1987). *Public appearances, private realities.* New York: Freeman.

Spiro, R. L. & Perreault, W. D. Jr. (1979). Influence use by industrial salesmen: Influence-strategy mixes and situational determinants. *Journal of Business, 52,* 435-455.

Spiro, R. L. & Weitz, B. A. (1990). Adaptive selling: Conceptualization, measurement, and nomological validity. *Journal of Marketing Research, 27,* 61-69.

Srivastava, R. & Sager, J. K. (1999). Influence of personal characteristics on salespeople's coping style. *Journal of Personal Selling & Sales Management, 19 (2),* 47-57.

Stafford, Th. F., Leigh, Th. W. & Martin, L. L. (1995). Assimilation and contrast priming effects in the initial consumer sales call. *Psychology & Marketing, 12,* 321-347.

Stahlberg, D. & Frey, D. (1987). Konsistenztheorien. In D. Frey & S. Greif (Hrsg.), *Sozialpsychologie. Ein Handbuch in Schlüsselbegriffen.* (S. 214-221). München: PVU.

Stahlberg, D. & Frey, D. (1993). Das Elaboration-Likelihood-Modell von Petty und Cacioppo. In D. Frey & M. Irle (Hrsg.), *Theorien der Sozialpsychologie. Bd. I: Kognitive Theorien.* (S. 327-359) (2. Aufl.). Bern: Huber.

Stahlberg, D. & Frey, D. (1996). Einstellungen I: Struktur, Messung und Funktion. In W. Stroebe, M. Hewstone, J.-P. Codol & G. M. Stephenson (Hrsg.), *Sozialpsychologie.* (S. 185-218) (3. Aufl.). Berlin: Springer.

Stajkovic, A. D. & Luthans, F. (1998). Self-efficacy and work-related performance: A meta-analysis. *Psychological Bulletin, 124,* 240-261.

Statistisches Bundesamt (1999). *Statistisches Jahrbuch für die Bundesrepublik Deutschland und für das Ausland.* Stuttgart: Metzler-Poeschel.

Stauss, B. (1999). Kundenzufriedenheit. *Marketing - ZFP, 21,* 5-24.

Steins, G. & Wicklund, R. A. (1993). Zum Konzept der Perspektivenübernahme. Ein kritischer Überblick. *Psychologische Rundschau, 44,* 226-239.

Stewart, G. L. (1996). Reward structure as a moderator of the relationship between extraversion and sales performance. *Journal of Applied Psychology, 81,* 619-627.

Strain, Ch. R. Jr. (1999). Perceived autonomy, need for autonomy and job performance in retail salespeople. *Journal of Social Behavior and Personality, 14,* 259-265.

Strutton, D. & Lumpkin, J. R. (1994). Problem- and emotion-focused coping dimensions and sales presentation effectiveness. *Journal of the Academy of Marketing Science, 22,* 28-37.

Strutton, D., Pelton, L. E. & Lumpkin, J. R. (1995). Personality characteristics and salespeople's choice of coping strategies. *Journal of the Academy of Marketing Science, 23,* 132-140.

Sujan, H. (1986). Smarter versus harder: An exploratory attributional analysis of salespeople's motivation. *Journal of Marketing Research, 23,* 41-49.

Sujan, M., Bettman, J. R. & Sujan, H. (1986). Effects of consumer expectations on information processing in selling encounters. *Journal of Marketing Research, 23,* 346-353.

Sujan, H., Sujan, M. & Bettman, J. R. (1988). Knowledge structure differences between more effective and less effective salespeople. *Journal of Marketing Research, 25,* 81-86.

Sujan, H., Weitz, B. A. & Kumar, N. (1994). Learning orientation, working smart, and effective selling. *Journal of Marketing, 58,* 39-52.

Sujan, M., Bettman, J. R. & Sujan, H. (1986). Effects of consumer expectations on information processing in selling encounters. *Journal of Marketing Research, 23,* 346-353.

Sundvik, L. & Lindeman, M. (1998). Acquaintanceship and the discrepancy between supervisor and self-assessments. *Journal of Social Behavior and Personality, 13,* 117-126.

Sutton, R. I. & Rafaeli, A. (1988). Untangling the relationship between displayed emotions and organizational sales: The case of convenience stores. *Academy of Management Journal, 31,* 461-489.

Swan, J. E., Bowers, M. R. & Richardson, L. D. (1998). Customer trust in the salesperson: An integrative review and meta-analysis of the empirical literature. *Journal of Business Research, 44,* 93-107.

Swenson, M. J. & Herche, J. (1994). Social values and salesperson performance: An empirical examination. *Journal of the Academy of Marketing Science, 22,* 283-289.

Szymanski, D. M. (1988). Determinants of selling effectiveness: The importance of declarative knowledge to the personal selling concept. *Journal of Marketing, 52,* 64-77.

Szymanski, D. M. & Churchill, G. S. Jr. (1990). Client evaluation cues: A comparison of successful and unsuccessful salespeople. *Journal of Marketing Research, 27,* 163-174.

Tadepalli, R. (1991). Perceptions of role stress by boundary role persons: An empirical investigation. *Journal of Applied Behavioral Science, 27,* 490-514.

Taylor, J. L. & Woodside, A. G. (1978). Exchange behavior among salesmen and customers in natural settings. In P. H. Reingen & A. G. Woodside (Hrsg.), *Buyer-seller-interactions: Empirical research and normative Issues.* (S. 23-36). Chicago: American Marketing Association.

Teas, R. K. (1981). An empirical test of models of salespersons' job expectancy and instrumentality perceptions. *Journal of Marketing Research, 18,* 209-226.

Teas, R. K. (1983). Supervisory behavior, role stress, and the job satisfaction of industrial salespeople. *Journal of Marketing Research, 20,* 84-91.

Thaler, R. H. (1980). Toward a positive theory of consumer *choice. Journal of Economic Behavior and Organization, 1,* 39-60.

Theis, A. M. (1993). *Organisationskommunikation.* Opladen: Westdeutscher Verlag.

Thibaut, J. W. & Kelley, H. H. (1959). *The social psychology of groups.* New York: Wiley.

Thomae, H. (1965). Zur allgemeinen Charakteristik des Motivationsgeschehens. In H. Thomae (Hrsg.), *Motvation. Handbuch der Psychologie. Bd. 3.* (S. 45-122). Göttingen: Hogrefe.

Thomas, A. (1991). *Grundriß der Sozialpsychologie. Bd. 1: Grundlegende Begriffe und Prozesse.* Göttingen: Hogrefe.

Trommsdorf, V. (1997). Kundenorientierung verhaltenswissenschaftlich gesehen. In M. Bruhn & H. Steffenhagen (Hrsg.), *Marktorientierte Unternehmensführung: Reflexionen - Denkanstöße - Perspektiven.* (S. 275-293). Wiesbaden: Gabler.

Trommsdorff, V. (1998). *Konsumentenverhalten.* (3. Aufl.). Stuttgart: Kohlhammer.

Tversky, A. & Kahneman, D. (1981). The framing of decisions and the psychology of choice. *Science, 22,* 453-458.

Tversky, A. & Kahneman, D. (1991). Loss aversion in risky and riskless choice: A reference-dependent model. *Quarterly Journal of Economics, 106,* 1039-1061.

Tyagi, P. K. (1982). Perceived organizational climate and the process of salesperson motivation. *Journal of Marketing Research, 19,* 240-254.

Tyagi, P. K. (1985). Relative importance of key job dimensions and leadership behaviors in motivating salesperson work performance. *Journal of Marketing, 49,* 76-86.

Tyagi, P. K. & Wotruba, Th. R. (1993). An exploratory study of reverse causality relationships among sales force turnover variables. *Journal of the Academy of Marketing Science, 21,* 143-153.

Udris, I. (1993). Trainingsverfahren zur Förderung der sozialen Kompetenz. In Ch. K. Friede & K. H. Sonntag (Hrsg.), *Berufliche Kompetenz durch Training.* (S. 100-126). Heidelberg: Sauer.

Udris, I. & Frese, M. (1999). Belastung und Beanspruchung. In C. Graf Hoyos & D. Frey (Hrsg.), *Arbeits- und Organisationspsychologie.* (S. 429-445). Weinheim: PVU.

Uhl, A. (2000). *Motivation durch Ziele, Anreize und Führung. Eine empirische Untersuchung am Beispiel eines Versicherungskonzerns.* Berlin: Duncker & Humblot.

Ulich, D. & Mayring, P. (1992). *Psychologie der Emotionen.* Stuttgart: Kohlhammer.

Ulich, E. (1998). *Arbeitspsychologie.* Stuttgart: Schäffer-Poeschel.

VandeWalle, D., Brown, St. P., Cron, W. L. & Slocum, J. W. Jr. (1999). The influence of goal orientation and self-regulation tactics on sales performance: A longitudinal field test. *Journal of Applied Psychology, 84,* 249-259.

Verbeke, W. (1994). Personality characteristics that predict effective performance of sales people. *Scandinavian Journal of Management, 10,* 49-57.

Verbeke, W. (1997). Individual differences in emotional contagion of salespersons: Its effects on performance and burnout. *Psychology & Marketing, 14,* 617-636.

Vinchur, A. J., Schippmann, J. S., Switzer, F. S. III. & Roth, Ph. L. (1998). A meta-analytic review of predictors of job performance for salespeople. *Journal of Applied Psychology, 83,* 586-597.

Voß, G. G. (1987). Gut geschaltet? Die Bedeutung der Schalterarbeit für Banken, Beschäftigte und Kunden. In C. Tatschmurat (Hrsg.), *Geldwelt.* Bd. 2: Zur Gegenwart der Bankangestellten. (S. 189-240). München: Hampp.

Vroom, V. (1964). *Work and motivation.* New York: Wiley.

Wage, J. (1981). *Psychologie und Technik des Verkaufsgesprächs.* Landsberg a. L.: Moderne Industrie.

Wagner, R. K., Sujan, H., Sujan, M., Rashotte, C. A. & Sternberg, R. J. (1999). Tacit knowledge in sales. In R. J. Sternberg (Hrsg.), *Tacit knowledge in professional practice: Researcher and practitioner perspectives.* (S. 155-182). Mahwah, N.J.: Lawrence Erlbaum Ass..

Waldersee, R. & Luthans, F. (1994). The impact of positive and corrective feedback on customer service performance. *Journal of Organizational Behavior, 15,* 83-95.

Walker, O. C. Jr., Churchill, G. A. Jr. & Ford, N. M. (1977). Motivation and performance in industrial selling: Existing knowledge and needed research. *Journal of Marketing Research, 14,* 156-168.

Wallbott, H. G. (1998). Ausdruck von Emotionen in Körperbewegungen und Körperhaltungen. In C. Schmauser & Th. Noll (Hrsg.), *Körperbewegungen und ihre Be-*

deutungen. (S. 121-135). Berlin: Spitz.

Walz, S. & Niehoff, B. P. (1996). Organizational citizenship behaviors and their effects on organizational effectiveness in limited-menu restaurants. *Academy of Management Proceedings*, 307-312.

Watzlawick, P., Beavin, I. H. & Jackson, D. D. (1969). *Menschliche Kommunikation: Formen, Störungen, Paradoxien.* Bern: Huber.

Weekley, J. A. & Gier, J. A. (1987). Reliability and validity of the situational interview for a sales position. *Journal of Applied Psychology, 72*, 484-487.

Wegener, D. T., Petty, R. E. & Smith, S. M. (1995). Positive mood can increase or decrease message scrutiny: The hedonic contingency view of mood and message processing. *Journal of Personality and Social Psychology, 40*, 822-832.

Wegge, J. (1998). Die Zielsetzungstheorie: Ein kritischer Blick auf Grundlagen und Anwendungen. In O. L. Braun (Hrsg.), *Ziele und Wille in der Psychologie: Grundlagen und Anwendungen.* (S. 3-50). Landau: Verlag Empirische Pädagogik.

Weghorn, P. & Lachner, L. (1996). *Rattenfänger in Designerklamotten. Wie Strukturvertriebe arbeiten.* Wien: Ueberreuther.

Weick, K. E. (1985). *Der Prozess des Organisierens.* Frankfurt/M.: Suhrkamp.

Weil, P. (1995). Neue Verkaufstrainings in Deutschland - vom Verhaltenstraining zur Persönlichkeitsentwicklung. In B. Voß (Hrsg.), *Kommunikations- und Verhaltenstrainings.* (S. 272-280). Göttingen: Verlag für Angewandte Psychologie.

Weinberg, P. (1986). *Nonverbale Marktkommunikation.* Heidelberg: Physica.

Weinberg, P. (1992). *Erlebnismarketing.* München: Vahlen.

Weinberg, P. (1999). Verhaltenswissenschaftliche Aspekte der Kundenbindung. In: M. Bruhn & H. Meffert (Hrsg.), *Handbuch Kundenbindungsmanagement.* (S. 39-53) (2. Aufl.). Wiesbaden: Gabler.

Weiner, B. (1994). *Motivationspsychologie.* (3. Aufl.). Weinheim: Beltz.

Weis, H. Ch. (1994). *Verkaufsgesprächsführung.* (2. Aufl.). Ludwigshafen: Kiel.

Weis, H. Ch. (1995). *Verkauf.* (4. Aufl.). Ludwigshafen: Kiel.

Weitz, B. A. (1978). The relationship between salesperson performance and understanding of customer decision making. *Journal of Marketing Research, 15*, 501-516.

Weitz, B. A. (1981). Effectiveness in sales interactions: A contingency framework. *Journal of Marketing, 45*, 85-103.

Weitz, B. A. & Bradford, K. D. (1999). Personal selling and sales management: A relationship marketing perspective. *Journal of the Academy of Marketing Science, 27*, 241-254.

Weitz, B. A., Sujan, H. & Sujan, M. (1986). Knowledge, motivation, and adaptive behavior: A framework for improving selling effectiveness. *Journal of Marketing, 50*, 174-191.

Wharton, A. S. (1993). The affective consequences of service work. Managing emotions on the job. *Work and Occupations, 20*, 205-232.

Willett, R. P. & Pennington, A. L. (1966). Customer and salesman: The anatomy of choice and influence in a retail setting. *Proceedings of the American Marketing Association*, 598-616. Deutsche Übersetzung in K. G. Specht & G. Wiswede (Hrsg.)(1976), *Marketing-Soziologie.* (S. 303-321). Berlin: Duncker & Humblot.

Williams, K. C. & Spiro, R. L. (1985). Communication style in the salesperson-customer dyad. *Journal of Marketing Research, 22*, 434-442.

Williams, K. C., Spiro, R. L. & Fine, L. M. (1990). The customer-salesperson dyad: An interaction/communication model and review. *Journal of Personal Selling &*

Winkler, P. (Hrsg.) (1981). *Methoden der Analyse von Face-to-Face-Situationen.* Stuttgart: Metzler.

Wood, R. E. & Locke, E. A. (1990). Goal setting and strategy effects on complex tasks. *Research in Organizational Behavior, 12*, 73-109.

Woodside, A. G. & Davenport, J. W. (1974). The effect of salesman similarity and expertise on consumer purchasing behavior. *Journal of Marketing Research, 11*, 198-202.

Wotruba, Th. R. & Tyagi, P. K. (1991). Met expectations and turnover in direct selling. *Journal of Marketing, 55*, 24-35.

Wundt, W. (1905). *Grundzüge der physiologischen Psychologie.* Bd. 3. (5. Aufl.) Leipzig: Engelmann.

Wyer, R. S. (1980). The acquisition and use of social knowledge: Basic postulates and representative research. *Personality and Social Psychology Bulletin, 6*, 558-573.

Xenikou, A., Furnham, A. & McCarrey, M. (1997). Attributional style for negative events: A proposition for a more reliable and valid measure of attributional style. *Britisch Journal of Psychology, 88*, 53-69.

Zajonc, R. B. (1965). Social facilitation. *Science, 149*, 269-274.

Autorenverzeichnis

148, 156, 213
Petty, R. E. 37, 45ff., 55f., 185
Pettijohn, Ch. E. 112
Piaget, J. 27
Pieters, R. 115ff., 232f.
Pittam, J. 213
Pfister, H.-R. 51ff.
Pham, M. T. 55
Ploutz-Snyder, R. 82, 222
Plutchik, R. 36
Podsakoff, P. M. 66, 68f.
Poessiger, M. 129
Pollock, C. L. 174
Pool, J. 219
Pothmann, A. 13, 83, 180, 194, 225f.
Pritchard, R. D. 70, 94
Prus, R. 179
Puffer, S. M. 68
Putnam, L. L. 203

Quinn, R. P. 85, 92

Rafaeli, A. 91f., 131
Ramsey, R. P. 207ff., 223
Rapson, R. L. 212, 223
Rashotte, C. A. 138, 225
Rastetter, D. 91f.
Regan, R. T. 173
Rheinberg, F. 40
Rhodes, G. K. 73, 150, 156
Reynolds, K. E. 227, 232ff.
Rich, G. A. 66, 140
Richardson, L. D. 233, 237
Richter, P. 72
Roberts, J. A. 70
Rohracher, H. 13
Röper, M. 93
Rook, D. W. 54f.
Rosch, E. 132
Rosenberg, M. J. 43f.
Rosenstiel, L. von 13, 16, 20, 74, 86,
    109, 120, 131, 139, 143, 151, 153,
    170, 178, 197ff., 205, 216, 219,
    225, 233
Rosenthal, R. A. 85, 92
Ross, L. 123, 126
Roth, Ph. L. 77f., 128, 139
Rüttinger, R. 166, 168ff.

Sader, M. 197
Sager, Ch. E. 64
Sager, J. K. 74, 88f., 139
Salgado, J. F. 77
Sand, G. 73, 89
Sarel, D. 100
Saxe, R. 207
Schäfer, A. 133
Schandry, R. 23
Scheele, B. 63
Scheich, G. 9
Schenk, H.-O. 8
Scherer, K. R. 34ff., 92, 160, 212f.
Schippmann, J. S. 77f., 128, 139
Schmidt, F. L. 83
Schmidt, K.-H. 102ff.
Schmidt, St. M. 89f.
Schneider, B. 140, 151
Schoch, R. 189
Schorsack, A. 178
Schuler, H. 65, 83, 119, 129, 131
Schulman, P. 126f.
Schulz von Thun, F. 197f., 207, 223
Schulze, H. S.
Schurr, P. H. 230, 232
Schwalbe, H. 129
Schwarz, M. 206
Schwarz, N. 27ff., 37
Schwepker, Ch. H. 154
Schwetje, Th. 59, 233
Searle, J. R. 159, 200
Seligman, M. E. P. 125ff.
Shamir, B. 85, 90
Shannon, C. 195
Sharma, A. 39, 93, 100, 132ff., 137,
    178
Sheaves, D. E. 228f.
Shepherd, C. D. 239
Shervani, T. A. 113, 142ff.
Sheth, J. M. 206
Sheth, J. N. 16ff., 43, 232
Sigl, E. 74, 86, 143, 153, 198f.
Siguaw, J. A. 153
Silberer, G. 37ff.
Singh, J. 73, 148f., 156
Six, B. 48, 69f.
Skinner, St. J. 148
Slocum, J. W. Jr. 75, 103, 106, 112,
    114ff., 152
Smith, S. D. 174

Stichwortverzeichnis